Princípios e práticas de *Revenue Management*:
gerenciamento de demanda, de receita e de distribuição

Dados Internacionais de Catalogação na Publicação (CIP)
(Jeane Passos Santana – CRB 8ª/6189)

Centurión, Ligia
　　Princípios e práticas de Revenue Management: gerenciamento de demanda, de receita e de distribuição / Ligia Centurión. -- São Paulo : Editora Senac São Paulo, 2014.

　　Glossário
　　Bibliografia
　　ISBN 978-85-396-0851-5

　　1. Revenue Management　2. Gerenciamento de receita : Administração financeira 3. Gerenciamento de receita : Turismo e Hotelaria I. Título.

14-294s
　　　　　　　　　　　　　　CDD　658.1554
　　　　　　　　　　　　　　　　　　647.94
　　　　　　　　　　　　　BISAC BUS027000
　　　　　　　　　　　　　　　　BUS081000

Índice para catálogo sistemático:

1. Gerenciamento de receita :
Administração financeira 658.1554
2. Gerenciamento de receita : Turismo e Hotelaria   647.94

Princípios e práticas de *Revenue Management*:
gerenciamento de demanda, de receita e de distribuição

Ligia Centurión

Editora Senac São Paulo – São Paulo – 2015

Administração Regional do Senac no Estado de São Paulo
Presidente do Conselho Regional: Abram Szajman
Diretor do Departamento Regional: Luiz Francisco de A. Salgado
Superintendente Universitário e de Desenvolvimento: Luiz Carlos Dourado

Editora Senac São Paulo

Conselho Editorial: Luiz Francisco de A. Salgado
Luiz Carlos Dourado
Darcio Sayad Maia
Lucila Mara Sbrana Sciotti
Jeane Passos Santana

Gerente/Publisher: Jeane Passos Santana (jpassos@sp.senac.br)
Coordenação Editorial: Márcia Cavalheiro Rodrigues de Almeida (mcavalhe@sp.senac.br)
Comercial: Marcelo Nogueira da Silva (marcelo.nsilva@sp.senac.br)
Administrativo: Luís Américo Tousi Botelho (luis.tbotelho@sp.senac.br)

Edição de Texto: Vanessa Rodrigues
Preparação de Texto: Jussara Rodrigues Gomes
Revisão de Texto: Luiza Elena Luchini (coord.), Patricia B. Almeida, Bianca Rocha, Janaina Lira, Karinna A. C. Taddeo e Marcela Magari Dias
Projeto Gráfico e Editoração Eletrônica: Veridiana Freitas
Capa: Veridiana Freitas
Imagem da Capa: Sergey Nivens/iStock
Impressão e Acabamento: Intergraf Indústria Gráfica Eireli

Todos os direitos desta edição reservados à
Editora Senac São Paulo
Rua Rui Barbosa, 377 – 1º andar – Bela Vista – CEP 01326-010
Caixa Postal 1120 – CEP 01032-970 – São Paulo – SP
Tel. (11) 2187-4450 – Fax (11) 2187-4486
E-mail: editora@sp.senac.br
Home page: http://www.editorasenacsp.com.br

© Editora Senac São Paulo, 2015

Sumário

Nota do editor, 7
Prefácio, 9
Agradecimentos, 13
Apresentação, 15
Introdução, 19

PARTE I – ANÁLISE E PLANEJAMENTO DE MARKETING, 25

Capítulo 1 – Conceitos de marketing de experiências, 27
Capítulo 2 – Análise de fatores externos, 45
Capítulo 3 – Análise do mercado e da concorrência, 75
Capítulo 4 – Análise de fatores internos, 109
Capítulo 5 – Conhecimento dos consumidores, 131

PARTE II – DESENVOLVIMENTO E IMPLEMENTAÇÃO
DAS ESTRATÉGIAS DE RM, 177

Capítulo 6 – Segmentação de mercado, 179
Capítulo 7 – Controle da capacidade do inventário, 209
Capítulo 8 – Previsão de demanda, 237
Capítulo 9 – Estratégia de preços, 275
Capítulo 10 – Canais de distribuição, 321

PARTE III – AVALIAÇÃO, CONTROLE E AJUSTES FINAIS, 361

Capítulo 11 – Cultura organizacional, 363
Capítulo 12 – Avaliação de desempenho, 393
Glossário, 421
Bibliografia, 481
Índice, 507

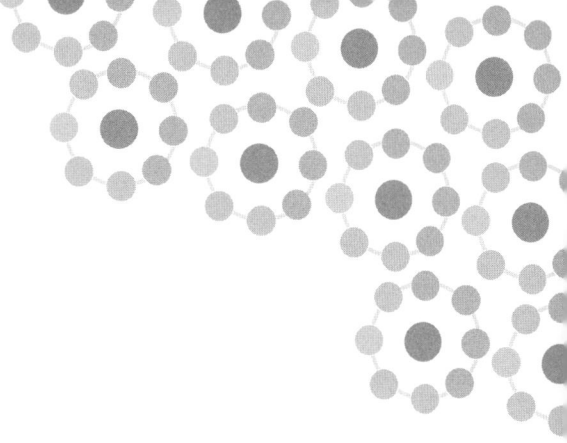

Nota do editor

Em junho de 2008, o Senac São Paulo e o FOHB (Fórum de Operadores Hoteleiros do Brasil) realizaram o 1º Seminário Internacional *Revenue Management* Hoteleiro. O número expressivo de inscritos na ocasião refletiu a necessidade de aprimoramento em técnicas de maximização de receitas no mercado nacional.

Desde essa época, embora ainda se façam presentes a carência por profissionais especializados e uma cultura de RM pouco desenvolvida na maioria das empresas, novos fatores chegaram e/ou ganharam relevância no contexto, como a expansão do comércio eletrônico e a consequente pulverização dos canais de distribuição – além do amadurecimento do próprio consumidor, agora mais atento e informado. Em plena Era da Experiência, em um mercado no qual é desafiador estabelecer o "preço ideal" de um produto ou serviço e com consumidores que cada vez mais fecham negócios ao simples toque de um celular, como implementar um RM eficiente?

Ligia Centurión busca reunir diversos aspectos que influenciam a prática de RM e que, atualmente, são abordados apenas de forma fragmentada em cursos de marketing, como segmentação do mercado, controle da capacidade do inventário, previsão de demanda, estratégia de preços e canais de distribuição, considerando a cultura organizacional e a necessidade de avaliação constante dos resultados, para os ajustes de rota. Tudo a partir de uma consistente base teórica que discorre sobre a análise dos fatores externos, do mercado, dos fatores internos e, claro, do perfil do público-alvo.

Esta é uma publicação que reforça o compromisso do Senac São Paulo com a educação profissional e a atualização de seu leitor.

Prefácio

Falar sobre *Revenue Management* é ir muito além da conhecida frase: "Vender o serviço ao cliente certo na hora certa pelo preço certo". Aplicar o conceito de *Revenue Management* requer muito estudo, preparo e dedicação total do indivíduo e da empresa na qual trabalha.

Iniciei meus estudos em RM no ano de 1999, quando atuava como gerente de reservas em hotelaria, na cidade de Miami, nos Estados Unidos. Fiquei fascinada com a possibilidade de poder combinar tarifas e restrições de acordo com a demanda e simplesmente comprovar um aumento de diária média fora dos parâmetros normais.

Aprimorando-me nesse assunto, acabei sendo convidada para exercer a função de *revenue manager* em uma grande rede hoteleira, e foi assim que pude pôr em prática todo o conhecimento adquirido até então. Já em 2000, praticamente todas as grandes companhias aéreas e empresas de hotéis, cruzeiros e locação de automóveis nos Estados Unidos haviam implementado um sistema de gestão da receita a fim de prever a demanda do cliente e otimizar o preço disponível.

Ao retornar ao Brasil, em 2002, deparei-me com uma total falta de conhecimento das redes hoteleiras no assunto e, consequentemente, com uma deficiência na contratação e na formação de profissionais especializados nesse tema tão importante. Somente com a vinda das redes hoteleiras internacionais para o mercado brasileiro o *Revenue Management* pôde chegar aos patamares atuais. Era tamanha a escassez de profissionais de gestão de receita no país que, na época em que fui contratada, existiam somente alguns atuando no mercado.

A capacidade do *Revenue Management* de otimizar o preço com base em previsão de demanda, elasticidade de preços e competitividade traz benefícios incríveis e, atualmente, temos muitas empresas preocupadas em desenvolver as suas próprias capacidades de gerenciamento de receita. Muitas indústrias estão começando a adotar o RM e aplicar seus princípios em seus processos de negócio.

Ainda assim, as empresas sofrem com falta de mão de obra qualificada e de material didático sobre o tema que contemple a realidade brasileira.

Este livro revela uma série de mecanismos sobre o assunto, levando em consideração que a gestão de rendimento envolve ações específicas para gerar incremento de receita por meio de uma gestão de inventário e precificação. *Revenue Management* engloba uma ampla gama de oportunidades, todas aqui relatadas por uma excelente profissional do mercado, com quem tive a honra de trabalhar.

Uma empresa pode utilizar diferentes metodologias na implementação de RM, como uma série de alavancas. As alavancas primárias são preço, inventário, marketing (segmentação do mercado), previsão de demanda, canais de distribuição, taxa de ocupação, diária média e RevPAR (receita por quarto disponível), todas descritas neste livro com uma linguagem atual e dinâmica, possibilitando o entendimento e a prática imediata.

Mergulhe e aproveite o aprendizado, repleto de experiências, vivências e relatos de profissionais do ramo. Bem-vindo ao mundo do *Revenue Management*!

Adriana Ramos

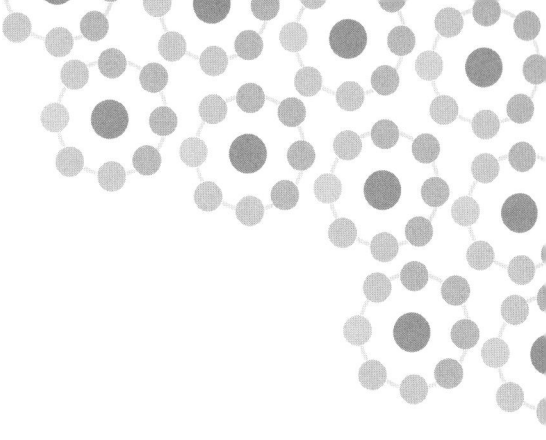

Aos meus avós queridos, Cybelles, Mário, Maria e José Miguel, pelo exemplo de vida a ser seguido, com coragem, honestidade e determinação.

Aos meus queridos pais, Marília e Roberto, que sempre me apoiaram em todos os meus projetos pessoais e profissionais, onde eu estivesse, com muito amor.

À minha querida irmã, Renata, ao meu cunhado, Joabe, e aos meus lindos sobrinhos, Theo e Alice, pelo carinho e pela alegria que sempre me transmitiram.

Ao meu amado esposo, Carlos, e ao meu amado filho, Emílio, que me iluminam, me inspiram todos os dias e me tornam uma pessoa melhor.

Agradecimentos

Agradeço primeiramente aos meus queridos professores do MBA (*Master in Business Administration*) da Universidade de Guelph, em Ontário, Canadá, que me apresentaram diversos conceitos e tendências do mercado de hotelaria e turismo, incluindo o significado de *Revenue Management*: Joseph Barth, Margaret Shaw, Steve Lynch, Clayton Barrows, Joan Flaherty, Marion Joppe e Brenda Kupferschmidt.

Agradeço principalmente à Hilton Hotels Corporation e ao seu time de Recursos Humanos da época – Edwin Zephirin, Mirta Rivera, Irma Andaya e Alexandra D'Onofrio –, pela oportunidade que tive de participar do programa de gerente *trainee* da empresa, com foco em gerenciamento de receita. A Hilton foi uma escola para mim nessa área, complementando meu aprendizado no mestrado. O convívio com diversos profissionais da área de RM propiciou-me vivenciar experiências riquíssimas de gerenciamento de receita na prática.

Agradecimentos especiais vão para Gilles Boccard (*in memoriam*), Maurício Richardson (*in memoriam*), Barry Burke (*in memoriam*), Chris Beumer, Louise St. Pierre, Michelle Luces, Edward Bungard, Paula Muniz, Priscila Yashiro, Adriana Ramos, Marília Pergola, Elaine Campos, Aline Rosolem, Ana Cristina Harumi, Phelipe Farah, Ivan Ayala, Dolores Ramos, Andres Korngold, Blanka Vlach e Kurt Weber.

Meu muito obrigada a Sascha Ellefred, Josee Boucher e Heinz Haufer, que apostaram em mim para ocupar a posição de *country manager* responsável pelo *startup* da hotel.info/hotel.de no Brasil, agência de turismo *on-line* que faz parte do HRS Group, na qual aprendi ainda mais sobre a abertura de uma empresa no Brasil e sobre o setor de distribuição de hotelaria. Agradeço também a Jorge Cordova, Bryan Estep e Noreen Henry, que me contrataram para o *startup* da Travelocity na América do Sul, agência de turismo *on-line* na qual convivi com um time de *revenue managers* do mercado *on-line* com o qual aprendi as métricas de retorno sobre investimento do *e-commerce*.

Agradeço, sobretudo, ao Senac São Paulo, pelo constante apoio neste projeto, com destaque para as equipes dos hotéis-escola em Águas de São Pedro e Campos do Jordão, e para Thaís Lisboa, Juliana Silva, Luiz Guasco e Vanessa Rodrigues.

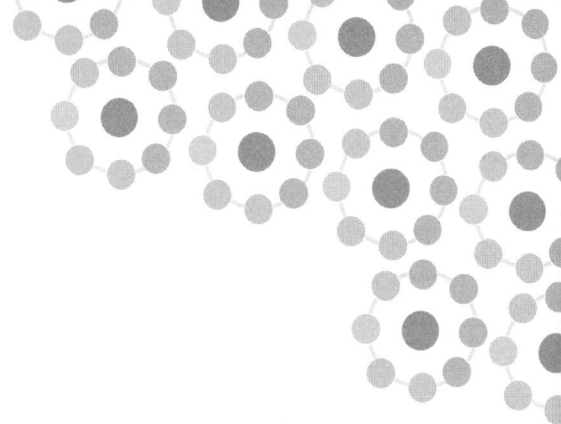

Apresentação

Este livro é resultado da vivência de uma profissional que trabalhou e aprendeu com *revenue managers* (gerenciadores de receita) dos Estados Unidos e da Europa e que conhece as características e necessidades do mercado brasileiro de serviços. Nem tudo o que funciona em outros países pode ser aplicado no Brasil. A execução com sucesso das técnicas de gerenciamento de receita no mercado nacional é, portanto, o objetivo desta publicação, e toda a sua estrutura está organizada para isso. O livro tem um foco estratégico que visa a uma aplicação prática por meio de análise de mercado, da tomada de decisões e de simulações para a maximização da receita.

O conteúdo foi desenvolvido muito mais em princípios de marketing (também conhecido como mercadologia) do que em modelos quantitativos e algoritmos, ainda que estes sejam apresentados de forma objetiva e sucinta para que funcionem como ferramentas de auxílio no processo decisório (por exemplo, probabilidade, regressão linear e modelos de otimização utilizados em cursos de gerenciamento de operações).

O *Revenue Management* (RM) pode ser aplicado para maximizar a receita de hotéis, *resorts*, pousadas, condo-hotéis, *time sharing*, *spas*, companhias aéreas, cruzeiros, trens, locadoras de carros (e de outros bens), empresas de transporte de carga (e outros bens), operadoras e agências de turismo, parques temáticos, cassinos, casas de *shows*, restaurantes, teatros, cinemas, campos de golfe, estádios de esportes, centros de convenções, salas de conferências, empresas de eventos, seguradoras, empresas de saúde, hospitais, atrações turísticas, empresas de entretenimento e de recreação e demais prestadores de serviço. No entanto, este livro está mais dirigido à hotelaria, área na qual tenho experiência de mais de quinze anos, tanto profissional quanto acadêmica. A partir dele, várias empresas do setor de serviços podem beneficiar-se das estratégias de gerenciamento de receita que fornecem vantagem competitiva, traduzida em importantes incrementos na receita e, portanto, na lucratividade da organização.

Os assuntos estão organizados em três partes, que estabelecem um percurso de (I) análise e planejamento de marketing, (II) desenvolvimento e implementação das estratégias de RM e (III) avaliação, controle e ajustes da estratégia implementada.

Dentro dessa proposta, a parte I analisa os conceitos fundamentais para a atuação e o planejamento do profissional de gerenciamento de receita. Assim, o capítulo 1 discorre sobre o mercado de serviços, o *mix* de marketing e as novas demandas surgidas com a Era da Experiência – o período em que vivemos atualmente. A Era da Experiência, aliás, é o exemplo de um dos componentes dos 8 Ps do *mix* de marketing: a experiência a ser revelada corresponde ao palco. Os capítulos 2, 3 e 4 obedecem a uma sequência indispensável ao gerenciador de receita em uma tomada de decisão: analisar "de fora para dentro". Portanto, o capítulo 2 apresenta os fatores externos aos quais o *revenue manager* precisa estar sempre atento: fatores políticos, econômicos, tecnológicos, ambientais e socioculturais. O capítulo 3 vem um pouco mais "para dentro" e explica fatores como o mercado, a concorrência, os fornecedores e o público consumidor. O capítulo 4, então, chega ao centro dessa abordagem e mostra como o profissional de RM deve analisar os fatores internos (os pontos fortes e fracos de sua empresa, as oportunidades e as ameaças). O capítulo 5 encerra a primeira parte abordando o "conhecimento dos consumidores", refletindo os Ps de pessoas e promoção. Conhecimento, aqui, não se refere apenas ao que a empresa sabe sobre seu público, mas também sobre o que o público conhece da empresa. É preciso entender essa "via de mão dupla" para praticar um RM eficiente.

A parte II se concentra no desenvolvimento e na implementação do gerenciamento de receita, e a organização dos capítulos deixa muito claro o que cada aspecto dessa implementação de RM representa dentro do *mix* de marketing. Assim, o capítulo 6 ("Segmentação de mercado") reflete os Ps de preço e promoção; o capítulo 7 ("Controle da capacidade do inventário"), o de produto; o capítulo 8 ("Previsão de demanda") e o 9 ("Estratégia de preços") refletem o preço; o capítulo 10 ("Canais de distribuição") reflete os Ps de processos e de praça.

A parte III apresenta o modo como o profissional de RM pode avaliar, controlar e ajustar o gerenciamento de receita adotado. E, aí, entram dois Ps do *mix* de marketing: o capítulo 11 ("Cultura organizacional") fala de pessoas; o 12 ("Avaliação de desempenho") aborda a produtividade.

Cada capítulo traz, em seu final, questões para reflexão que permitem ao leitor repassar o que foi ali tratado – e, assim, incorporar os conceitos em sua prática profissional.

Também são apresentadas sugestões de leitura sobre o tema daquele capítulo. Trata-se de *business cases* com uma breve "explicação" a respeito do que abordam e de suas valiosas contribuições para o entendimento do *Revenue Management*. A escolha dessa leitura foi intencional; por mais que alguns desses *cases* tenham sido escritos anos atrás, eles são de extrema importância para a aplicação do conteúdo na prática. A referência completa de cada sugestão é informada na bibliografia.

E, para encerrar, um olhar do mercado: entrevistas com especialistas em RM cujas trajetórias podem ser inspiradoras.

O mercado em que o profissional de RM atua é repleto de termos e expressões em inglês. Alguns deles são amplamente conhecidos; outros, nem tanto. Todos, porém, são de interesse para quem quer se atualizar em *Revenue Management*. O "Glossário" ao final do livro traz as traduções e aplicações dessas expressões em inglês e deve ser consultado durante toda a leitura. Também integram o glossário jargões e conceitos de relevância para o profissional de gerenciamento de receita, com ênfase na hotelaria.

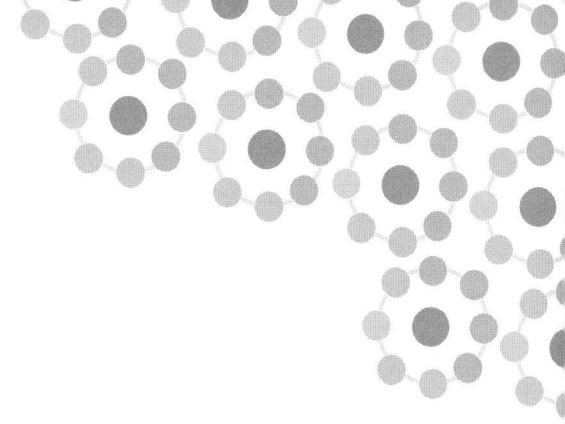

Introdução

Tudo começou na aviação

O que é *Revenue Management*? Segundo Robert Cross descreveu em seu livro Revenue Management: *maximização de receitas, táticas radicais para dominar o mercado* (1998, pp. 111 e 118), trata-se de uma ciência econômica e gerencial: "[o RM] estabelece e organiza fatos, princípios e métodos para, então, avaliar o desempenho, ciência que deve mudar a maneira como você vê sua empresa e gerencia os problemas essenciais de produto, oferta, demanda e preços". O *Revenue Management*, ou gerenciamento de receita, consiste em uma técnica de negócios que otimiza os preços dos serviços de uma empresa e suas decisões de disponibilidade a fim de maximizar a receita (Popescu, 2009).

Apesar de ser uma técnica conhecida e aplicada mundialmente, principalmente nos Estados Unidos e na Europa, ainda é tratada como nova no mercado brasileiro. As iniciativas que se conhecem ocorrem mais nas áreas de aviação e de hotelaria. Em outros setores de serviços, ainda é um recurso pouco explorado pelos gerentes.

Foi na área de aviação, aliás, que teve início o *Revenue Management*. Nesse setor, porém, ele tem outro nome: *Yield Management*. A palavra *yield* vem do setor aéreo e significa a quantidade de receita recebida por cada milha voada pelo passageiro que, multiplicada pela porcentagem de assentos vendidos – conceito conhecido como *load factor* –, resulta na receita de assentos total por voo. O *Yield Management* se originou da desregulamentação tarifária nos Estados Unidos, em 1978. Em 1980, a American Airlines desenvolveu um método estratégico para gerenciar a receita utilizando seu sistema computadorizado de reservas, o Sabre (que tinha sido criado vinte anos antes). O gerenciamento, feito com base em dados históricos armazenados no sistema (por exemplo, tipo de passageiro por dia de semana, tarifa paga por passageiro, momento da compra da passagem, entre outros), fez a companhia ganhar vantagem competitiva, criando valores diferentes para cada assento em cada voo e classes de tarifa com restrições distintas. O *Yield Management* gerou US$ 500 milhões de receita adicional por ano à American Airlines e provocou uma corrida ao desenvolvimento de sistemas de gerenciamento de receita por parte de outras companhias aéreas (Tranter, Stuart-Hill & Parker, 2009). Desde essa época, técnicas de *Yield Management,* por meio de sistemas informatizados, têm sido utilizadas pelas empresas de aviação para manter e conquistar mais participação de mercado, com crescimentos expressivos em lucratividade.

É importante ressaltar que não apenas o RM nasceu no setor aéreo como também várias técnicas precursoras de toda a indústria do turismo, como o gerenciamento da demanda e dos canais de distribuição e as estratégias para o comércio eletrônico. De certa forma, tudo se inicia na aviação – por conta do tamanho desse setor, do nível de produção, do valor das vendas e do grau de investimento que gera – e se move em direção aos outros setores da indústria de turismo.

No caso da indústria hoteleira, a incorporação do conceito de RM exigiu que as empresas superassem algumas barreiras conhecidas do setor, como tecnologia escassa, falta de dados históricos e de análise do *booking pace*, além do desconhecimento sobre estratégias de administração de receita levando em conta a duração da estadia em um hotel. A primeira rede a incorporar o *Revenue Management* foi a norte-americana

Marriott Corporation, em meados de 1990. O resultado das técnicas de RM em todos os seus hotéis gerou para a cadeia aproximadamente US$ 100 milhões em receita adicional nos primeiros anos de implementação (Tranter, Stuart-Hill & Parker, 2009).

Na sequência, várias outras redes de hotéis internacionais com sede nos Estados Unidos e na Europa passaram a praticar estratégias de RM. Ainda na década de 1990, essa evolução cresceu com o advento de sistemas específicos para o setor hoteleiro. Em seguida, foi adotada também no setor de aluguel de carros, por meio da precursora Hertz.

O gerenciamento de receita praticado pelo mercado acabou chegando a cursos de graduação e pós-graduação, embora a educação sobre o tema ainda possa ser considerada incipiente.

Algumas universidades oferecem cursos de RM, seja como parte de seu programa de MBA, seja como parte do curso de marketing ou de gerenciamento de operações. Nos Estados Unidos, há a Universidade de Cornell (em sua School of Hotel Administration), a Universidade de Columbia (por meio da Columbia Graduate School of Business), a Universidade de Stanford (pela Stanford Graduate School of Business), a Universidade de Maryland (pela Robert H. Smith School of Business), a Universidade de Carnegie Mellon (em sua Tepper School of Business). No Canadá, pode-se citar a Universidade de Western Ontario (pela Ivey School of Business); no Reino Unido, a Universidade de Lancaster (em sua Lancaster Management School); na França, o INSEAD (Institut Européen d'Administration des Affaires); e na Índia, o IIMA (Indian Institute of Management).

A School of Hotel Administration, da Universidade de Cornell, por exemplo, oferece cursos acadêmicos em RM desde 1994. Atualmente, há uma série de cinco cursos desenvolvidos pela renomada dra. Sheryl Kimes, que fornecem uma visão holística da aplicação dos conceitos e práticas de RM para a indústria de hotelaria. São eles: *Introduction to*

Hotel Revenue Management, uma introdução ao gerenciamento de receita em hotéis; *Forecasting and Availability Controls in Hotel Revenue Management*, com foco em previsão de demanda e controle de disponibilidade; *Pricing Strategy and Distribution Channels in Hotel Revenue Management*, centrado em estratégia de preços e canais de distribuição; *Overbooking Practices in Hotel Revenue Management*, com ênfase no gerenciamento de *overbooking*, e *Non-traditional Applications of Hotel Revenue Management*, dirigido a novas áreas para aplicação de RM.

A Hospitality Sales & Marketing Association International (HSMAI), com sede nos Estados Unidos, oferece uma certificação em *Revenue Management* chamada CRME (*Certified Revenue Management Executive*). Profissionais de diversos países que atuam com RM na indústria hoteleira e que atendam a qualificações mínimas podem fazer um exame para confirmar seu conhecimento, sua experiência e sua capacidade na área. O guia de estudo para o exame, incluído na taxa, chama-se *The Evolving Dynamics of Revenue Management: A Comprehensive Revenue Optimization Road Map for Hotel Owners, Operators and Practitioners* e foi desenvolvido pelo Conselho Consultivo de *Revenue Management* da HSMAI e publicado pela Fundação HSMAI em 2010.

Em junho de 2008, o Senac São Paulo e o FOHB (Fórum de Operadores Hoteleiros do Brasil) realizaram o 1º Seminário Internacional *Revenue Management* Hoteleiro, do qual participei como palestrante. O evento também contou com as presenças de Homero Muhlmann, Emanuel Baudart, Gustavo Alcure, Philip Schaetz, Chris Anderson e James Ruttley. O número expressivo de inscritos – mais de 350 – refletiu a necessidade de aprimoramento em RM no mercado de hotelaria nacional. Também em 2008, desenvolvi, para o Senac São Paulo, o primeiro curso de extensão universitária em *Revenue Management* do Brasil, já com várias turmas concluídas até hoje.

O esforço para incrementar a educação em RM no Brasil se deve ao fato de muitos profissionais aqui ainda trabalharem dentro de uma metodologia "importada". Os gerentes de receita em atividade no mercado brasileiro – e mesmo no sul-americano –, em geral, foram capacitados pelas próprias redes internacionais em que atuam. No entanto, a aplicabilidade desse modelo nem sempre funciona da maneira devida nas empresas brasileiras, por conta das diferenças culturais. Há uma necessidade latente de livros e cursos de *Revenue Management* voltados para o mercado nacional, a fim de preparar os futuros analistas e gerentes de receita de redes – principalmente as brasileiras –, além de empresas individuais e familiares do setor de serviços.

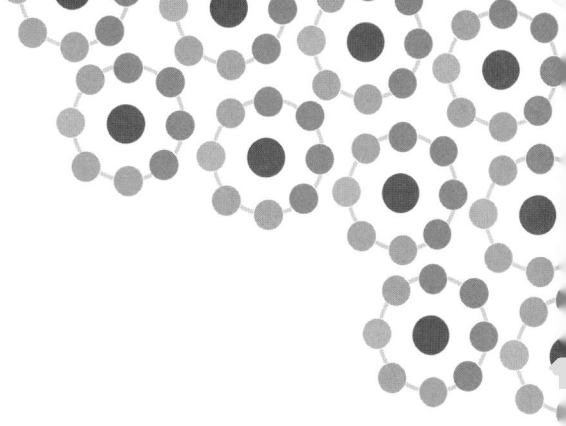

PARTE I
ANÁLISE E PLANEJAMENTO DE MARKETING

A parte I tem início com a apresentação de conceitos fundamentais para o entendimento do marketing, notadamente o de serviços (capítulo 1). Essa é a base para se compreender o percurso que propomos ao longo do livro:

I. Análise e planejamento de marketing.
II. Desenvolvimento e implementação das estratégias de *Revenue Management*.
III. Avaliação, controle e ajustes finais.

Existe uma forte integração entre as estratégias de *Revenue Management* e as estratégias de marketing. Durante um debate sobre essa integração, em 2009, na Universidade de Cornell – conhecida por seus estudos e publicações sobre RM –, Lisa Klein Pearo, membro da School of Hotel Administration, afirmou que o dilema estava em como maximizar a eficiência e a eficácia tanto do marketing quanto do RM, ou seja, como capturar a maior receita possível sem, contudo, comprometer a integridade da marca.

A análise de marketing começa pelo estudo dos fatores externos (político-regulamentar, econômico, tecnológico, ambiental e sociocultural), de modo a entender o *status quo* (capítulo 2). Depois, analisam-se o mercado em que está inserida a empresa, bem como seus concorrentes diretos e indiretos (capítulo 3). É necessário também um conhecimento dos fatores internos da empresa, ou seja, de seus pontos fortes e fracos, de suas ameaças e oportunidades, análise designada em inglês como SWOT (capítulo 4). Somente depois de uma análise de marketing assertiva é que uma empresa consegue definir qual é seu público-alvo, isto é, para quais clientes está interessada em vender seus produtos. Uma vez definido seu público-alvo, é necessário conhecê-lo profundamente (capítulo 5). O entendimento das percepções e expectativas do consumidor, bem como de seu comportamento estratégico, permite que a empresa consiga criar estratégias de RM efetivas para conquistá-los e, principalmente, mantê-los.

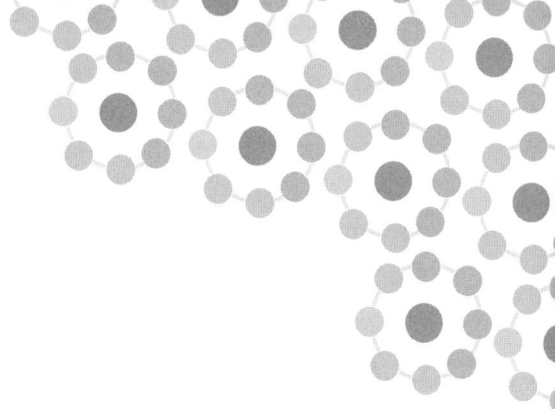

1
Conceitos de marketing de experiências

> Os economistas normalmente aglomeram as experiências com os serviços, mas as experiências são uma oferta econômica distinta, tão diferente de serviços como os serviços são de produtos.
> B. Joseph Pine II e James H. Gilmore, "Welcome to the Experience Economy"

O mercado de serviços e o RM

O *Revenue Management* é aplicado principalmente no marketing de serviços, portanto é fundamental entender esse mercado, que tem certas características que afetam qualquer plano de marketing: intangibilidade, inseparabilidade, variabilidade e perecibilidade.

Segundo Philip Kotler, em *Administração de marketing* (1989), essa intangibilidade dos serviços significa que não é possível vê-los, senti-los, prová-los, ouvi-los ou cheirá-los antes de adquiri-los. Portanto, a compra de um serviço é sempre incerta, e a qualidade do serviço é deduzida pelo consumidor a partir das evidências físicas relacionadas ao serviço, como o preço, os vendedores, o local de venda, os equipamentos, os materiais e os símbolos de comunicação. O desafio do gerenciamento de serviços é tornar tangíveis características abstratas, numa tentativa de conquistar e fidelizar o cliente.

A inseparabilidade indica que os serviços são consumidos ao serem produzidos, ou seja, existe uma simultaneidade de produção e consumo. Portanto, há uma personificação do serviço pela empresa – ou, mais especificamente, pelo funcionário que interage com o cliente. Por essa razão é tão importante a personalização dos serviços, para que o funcionário se engaje com o cliente de forma profissional, mas com um toque pessoal. Além disso, cada vez mais os clientes querem serviços rápidos e eficientes. Existe uma expectativa do tempo que a pessoa aceitará esperar por um serviço; por isso, a velocidade é essencial (Lovelock & Wright, 2001).

A variabilidade significa que os serviços são extremamente variáveis, por serem prestados por seres humanos diferentes em todos os aspectos, ainda que treinados para fazer um atendimento com a mesma qualidade e o mesmo padrão. Além disso, os serviços são consumidos por clientes distintos, em momentos e locais díspares. Na verdade, o valor do serviço é determinado pela percepção do cliente quanto ao serviço prestado, por sua realidade, com base no atendimento ou não de suas expectativas e necessidades.

Aqui é interessante comentar que o que ocorre em qualquer tipo de contato do cliente com o funcionário ou com a empresa é um Momento da Verdade. Segundo Karl Albrecht (1993, p. 108), o Momento da Verdade consiste em "qualquer episódio no qual o cliente entra em contato com algum aspecto da organização e obtém uma impressão de seus serviços". Todos na empresa praticam Momentos da Verdade o tempo todo, e a responsabilidade de cada um é imensa, afinal é possível causar um Momento da Verdade encantador, mecânico ou trágico. Cada funcionário, quando interage com um cliente, tem a capacidade de fidelizá-lo à empresa ou afastá-lo dela. Assim, todo o time deve estar voltado para a mesma meta e treinado para prestar o melhor atendimento possível.

A fim de que essas particularidades dos serviços sejam plenamente observadas, é fundamental que uma empresa efetue:

- um recrutamento eficaz de seus prestadores, com definição clara das habilidades necessárias;

- uma seleção íntegra de funcionários com atitude correta, pois é possível treinar uma pessoa a fazer quase qualquer coisa, contudo ética e valores pessoais não podem ser ensinados – vêm "de berço";
- um treinamento eficiente de respostas apropriadas a cada situação;
- um monitoramento constante da satisfação dos clientes.

Esse assunto será aprofundado no capítulo 11 ("Cultura organizacional").

Voltando às características dos serviços definidas por Kotler (1989), há a perecibilidade, significando que não há como estocar os serviços. Logo, uma empresa no mercado de serviços tem o desafio de estabelecer um equilíbrio entre a demanda e a oferta. É nesse ponto que o *Revenue Management* pode contribuir mais fortemente, afinal:

- pela venda antecipada, é possível ter uma previsão de demanda;
- pela diferenciação de preços, é possível transferir reservas de períodos de alta para períodos de baixa demanda;
- pela criação de pacotes especiais, é possível gerar demanda para períodos de baixa demanda.

O RM surgiu para o gerenciamento de serviços, mas sua aplicação pode se estender também a produtos. Segundo Cross (1998, p. 93), "o grau necessário de sofisticação do RM é uma função do valor de um produto e da rapidez de sua perecibilidade". De acordo com Cross, o conceito de oportunidade perecível afeta vários negócios, e, para a maximização da receita, as empresas devem captar as necessidades e expectativas do cliente e vender seu produto ou serviço enquanto ainda há valor para o cliente. Algumas empresas da área de comércio e moda, por exemplo, já se utilizam do RM: é chamado de *Markdown Revenue Management*, ou seja, o preço de um produto no momento de seu lançamento é o mais alto possível. Conforme o tempo vai passando, o valor vai diminuindo, de acordo com a demanda. Para saber se o RM se aplica ou não a uma empresa, é preciso avaliar as necessidades de mercado e, então, definir as etapas do projeto de gerenciamento de receita a ser implementado.

O RM pode ser pode ser refinado, estendido e aplicado a qualquer segmento de negócio que apresente todas estas nove características simultaneamente: (1) capacidade fixa de inventário; (2) inventário perecível; (3) demanda variável e flutuante no tempo; (4) venda antecipada de serviços; (5) segmentação de mercado; (6) comportamento incerto do cliente; (7) classes de tarifas fixas e diferenciadas; (8) custos fixos altos; e (9) custos variáveis baixos.

Segundo Chris Anderson, em seu curso Gerenciamento de Receitas (ministrado no Senac São Paulo em março de 2012, numa parceria com a Universidade de Cornell), o objetivo final do RM é maximizar a RevPATI – ou seja, a receita por unidade de inventário com base no tempo disponível. Isso quer dizer o valor médio por unidade de inventário *versus* o tempo de uso da capacidade de inventário. Embora a utilização do *Revenue Management* seja mais disseminada na hotelaria, também podem utilizar-se dos conceitos e práticas de RM empresas como restaurantes, espaços de eventos, *spas*, companhias de aluguel de carros, campos de golfe, hospitais, além de profissionais liberais, como médicos, advogados, contadores e consultores.

Um dentista, por exemplo, poderia cobrar uma porcentagem do valor do atendimento toda vez que um cliente marcasse uma consulta, não ligasse para desmarcá-la e simplesmente não comparecesse no seu horário, porque, mesmo o cliente não recebendo um serviço, o dentista reservou um horário disponível para ele e, portanto, não agendou outra pessoa. Como o cliente não compareceu, o dentista perdeu a possibilidade da venda de um serviço; o cliente omisso, então, deveria pagar por isso.

O gerenciamento de receita é aplicado – muitas vezes de forma intuitiva – por salões de diversos serviços. Por exemplo, um salão de beleza num centro empresarial de São Paulo percebeu que o período do almoço era o mais disputado pelas executivas dos escritórios da região, a ponto de haver fila de espera do lado de fora por uma oportunidade de "fazer a mão". A administração do salão rapidamente se adaptou à demanda, criando, de segunda a sexta, um preço *premium* no horário do almoço (das 11h às 14h30) e um preço promocional nos horários de baixa demanda (das 9h30 às 11h e das 14h30 às 17h).

O *mix* de marketing

No marketing de serviços devem ser considerados oito princípios básicos, chamados de 8 Ps.

Além dos tradicionais 4 Ps de Philip Kotler para o mercado de produtos – produto, preço, praça e promoção –, foram criados depois 3 Ps para o mercado de serviços: processos, pessoas e palco. Mais recentemente, os acadêmicos e especialistas adicionaram um oitavo P: produtividade (Lovelock & Wirtz, 2007).

Ao aplicar esses conceitos em *Revenue Management*, é possível fazer algumas associações, conforme mostra a figura 1.1.

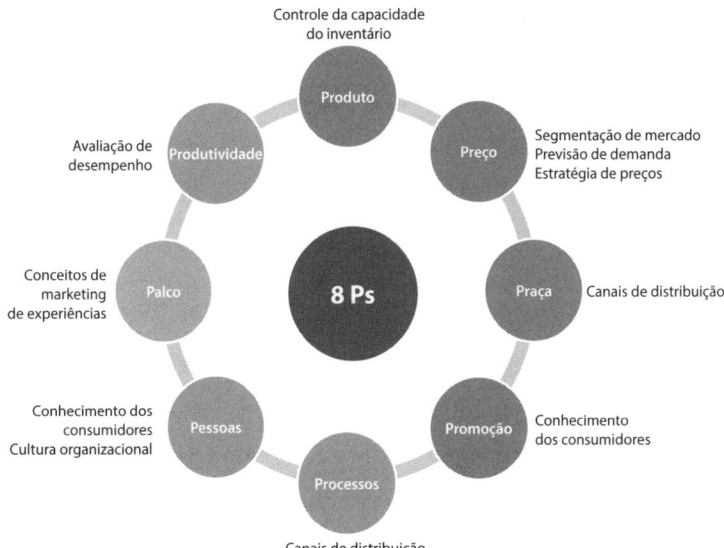

Figura 1.1. Os 8 Ps do *mix* de marketing aplicados ao *Revenue Management*.
Fonte: a autora.

Produto, para o mercado de serviços, é sua unidade de inventário, dependente, portanto, de sua capacidade de inventário e da disponibilidade do serviço. Cada serviço tem suas características, seus benefícios e seu valor gerado para o cliente. Esse assunto será discutido mais detalhadamente no capítulo 7 ("Controle da capacidade do inventário").

Preço corresponde ao valor que a empresa cobra por seu serviço, levando em consideração custos e margens, tempo e conveniência, dependendo obviamente de sua previsão de demanda e de sua estratégia de preços por segmento de mercado. Esses temas serão aprofundados nos capítulos 6 ("Segmentação de mercado"), 8 ("Previsão de demanda") e 9 ("Estratégia de preços").

Praça consiste nos pontos de venda onde o serviço é entregue ao cliente, ou seja, seus canais de distribuição *on-line* e *off-line*, levando em consideração velocidade e conveniência. Essa distribuição pode ser feita diretamente ao consumidor final (*Business to Consumer*, ou B2C) ou por meio de empresas intermediárias (*Business to Business to Consumer*, ou B2B2C), via retenção de uma porcentagem preestabelecida do valor do serviço. Esse assunto será mais detalhado no capítulo 10 ("Canais de distribuição").

Promoção tem a ver com a comunicação educacional para clientes, principalmente os novos e potenciais, sobre os benefícios do serviço e informações de como adquiri-los. Essa comunicação é feita pessoalmente, de forma persuasiva, por vendedores ou treinadores, com auxílio de CRM (*Customer Relationship Management*, ou Gerenciamento de Relacionamento com o Cliente) e *Database Marketing* e/ ou por meio de canais de distribuição *on-line* e *off-line*. Esse assunto também estará tratado com maior profundidade no capítulo 5 ("Conhecimento dos consumidores").

Processos constituem o modo como a empresa estabelece a maneira pela qual o serviço será entregue ao cliente, por meio de sistemas operacionais de serviço e da tecnologia da informação. A implementação de processos eficazes é vital para a qualidade do serviço. O tema da tecnologia da informação será abordado em mais detalhes no capítulo 10 ("Canais de distribuição").

Pessoas são os clientes internos e externos da empresa, ou seja, tanto os funcionários que produzem o serviço quanto os consumidores que o consomem. "A natureza dessas interações influencia muito as percepções da qualidade do serviço pelo cliente" (Fitzsimmons & Fitzsimmons, 2001, p. 29). Aqui entra o trabalho do Departamento de Recursos Humanos na seleção, no recrutamento, no treinamento, na motivação e no incentivo aos colaboradores, principalmente (mas não apenas) aqueles que têm contato direto com os consumidores. Esse assunto será aprofundado no capítulo 11 ("Cultura organizacional"). Com relação aos clientes externos, há o comportamento estratégico do consumidor, descrito por Chris Anderson em seu artigo de mesmo nome (Anderson, Wilson & Kim, 2006). Mais sobre esse tema no capítulo 5 ("Conhecimento dos consumidores").

Palco é a evidência tangível, a aparência do local que indica a qualidade do serviço de uma empresa. O ambiente físico tem um impacto profundo sobre as impressões, a experiência a ser revelada e a expectativa dos clientes, lembrando que a sua percepção é a realidade. Mais sobre esse assunto no item "A Era da Experiência", neste capítulo.

Produtividade tem de andar lado a lado com a qualidade. Por essa razão, além de minimizar os custos e maximizar a receita, uma empresa deve sempre manter – ou até mesmo melhorar – seus níveis de serviço, a fim de se diferenciar e fidelizar o cliente. Esse tema será contemplado no capítulo 12 ("Avaliação de desempenho").

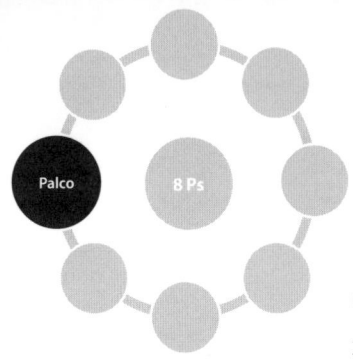

A Era da Experiência

A definição mais "clássica" do RM vem de Kimes (1994), ao afirmar que o *Revenue Management* é um método que pode ajudar uma empresa a vender o serviço certo ao cliente certo, na hora certa, pelo preço certo; orienta a decisão de como alocar as unidades do inventário à demanda disponível, a fim de maximizar a receita. A questão é quanto se deve vender, a que preço e a que segmento de mercado.

Essas palavras costumam ser muito citadas, porém pouco interpretadas. Para vender o serviço certo, é necessário controlar com eficácia a capacidade de inventário e a disponibilidade de serviço. Para vender ao cliente certo, é preciso haver uma correta segmentação de mercado. Para vender na hora certa, é fundamental estabelecer uma previsão de demanda exata. E, para vender pelo preço certo, é essencial desenvolver uma estratégia de preços funcional.

Mas essa definição pode até ser ajustada, pois o RM ajuda também uma empresa a vender a experiência certa pelo canal de distribuição correto. Assim, o *Revenue Management* é um método que pode ajudar uma empresa a vender a experiência certa ao cliente certo, na hora certa, pelo preço certo e pelo canal certo.

E o que é uma experiência? Em 1998, a *Harvard Business Review* publicou um artigo no qual os autores – Joseph Pine II e James H. Gilmore – explicavam as distintas fases da "progressão de valor econômico". Primeiramente, na economia agrária, eram extraídos itens fungíveis da natureza, armazenados em grande quantidade, vendidos por meio de suas características por um comerciante a um mercado. Depois, na economia industrial, produziam-se produtos padronizados e tangíveis; após produzidos, passavam por inventário e eram estocados, a fim de serem vendidos por meio de seus aspectos por um fabricante a um usuário. Posteriormente, na economia dos serviços, serviços intangíveis e personalizados passaram a ser entregues de acordo com a demanda por um provedor a um cliente, com base em seus benefícios. Finalmente, na economia da experiência, experiências memoráveis e pessoais são encenadas e reveladas ao longo de um período por um ator a um convidado, sendo o fator principal de demanda as sensações experienciadas.

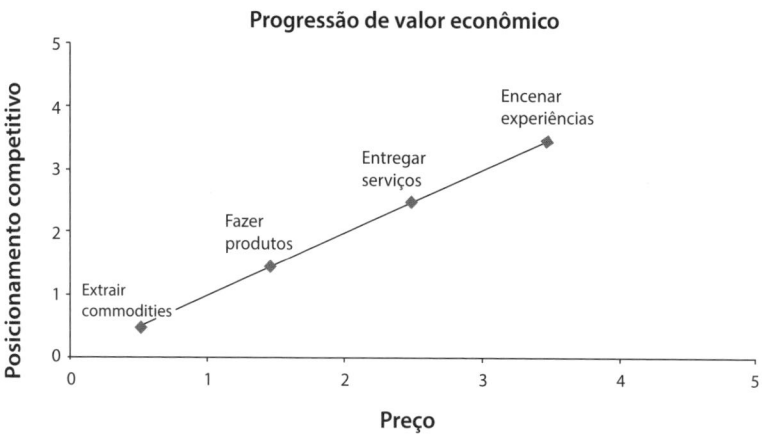

Gráfico 1.1. Progressão de valor econômico.
Fonte: adaptada de Pine II e Gilmore (1998, p. 98).

Distinções Econômicas

Oferta econômica	Commodities	Produtos	Serviços	Experiências
Economia	Agrária	Industrial	Serviço	Experiência
Função Econômica	Extrair	Produzir	Entregar	Encenar
Natureza da oferta	Fungível	Tangível	Intangível	Memorável
Atributo principal	Natural	Padronizado	Personalizado	Pessoal
Método de fornecimento	Armazenado em grande quantidade	Inventariado depois da produção	Entregue conforme demanda	Revelado ao longo de um período
Vendedor	Comerciante	Fabricante	Provedor	Encenador/ator
Comprador	Mercado	Usuário	Cliente	Hóspede
Fatores de demanda	Características	Aspectos	Benefícios	Sensações

Quadro 1.1. Distinções econômicas.
Fonte: adaptada de Pine II & Gilmore (1998, p. 98).

Assim, a experiência se refere a quando uma empresa usa intencionalmente seus serviços como palco e seus produtos como adereços a fim de engajar seus clientes, criando um momento memorável (Pine II & Gilmore, 1998). O precursor da Era da Experiência foi Walt Disney, ao criar seu primeiro parque temático, a Disneyland, em Anaheim, Califórnia, em 1955. O sucesso se repetiu com a abertura do Walt Disney World Resort e seu Magic Kingdom, em 1971, em Orlando, Flórida. Para se renovar, a empresa segue criando novas atrações e novos parques.

Walt Disney percebeu a importância de engajar seus consumidores de uma forma pessoal, emocional e mágica – cobrando uma taxa de admissão por isso. Nos parques da Disney, os serviços e os produtos básicos, suas histórias e personagens, formam o palco para uma experiência de diversão única, transformando um simples passeio em um brinquedo de parque infantil em uma atração incrível, criando uma pausa na vida frenética das pessoas, pela qual os consumidores cativados têm o prazer de pagar.

Além disso, na Disney, os funcionários são chamados de *cast members* (membros do elenco), e os clientes, de *guests* (convidados). Todas as áreas do parque restritas aos funcionários são denominadas *backstage* (bastidores), e as áreas de acesso ao público, *on stage* (palco), indicando que os membros do elenco, ao pisarem nesses locais, já estão encenando a peça, como atores. Os quatro princípios básicos de qualidade, chaves para o sucesso da empresa, seguidos por todos os membros do elenco Disney, são segurança, cortesia, *show* e eficiência. Nos parques temáticos, os convidados têm participação ativa e imersão total no *show*, possibilitando um valioso escapismo.

Para criar um *design* da experiência, existem cinco princípios-chave, de acordo com Pine II e Gilmore (1998):

1. Dar um tema à experiência.
2. Engajar os cinco sentidos.
3. Harmonizar impressões com sinais positivos.

4. Eliminar os sinais negativos.

5. Adicionar *memorabilia*, ou seja, itens associados a personagens ou eventos importantes, considerados dignos de memória e que se tornam objetos de colecionadores.

Quem já foi a algum parque da Disney entende exatamente como funcionam esses princípios. Por exemplo, ao entrar no Magic Kingdom no momento de abertura do parque – cujo tema é o encanto dos contos de fadas, iconizado pelo enorme Castelo da Cinderela –, o convidado vê os personagens da Disney chegando de trenzinho maria-fumaça para receber as famílias. Então, pais e filhos emocionados abraçam os personagens da turma do Mickey, ao som da música tema de um de seus filmes favoritos, para depois caminhar pela Main Street, sentir o cheiro dos pãezinhos de canela recém-saídos do forno e experimentá-los na padaria local. Enquanto caminham pelas ruas do parque, os convidados encontram membros do elenco que lhes recebem com um sorriso e uma saudação diferente, adaptada à "terra" onde estão (*Adventureland, Fantasyland, Frontierland, Liberty Square, Main Street USA* e *Tomorrowland*). Os convidados não verão nenhum tipo de lixo fora das lixeiras, porque todo e qualquer membro do elenco, do lixeiro ao gerente, é treinado para recolher qualquer tipo de objeto fora do lugar que comprometa o *show* (afinal, em qual conto de fadas existe lixo no chão?). Ao sair de cada atração tematizada, ninguém resiste à tentação de comprar uma lembrança física daquele momento, em comemoração à experiência, que pode ser encarnada em um bichinho de pelúcia ou em um moletom de seu personagem favorito. Quem já foi para a Disney sabe que essas memórias são para sempre.

Outras empresas, além das do ramo de entretenimento, já exploram criativamente o conceito de experiência, como restaurantes temáticos (por exemplo, *Rain Forest Café, Hard Rock Cafe* e *Planet Hollywood*) e lojas de artigos esportivos (*NikeTown*, da Nike). Contudo, segundo Pine II e Gilmore (1998), essas empresas ainda não atingiram a maturidade da economia da experiência, porque não cobram a entrada em seus estabelecimentos. Caso quisessem cobrar, precisariam criar novas e mais ricas experiências.

Fotos 1.1. Em julho de 2013, o Club Med – rede de resorts *premium* e *all inclusive* – lançou no Brasil uma campanha publicitária mundial da marca que exemplifica com perfeição o conceito de experiência. Por meio do *slogan* "Como é a felicidade para você?", a campanha destacava o cliente como ator principal na experiência de felicidade, utilizando-se de imagens lúdicas provenientes dos sonhos para as peças da campanha, cujos visuais destacam a intensidade e a singularidade dos momentos vividos nas propriedades Club Med.

Para colocar em prática a frase "O *Revenue Management* é um método que pode ajudar uma empresa a vender a experiência certa ao cliente certo, na hora certa, pelo preço certo e pelo canal certo", primeiramente é preciso entender quais são as características do mercado de serviços que tornam o RM tão necessário (vistas anteriormente). Então, devem-se analisar os princípios e os aspectos relevantes sobre o conceito de gerenciamento de receita – isso será feito nos próximos capítulos deste livro.

Questões para reflexão e aplicação

1. Observe estabelecimentos que você frequenta no dia a dia e que já praticam técnicas de *Revenue Management*. Quais são as estratégias que utilizam e por quê?
2. Identifique empresas não convencionais na utilização do RM nas quais essa estratégia está sendo aplicada e procure descrever como o gerenciamento de preço, tempo e espaço pode ser utilizado para maximizar a receita em diferentes contextos.
3. Relembre e descreva uma experiência marcante que você teve como consumidor. Qual foi a empresa que proporcionou essa experiência e como fez para causar essas sensações inesquecíveis em você?

Sugestões de casos

Metters, Vargas e Weaver (2009, pp. 124-129). O caso da Motherland Air é um jogo para ser realizado em sala de aula e proporciona aos alunos uma experiência de primeira mão em gestão de receitas. Nele, os alunos têm a oportunidade de se preparar com antecedência e trabalhar em equipe. Durante o exercício, os alunos fazem e revisam as decisões de preços e nível de proteção ao longo de seis meses, horizonte de tempo pré-partida de dois voos simulados. O caso fornece uma introdução aos sistemas de reserva, *overbooking* e políticas de preço.

Smith, Leimkuhler e Darrow (1992, pp. 8-31). Este caso se concentra em um dos subproblemas específicos do gerenciamento de receita: a distribuição dos assentos com desconto em uma companhia aérea. O problema é complicado pela imprevisibilidade da demanda, o que, por sua vez, é causada pelos preços dos assentos, os valores cobrados pelos concorrentes, as variações no clima, e muitos outros fatores. Escolher o número "certo" de assentos com desconto envolve compensações. Se muitos assentos com desconto forem atribuídos em seguida, alguns passageiros que estariam dispostos a pagar uma tarifa mais alta irão voar a um preço reduzido. Se poucos assentos com desconto forem atribuídos, a companhia aérea correrá o risco de voar com assentos vazios, uma vez que alguns passageiros podem não estar dispostos a pagar a tarifa cheia.

••• OLHAR DO MERCADO

ENTREVISTA COM JEFERSON TOKUDA

1. EM SUA OPINIÃO, O QUE É *REVENUE MANAGEMENT*?

Revenue Management ou gerenciamento de receita, mais do que uma ciência para a maximização das receitas de um negócio, é uma cultura, envolvendo todos os colaboradores de uma organização. É uma análise racional de como vender o serviço mais adequado focando o cliente certo, no momento oportuno, pelo preço justo, de acordo com o princípio da oferta e da procura. No entanto, é preciso olhar para fora da organização, levando em consideração os fatores externos como o mercado, a concorrência, a economia, a política, os fatores sociais e culturais. Dessa forma, é possível maximizar a receita de forma organizada e fundamentada, evitando a perda de receita desnecessária.

2. COMO SE DESENVOLVEU SUA TRAJETÓRIA PROFISSIONAL ATÉ SUA ENTRADA NO CAMPO DE RM?

A minha trajetória profissional sempre foi focada na hotelaria. Iniciei minha carreira como estagiário de recepção em um *flat*. Depois parti para uma conceituada rede hoteleira como estagiário de recepção, sendo promovido após três meses para recepcionista. Em seguida, fui trabalhar em uma rede hoteleira norte-americana, em que atuei como recepcionista, agente de reservas, assistente de vendas e, finalmente, assistente de receitas. Trabalhar em vários departamentos de um hotel me deu condições de ocupar o cargo, criado na época para suprir uma demanda crescente pela maximização das receitas de hospedagem, por possibilitar a visão do hotel como um todo, e não de forma fragmentada. Além disso, a minha vivência nessa área resultou em um convite por parte do Senac para ministrar o curso de extensão universitária *Revenue Management* – Gerenciamento de Receita.

3. QUAIS SÃO/FORAM SUAS MAIORES RESPONSABILIDADES COMO GERENTE DE RECEITA?

Como assistente de receitas, fui responsável pela implantação do *Revenue Management* no hotel em que trabalhava, o que representou um grande desafio ao quebrar paradigmas, inserindo uma nova cultura, um novo olhar sobre o empreendimento hoteleiro como um todo. Além disso, fui responsável pela análise estatística da concorrência; pela apresentação de relatórios diários, semanais, mensais, semestrais e anuais; pelo auxílio na elaboração de planos de vendas e marketing; pelo desenvolvimento de campanhas promocionais, pacotes e estratégias para a captação de receita e pelo monitoramento das tendências de concorrência e mercado. Outra frente de trabalho envolveu o *e-commerce*, quando atuei no desenvolvimento das estratégias de marketing digital (gestão de conteúdo e funcionalidades do *website* do hotel e nos canais eletrônicos de distribuição, redes sociais, análise do Google Analytics e monitoramento de performance) nos departamentos de Reservas e Recepção, inserindo um novo *approach* na venda das diárias hoteleiras por meio da cultura de *Revenue Management*.

4. COMO O RM SE DESENVOLVEU E SE ENCAIXA NA EMPRESA EM QUE VOCÊ ATUA/ATUOU COMO GERENTE DE RECEITA?

O *Revenue Management* foi instituído no hotel em que trabalhava por decisão da matriz norte-americana, e, pela minha experiência adquirida no empreendimento, fui escolhido para atuar nessa área, sendo responsável pela sua implantação, em conjunto com o gerente regional de receitas e o gerente geral. Por ser um cargo recém-criado na época, tive todo o respaldo e a autonomia por parte desses profissionais para criar uma rotina de trabalho e responsabilidades, adaptando as diretrizes da matriz para o contexto brasileiro. Participei de treinamentos e cursos internos e externos de RM, criei um manual de procedimentos, além da descrição de cargo. A implantação ocorreu em etapas, iniciando com a revisão das grades tarifárias e com a criação das tarifas flutuantes. Em seguida, foram revisados a segmentação e todo o *property management system* (PMS). Também foram criados relatórios e estratégias para a maximização de receitas. Logo depois, o *website* do hotel foi reformulado, seguindo as tendências de marketing *on-line*; as redes sociais ganharam importância, e outros relatórios foram englobados. Além disso, o plano de ação anual da empresa e as reuniões gerenciais ganharam novo enfoque com o RM. Dessa forma, o gerenciamento de receitas se tornou uma atividade essencial e importante para a empresa, já integrado à rotina do hotel.

5. QUAIS SÃO AS MAIORES DIFICULDADES ENFRENTADAS POR UM GERENTE DE RECEITA ATUALMENTE?

Mesmo com a difusão do *Revenue Management* na hotelaria, o gerente de receita ainda enfrenta dificuldades como a aceitação das tarifas flutuantes pelas agências de turismo, principalmente as de pequeno porte, e pelas operadoras de turismo, estas últimas por trabalharem com pacotes (com preços já fechados previamente). O crescimento do *e-commerce* pelas OTAs (*On-line Travel Agency*, ou Agência de Viagem *On-line*) tornou-se um dilema para o gerente de receita, principalmente para os *sites* de reservas *on-line*, que trabalham com *markup*, por não poderem controlar uma possível variação (no percentual). Vale lembrar que é preciso ter certa precaução para não disponibilizar demasiado inventário, para não se tornar refém desses *sites*. Além disso, o crescimento dos *sites* de compras coletivas também tem colocado em xeque o trabalho do gerente de receita, por priorizar apenas a venda por volume, com preço baixo, depreciando rapidamente o empreendimento hoteleiro.

6. EM SUA OPINIÃO, QUAIS SÃO AS TENDÊNCIAS EM RM?

As tendências em *Revenue Management* estão relacionadas à sua aplicação em outras áreas que não a hotelaria e a aviação, por exemplo: eventos (salas e banquetes), transporte (ônibus), estádios de futebol, espetáculos, estacionamentos, restaurantes, *spas*, ou seja, tudo o que envolve a venda de serviços ou produtos perecíveis.

7. QUAIS CONSELHOS VOCÊ PODE DAR A ESTUDANTES E PROFISSIONAIS QUE PRETENDEM INGRESSAR NO CAMPO DE RM?

RM é um campo em constante transformação, pois envolve a oferta (mercado) e a demanda (clientes). Por esse motivo, mantenham-se informados e atualizados sobre o mercado, assim como sobre os fatores externos e internos da empresa. Participem de cursos e treinamentos da área e de assuntos correlacionados. Se pretendem ingressar em RM na hotelaria, aconselho a trabalhar previamente em Recepção, Reservas, Vendas e Marketing, pois são departamentos interdependentes. Dessa forma, o profissional terá maior êxito ao elaborar estratégias de maximização de receitas, por conhecer melhor as outras áreas do hotel.

8. QUAIS ARTIGOS, LIVROS E CURSOS VOCÊ RECOMENDA PARA QUEM QUER SEGUIR NA ÁREA DE RM?

Uma leitura obrigatória para quem quer seguir na área de RM é *Revenue Management: maximização de receitas, táticas radicais para dominar o mercado*, de Robert Cross. Infelizmente, carecemos de publicações voltadas para RM. Por esse motivo, aconselho que acessem o *site* Hôtelier News e o blog da Gabriela Otto, pois são fontes de informações atuais e interessantes sobre o assunto. No *site* da Universidade de Cornell é possível encontrar artigos e relatórios dessa área. Basta se cadastrar para baixar os arquivos em PDF. Com relação aos programas de estudos, o Senac oferece um curso de extensão universitária em RM. Além desse, a Gabriela Otto, por meio de sua consultoria, oferece um curso de gerenciamento de receitas. Também estou ciente de que a empresa IdeaS organiza palestras e treinamentos na área de RM, além de disponibilizar materiais *on-line*.

2
Análise de fatores externos

> Quando o mercado muda rapidamente – gerando incertezas causadas pelas novas circunstâncias –, as empresas necessitam reagir rapidamente, o que significa desenvolver a capacidade de analisar as mudanças na velocidade da própria mudança. [...] As tomadas de decisões precisam alcançar, ou muitas vezes ultrapassar, o ritmo das mudanças da economia, da concorrência, do gosto dos consumidores e dos aspectos demográficos.
> Robert Cross, *Revenue Management: maximização de receitas, táticas radicais para dominar o mercado*

Barreiras à entrada

As tendências de turismo e hotelaria são influenciadas por uma variedade de fatores externos incontroláveis – de ordem política, legal, econômica, tecnológica, demográfica e sociocultural – e afetadas por mudanças nas práticas de negócios e por competição incerta (Page *et al.*, 2001). Além desses fatores, atualmente se sabe que outros, como os ambientais e os ecológicos, afetam consideravelmente todos os segmentos, principalmente o de hospedagem, por meio do conceito de sustentabilidade.

Para planejar estrategicamente, uma empresa tem de estar ciente não só das Cinco Forças de Porter (capítulo 3, "Análise do mercado e da concorrência") como também das mudanças políticas, regulatórias, econômicas, tecnológicas, ambientais e sociais do ambiente externo, para detectar oportunidades e ameaças. Alterações macroeconômicas a curto prazo criam mudanças de demanda temporárias, e mudanças estruturais permanentes acontecem com grandes alterações nas condições tecnológicas, econômicas e políticas, bem como nas normas sociais e culturais. Essas modificações podem ser vistas como uma ameaça às empresas estabelecidas e como uma oportunidade para novos competidores (Hill & Jones, 2004).

Existem publicações brasileiras que estudam e documentam sua evolução, apresentando e analisando o desempenho nos principais mercados nacionais, como o *Panorama da Hotelaria Brasileira*. Esse estudo divulga fatos que direcionam os mercados hoteleiros do país, antecipando ameaças e identificando oportunidades.

Esses fatores externos serão analisados um a um, além do modo como eles podem constituir uma barreira à entrada e à permanência de empresas na indústria hoteleira.

Fatores político-regulamentares

A condição do desenvolvimento de um país depende do tamanho de seu mercado, do índice de crescimento do mercado, da produtividade da mão de obra, da qualidade da infraestrutura, da estabilidade política, da eficiência de suas instituições econômicas, do clima e da cultura dos negócios. Investindo em saúde, educação e segurança, uma nação pode alcançar seu "desenvolvimento humano", que ocorre quando uma maior parte da população expande seus horizontes e faz escolhas sobre suas vidas, reduzindo a pobreza e aumentando o acesso a recursos econômicos e serviços sociais (UNDP *apud* Sanoir, 1999).

Muitos dos serviços nos quais o turismo se baseia são providenciados e controlados pelo governo, como utilidades públicas, transporte e financiamento. Inibindo o turismo estão fatores como a falta de infraestrutura básica, de informações turísticas, de banheiros públicos e de boas vias rodoviárias, além do custo elevado de passagens aéreas, de padrões baixos nos aeroportos, de congestionamento de trânsito, das preocupações sobre segurança e da exploração dos turistas. Mesmo que o governo brasileiro tenha prioridades que se colocam à frente do turismo – como saúde, educação e segurança –, para competir numa escala global, a nação precisa de comprometimento governamental no que se refere à infraestrutura, treinamento e educação para o turismo, pesquisa de mercado e campanhas de promoção. Por meio da criação de uma cultura forte do turismo, a inovação pode ser promovida de modo a criar e manter uma vantagem competitiva entre outros destinos (Santana, 2000).

Foto 2.1. O apoio de órgãos federais, governamentais e municipais é imprescindível para fomentar a demanda turística para a região. Por meio desta peça publicitária, a Prefeitura de Recife destaca que a cidade é muito mais que a capital de Pernambuco; é a capital do frevo, do maracatu, do mangue *beat*, entre outros atributos, além das belezas naturais. A peça enaltece os pontos propícios para o turismo naquela localidade e convida o leitor a conhecer o destino.

Um exemplo de incentivo governamental é o Programa "Viaja Mais Melhor Idade", componente do Programa "Viaja Mais", criado pelo Ministério do Turismo em 2007, com dois intuitos: promover a inclusão social por meio do turismo, pelo acesso do público idoso às viagens de lazer, e incentivar o turismo interno, estimulando aposentados, pensionistas e maiores de 60 anos a aproveitar o tempo livre para viajar pelo país. O programa oferecia, então, pacotes customizados para viagens em grupos com origens e destinos específicos, serviços diferenciados, ofertas de meios de hospedagem em todo o Brasil e concessão de uma linha de crédito consignado.

O objetivo da incorporação de segmentos especiais de demanda no mercado interno do turismo, incluindo os idosos, é incitar a adoção de programas de descontos e o auxílio de deslocamentos e de hospedagem, além do aproveitamento dos produtos turísticos em geral. Essa assimilação está prevista no artigo 6º da Lei nº 11.771, de 17 de setembro de 2008, que dispõe sobre a Política Nacional de Turismo.

Em 2010, nove operadoras de turismo trabalharam com o programa; cerca de 2 mil agências estavam cadastradas, e mais de 2 mil meios de hospedagem estavam disponíveis em 588 cidades brasileiras, disponibilizando mais de 217 mil leitos. As diárias médias de 2010 ficaram cotadas em R$ 98,07 (solteiro) e R$ 114,56 (casal). Uma parceria com uma companhia aérea deu direito, aos passageiros com mais de 60 anos, a 35% de desconto em bilhetes para 70 destinos brasileiros. O preço médio dos pacotes ficou em torno de R$ 950, e a soma de pacotes vendidos entre 2007 e 2010 chegou a 600 mil.

A primeira fase do "Viaja Mais Melhor Idade" foi encerrada em 2010, com 599 mil pacotes turísticos vendidos desde 2007, o que gerou mais de R$ 531 milhões. Em setembro de 2013, o Ministério do Turismo divulgou a segunda edição do programa, com uma proposta mais abrangente e flexível, de acesso facilitado e com mais descontos e vantagens para o turista. Além da proposta de inclusão social dos idosos, fomentou-se o aumento das taxas de ocupação dos prestadores de serviços turísticos e, consequentemente, a redução dos efeitos da sazonalidade, o que é possível em decorrência da disponibilidade de tempo e recursos que caracteriza o público da terceira idade. O programa é um exemplo de estímulo à competitividade ao setor, ao fortalecer o turismo doméstico.

Ainda no que se refere à influência dos fatores políticos na indústria do turismo, vale ressaltar o impacto das crises e da instabilidade política. Estas desestimulam investimentos em hotéis e inibem viagens às áreas afetadas por guerras civis, golpes de Estado, ditaduras, atividades terroristas e outras formas de inquietação política que afetam adversamente o fluxo de visitantes. Países que aparentam ser relativamente estáveis, mas que apresentam condições políticas frágeis, são considerados destinos "ameaçadores". Na medida em que ameaças à saúde e à segurança têm influência na escolha de destino dos viajantes, elas consequentemente afetam a indústria de turismo em países considerados inseguros.

Seja na escolha do destino, na acomodação ou no meio de transporte, quem viaja quer se sentir seguro. O foco em segurança é, sem dúvida, uma tendência que irá persistir e terá papel principal na modelagem do futuro do turismo. A falta de segurança adequada para visitantes é, então, uma grande ameaça para o crescimento de um turismo saudável.

No Brasil, a mobilização de efetivos e meios para os Jogos Pan-americanos e Parapan-americanos Rio 2007, promovida pelo Ministério da Justiça, por intermédio da Secretaria Nacional de Segurança Pública, propiciou a difusão de um novo modelo de segurança pública, incluindo capacitação de profissionais, desenvolvimento de técnicas e de tecnologias e aquisição de equipamentos de segurança para as três esferas de governo.

A Copa do Mundo FIFA Brasil 2014 demandou grande operação de segurança em nível internacional. Os preparativos exigiram um planejamento realizado em parceria com a Gerência Geral de Segurança do Comitê Organizador da Copa e a incorporação gradual de novas práticas e tecnologias. O esforço demandou a criação, em 2011, da Secretaria

Extraordinária de Segurança para Grandes Eventos, órgão do Ministério da Justiça. No processo, foram identificados riscos relativos ao evento e os papéis das instituições envolvidas – por exemplo, Polícia Federal, responsável por fronteiras, imigração, crimes federais e transnacionais, dignatários, terrorismo; Polícias Militares, policiamento ostensivo, distúrbios civis, grupos táticos especiais; Detrans/Engenharias de Tráfego, trânsito e deslocamentos; e assim por diante.

Fatores econômicos

O desempenho do turismo está atrelado ao desempenho da economia como um todo. Segmentos específicos de hospedagem são afetados em diferentes níveis por mudanças na economia. As oportunidades disponíveis para as empresas de hospedagem são determinadas pelos diferentes estágios do desenvolvimento econômico de um país, os quais podem ser medidos pelos indicadores socioeconômicos e financeiros, divulgados no Brasil pelo Ipedata, do Ipea (Instituto de Pesquisa Econômica Aplicada, do Governo Federal); pelo Ministério da Fazenda; pelo Banco Central; pelo IBGE (Instituto Brasileiro de Geografia e Estatística), pela Caixa Econômica Federal e pela FGV (Fundação Getulio Vargas), entre outras instituições públicas e privadas. Em hotelaria, alguns dos indicadores mais utilizados – tanto o valor atual quanto o valor previsto para o próximo ano – são: PIB (Produto Interno Bruto), inflação, taxas de juros, taxa de desemprego, taxa cambial (de acordo com o dólar norte-americano), demanda para a região, oferta de unidades habitacionais para a região e antecedência com a qual as reservas são feitas para a região.

O Brasil tem uma economia extremamente avançada, complexa e diversificada para um país em desenvolvimento. A fim de atrair investimento estrangeiro, uma nação necessita aperfeiçoar suas vantagens de localização. O crescimento da economia e o tamanho do mercado doméstico constituem os maiores atrativos de investimento estrangeiro direto para um país. Reformas macroeconômicas, liberalização, privatização e integração regional também atraem investimentos estrangeiros, além de alta lucratividade, disponibilidade, mão de obra barata e boa infraestrutura, o que permite às empresas multinacionais construir redes integradas regionalmente, fluxos de recursos dentro da companhia e canais de distribuição da produção. O Brasil tem sido capaz de manter o fluxo de investimento estrangeiro e o nível de operações das empresas multinacionais, os quais são utilizados como medidas de crescimento econômico para criar políticas futuras e iniciativas de planejamento estratégico (Sanoir, 1999).

Em 2010, o PIB brasileiro registrou uma expansão de 7,6% – a maior elevação anual desde 1985. O resultado impactou positivamente a demanda hoteleira corporativa e de eventos, mas negativamente a demanda para *resorts* e hotéis de lazer, que competem com meios de hospedagem internacionais (HVS & HotelInvest, 2011). A hotelaria voltada para mercado corporativo favoreceu-se do cenário econômico positivo em 2010, já que a demanda era alta, e a oferta e a moeda nacional permaneciam estáveis, possibilitando a negociação de tarifas mais altas e a seleção de clientes com maior valor econômico a longo prazo.

No entanto, a crise internacional, iniciada pela instabilidade econômica dos países desenvolvidos, atingiu países emergentes, e o governo brasileiro teve de gerenciar a inflação, consequência do crescimento de 2010. Como medida de ajuste fiscal, houve corte no orçamento de R$ 50 bilhões e aumento da taxa de juros Selic (Sistema Especial de Liquidação e de Custódia) de 10,75% em dezembro de 2010 para 12% em agosto de 2011 (HVS & HotelInvest, 2011).

Em 2011, o crescimento do PIB brasileiro foi de 2,7%. Por conta da desaceleração e com o intuito de evitar uma recessão, o Copom (Comitê de Política Monetária) mudou novamente a evolução da Selic, fazendo cortes na taxa básica até chegar a 9,75% ao ano em março de 2012 (*Hotel Invest*, 2012) e, finalmente, a 8,5% ao ano em maio de 2012.

Em 2012, cercado por um ambiente negativo e repleto de riscos, o Brasil teve um crescimento insignificante do PIB, que fechou o ano com crescimento de 0,9%, o pior desempenho desde o pico da crise. O governo reagiu ao cenário externo desafiador com iniciativas como redução contínua da taxa Selic para 7,25% ao ano; corte no IPI (Imposto sobre Produtos Industrializados) de diversos bens; ampla oferta de crédito pelos bancos estatais; desoneração da folha de pagamentos; diminuição dos custos de energia elétrica e pacote de concessões em infraestrutura. No entanto, ao contrário do que se observou em 2009, quando as ações governamentais estimularam uma demanda reprimida, em 2012 os efeitos foram bastante limitados (HVS & HotelInvest, 2013).

Em 2013, puxado por agropecuária e investimentos, o PIB cresceu 2,3%, permitindo uma certa recuperação na demanda hoteleira. No entanto, o cenário econômico e mercadológico permanece desafiador, a percepção de risco continua muito alta e o comportamento dos mercados deve se manter muito volátil (HVS & HotelInvest, 2013).

A figura 2.1 demonstra a variação anual do PIB brasileiro entre 2004 e 2013.

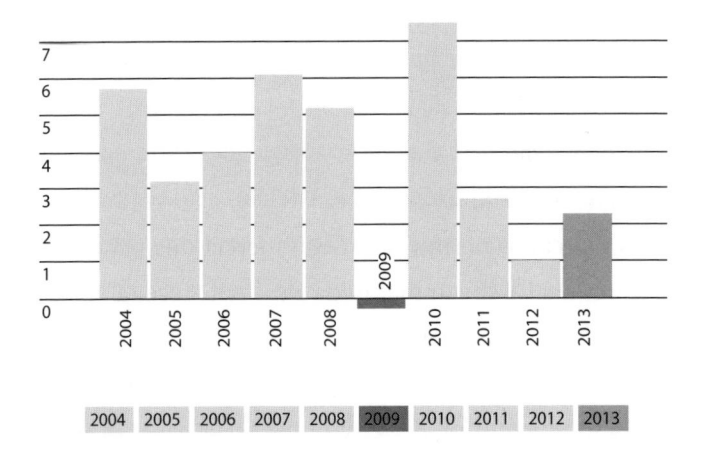

Gráfico 2.1. Variação anual, em porcentagem, do PIB brasileiro (2004-2013).
Fonte: adaptada de "PIB cresce 2,3%..." (2014).

No início de 2010, a crise internacional de crédito apresentava recuperação e havia grande volume de investimento direto, da ordem de US$ 37 bilhões. O investimento estrangeiro registrou recorde, atingindo US$ 48 bilhões. Como resultado, o IPCA (Índice Nacional de Preços ao Consumidor Amplo), indicador usado pelo governo como referência para as metas de inflação, foi pressionado para o limite superior da meta, atingindo 5,91% (HVS & HotelInvest, 2011). As estimativas para 2012 davam conta de forte nível de investimentos estrangeiros diretos, na ordem de US$ 50 bilhões (HVS & HotelInvest, 2012). Ao mesmo tempo, o mercado de trabalho tem restringido a lucratividade das empresas e as perspectivas de crescimento do país, pois parece não haver espaço na renda das famílias para mais consumo. A produtividade brasileira, entendida como a produção média por empregado, caiu em 2012, na contramão das principais economias emergentes grandes. A consequência principal é um impasse: os investimentos permitiriam aumento de produtividade e renda, mas predomina o receio de não se obterem taxas de retorno atrativas (HVS & HotelInvest, 2013).

Essa conjuntura econômica repercutiu na hotelaria como queda na ocupação e pressão nos custos. Do lado da ocupação, houve uma mistura de menor demanda e/ou aumento de oferta, com variações relevantes de cidade a cidade. Em relação aos custos, a principal causa consistiu na pressão do mercado de trabalho, que resultou em inchaço na folha salarial. Apesar da queda na ocupação (4,1%), as boas taxas observadas nos diversos mercados permitiram certa inércia dos reajustes tarifários (+8%). O resultado foi um aumento da RevPAR (receita por quarto disponível) de 3,5%, suficiente para compensar a alta nos custos e garantir um leve aumento da margem de lucro operacional dos hotéis. A queda da Selic, adicionalmente, fortaleceu a busca por ativos e opções de investimento. Em conjunto, queda de juros e aumento de renda permitiram valorização real dos ativos hoteleiros (HVS & HotelInvest, 2013).

PARTE I – ANÁLISE E PLANEJAMENTO DE MARKETING

Por exemplo, o Fundo de Investimento Imobiliário (FII) Hotel Maxinvest, em parceria com o BTG Pactual, possui patrimônio de aproximadamente R$ 190 milhões e apresenta uma taxa interna de retorno superior a 30% ao ano desde 2007 (HVS & HotelInvest, 2013). É o único FII brasileiro com foco em supervisionar e maximizar a rentabilidade dos investimentos hoteleiros e negociado em bolsa – obteve apreciação de valor de mercado das cotas de 40,58% em 2010, tornando-se o segundo FII mais rentável do país, e de 20,1% em 2011 (HVS & HotelInvest, 2012). Em 2012, foram assinados sete novos contratos de Hotel Asset Management, com previsão de inauguração desses hotéis a partir de 2015. Atualmente, tem como clientes 14 empreendimentos hoteleiros no Brasil, pulverizados em mais de 2 mil investidores com ativos superiores a R$ 1,2 bilhão.

Mesmo com um cenário positivo na hotelaria, existem fatores que são universalmente conhecidos como de grande impacto na queda de RevPAR: o declínio de viagens a lazer e comerciais, as interrupções em companhias aéreas, as preocupações sobre segurança e a volatilidade do mercado de ações (Hoof & Mahoney, 2002). A primeira resposta de muitos hoteleiros é baixar os preços. No caso de hotéis de lazer em regiões de alta sazonalidade, essa estratégia pode até ser interessante em momentos de baixa ocupação, a fim de conseguir um público novo e fidelizar novos clientes. No entanto, não é uma medida inteligente para aumentar a receita, principalmente em relação a viajantes a negócios (Yesawich, 2003a); o oferecimento de tarifas com descontos para atrair viajantes a negócios não exerce impacto considerável nem em RevPAR nem em ocupação (Yesawich, 2003b). Isso porque as viagens de negócios não são influenciadas ou fomentadas pela diminuição na melhor tarifa disponível, ou mesmo na tarifa corporativa negociada diretamente com a empresa; são influenciadas pelos negócios da empresa em um país, que dependem da situação político-regulamentar-econômica daquela nação. Portanto, quando um hotel corporativo diminui suas tarifas em tempos de crise, o que está fazendo, na realidade, é diluir sua receita por apartamento disponível. Além disso, as tarifas rebaixadas de um dia para o outro só conseguem retornar ao patamar anterior depois de anos de aumentos relativos.

Para sobreviver em uma economia em baixa, hoteleiros precisam diminuir gastos e maximizar receitas. O Departamento de Marketing deve ser capaz de estabelecer uma diferenciação na propriedade do hotel e, então, vender esse valor agregado pela tarifa desejada (Feiertag, 2001). Por exemplo: em vez de oferecer tarifas com descontos, o Departamento de Vendas e Marketing pode diminuir as restrições quanto às políticas de cancelamento de grupos (Yesawich, 2003b). Outro exemplo seria ceder aos pedidos das empresas no sentido de que hotéis não arrecadem o valor do *no show* (não comparecimento do hóspede). Contudo, zero de tolerância quanto à negociação de preços. Mais um exemplo: utilizar parceiros para agregar valor ao serviço e estimular a utilização do hotel à tarifa disponível. Concluindo, a empresa deve enfocar seus esforços de marketing para adicionar valor aos clientes e aumentar – ou pelo menos manter, em épocas de crise – as tarifas (Blank, 2003).

Fatores tecnológicos

A liberalização do mercado e a desregulamentação em todo o mundo têm permitido alavancar as comunicações de voz para reduzir ainda mais os custos com o intercâmbio de informações. As telecomunicações e a tecnologia da informação vêm diminuindo o tempo de negócios e as barreiras de entrada, tornando ultrapassadas teorias de localização em marketing, já que os negócios podem ser feitos em qualquer lugar, a qualquer hora. Os tradicionais conceitos econômicos de escala, escopo e estrutura foram reformulados pela tecnologia.

Um número pequeno de competidores globais tem o poder de mercado para mudar a velocidade de adoção de novas tecnologias, gerando demanda suficiente para tornar as soluções efetivas em termos de custo

(Doole & Lowe, 2001). Com o intuito de competir eficientemente, essas grandes empresas estão preparadas para um investimento substancial em tecnologia, o que aprimora o atendimento ao cliente, o gerenciamento de informação, o *design* do hotel e a descoberta de opções para produtos e serviços atuais. Além disso, de uma perspectiva de marketing, o impacto da tecnologia em clientes deve ser analisado (Lewis, 2000). A tecnologia fornece uma vantagem competitiva para empresas e afeta de forma expressiva os clientes com suas constantes mudanças.

No caso da internet, ela tem o poder de transmitir a experiência da marca diretamente ao consumidor (Falbo, 2002), criar o reconhecimento da marca e gerar interesse ao redor do mundo. Por meio dela, as empresas interessadas em expandir seus negócios podem conhecer mais sobre franquias, práticas de mercado e informações da cultura local. A internet permite que empresas dividam informações específicas de um segmento de negócio, como programas de marketing e publicidade e padrões de operação. Apesar dessa redução nas barreiras à comunicação, o conhecimento vasto sobre mercados internacionais é fundamental para o sucesso de uma empresa.

O comércio eletrônico permite negócios em qualquer parte do mundo, fomentando o marketing global. Além disso, tem um impacto revolucionário no comércio internacional, principalmente para incrementar as comunicações de mercado entre os competidores (Littlejohn, 1997). O *e-commerce* tem mudado constantemente a estrutura competitiva de muitas indústrias, diminuindo as barreiras à entrada, reduzindo os custos de mudança para os consumidores, aumentando a intensidade da competição e baixando os preços e lucros (Hill & Jones, 2004). Vamos falar mais sobre comércio eletrônico no capítulo 10 ("Canais de distribuição"), quando comentarmos sobre OTAs (as agências de turismo *on-line*), que estão mudando a estratégia de distribuição no setor de turismo e hotelaria.

As empresas vêm desenvolvendo estratégias e processos de planejamento para alinhar seus sistemas de informação, recursos e tecnologia com suas estratégias de operação de negócios. Essa abordagem à tecnologia da informação permite que as organizações avaliem quão bem as aplicações atuais e os sistemas de tecnologia apoiam o negócio e como podem melhorar esse suporte em antecipação às necessidades dos clientes. Inclusive, há empresas de hospedagem que se uniram a fornecedores de serviço para "vender" suas eficiências para outras empresas, como a Marriott International Inc. e o Hyatt Corporation com a GoCo-op, o Starwood com a Zoho Corporation e o PurchasePro.com Inc. com o Hilton Hotels (Lunt & Arnold, 2000).

Avanços tecnológicos têm contribuído para a criação de aldeias globais, tanto conceitual como concretamente. Desenvolvimentos no transporte vêm aprimorando a facilidade de viajar e criando melhores conexões entre países e continentes. À medida que diferentes setores da indústria de transporte continuam a utilizar a tecnologia para melhorar sua eficiência, segurança e serviço, eles atraem novos clientes e, consequentemente, aprimoram seus lucros. Não importa a natureza do negócio, a tecnologia é uma força importante que a modela e a impulsiona ao futuro.

Conforme o uso de artifícios para poupar tempo e satisfazer os clientes torna-se mais comum, as operações de hospedagem no século XXI têm de confiar progressivamente em tecnologia para fornecer serviços personalizados e de alta qualidade. É uma necessidade competitiva fornecer esses dispositivos operados pelos hóspedes, como televisão interativa no quarto para acessar serviços de *concierge*, mensagens pessoais e balanço de contas. Além disso, usufruindo de tecnologia sofisticada, os hóspedes serão capazes de fazer *check-out* e pedidos de despertar, solicitar serviço de quarto ou de filmes e até mesmo personalizar os programas de TV a que assistem. Os *lounges tecnológicos* dos hotéis têm de oferecer estações completas, com acesso à internet sem fio, conexão a impressoras e scanners, além de telas de plasma de última geração. Se esses instrumentos operados pelos hóspedes irão aliená-los ou encantá--los, isso dependerá primordialmente de quão fácil será operá-los.

A tendência é atualizar constantemente a tecnologia para estar à altura das necessidades dos clientes. A mudança tecnológica pode remodelar a estrutura do setor de hospedagem, uma vez que afeta a altura das barreiras à entrada. É uma oportunidade quando cria novas possibilidades de produtos, e uma ameaça quando os produtos tornam-se obsoletos do dia para a noite (Hill & Jones, 2004).

No Brasil, o Seminário de Comércio e Marketing Eletrônico para a Hotelaria e Turismo, o E-com, já teve três edições. Durante o evento, profissionais das áreas de marketing e vendas, de *Revenue Management* e de canais de distribuição – tanto de hotéis quanto de agências *on-line* – apresentam e discutem possibilidades de integração dos diversos canais que a internet disponibiliza, visando, claro, a um incremento nas vendas.

Fatores ambientais

Uma vez que o turismo emergiu como uma das atividades de crescimento mais rápido no mundo, seu desenvolvimento sem planejamento e sem controle passou a interferir no meio ambiente. O turismo está em conflito com o meio ambiente quando a superlotação de um destino leva à poluição e à destruição da vegetação, em geral danificando os arredores existentes. Destinos percebidos por suas personalidades particulares tornaram-se peças de um *show* sem atrativos (Batra & Kaur, 1996). Países não desenvolvidos enfrentam os mesmos problemas que os desenvolvidos; na verdade, seus dilemas são algumas vezes ainda mais complexos, já que eles devem aprender a balancear o desenvolvimento necessário com a preservação e conservação.

O turismo representa um dos mais importantes setores da economia brasileira, e essa importância para o desenvolvimento do país vem crescendo a cada ano. Devido ao grande potencial não explorado, o turismo no Brasil está ainda na sua fase de emergência do ciclo de vida. A rica diversidade cultural e natural deve ser explorada corretamente para evitar os impactos negativos.

Muitos governos, ao criar políticas regulatórias, entram em parcerias com o setor privado em prol do meio ambiente e do turismo sustentável. Não apenas os clientes, mas também os reguladores estão altamente interessados em problemas ambientais, como disposição do lixo, reciclagem e poluição.

Um aspecto da indústria do turismo que floresceu nessa sociedade cada vez mais preocupada com o meio ambiente é o ecoturismo. A decisão de viajar para um destino em vez de outro depende da qualidade do meio ambiente que um destino oferece. Os viajantes têm o poder de exigir a preservação ambiental, e podem exercê-lo reivindicando novos produtos com um forte conteúdo ambiental, como férias a lazer orientadas para o esporte, turismo cultural, ecoturismo, turismo de aventura, além de visitas a parques e áreas protegidas. No que se refere à América do Sul, os recursos naturais são extraordinários, da floresta Amazônica aos glaciares da Patagônia.

Coalizões ambientais estão espalhando consciência no que se refere à conflitante coexistência do turismo e o meio ambiente. Essa relação vem recebendo um nível de atenção crescente em todo o mundo. A importância dela é também enfatizada em um acordo entre o Programa de Meio Ambiente das Nações Unidas e a OMT (Organização Mundial do Turismo). O acordo esboça que o desenvolvimento das políticas nacionais deve enfocar não só o desenvolvimento do turismo como também o gerenciamento sadio do meio ambiente (Batra & Kaur, 1996). Conforme muitos países ao redor do mundo enfrentam uma crise ambiental crescente, todos os setores do turismo estão sendo convocados a tomar medidas. Desde então, operadoras de turismo, companhias aéreas, hotéis e restaurantes foram forçados a mudar seu foco. Eles se tornaram cada vez mais conscientes da chave para sua expansão futura: o meio ambiente.

Diversas organizações de turismo uniram esforços com organizações ambientais para educar os trabalhadores de vários segmentos da indústria, de modo a torná-la mais amigável ao meio ambiente. Em algumas áreas metropolitanas, o custo de remover resíduos sólidos está se tornando mais alto do que o previsto. Em muitas dessas áreas, a lei agora requer a separação de itens recicláveis – plástico, vidro, metal e certos itens de papel – de resíduos sólidos. Essa iniciativa reduz de forma expressiva as quantidades necessárias de disposição, contribuindo para a tendência crescente de reciclagem. Muitos na indústria de hospedagem, os quais não tinham sido antes afetados por esta questão, verão logo algumas mudanças. Eles também constatarão que a adoção de um programa de reciclagem é tanto necessária como desejável (Dittmer, 2002). Tais programas estão se tornando cada vez mais presentes em todos os setores da indústria do turismo.

Apesar da preocupação crescente da sociedade, desde meados de 1980 o setor de hospedagem vem buscando avançar na área de tecnologia ambiental. Energia na forma de eletricidade, gás e óleo são elementos fundamentais no setor, para aquecer, resfriar, iluminar, cozinhar, operar equipamentos de todo tipo, incluindo elevadores. A conservação de energia tornou-se uma importante meta nacional e, também, um objetivo para muitas operações de hospedagem. Mais e mais hoteleiros vêm colocando suas práticas diárias de consumo e gastos de energia sob a lente de um microscópio para manter a lucratividade e a competitividade. Nesse movimento, organizações estão unindo forças com parceiros de energia para assegurar um teto de longo prazo nas tarifas para eletricidade e gás, conduzir auditorias de energia e/ou financiar projetos fundamentais. Assim como a conservação da energia, a conservação da água tornou-se uma meta importante. Tanto quanto em qualquer outra indústria, operações de hospedagem requerem fontes confiáveis de água limpa para muitos propósitos óbvios, como cozinhar, beber, limpar e lavar.

No Dia Mundial do Meio Ambiente – 5 de junho –, diversos hotéis promovem ações de consciência ambiental e implantam projetos de sustentabilidade, como visitas a parques, plantio de árvores e/ou distribuição de sementes, aproveitando para reforçar a marca e a imagem de empresa parceira do meio ambiente.

Em 2010, o Breezes Costa do Sauípe, na Bahia, administrado pelo grupo SuperClubs, em parceria com uma empresa de paisagismo, plantou dezenas de árvores de aroeira nos jardins do *resort*, e todos os hóspedes foram convidados a participar do plantio. Além dessa ação simbólica, o Breezes Costa do Sauípe preparou uma programação especial, como parte dos eventos em comemoração à sua primeira década no Brasil, como caminhada ecológica e recolhimento de lixo inorgânico das áreas naturais, além de palestra sobre o meio ambiente na área da piscina, assim como oficinas de PET e papel ("Hotéis promovem ações...", 2010).

No mesmo ano, o Hilton São Paulo Morumbi aproveitou a data para lançar um projeto de compensação de emissão de gases do efeito estufa produzidos durante os eventos realizados no hotel. Com o uso de uma ferramenta denominada *Meeting Calculator*, o responsável pelo evento podia adquirir créditos de carbono da Hidrelétrica Rossi, localizada no município de Faxinal dos Guedes, em Santa Catarina. O *Meeting Calculator* faz parte do LightStay, sistema de medição sustentável utilizado pelos hotéis Hilton em todo o mundo. Baseada em padrões internacionais, a ferramenta avalia a média de emissão de CO_2 para cada variável envolvida no evento: transporte, alimentação, hospedagem, entre outros. A partir desse cálculo é feita uma estimativa da emissão de dióxido de carbono. Os resultados no teste piloto, realizado em 2009, apontaram que as 1,3 mil unidades hoteleiras da rede participantes do projeto piloto conservaram energia suficiente para iluminar 5,7 mil casas por um ano, economizaram água suficiente para encher mais de 650 piscinas olímpicas e reduziram a emissão de gás carbônico como se tivessem retirado de circulação 34.865 carros. Além de reduzir o impacto ambiental, as ações resultaram em uma economia de água e energia para a rede Hilton de mais de US$ 29 milhões ("Hotéis promovem ações...", 2010).

Também em 2010, a Sol Meliá comemorou o Dia Internacional da Biodiversidade – 22 de maio – com uma visita ao Parque Estadual da Cantareira, em São Paulo. Além da visita ao parque, os hotéis entregaram aos hóspedes um minienvelope com sementes de uma árvore brasileira. Já no Dia Mundial do Meio Ambiente e Ecologia, a Sol Meliá doou R$ 10 por apartamento ocupado nessa data em prol dos projetos de conservação ambiental do WWF-Brasil, e os hóspedes foram convidados a doar R$ 10 como contribuição. A cada doação, o cliente recebia um *pin* (broche) do WWF-Brasil como lembrança.

Ainda em 2010, o Rio Quente Resorts realizou sua Semana do Meio Ambiente, com oficinas de aproveitamento de alimentos e de economia de energia em aparelhos domésticos, campanha contra o desperdício de alimentos, palestra sobre a origem das águas quentes e concurso de foto de paisagem mais bonita, além de brincadeiras e atrações culturais. Vários convidados de renome nacional ministraram palestras e *workshops* no 1º Simpósio de Sustentabilidade Rio Quente Resorts ("Hotéis promovem ações...", 2010).

Os hoteleiros precisam conscientizar-se de que seus hóspedes – não só os estrangeiros mas também, cada vez mais, os brasileiros – cobrarão ações sustentáveis do estabelecimento em que se hospedam – principalmente os que estão localizados em santuários ecológicos ou áreas de preservação ambiental –, como: se o lixo é reciclado, incluindo resíduos orgânicos; se o óleo utilizado na cozinha é jogado dentro da pia ou doado a uma instituição que o recicla; como se dá o tratamento de esgoto; a redução do consumo e o reaproveitamento de água; a utilização de fontes alternativas de energia – como a solar ou mesmo a eólica ("Hotéis promovem ações...", 2010).

Em suma, conforme a qualidade do meio ambiente em muitos destinos turísticos começou a declinar, a voz dos ativistas ambientais tornou-se mais forte, e a indústria do turismo foi forçada a ouvi-la. Muitos negócios na indústria do turismo estão reconhecendo aos poucos que o custo social, assim como outras despesas, deve ser parte de uma declaração de rendimentos/demonstrativo de resultados (Batra & Kaur, 1996). Mesmo assim, apesar de níveis crescentes de consciência, o lucro permanece uma preocupação. Portanto, talvez sejam as exigências dos consumidores que terão o efeito mais dramático na motivação da indústria do turismo para tornar-se amigável ao meio ambiente. Se os setores públicos e privados não respeitam o meio ambiente, os consumidores podem começar a forçá-los a fazê-lo.

Fatores socioculturais

Como uma das forças do macroambiente, as mudanças sociais afetam a sociedade e o setor de hospedagem, criando oportunidades e ameaças (Hill & Jones, 2004). O ambiente sociocultural inclui demografia, socioeconomia, valores culturais e consumismo (Lewis, 2000). Mudanças são esperadas, uma vez que as culturas não são estáticas; elas refletem alterações na economia, na tecnologia, no meio ambiente, na política e na legislação de um país. Contudo, alguns aspectos de uma cultura permanecem, apesar da pressão para a adaptação de forças externas. Com a globalização, a cultura exerce papel principal no setor de hospedagem.

Hofstede (1984, p. 11) define cultura como "a programação mental coletiva de um povo em um ambiente. Cultura não é uma característica de indivíduos, ela abrange um número de pessoas que foram condicionadas pela mesma educação e experiência de vida". Segundo ele, as pessoas carregam 'programas mentais' que são desenvolvidos na família no início da infância e são reforçados nas escolas e organizações [...] esses programas mentais contêm um componente da *cultura nacional*. Eles são expressos mais claramente nos diferentes valores que predominam entre pessoas de diferentes países. (*Ibidem*, grifos nossos)

O grupo social mais vasto ao qual consumidores pertencem é sua cultura, que todos os cidadãos de um país compartilham. Cultura afeta e influencia indivíduos e grupos da sociedade, ditando comportamentos esperados, instituições, convenções, comunicação e linguagem corporal (Mill & Morrison *apud* Morrison, 1989). Cultura não é genética nem aprendida; é herdada do meio ambiente da pessoa (Mooij, 1998). Não nascemos com uma cultura, mas em uma cultura.

Hofstede (1996) identifica vários níveis dentro de uma cultura: nacional (suposições culturais básicas), regional (crenças culturais básicas), gênero, geração, classe social (oportunidades educacionais) e profissional. Consequentemente, os valores estabelecidos para tempo, realização, trabalho, riqueza e tomada de risco variam enormemente dentre países e culturas (Doole & Lowe, 2001). A cultura pode ser adotada em diferentes níveis: país, faixa etária, profissão ou classe social (Mooij, 1998).

A cultura é feita de aspirações, crenças, valores e costumes; uma mistura de atitudes, hábitos, tradições, opiniões, estilos de vida, relacionamentos, religião e formas de comportamento que são compartilhadas por um grupo de pessoas. As lições culturais que aprendemos de nossos pais e parentes afetam nossas decisões de compra, uma vez que elas influenciam nossas motivações, percepções, estilos de vida e personalidades (Morrison, 1989).

Para Doole e Lowe (2001), cultura é a forma como a sociedade se organiza por meio de instituições sociais, grupos de interesse e sistemas de *status*. Pessoas são influenciadas por fatores externos e interpessoais que incluem culturas e subculturas, grupos de referência, classes sociais, líderes de opinião e família (Morrison, 1989). Um grupo de referência é formado por pessoas que influenciam as atitudes, as opiniões e os valores de uma pessoa (Lewis, 2000). Existem grupos primários (família e amigos) e secundários (colegas de trabalho, da igreja, etc.). Cada grupo de referência contém líderes de opinião que estabelecem a direção do comportamento. Classes sociais têm diferentes preferências de mídia e hábitos de comunicação. Uma classe social é determinada por ocupação, fonte de renda, riqueza acumulada, nível de educação mais alto atingido, local de residência e histórico familiar (Kotler *apud* Morrison, 1989). Por exemplo, quando um consumidor compra um produto ou serviço pela primeira vez ou quando o valor da compra é alto, mais ênfase é dada à consulta interpessoal, apelando-se para a opinião dos grupos de referência, uma vez que as pessoas pertencem a grupos de referência com os quais se identificam e que têm certos códigos de comportamento aos quais os membros obedecem.

A linguagem também influi nas forças socioculturais. Palavras têm significado abstrato e valores diferentes para diferentes culturas. A língua interliga os componentes da cultura e é fundamental para o entendimento de uma cultura diferente. Não apenas a linguagem falada é importante, mas também a poderosa comunicação feita pela linguagem do corpo, pelos silêncios e pela distância social.

Além disso, a religião, com seus objetos sagrados, sistemas filosóficos, crenças, normas, tabus, feriados e rituais, tem um papel crítico na cultura de um país.

Nenhuma cultura é pior ou melhor; são apenas diferentes, e essas diferenças e similaridades devem ser exploradas no planejamento de estratégias de marketing. Estratégias internacionais de marketing de sucesso estão baseadas em um entendimento profundo dessas culturas, uma vez que elas influenciam o modo como as pessoas respondem à propaganda. Desenvolver campanhas publicitárias para alcançar vários mercados em diferentes áreas geográficas, com necessidades, expectativas e culturas distintas, é extremamente custoso – mais um motivo para que sejam bem planejadas.

Uma organização deve considerar o modo como os consumidores irão reagir às estratégias de marketing da mesma forma como eles estão sendo afetados por forças externas do meio ambiente. As percepções de consumidores são os significados determinados para signos visuais, audíveis e físicos recebidos. Tais percepções sofrem profunda influência de forças socioculturais e psicológicas. Portanto, "para o consumidor, percepção é realidade. Se o consumidor não percebe, então não existe" (Lewis, 2000, p. 218). A empresa deve apreciar esses valores culturais distintos e oferecer uma experiência positiva de serviço ao consumidor, fornecendo serviços aos consumidores baseados nas diferenças entre culturas (Lewis, 2000).

Até a Pirâmide de Necessidades de Maslow é afetada, já que a ordem de importância de tais necessidades acaba por variar entre as culturas (Doole & Lowe, 2001). As similaridades vistas entre elas são, na maioria das vezes, "pseudossimilaridades", novamente relacionadas à percepção individual (Mooij, 1998). Hofstede (1984, p. 272) afirma que "biculturalidade é extremamente difícil de adquirir após a infância". Pessoas podem apenas ser biculturais quando se trata de tarefas, não quando se trata de gostos, *hobbies*, religião e relacionamentos pessoais. Nesses pontos, continuam monoculturais.

Os trabalhos de Hofstede (1984, 1996) e de Hall e Hall (1987) são vistos como fundamentais para uma análise efetiva de cultura. Para Hall e Hall (1987), as culturas eram diferentes, uma vez que se comunicavam de formas diferentes. Hofstede (1984) realizou pesquisa em 40 países, conduzindo 116 mil questionários em quatro dimensões principais, intituladas "Distância de Poder", "Evitar a Incerteza", "Individualismo" e "Masculinidade", com base em antecedentes e consequências dos quatro conceitos. A pesquisa tentou provar que os países podem ser divididos em áreas culturais considerando-se suas pontuações naquelas quatro dimensões, e, em alguns casos, até relatando razões históricas para a diferenciação cultural (Hofstede, 1984). As dimensões são responsáveis por diferenças de culturas nos sistemas de crenças das pessoas e nos padrões de comportamento no mundo todo (Doole & Lowe, 2001).

A distância cultural entre a matriz de uma empresa e o mercado estrangeiro potencial oferece grande risco para as operações, por conta da falta de conhecimento do mercado e dos consumidores-alvo. Ou seja, a cultura local pode oferecer uma barreira à entrada da empresa no mercado. Acessando o meio ambiente da nação, uma empresa pode verificar oportunidades, utilizar seus recursos adequadamente, diminuir riscos e manter seus bens.

Outra consideração é a cultura corporativa *versus* a cultura estrangeira. A empresa não pode mudar a cultura de um país; esta é que muda uma empresa (Aliseau, 2000). Vale repetir: nenhuma cultura é certa ou errada; elas são apenas diferentes em áreas funcionais, culturais, místicas, simbólicas e éticas. Todas devem ser reconhecidas e integradas a um processo (Walton, 2001).

A comunicação no mercado global torna-se um desafio devido à complexidade de paradoxos entre culturas, como o paradoxo individualista e o coletivista. Paradoxos entre Oeste e Leste são fortes, contudo existem outros paradoxos entre as regiões. Culturas individualistas são universalistas, acreditando que existem valores universais que devem ser compartilhados por todos. Culturas coletivistas são particularistas, acreditando que grupos diferentes têm valores distintos (Adler *apud* Mooij, 1998). Mesmo quando se compreendem mercados internacionais, existem diferenças: no Oeste, a inovação é alcançada por meio da defesa de sua própria opinião; no Leste, a inovação é alcançada por meio da cópia e da assimilação de outras opiniões (Walton, 2001). Por exemplo, marcas como Coca-Cola e McDonald's tornam o estilo de vida norte-americano mais acessível às culturas não ocidentais, por intermédio da assimilação do *american way of life*.

No Momento da Verdade (capítulo 1, "Conceitos de marketing de experiências") da prestação de um serviço, a cultura de cada pessoa entra em cena. Para estabelecer um hotel em um mercado estrangeiro, uma empresa precisa deixar de lado preconceitos. Uma empresa que planeja se expandir deve identificar os hábitos sociais e culturais do mercado-alvo a fim de fazer uma análise competitiva correta. Valores importantes para uma cultura podem não ser relevantes para outra. Os desejos e as necessidades dos consumidores são distintos no mundo todo, e essas diferenças culturais têm grande impacto sobre as decisões do *mix* de marketing em outros países (Lewis, 2000).

Para crescer de forma bem-sucedida em outros países, é preciso que as empresas se comuniquem com respeito tanto com os clientes internos e externos quanto com fornecedores e parceiros. E não julguem, aceitem a relatividade da percepção do indivíduo, demonstrem empatia, sejam flexíveis e tolerem a ambiguidade (Hofstede, 1984). Trata-se de um processo de aculturação pelo qual as empresas internacionais precisam passar para obter um entendimento das crenças, dos valores e das atitudes de outra cultura, ganhando empatia naquele mercado – ou seja, ganhar empatia em um mercado estrangeiro requer empatia cultural. É uma tentativa de entender os processos de pensamento, os processos decisórios e as interações de forças influenciando o comprador. Por meio da identificação dessas diferenças e não fazendo julgamentos precipitados, uma empresa atinge a neutralidade.

Treinamentos específicos, em que pessoas de uma cultura interagem com as de outra cultura, evitam choques. Eles são ministrados a quem interage com membros de uma equipe internacional de organizações, por exemplo, com a intenção do desenvolvimento de um número de habilidades gerais de comunicação intercultural.

Foto 2.2. A marca de hotelaria de luxo Sofitel, parte da rede Accor, completou 50 anos em 2014. Com 120 endereços em quase 40 países, ela se expressa pela mistura artística da arte francesa de viver com o requinte da cultura local. Esta peça publicitária da propriedade Sofitel Guarujá Jequitimar, um *resort* contemporâneo em endereço diferenciado, simboliza a "localização" para a cultura brasileira ao celebrar o carnaval (*"celebrate is magnifique"*), festividade de suma importância nacional, demonstrando a adaptação a consumidores mais exigentes e versáteis que esperam e apreciam beleza, qualidade e excelência.

Questões para reflexão e aplicação

1. Faça uma leitura de três fontes confiáveis de informação (jornal, revista, *blog* de credibilidade) e busque exemplos atuais de fatores políticos, legais, econômicos, tecnológicos, demográficos e socioculturais. Procure identificar o modo como eles podem influenciar, positiva ou negativamente, um hotel da sua cidade.

2. Agora, compare como as estruturas de hospedagem de dois países distintos podem ser influenciadas de formas diferentes (até mesmo opostas) pelos mesmos fatores externos.
3. Observe melhor a cultura corporativa da empresa em que você trabalha ou de uma que você conheça. Identifique se existe – e como é – a distância cultural entre a matriz e uma filial.

Sugestões de casos

Lal (2004). Os resultados impressionantes do Harrah's Cherokee Casino & Hotel fizeram com que outras empresas de cassinos copiassem seus métodos. Os analistas de Wall Street passaram a ver o empreendimento com uma vantagem competitiva sobre seus rivais. As ações do Harrah's subiram rapidamente nas semanas após o recebimento das notícias sobre os resultados de marketing da empresa. Além disso, a lucratividade da empresa dobrou em relação ao último período.

Metters *et al.* (2008, pp. 161-175). O Harrah's Cherokee Casino & Hotel é um exemplo extremo e incomum de técnicas de gestão de receitas. Técnicas típicas de gestão produzem melhorias de receita de 3% a 7%. A rede Harrah viu 15% de melhorias, sendo o Harrah's Cherokee Casino & Hotel o maior beneficiário, apesar de não servir álcool nem ter jogos de mesa tradicionais. Além disso, muitas técnicas tradicionais de gerenciamento de receita foram transformadas. Por exemplo, decisões de preço e regras de segmentação de clientes são diferentes para casinos do que em praticamente qualquer outra aplicação do gerenciamento de receitas.

Análise de fatores externos

••• OLHAR DO MERCADO

ENTREVISTA COM WALÉRIA FENATO

1. EM SUA OPINIÃO, O QUE É *REVENUE MANAGEMENT*?

   Revenue Management, ou gestão de receitas, é uma área voltada para a elaboração e a implementação de estratégias que visam à maximização da rentabilidade da empresa em face das diversas condições de demanda existentes para cada segmento de mercado.

2. COMO SE DESENVOLVEU SUA TRAJETÓRIA PROFISSIONAL ATÉ SUA ENTRADA NO CAMPO DE RM?

   Sou formada em economia e trabalhei durante 16 anos na rede de hotéis Deville, atuando nas áreas de Vendas e Marketing, Central de Reservas, implantação de sistemas (PMS, S&C) e canais de distribuição. Nos últimos oito anos de atuação na rede, era responsável pela área de RM de dez hotéis.

   Atuo há dois anos com consultoria de *Revenue Management*.

3. QUAIS SÃO/FORAM SUAS MAIORES RESPONSABILIDADES COMO GERENTE DE RECEITA?

   Hoje, como consultora, minha atuação está baseada nas necessidades de cada cliente. Em estágio inicial, auxílio no processo de diagnóstico, implantação e treinamentos. Para clientes que já passaram por essa fase, faço acompanhamento, aconselhamento e suporte. A principal responsabilidade é apoiar os hotéis na criação de práticas consistentes para a maximização de receitas em todos os departamentos do hotel, aumentando sua lucratividade.

4. COMO O RM SE DESENVOLVEU E SE ENCAIXA NA EMPRESA EM QUE VOCÊ ATUA/ATUOU COMO GERENTE DE RECEITA?

   Na hotelaria brasileira, o que percebo é que o RM ainda não possui um "departamento" muito definido. Às vezes o interesse pela implantação da área surge pela visão de um gerente geral; outras vezes, por um gerente de vendas ou pelo proprietário. A partir da decisão de atuar com RM, a responsabilidade é designada para uma pessoa de Reservas ou de Canais (distribuição). O fato é que, independentemente de como surge, seu real desenvolvimento só ocorrerá se existirem o envolvimento e o comprometimento de outras áreas, como Recepção, Vendas e Marketing, Grupos e Eventos, Operações, alta gerência e proprietários/acionistas.

5. QUAIS SÃO AS MAIORES DIFICULDADES ENFRENTADAS POR UM GERENTE DE RECEITA ATUALMENTE?

No Brasil, vejo que o foco de atuação de RM ainda é mais restrito às receitas de hospedagem, com visão de curto prazo. Acredito que o desafio consiste em ampliar essa atuação para outras áreas, como Grupos e Eventos, Vendas, Restaurantes, etc., atuando de forma mais estratégica a médio e longo prazos. Outra dificuldade é a formação. São poucas as instituições que oferecem cursos e treinamentos na área. O tema RM não é reconhecido como matéria obrigatória nos cursos de hotelaria. Falando ainda do mercado brasileiro, a questão tecnológica também é uma preocupação. Os sistemas de operacionalização e gestão hoteleira (PMS, sistemas estatísticos) ainda possuem poucos recursos que possam "apoiar" as ações e estratégias de RM no dia a dia. Isso faz com que os profissionais percam mais tempo e energia com processos manuais, além de aumentar a probabilidade de erro.

6. EM SUA OPINIÃO, QUAIS SÃO AS TENDÊNCIAS EM RM?

Além de tendência, acredito que o grande desafio é tornar a aplicação de RM muito mais estratégica e com plano de atuação de médio e longo prazos. Para isso, a área de RM precisa ser reconhecida dentro das empresas, com papel estratégico e de nível hierárquico que permita maior autonomia em sua atuação.

7. QUAIS CONSELHOS VOCÊ PODE DAR A ESTUDANTES E PROFISSIONAIS QUE PRETENDEM INGRESSAR NO CAMPO DE RM?

Procure conhecer – e, se possível, atuar em – áreas do hotel nas quais o RM se aplica (Reservas, Canais de Distribuição, Recepção, Grupos e Eventos). O conhecimento prático dessas áreas é fundamental. Faça uma honesta autocrítica e avalie o seu perfil. Pessoas que querem trabalhar com RM precisam gostar das questões analíticas (números, planilhas, estatísticas), mas também ter forte habilidade para argumentação, relacionamento interpessoal e liderança. Em muitos momentos, o mais importante não será "executar", e sim ter a capacidade de "convencer" outros a fazê-lo.

8. QUAIS ARTIGOS, LIVROS E CURSOS VOCÊ RECOMENDA PARA QUEM QUER SEGUIR NA ÁREA DE RM?

Revenue Management: maximização de receitas, táticas radicais para dominar o mercado, de Robert Cross, e *An Introduction to Revenue Management for the Hospitality Industry: Principles and Practices for the Real World*, de Kimberly A. Tranter, Trevor Stuart-Hill e Juston Parker. Para artigos e notícias sobre RM, indico os *sites* da Universidade de Cornell (http://www.hotelschool.cornell.edu/research/chr/) e da Fundação HSMAI (http://www.hsmaieconnect.org/blog/revenuemanagement.html). Quanto aos cursos, além daqueles de RM que puder fazer, outros em áreas de vendas e marketing e em estratégia de negócios serão muito úteis. Um curso avançado de Excel também é fundamental.

3
Análise do mercado e da concorrência

> O poder da perspectiva do RM está em focalizar sua empresa na receita e, depois, utilizar as técnicas básicas de RM para converter a incerteza do mercado em probabilidade, e a probabilidade, em aumento de receita.
> Robert Cross, *Revenue Management: maximização de receitas, táticas radicais para dominar o mercado*

Em 1979, o autor Michael Porter identificou e descreveu as forças externas que afetam o desempenho de uma empresa no segmento em que atua. Esse esquema recebeu o nome de Modelo das Cinco Forças de Porter e é usado até hoje para uma análise profunda do mercado e da concorrência. Essas forças são:

1. o poder de barganha dos fornecedores;
2. o poder de barganha dos consumidores;
3. a ameaça de produtos e serviços substitutos;
4. a ameaça de novos entrantes (potenciais competidores);
5. a rivalidade entre competidores existentes.

```
                    ┌─────────────────────────┐
                    │ Ameaça de novos entrantes│
                    └─────────────────────────┘
                              │
                              ▼
┌──────────────┐      ┌──────────────┐      ┌──────────────┐
│   Poder de   │      │  Rivalidade  │      │   Poder de   │
│   barganha   │ ───▶ │    entre     │ ◀─── │   barganha   │
│     dos      │      │ competidores │      │     dos      │
│ fornecedores │      │  existentes  │      │ consumidores │
└──────────────┘      └──────────────┘      └──────────────┘
                              ▲
                              │
                    ┌─────────────────────────┐
                    │  Ameaça de produtos e   │
                    │  serviços substitutos   │
                    └─────────────────────────┘
```

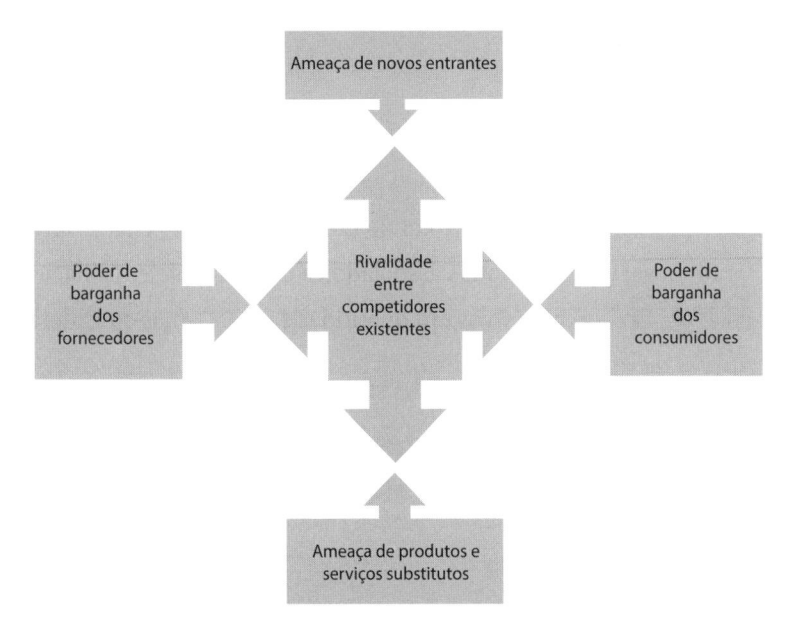

Figura 3.1. Modelo das Cinco Forças de Porter.
Fonte: adaptada de Porter (1979, p. 6).

Quanto mais fortes forem essas forças, mais limitado ficará o potencial de lucratividade de uma empresa. Uma força competitiva intensa representa uma ameaça, uma vez que pode reduzir lucros; uma força competitiva fraca constitui uma oportunidade, visto que pode aumentar lucros. Conforme essas condições do macroambiente mudam, modifica-se a intensidade das forças identificadas por Porter. A habilidade de uma empresa de aumentar preços e lucros é limitada pela intensidade dessas forças; logo, a vantagem competitiva poderá ser alcançada somente se estratégias apropriadas forem formuladas (Lewis, 2000).

Podemos verificar a atuação das Cinco Forças de Porter tomando como exemplo o mercado de hotelaria no Brasil. Para isso utilizaremos a pesquisa "A Hotelaria em Números 2013", elaborada pelo terceiro ano consecutivo pela Jones Lang LaSalle em parceria com o FOHB (Fórum de Operadores Hoteleiros do Brasil), que incentivou a participação de seus associados na pesquisa. A pesquisa apresenta um panorama da performance da hotelaria brasileira no ano de 2012 de mais de 400 hotéis, *resorts* e *flats*, com destaque para os critérios sobre a disposição das receitas e despesas de suas operações, modelo para organizações hoteleiras. Com base em banco de dados e informações apanhadas dos *sites* Hotel On Line e Guia Quatro Rodas, chegou-se ao cálculo do total de hotéis no Brasil: 9.681 propriedades. Foram observados os hotéis associados a cadeias hoteleiras nacionais e internacionais – inexpressivos em quantidade (8,3%), mas consideráveis em número de apartamentos disponíveis (28,1%) – e aferidos os hotéis independentes, sendo também apontados como independentes os hotéis pertencentes a redes hoteleiras nacionais com menos de 600 quartos (Jones Lang LaSalle & FOHB, 2013).

Tipo	Hotéis	%	Quartos	%
Hotéis e *flats* de marcas nacionais	377	3,9	55.947	12,0
Hotéis e *flats* de marcas internacionais	423	4,4	74.822	16,1
Hotéis independentes com até 20 quartos	3.502	36,2	38.699	8,3
Hotéis independentes com mais de 20 quartos	5.379	55,6	295.009	63,5
Total	9.681	100	464.477	100

* Inclui hotéis e *flats* inaugurados até junho de 2013.

Tabela 3.1. Total de hotéis e *flats* no Brasil em 2012.
Fonte: Jones Lang LaSalle e FOHB (2013).

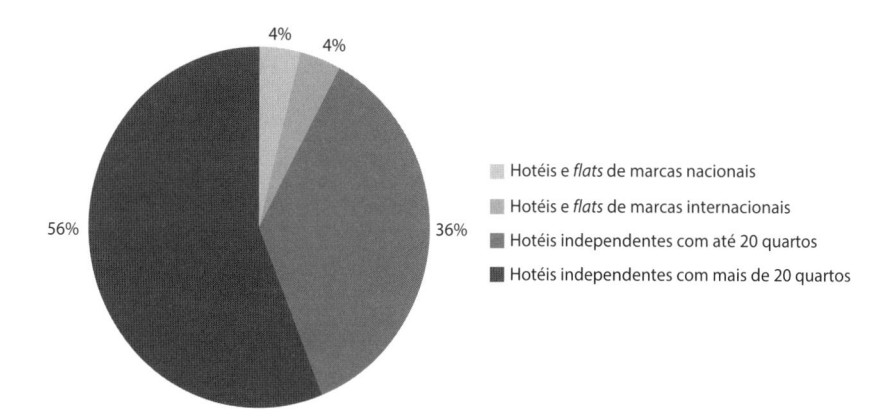

Gráfico 3.1. Estoque de hotéis e *flats* no Brasil em 2012.
Fonte: Jones Lang LaSalle e FOHB (2013).

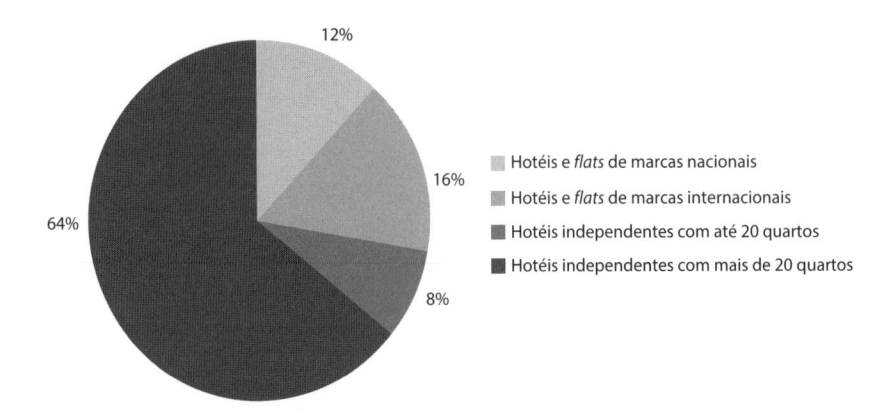

PARTE I – ANÁLISE E PLANEJAMENTO DE MARKETING

- Hotéis e *flats* de marcas nacionais: 12%
- Hotéis e *flats* de marcas internacionais: 16%
- Hotéis independentes com até 20 quartos: 8%
- Hotéis independentes com mais de 20 quartos: 64%

Gráfico 3.2. Estoque de quartos no Brasil em 2012.
Fonte: Jones Lang LaSalle e FOHB (2013).

A pesquisa também apresentou um histórico do desempenho do mercado dos considerados hotéis urbanos (hotéis e *flats*, com exceção de resorts) nos últimos anos.

Ano	Hotéis urbanos (hotéis & *flats*) %	Variação %
2003	52	
2004	55	5,8
2005	60	9,1
2006	58	-3,3
2007	63	8,6
2008	65	3,2
2009	63	-3,1
2010	68	7,9
2011	69,5	2,2
2012	65,6	-5,6

Tabela 3.2. Ocupação hoteleira no Brasil em 2012.
Fonte: Jones Lang LaSalle e FOHB (2013).

Ano	Hotéis urbanos (hotéis & flats) %	Variação %
2003	138	
2004	124	-10,1
2005	131	5,6
2006	140	6,9
2007	148	5,7
2008	153	3,4
2009	165	7,8
2010	180	9,1
2011	211	17,2
2012	243	15,2

Tabela 3.3. Diária média (R$) no Brasil em 2012.
Fonte: Jones Lang LaSalle e FOHB (2013).

Ano	Hotéis urbanos (hotéis & flats) %	Variação %
2003	72	
2004	68	-5,6
2005	78	14,7
2006	82	5,1
2007	93	13,4
2008	99	6,5
2009	104	5,1
2010	122	17,3
2011	147	20,5
2012	160	8,8

Tabela 3.4. Variação do RevPAR (R$) no Brasil de 2003 a 2012.
Fonte: Jones Lang LaSalle e FOHB (2013).

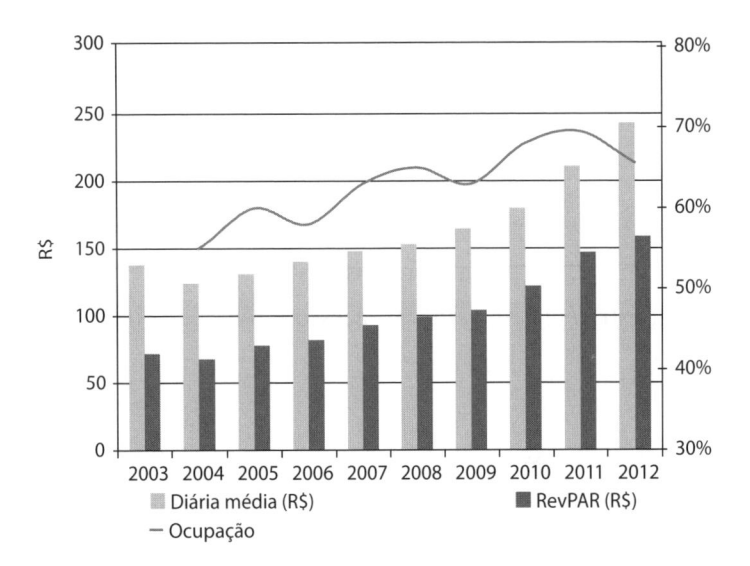

PARTE I – ANÁLISE E PLANEJAMENTO DE MARKETING

Gráfico 3.3. Performance dos hotéis urbanos no Brasil de 2003 a 2012.
Fonte: Jones Lang LaSalle e FOHB (2013).

	Hotéis urbanos (hotéis & *flats*)			Total hotéis urbanos
	Diária média acima de R$380	Diária média entre R$220 - R$380	Diária média abaixo de R$220	
Diária média	R$ 524	R$ 279	R$ 168	R$ 243
Ocupação anual	66,7%	64,3%	66,8%	65,6%
RevPAR	**R$ 349**	**R$ 179**	**R$ 113**	**R$ 160**

Tabela 3.5. Performance em 2012.
Fonte: Jones Lang LaSalle e FOHB (2013).

Os textos a seguir mostram como as forças a que Porter se referiu vêm influenciando a atuação das empresas do setor hoteleiro.

Poder de barganha dos fornecedores

Fornecedores são as empresas que fornecem materiais, serviços e mão de obra. Seu poder de barganha se refere à habilidade de aumentar preços e reduzir a qualidade de seu fornecimento, o que caracteriza uma ameaça (Lewis, 2000). Por outro lado, fornecedores enfraquecidos permitem que empresas-clientes forcem seus preços para baixo e, ao mesmo tempo, exijam a mais alta qualidade de seus fornecimentos (Hill & Jones, 2004). Com a globalização, os fornecedores são capazes de conseguir taxas laborais mais baixas, melhor consistência de qualidade, acesso à alta tecnologia, estratégias inovadoras, acesso a mercados locais, vantagens de economia de escala, taxas e encargos mais baixos, custos de logística menores e suprimento mais consistente (Doole & Lowe, 2001).

Há oito anos o RevPAR (calculado pela divisão da receita de apartamentos pelo total de apartamentos disponíveis, ou multiplicando-se a taxa de ocupação pela diária média) dos hotéis urbanos brasileiros vem crescendo. Em 2012, apresentou um acréscimo de 8,8% em relação ao ano anterior. Já o GOP (*Gross Operating Profit*, ou lucro operacional bruto) progrediu 7,9% se comparado ao de 2011, uma vez que os resultados operacionais brutos (receita total menos os custos e as despesas departamentais e operacionais não distribuídas) dos hotéis continuam exibindo rendimentos acima da inflação. Com base na pesquisa, o FOHB estimava que o desempenho dos hotéis em 2013 seguiria as tendências de 2012, com a diminuição na ocupação e crescimento da diária média. Contudo, este aumento não acompanharia o do ano anterior, resultando em um menor crescimento do RevPAR (de 5% a 7% em 2013). Além disso, a elevação dos preços de mercadorias e mão de obra influenciaria negativamente os resultados dos hotéis em 2013, que cresceriam provavelmente ao mesmo nível da inflação.

No que se refere à mão de obra, a pesquisa do FOHB apresentou dados relativos ao número de funcionários, que divergem conforme o tamanho e a categoria do hotel.

Departamento	Hotéis			Flats	Brasil média
	Diária média acima de R$ 380	Diária média entre R$ 220 - R$ 380	Diária média abaixo de R$ 220		
Apartamentos	0,30	0,22	0,16	0,19	0,19
Alimentos e bebidas	0,34	0,22	0,11	0,04	0,11
Telecomunicações	0	0,01	0	0,04	0,00
Outros departamentos operacionais	0,05	0,04	0,02	0,01	0,02
Administração	0,12	0,06	0,04	0,01	0,04
Marketing e vendas	0,04	0,02	0,01	0,01	0,01
Manutenção	0,06	0,04	0,02	0,02	0,03
Outros	0,01	0	0	0	0
Total	0,92	0,61	0,36	0,30	0,40

Tabela 3.6. Número de funcionários por apartamento disponível no Brasil em 2012.
Fonte: Jones Lang LaSalle e FOHB (2013).

O poder de barganha dos fornecedores também pode ser verificado no setor de hospedagem, quando da dependência do setor aéreo, visto que a disponibilidade de serviços na aviação exerce forte impacto sobre a ocupação hoteleira. É o que se chama de relação intrínseca: as companhias aéreas agem como fornecedores de clientes para os hotéis. Em decorrência do ambiente econômico externo e dos desafios financeiros que o setor aéreo vem enfrentando na última década, a ocupação de hotéis tem sido afetada substancialmente. Além disso, quanto mais alto o custo para voar para destinos remotos, maior o impacto sobre os preços dos serviços lá localizados, pois os preços que os fornecedores impõem aos seus serviços impactam o preço dos serviços ao consumidor final, uma vez que todas as empresas são interdependentes, dependendo uma das outras para fazer seus negócios (Tranter, Stuart-Hill & Parker, 2009).

Por exemplo, no final do ano de 2007, houve um desaquecimento da economia mundial e, consequentemente, uma desaceleração no crescimento do mercado de aviação brasileiro. Os principais efeitos da crise aérea foram a queda no número de viajantes, o aumento de custos, a diminuição no preço das tarifas e, como consequência, a redução das receitas. Além disso, atrasos e cancelamentos de voos fizeram com que as empresas gastassem com alimentação e hospedagem de passageiros em solo, além de gastos extras com combustível dos aviões em espera para pouso (Sekeff, 2007).

As estadias de lazer e de negócios são, de certa forma, influenciadas pela disponibilidade de voos no setor aéreo. Quando o número de voos é reduzido em decorrência da baixa demanda, o fornecimento de assentos disponíveis aos consumidores diminui e, assim, reduz-se a procura por hospedagem. Quando companhias aéreas cortam seus voos, prevendo queda na demanda, isto também afeta a demanda de quartos de hotéis nas maiores áreas urbanas. Além disso, os custos relativamente altos do transporte aéreo também influenciam negativamente a demanda para o setor de hospedagem.

Poder de barganha dos consumidores

Consumidores são os clientes individuais que consomem produtos e serviços de uma empresa ou de empresas terceiras que distribuem esses produtos e serviços a consumidores finais. Seu poder de barganha se refere à habilidade de pechinchar preços e de exigir melhor qualidade dos produtos e serviços, aumentando assim os custos de uma empresa, além da possibilidade de comprar produtos e serviços substitutos, o que caracteriza uma ameaça (Lewis, 2000). Por outro lado, clientes enfraquecidos permitem que as empresas subam os preços, diminuam a qualidade de seus produtos e serviços, reduzam seus custos e aumentem o nível de lucratividade (Hill & Jones, 2004).

Em 2012, o crescimento do consumo, produzido principalmente pela classe média entrante no mercado, resultou em um aumento das tarifas de bilhetes aéreos, alimentação, entretenimento e hospedagem. Os preços altos acarretaram uma diminuição do número de participantes em eventos e de turistas domésticos para centros urbanos nos finais de semana. Além disso, o reduzido crescimento da economia nesse ano teve uma repercussão negativa sobre a taxa de ocupação, que foi 5,6% menor que a registrada no ano anterior. Mesmo assim, mantidos pelo segmento corporativo, os índices de ocupação durante a semana (de terça a quinta-feira) mantiveram-se altos, possibilitando o crescimento das diárias médias, que se elevaram 15,2% em relação a 2011. A Tabela 3.7 mostra a participação percentual dos principais segmentos de demanda hoteleira nacional conforme o tipo do hotel (Jones Lang LaSalle & FOHB, 2013).

Segmento	Hotéis urbanos (hotéis & *flats*) %			Total hotéis urbanos %
	Diária média acima de R$ 380	Diária média entre R$ 220 - R$ 380	Diária média abaixo de R$ 220	
Negócios	61,4	67,2	65,4	66
Lazer	19,8	17,7	19,2	18,6
Grupos de eventos	10,5	10,3	9	9,7
Tripulação	7,1	2,4	3,8	3,3
Outros	1,2	2,5	2,6	2,5
Total	100	100	100	100

Tabela 3.7. Segmentação da demanda em 2012.
Fonte: Jones Lang LaSalle e FOHB (2013).

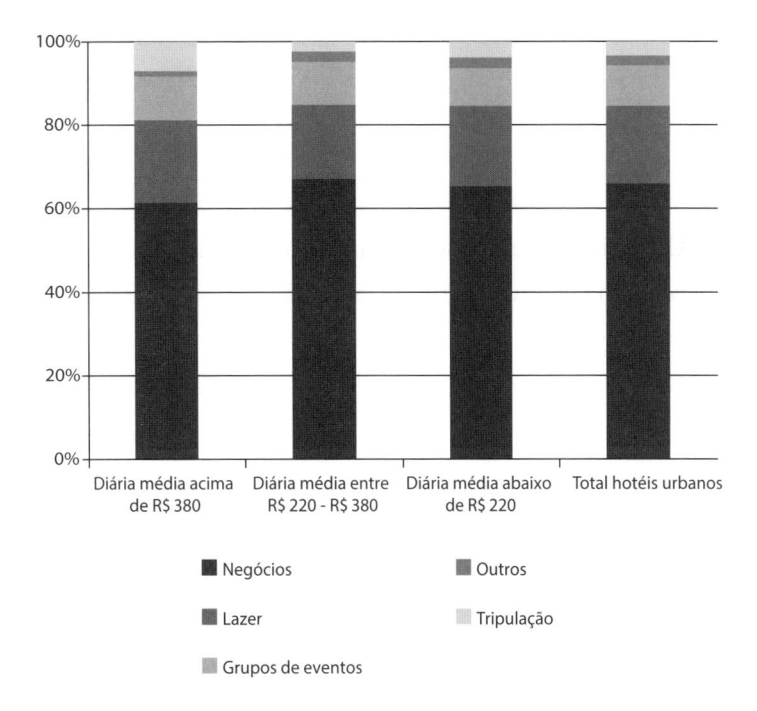

Gráfico 3.4. Segmentação da demanda em 2012.
Fonte: Jones Lang LaSalle e FOHB (2013).

Mesmo o Brasil recebendo, em 2012, 5,7 milhões de visitantes estrangeiros (cerca de 4,5% mais que no ano anterior), é interessante notar que a maioria dos hóspedes da hotelaria nacional continua a ser doméstica, uma vez que os estrangeiros chegaram apenas a 15,4%, sendo a maior concentração nos hotéis com diária média acima de R$ 380, em que os hóspedes estrangeiros atingiram 34,1% (Jones Lang LaSalle, 2013).

	Hotéis urbanos (hotéis & *flats*) %			Total hotéis urbanos %
	Diária média acima de R$ 380	Diária média entre R$ 220 - R$ 380	Diária média abaixo de R$ 220	
Brasileiros	65,9	80,6	89,6	84,6
Estrangeiros	34,1	19,4	10,4	15,4
Total	**100**	**100**	**100**	**100**

Tabela 3.8. Origem dos hóspedes em 2012.
Fonte: Jones Lang LaSalle e FOHB (2013).

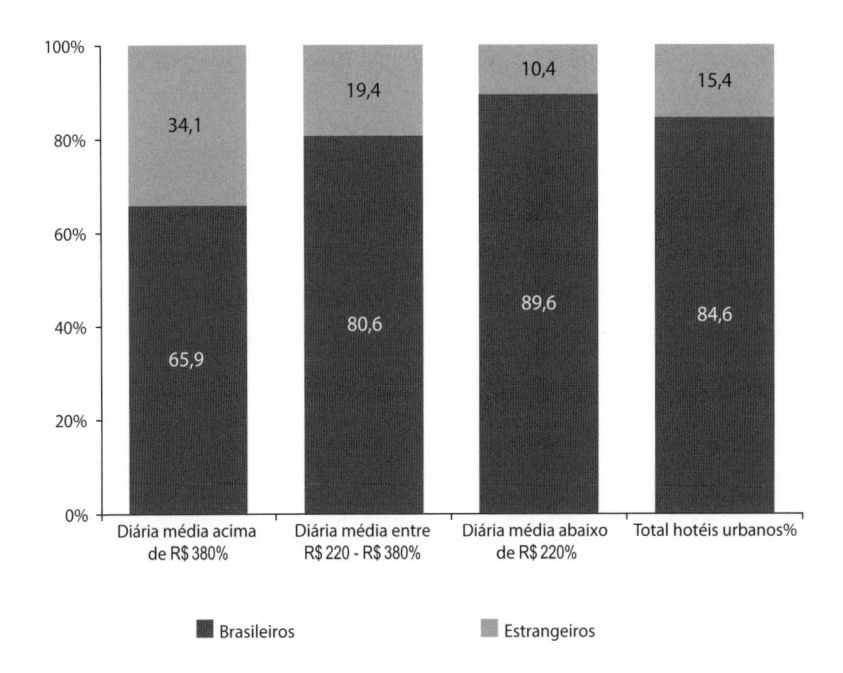

Gráfico 3.5. Origem dos hóspedes em 2012.
Fonte: Jones Lang LaSalle e FOHB (2013).

Para influenciar a escolha de um cliente, uma empresa se utiliza de um *mix* de marketing – produto, preço, distribuição, esforços de vendas, publicidade, propaganda e promoção (Buzzell & Wiersema, 1981) –, além de processos, pessoas, produtividade e palco. Para capturar a preferência do cliente, uma empresa necessita de uma marca forte, diferenciada e relevante para aumentar a autoestima dele, em decorrência da qualidade percebida da marca (Forgacs, 2003). Quando os consumidores barganham o preço de um produto ou serviço, seja por meio do pedido de um desconto no valor da tarifa cheia, seja por meio do boicote à compra, eles acabam por influenciar também o posicionamento do produto ou serviço no mercado, pois as empresas reagem alterando seu preço e mudando a percepção de valor pelos próprios clientes.

Ameaça de produtos e serviços substitutos

Produtos e serviços substitutos são aqueles de diferentes negócios ou indústrias que podem satisfazer necessidades similares dos clientes. Seu poder é baseado na limitação do preço cobrado por produtos e serviços de empresas em uma área de negócio, afetando a lucratividade. Quando há poucos substitutos em uma atividade, isto se torna uma fraqueza, e empresas podem aumentar preços e lucros (Hill & Jones, 2004). Exemplos de produtos e serviços substitutos para quartos padrão de hotéis são veículos de recreação, *campings*, condomínios de propriedade compartilhada e até a casa de amigos (Lewis, 2000).

Para entender melhor o contexto em que se encontra, uma empresa tem que entender seu mercado e sua concorrência. Uma análise eficiente de mercado começa com a definição de seus concorrentes, diretos e indiretos, por meio da localização, da estrutura de preços, das características das instalações, dos serviços e produtos, do segmento de mercado visado, da qualidade do atendimento, da previsão de venda, da estrutura de custo e do tamanho da empresa. O grupo de concorrentes primários que compete diretamente com uma empresa é conhecido como conjunto competitivo (*competitive set*). Mesmo assim, competidores secundários, que concorrem indiretamente por parte dos consumidores de uma empresa, devem ser mantidos em observação.

A competição direta ocorre quando produtos e serviços similares concorrem para satisfazer às necessidades de segmentos de consumidores parecidos. Já a competição indireta é feita pelos substitutos de certos produtos e serviços (Morrison, 1989). Todos os competidores devem ser tratados com o mesmo nível de potencial ameaça, sem distinção entre competidores primários ou diretos e competidores secundários ou indiretos (Chen *apud* Mathews, 2000).

Seguindo as normas do Such (Sistema Uniforme de Contabilidade para Hotéis), a empresa Jones Lang LaSalle, em parceria com o FOHB (2013), listou outra maneira de definir qual é o *set* competitivo de um hotel: por meio do nível de instalações e serviços, e, consequentemente, da diária média (no caso de hotéis e *flats*) ou da receita bruta total por apartamento ocupado (no caso de *resorts*). As propriedades hoteleiras foram separadas primeiramente por tipo – hotel, *flat* e *resort* – e, depois, pelas diárias médias alcançadas em 2012.

1. Hotéis:
   - diárias médias acima de R$ 380: hotéis de categoria luxo, com cinco estrelas e com instalações e serviços de alto padrão, tendo, em média, 231 apartamentos;
   - diárias médias entre R$ 220 e R$ 380: hotéis de categoria superior, com três a quatro estrelas e com instalações e serviços de padrão médio, tendo, em média, 204 apartamentos;
   - diárias médias abaixo de R$ 220: hotéis de categoria econômica, com duas estrelas e com instalações e serviços enxutos, tendo, em média, 149 apartamentos.
2. *Resorts*:
   - receita bruta total por apartamento ocupado acima de R$ 700: *resorts* de categoria luxo com instalações e serviços de alto padrão, tendo, em média, de 390 apartamentos;
   - receita bruta total por apartamento ocupado abaixo de R$ 700: *resorts* de categoria superior, com instalações e serviços de padrão médio, tendo, em média, 505 apartamentos.

3. *Flats*:
- diferente dos hotéis por causa do *pool* de locação e do condomínio, os *flats* têm uma operação distinta e não seguem as normas do Such. O resultado da pesquisa indica que os *flats* têm, em média, 127 apartamentos no *pool* de locação.

Cross (1998) complementa que, a partir do momento em que os produtos e serviços tornam-se substituíveis em decorrência de novas tecnologias e de recentes fontes de fornecimento de serviços complementares, a competição se acentua de maneira muito rápida, tanto globalmente e/ou indiretamente quanto de forma desconhecida e/ou imperceptível. Além da ameaça de produtos e serviços substitutos, uma empresa precisa sempre acompanhar o mercado para descobrir possíveis ameaças de novos entrantes, que podem se tornar uma concorrência rapidamente.

Ameaça de novos entrantes

Potenciais competidores são empresas que não estão atualmente competindo em uma área de negócio, mas que têm a capacidade de competir caso queiram. Seu poder se dá em função da altura das barreiras de entrada à área de negócio, ditadas pelas condições do macroambiente (Hill e Jones, 2004).

Vale a pena aqui explicar que existem barreiras que impedem as empresas de entrar em mercados visados (e também de sair deles), barreiras estas que podem ser criadas não apenas por empresas existentes no mercado como também por aquelas que estão fora, querendo entrar. Vale a pena ressaltar também que o desenvolvimento do *e-commerce* destruiu algumas antigas ideias de barreiras à entrada e à saída, uma vez que as empresas podem, por vezes, ultrapassar as barreiras tradicionais com uma facilidade nunca antes experimentada ("Barriers to entry...", 2009).

Barreiras à entrada consistem em lealdade à marca e vantagens de custo absoluto. Vender em grandes volumes por meio de uma economia de escala obtida por empresas grandes e estabelecidas em um setor pode gerar uma barreira à entrada (Lewis, 2000). Mais duas barreiras podem ser adicionadas: custo de mudança para o cliente e regulamentação do governo (Hill & Jones, 2004). Outras barreiras à entrada típicas incluem patentes, acordos de licenciamento e acesso exclusivo a recursos naturais. Empresas bem estabelecidas em um mercado em particular podem aumentar as barreiras para dificultar a chegada de um novo entrante, por exemplo, por meio da redução dos preços de seus produtos e serviços, tornando os do potencial entrante menos competitivo. Existem monopólios em que há barreiras intransponíveis à entrada, impossibilitando a participação nos lucros por outras empresas. O setor de aviação é um exemplo de mercado com altas barreiras à entrada, em decorrência principalmente dos limites de espaço na descolagem e na aterrissagem nos principais aeroportos, da existência de contratos de locação de longo prazo, dando a certas companhias aéreas o uso exclusivo de certos aeroportos, e das regras que proíbem a operação de voos com menos de uma determinada distância ("Barriers to entry...", 2009).

Barreiras à saída consistem em custo de demissão de funcionários e obrigações contratuais. Além disso, o fato de uma empresa não ter outra utilidade para suas instalações e de que todo o investimento realizado na infraestrutura possa ser reaproveitado por rivais impedem que a empresa saia de um mercado após ter superado as dificuldades iniciais (Lewis, 2000). Às vezes, algumas organizações decidem erguer barreiras que impedem a sua própria saída, como manobra estratégica para avisar os concorrentes de que estão comprometidas com esse mercado e que não vão sair com pressa ("Barriers to entry...", 2009).

Ao analisar o ambiente competitivo de uma área de negócio, uma empresa também deve avaliar o impacto da globalização na competição.

A globalização intensificou a competição em todas as áreas de negócio. Oligopólios foram desfeitos e transformados em segmentos de indústrias globais fragmentadas, aumentando a competição por participação de mercado. Nesse cenário, as empresas perderam lucratividade e batalharam por maior eficiência, por mais qualidade, por melhor atendimento ao cliente e pela habilidade de inovação (Hill & Jones, 2004). A fim de lutar por sua fatia de mercado, empresas capturam, incrementam e ligam seus recursos globalmente: algumas optam por se unirem, outras partem para a abertura de franquias, uma vez que as barreiras à entrada dessa opção são baixas (Salomon, 2002a).

Por exemplo, em uma competição global entre as cadeias hoteleiras, as mesmas batalhas vêm ocorrendo ao redor do mundo. Quando uma empresa compete em termos globais, seu posicionamento competitivo em um país é significativamente influenciado por sua posição em outros países, pois, ao atuar em diferentes nações, a rede hoteleira torna seus mercados interdependentes (Doole & Lowe, 2001). Algumas empresas, para manter suas posições estratégicas escolhidas, desenvolvem poder adicional sobre certos grupos de compradores, competindo de forma mais favorável dentro da indústria de hospedagem, alcançando coesão operacional e interdependência estratégica entre suas subsidiárias e, consequentemente, vantagem competitiva no mercado (Roper, 1995). Nessa guerra, as dimensões competitivas relevantes são experiência internacional, nacionalidade e tamanho. Muitas cadeias de hotéis contam com uma experiência internacional considerável e têm rivais globais com as mesmas características. Elas podem ser consideradas rivais-chave, uma vez que estão presentes nas mesmas localidades, oferecendo produtos e serviços similares e competindo pelos mesmos segmentos de mercado. Em decorrência da forte competição, o retorno sobre o investimento é reduzido em mercados supersaturados, com níveis de renda *per capita* maiores, fazendo com que as cadeias globais precisem encontrar novos mercados não saturados a fim de ter vantagem competitiva (Mathews, 2000), como o Brasil.

O ano de 2013 marcou um novo ciclo de desenvolvimento da oferta hoteleira nacional. Após vários anos com reduzido crescimento, diversos destinos tiveram inauguração de hotéis, como Belo Horizonte e Salvador. Esse aumento da oferta acabou por diluir a demanda, pelo menos a princípio, afetando negativamente o desempenho das propriedades hoteleiras nessas cidades. Mesmo assim, o entusiasmo para investir em hotéis em curto e médio prazos no Brasil deve perdurar, uma vez que a diversificação e a descentralização da economia, bem como o desenvolvimento consequente do poder aquisitivo, possibilitam projetos garantidos em hotéis nacionais pelos próximos dez anos (Jones Lang LaSalle & FOHB, 2013).

Rivalidade entre competidores existentes

Na batalha competitiva entre empresas para ganhar fatias de mercado umas das outras, várias armas podem ser utilizadas: preço, *design* de produto, publicidade e promoção, venda direta, serviços de pós--venda, etc. Quanto maior a disputa, mais baixos os preços, mais cara a batalha e menor a lucratividade. Por outro lado, pouca rivalidade permite que as empresas elevem seus preços e reduzam seus esforços de marketing, levando a uma maior lucratividade (Hill & Jones, 2004). Conceitualmente, a rivalidade consiste em uma função da estrutura competitiva de uma indústria, das condições de demanda e das barreiras à entrada e à saída. Numa indústria fragmentada, competidores podem entrar mais facilmente, enquanto numa indústria consolidada as mesmas empresas competem por participação de mercado, levando à guerra de preços. Oportunidades para expansão aumentam conforme a demanda aumenta, e as ameaças de competição aumentam se a demanda diminui (Lewis, 2000).

O macroambiente de mudanças rápidas e complexas exige que as empresas do setor de hospedagem aprendam a se desenvolver para enfrentar a competição, seja ela proveniente de produtos ou serviços substitutos ou de novos entrantes no mercado, competidores estes que podem aumentar seus níveis de qualidade ou reduzir suas tarifas para conquistar terreno. Estudos de concorrência entre empresas geralmente têm foco em prognósticos da intensidade de competição, declarando que as companhias são afetadas pelas ações de outras. Portanto, uma empresa deve sempre identificar e monitorar as ações de concorrentes atuais e potenciais para continuar competitiva (Porter *apud* Mathews, 2000). Sobre essa rivalidade, Cross (1998) elucida que a ação da concorrência não só influencia como também pode orientar a reação de uma empresa no mercado, o que pode ser perigoso, como veremos mais à frente.

Segundo Bloom e Kotler (1975), para construir uma vantagem competitiva, uma empresa pode utilizar as estratégias detalhadas a seguir:

- **Estratégia de fortalecimento:** fortalecer-se ainda mais no mercado, desenvolvendo uma estratégia multimarca e cobrindo buracos existentes no mercado para impedir a entrada de novos competidores (Bloom & Kotler, 1975). A definição e o gerenciamento da identidade da marca são vitais para a obtenção de uma vantagem competitiva. Marcas são barreiras naturais à entrada de novos competidores, uma vez que o *branding* diminui o risco do consumidor associado à compra de produtos e serviços, já que há uma transferência da percepção de qualidade da marca a seus produtos e serviços, criando assim uma lealdade à marca. O poder da marca é medido pela consciência do *top of mind*, credibilidade e qualidade percebidas, protegendo assim a empresa de imitação competitiva, levando à estabilidade e à confiança (Walsh, 2002e). Marcas possibilitam preços diferenciados e receita sustentada

(Ehrenberg *et al. apud* Tepeci, 1999). Além disso, marcas com uma abordagem de marketing mais focada podem capturar uma fatia de mercado de seus competidores. A afiliação de fornecedores com uma marca auxilia o acesso ao capital pelos investidores, a realização de consistência pela operação, a economia de custos e a geração de receita pela empresa (Forgacs, 2003). A lealdade à marca constitui um fator de peso: sem ela, a rivalidade entre empresas se intensifica, já que se torna mais difícil manter um cliente (Lewis & Chambers *apud* Baloglu, Weaver & McCleary, 1998).

- **Estratégia de confronto:** iniciar guerras promocionais ou de redução de preço, para desencorajar empresas participantes (Bloom & Kotler, 1975). Segundo Cross (1998), a utilização de descontos indisciplinados e preços agressivos é comum em setores desregulamentados com competição acirrada, descontos estes cujos custos e consequências acabam por não compensar a participação na batalha competitiva. Isso porque, quando as empresas prejudicadas percebem que venderam seu produto ou serviço por um valor inferior ao do mercado, elas aplicam preços sem descontos para seus clientes mais valiosos para compensar o dinheiro perdido na guerra de preços. Contudo, fica difícil convencer o consumidor de que o produto ou serviço vale a alta tarifa cobrada antes. Além disso, aqueles que já pagaram a conta integral não ficam contentes por terem pago um preço mais alto para cobrir os prejuízos gerados pelos descontos sem controle oferecidos a outros clientes. Logo, é preciso limitar os descontos inconsequentes estipulando políticas e procedimentos a respeito de qual, quanto, quando e por quem o desconto será autorizado.

- **Estratégia de competição pacífica:** reduzindo os riscos associados com a sua posição por meio do estabelecimento de melhores relações com os seus concorrentes, permitindo que concorrentes fracos sobrevivam e até mesmo prosperem, dando aos consumidores uma ampla gama de produtos e serviços para escolher (Bloom & Kotler, 1975).

Avaliação de valores

Como uma empresa define quais são seus concorrentes? As formas mais simples são as pesquisas, que devem ser feitas tanto com consumidores quanto com os próprios colaboradores e fornecedores da empresa.

A pesquisa com funcionários pode ser feita no refeitório, por meio de enquetes realizadas durante o horário de almoço, ou mesmo durante as reuniões mensais de equipe. A pesquisa com fornecedores pode ser feita durante pedidos de orçamento ou mesmo durante a entrega da mercadoria. A pesquisa com consumidores pode ser realizada, tomando como exemplo o setor de hospedagem, com os hóspedes, de maneira informal, por um gerente de plantão no *lobby* do hotel ou por meio de um questionário a ser entregue no final da estadia. Algumas perguntas básicas são: quais foram, em sua opinião, os melhores e os piores serviços do nosso hotel? Quais serviços e facilidades são imprescindíveis para sua estadia? Ficou faltando algo nesta sua estadia? Onde você fica quando estamos lotados? Em quais outros hotéis você ficaria na cidade? As respostas compiladas podem confirmar, ou até mesmo indicar, quem são seus competidores.

Ainda tomando como exemplo a hotelaria, uma outra ferramenta muito utilizada é a avaliação de valores. Os resultados das pesquisas com clientes, funcionários e fornecedores podem auxiliar a estabelecer critérios para a avaliação de valores. Essa avaliação mede o valor de uma propriedade em relação a seus competidores em termos de preço, serviço, qualidade e localização. É uma ferramenta que ajuda a determinar o valor de uma propriedade para validar seu posicionamento no mercado, sua qualidade de serviços e sua estratégia de preços.

O ideal é que essa avaliação seja realizada a cada seis meses, em conjunto com uma vistoria física dos potenciais competidores, a famosa *site inspection* (inspeção do lugar). A visita aos competidores é uma das maneiras mais comuns de pesquisar um concorrente – e não basta apenas visitar: é necessário experimentar, comendo em seus restaurantes, fazendo uma massagem no *spa*, utilizando a sala de reuniões, fazendo ginástica na academia e dormindo no apartamento do concorrente!

Para isso, os próprios gerentes do hotel podem ser designados, ou podem ser contratadas empresas terceirizadas especializadas em pesquisa de mercado para medir a qualidade do serviço e levantar informações sobre a concorrência. Muitas delas utilizam *mistery guests* (clientes ocultos) para realizar visitas a estabelecimentos. Eles se passam por consumidores "comuns" e, depois, fornecem um detalhado relatório sobre sua experiência. No Brasil, algumas das empresas especializadas nesse tipo de serviço são OnYou, Intelligencia, Shopper Experience e GFK Mistery Shopping, entre outras.

Todos os gerentes da organização devem poder experimentar os serviços e produtos que a mesma oferece e determinar o valor para cada um deles, sempre tendo em mente a percepção de valor do consumidor (o que aparenta ser caro para um funcionário pode ser extremamente valioso para um cliente). Essa experimentação por parte dos colaboradores faz com que eles se orgulhem mais de onde trabalham e se identifiquem mais com a empresa, o que se refletirá positivamente em seus gestos e atitudes, auxiliando na experiência total do cliente (Tranter, Stuart-Hill & Parker, 2009).

Para ter resultados efetivos, o ideal é organizar a pesquisa de modo que uma pessoa de cada departamento do hotel colabore para a avaliação. Por exemplo, o Departamento de Governança pode auxiliar a estabelecer e avaliar os critérios de valor relacionados aos apartamentos;

o Departamento de Alimentos e Bebidas, os critérios relacionados aos restaurantes; o Departamento de Sistemas e Manutenção, os critérios relacionados aos equipamentos; o Departamento de Eventos, os critérios relacionados às salas de conferências, etc. Além disso, os critérios de valor podem ser estabelecidos por segmento de mercado. Podem-se definir, por exemplo, critérios diferentes para o público a lazer e o público corporativo. Alguns exemplos de critérios de valor são distância do aeroporto internacional, localização de negócios, proximidade a empresas-chave, qualidade do atendimento da recepção, qualidade dos apartamentos, qualidade da academia, qualidade e decoração das salas de reunião, qualidade e criatividade do *menu* dos restaurantes, qualidade física geral do hotel, entre outros.

Para efetuar a pesquisa, deve ser criada uma tabela com o nome do hotel em avaliação. Nas linhas horizontais, os nomes dos potenciais concorrentes; nas verticais, os critérios de valor selecionados, divididos por segmento de mercado. Então, partindo do pressuposto de que o hotel a ser avaliado é o "marco zero", os concorrentes devem receber "notas" de "+3" a "-3":

- "+3": o concorrente é o melhor do mercado nesse critério;
- "+2": o concorrente é muito melhor que o hotel-foco nesse critério;
- "+1": o concorrente é um pouco melhor que o hotel-foco nesse critério;
- "0": o concorrente está no mesmo padrão que o hotel-foco nesse critério;
- "-1": o concorrente é um pouco pior que o hotel-foco nesse critério;
- "-2": o concorrente é muito pior que o hotel-foco nesse critério;
- "-3": o concorrente é o pior do mercado nesse critério.

Finalmente, a pontuação por critério de valor deve ser somada, para que se chegue a um valor total, por segmento de mercado, para cada concorrente.

Hotel	A	B	C	D	E	F
Símbolo	★	♥	✹	▲	⬢	◆
Tarifa (em R$)	297	380	319	364	348	276
Localização	0	-1	0	-1	2	1
Design	0	2	-1	0	0	-2
Apartamento	0	1	0	-1	-2	0
Restaurante	0	1	0	0	1	0
Eventos	0	2	0	-1	0	-2
Serviço	0	2	0	0	0	-2
Qualidade	0	1	-1	-1	0	-2
Total	0	8	-2	-4	1	-7

Tabela 3.9. Exemplo de tabela para avaliação de valores no setor hoteleiro. A: hotel-foco; B a F: concorrência.
Fonte: a autora.

Para completar a avaliação de valores, é necessário realizar uma pesquisa de tarifas dos potenciais concorrentes para se conseguir comparar o custo *versus* o benefício, ou seja, o preço *versus* o valor para o consumidor final. Dessa forma, é possível colocar em um gráfico a pontuação média dos critérios avaliados (eixo horizontal) e a tarifa do concorrente para a data/estadia em questão (eixo vertical). A tarifa do hotel-foco deve estar no centro do eixo vertical (gráfico 3.6). Cada propriedade será corretamente posicionada com base no preço e na qualidade percebida em relação aos outros competidores no mapa. O melhor e mais rápido canal para consultar todos os potenciais concorrentes é uma agência de turismo *on-line* que tenha inventário de todos os hotéis em questão, ou até mesmo assinar com empresas que façam relatórios de inteligência de mercado, como TravelClick e Hotel Index. Para uma pesquisa mais completa, o que geraria diversos gráficos, devem ser pesquisadas datas de chegada variadas, além de número de noites distintas, durante dias de semana e/ou fins de semana, diferentes épocas do ano, tarifas diferenciadas e em diferentes canais de distribuição.

Análise do mercado e da concorrência

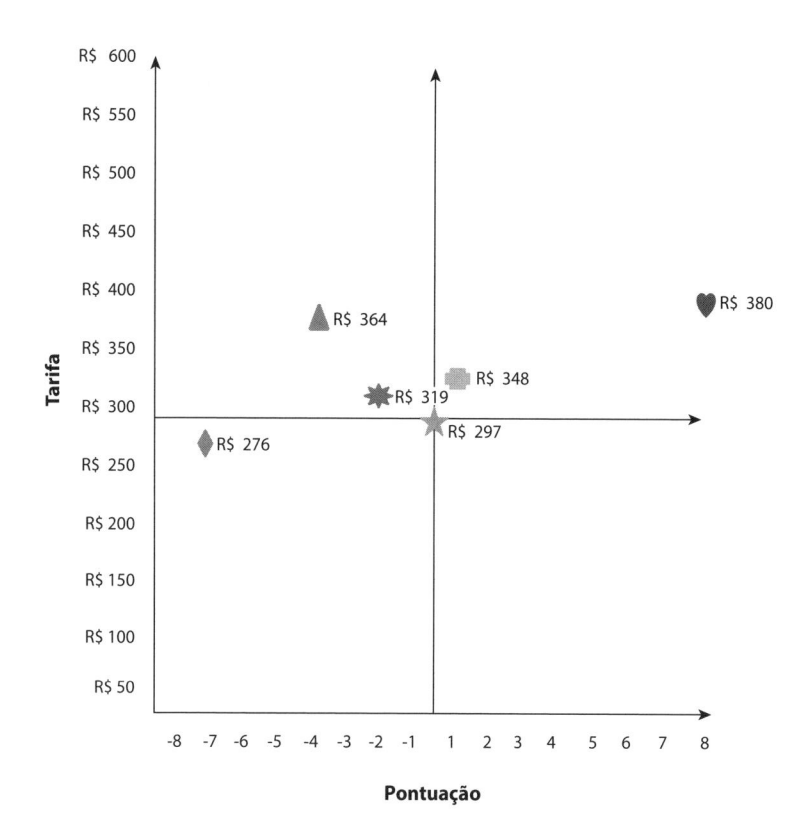

Gráfico 3.6. Posicionamento perceptivo de preço e nível de serviço.
Fonte: a autora.

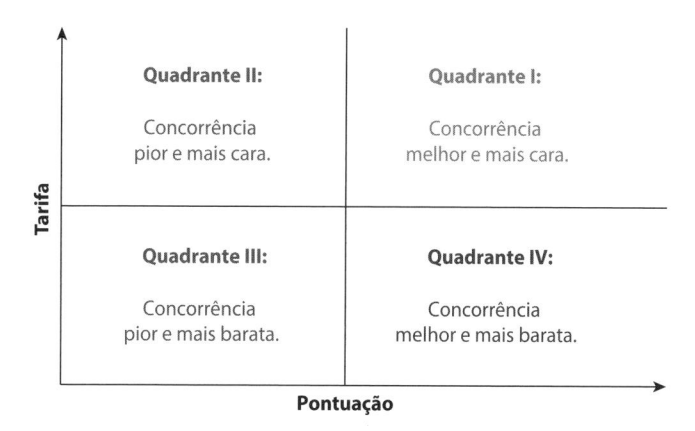

Gráfico 3.7. Análise do posicionamento perceptivo de preço e nível de serviço.
Fonte: adaptada de "Gartner's Magic Quadrant" (s/d.).

O gráfico 3.7 mostra uma análise do posicionamento perceptivo de preço e nível de serviço do hotel-foco no mercado e o posicionamento dos potenciais concorrentes em relação a ele. Trata-se de um "mapa" que auxilia a empresa a visualizar seu posicionamento na mente do consumidor, o que talvez não coincida com as percepções internas da empresa. Neste caso, é necessário ou alterar o serviço para se encaixar nas necessidades do consumidor ou reposicionar o serviço. Segundo Tranter, Stuart--Hill e Parker (2009), o posicionamento é definido como a localização física e mental de um produto ou um serviço em um mapa perceptivo de preço e nível de serviço pelo cliente. Segundo eles, caso o produto ou serviço de uma organização esteja localizado abaixo do que ela acredita ser seu posicionamento real, com base no preço ou valor de seus serviços e instalações, faz-se necessário lançar uma campanha de marketing e vendas para educar e alterar as percepções do consumidor. Uma empresa deve tentar capitalizar seus maiores pontos fortes para assegurar que a correta relação entre custo e benefício seja percebida pelo cliente. É fundamental que a organização posicione corretamente seus serviços, a fim de garantir que as expectativas do público-alvo se alinhem com a realidade do preço e a qualidade do serviço oferecido.

No quadrante I, os concorrentes oferecem um melhor serviço e cobram uma tarifa *premium*. São melhores e mais caros. No quadrante II, os concorrentes oferecem um serviço pior do que o do hotel-foco, contudo estão mais caros. No quadrante III, os concorrentes oferecem um serviço mais simples a um preço mais econômico. No quadrante IV, os concorrentes oferecem melhor serviço a um preço inferior ao do hotel--foco, o que é extremamente perigoso!

Esses diversos posicionamentos podem indicar diferentes estratégias de mercado baseadas em diferentes ciclos de vida (gráfico 3.8) da empresa, de seus produtos ou serviços: introdução, crescimento, maturidade e declínio. Correlacionando os gráficos, por exemplo, na fase de introdução, uma empresa pode criar uma estratégia de penetração de mercado, posicionando-se no quadrante IV. Já uma empresa na fase de crescimento busca um movimento na direção do quadrante III (econômico) ou do quadrante I (luxo), dependendo, obviamente, do tipo do produto. Empresas em maturidade geralmente encontram-se no quadrante I do seu conjunto competitivo. Empresas no quadrante II estão com posicionamento errôneo e podem acabar em declínio.

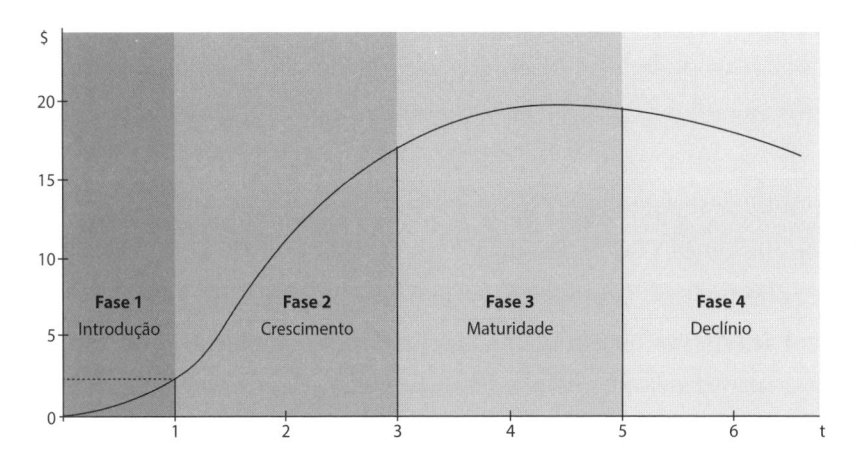

Gráfico 3.8. Ciclo de vida da empresa, de seus produtos ou serviços. $: volume de vendas. t: tempo (em anos).
Fonte: adaptada de Levitt (1965).

Na avaliação que está sendo feita, no momento em que os potenciais concorrentes são colocados no "mapa", devem ser verificados aqueles que se encontram mais próximos do hotel-foco, pois estes são os concorrentes diretos. De qualquer maneira, vale a pena fazer uma validação dos competidores por meio de algumas perguntas: os hotéis selecionados no relatório são competidores reais? Todas as tarifas foram pesquisadas corretamente para todos os competidores? As tarifas do hotel-foco estão apropriadas? De acordo com a avaliação de valor, o hotel-foco deve ter tarifas abaixo ou acima deste concorrente? É possível aumentar o volume se for colocada uma tarifa mais competitiva?

Quanto mais inteligência competitiva for reunida para a análise da concorrência, mais completo e assertivo será o estudo. Inteligência competitiva é a prática de conduzir pesquisa primária e analisar dados secundários para entender as características da concorrência. No caso hoteleiro, dados primários podem ser coletados por meio de visitas físicas à concorrência; observação do fluxo de pessoas que entram no hotel e saem dele; pesquisa com fornecedores, colaboradores e consumidores; ligações para verificar disponibilidade e tarifa, etc. Dados secundários podem ser coletados no próprio *site* da empresa, em relatórios anuais, em material como panfletos e folhetos, em assessoria de imprensa, em artigos de revista, em publicações da indústria, em relatórios de desempenho do setor, em bancos de dados *on-line*, em CVBs (*Convention & Visitors Bureaux*), em associações de hotéis, em operadoras de turismo, em pesquisas de universidades, em comentários de hóspedes no *site* ou em qualquer outro meio que forneça informação sobre os concorrentes. Outras informações importantes para pesquisar nos competidores são: história da empresa, entidades proprietárias e de gestão, presença física e *on-line*, análise financeira, leque de produtos e serviços, capacidade e condições das instalações, iniciativas de marketing, estratégias de preço e distribuição e planos de ação futuros (Tranter, Stuart-Hill & Parker, 2009).

Algumas informações interessantes que podem ser conseguidas com uma análise a fundo da concorrência são sazonalidade, tarifas de saída antecipada, cobranças de pessoas extras, diferença de preço para categorias superiores, políticas de cancelamento, políticas de garantia, cobranças de acesso à internet, cobrança extra para uso da academia, tarifas de ligações telefônicas, tarifas de estacionamento, tarifas diferenciais, etc. O objetivo final de analisar o mercado e a concorrência é estudar uma maneira de obter a vantagem competitiva – isto é, ser (e se manter) o melhor do mercado em algum quesito, competência principal, de forma a se destacar para os consumidores finais.

Questões para reflexão e aplicação

1. Escolha um hotel da sua cidade, crie e aplique uma pesquisa com os funcionários e os consumidores no lobby do local. Compile os dados primários e determine o conjunto competitivo deste hotel. Então, faça uma visita de inspeção aos hotéis concorrentes e avalie os mesmos critérios de valor em todos eles. Depois, pesquise na internet, em uma OTA, a tarifa para todos os hotéis no mesmo período. Finalmente, coloque todas essas informações em uma tabela e faça um gráfico de posicionamento.
2. Com base no gráfico criado, explique qual é o posicionamento, a estratégia de mercado, o momento do ciclo de vida de cada um dos hotéis analisados e quais seriam os concorrentes diretos do hotel que você selecionou na questão 1.
3. Agora busque dados secundários em diversas fontes e pesquise na internet informações atualizadas do hotel escolhido. Os competidores que você encontrou, com base na sua pesquisa primária, eram os corretos? Qual é o conjunto competitivo do seu hotel? Como ele poderia obter uma vantagem competitiva?

Sugestões de casos

Barlow (2009, pp. 1-10). Gerenciamento de receita no setor de aviação pode ser um pré-requisito, mas, no setor de companhias aéreas de baixo orçamento, é uma área ainda em desenvolvimento. Se ele é chamado de *Yield Management, Revenue Management* ou maximização das receitas, seu objetivo ou propósito é claro: alcançar o maior rendimento possível para cada voo único dentro da carteira de voos e rotas de uma companhia aérea. Para investigar como companhias de baixo custo usam e ganham vantagem competitiva a partir dessa técnica, a easyJet é usada como um exemplo.

Malighetti, Paleari e Redondi (2009, pp. 195-203). Neste caso, é analisada a política de preços adotada pela Ryanair, a principal companhia aérea de baixo custo da Europa. Com base em dados de tarifas de todos os voos europeus da Ryanair durante um ano, utilizando-se uma série de funções de custo, a curva de preços para cada rota é estimada. A análise mostra uma relação positiva entre a média da tarifa para cada rota e a sua duração, a frequência de voos operando nessa rota e a porcentagem de voos completamente lotados. Conforme uma parte dos assentos oferecidos pela companhia aérea nos aeroportos de saída e chegada aumenta, as tarifas tendem a decrescer. A correlação entre preços dinâmicos, duração da rota e frequência dos voos é negativa. Por outro lado, conforme a competição aumenta, os descontos nas tarifas antecipadas aumentam também.

••• OLHAR DO MERCADO

ENTREVISTA COM ALINE ROSOLEM PAGANI

1. **EM SUA OPINIÃO, O QUE É *REVENUE MANAGEMENT*?**

   É maximizar a receita administrando as vendas de acordo com o público e com o mercado. É difícil fugir da famosa frase que muito bem descreve o RM: vender o produto certo, no preço certo, para o público certo, na hora certa.

2. **COMO SE DESENVOLVEU SUA TRAJETÓRIA PROFISSIONAL ATÉ SUA ENTRADA NO CAMPO DE RM?**

   Comecei fazendo um estágio rotativo na área operacional do Hotel Transamérica. A partir daí, trabalhei como recepcionista em um hotel da rede Blue Tree e como agente de reservas na rede Atlantica (Hotel Quality), até que tive a oportunidade para trabalhar no Hotel Hilton, que estava sendo inaugurado na região da Berrini, em São Paulo. Aceitei a proposta de trabalhar como coordenadora de serviços, mesmo não sendo minha preferência, para conseguir ingressar em um hotel de grande porte novamente. Permaneci nesse departamento por dois anos, até chegar ao Departamento de Reservas, no qual tive o meu primeiro contato com a área de RM. Após dois anos no Departamento de Reservas, aceitei o desafio de ser responsável pelo RM do Hotel Caesar Park Rio de Janeiro, onde permaneci por três anos. Após o Caesar Park, veio a Expedia, agência de viagens *on-line*, com o trabalho de oferecer suporte de RM aos hotéis parceiros.

3. **QUAIS SÃO/FORAM SUAS MAIORES RESPONSABILIDADES COMO GERENTE DE RECEITA?**

   Primeiramente, elaborar a estrutura tarifária do hotel, com todos os níveis e diferentes tipos de tarifas. No dia a dia, o desafio é aplicar as estratégias corretas para maximizar a receita. Isso inclui desde impor restrições no inventário até liberar *overbookings* quando necessário, duas práticas que vão de encontro com os departamentos de Vendas e de Recepção, respectivamente. Outro desafio é fazer com que todos na organização entendam a importância desses trabalhos e tenham em mente e em suas ações os mesmos objetivos. Outra responsabilidade importante é a elaboração das previsões orçamentárias, ou seja, prever, de forma responsável e embasada, o desempenho do hotel no que diz respeito à receita de hospedagem.

4. **COMO O RM SE DESENVOLVEU E SE ENCAIXA NA EMPRESA EM QUE VOCÊ ATUA/ATUOU COMO GERENTE DE RECEITA?**
   Atualmente, na Expedia, o meu trabalho é de suporte de RM aos hotéis, no que se refere ao seu desempenho no meu canal de vendas. Quando era do *Revenue* de um hotel, o meu departamento era totalmente envolvido com o Departamento de Reservas, e não subordinado ao Departamento de Vendas, o que facilitava o desenvolvimento do trabalho. Como eu já citei anteriormente, o trabalho do gerente de RM muitas vezes impacta o trabalho do executivo de vendas, que precisa pensar primeiramente no relacionamento com os clientes, e não somente em estratégias numéricas. Na organização onde trabalhei, existia um interesse mútuo, ou seja, o departamento de RM sabia respeitar a importância do relacionamento comercial, e o executivo de vendas compreendia que muitas vezes precisávamos impor restrições ou repensar a tarifa. Dessa forma, ambos chegavam a uma decisão em conjunto, considerando os interesses de cada parte e objetivando o melhor para a organização.

5. **QUAIS SÃO AS MAIORES DIFICULDADES ENFRENTADAS POR UM GERENTE DE RECEITA ATUALMENTE?**
   Além do fator de conseguir chegar a uma decisão considerando diversos pontos de interesse, conforme já citado, existe a dificul-

dade de conseguir implantar na organização de forma geral a cultura de *Revenue Management*, ou seja, fazer com que todos – desde o recepcionista até o gerente geral – entendam a importância e o conceito de RM. Há outras dificuldades diretamente ligadas à rotina do gerente de RM, que são os fatores que podem acabar com uma estratégia. Dentre esses fatores estão a variação cambial, as crises econômicas, as tragédias naturais, todos os eventos alheios ao nosso controle e que modificam o mercado em pouco tempo, fazendo com que tenhamos de redefinir as estratégias. Com o crescimento das vendas *on-line*, ao mesmo tempo que os hotéis se beneficiam tendo um grande suporte de vendas e de marketing, já que conseguem atingir mercados antes inatingíveis, torna-se muito mais complicado obter um controle sobre a distribuição de suas tarifas. A paridade tarifária tão sonhada por todos é o maior desafio.

6. EM SUA OPINIÃO, QUAIS SÃO AS TENDÊNCIAS EM RM?
Acredito, em primeiro lugar, que o RM ainda será uma realidade muito mais presente nas organizações do que é atualmente. Cada vez mais deparamo-nos com pequenas propriedades hoteleiras se preocupando com as estratégias de RM, contratando profissionais da área ou até mesmo empresas de consultorias para ajudá-los nesse trabalho. Outra tendência é a mudança do conceito de trabalhar com duas moedas, principalmente devido à grande variação cambial e à valorização da moeda brasileira. Muitos hotéis já trabalham apenas com o real, e as grandes redes que ainda têm receio de fazê-lo já estão pensando seriamente nessa necessidade.

7. QUAIS CONSELHOS VOCÊ PODE DAR A ESTUDANTES E PROFISSIONAIS QUE PRETENDEM INGRESSAR NO CAMPO DE RM?
Eu diria que é uma área fascinante e que ainda tem muito a crescer no Brasil. É ideal para quem gosta de desafios e para aqueles que não se atraem por um trabalho rotineiro.

8. **QUAIS ARTIGOS, LIVROS E CURSOS VOCÊ RECOMENDA PARA QUEM QUER SEGUIR NA ÁREA DE RM?**

    Indico o curso de extensão universitária do Senac *Revenue Management* – Gerenciamento de Receita. Também indico o evento E-commerce, que trata de diversos temas relacionados à venda *on-line*, dentre eles o RM. É uma ótima oportunidade para ouvir os profissionais da área e fazer o *networking*.

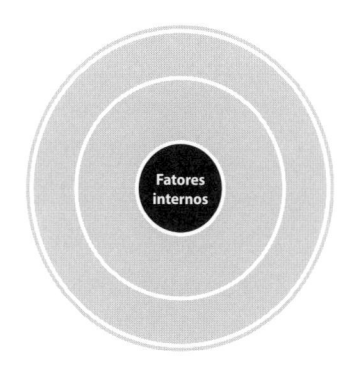

4
Análise de fatores internos

> Se os executivos de negócios querem ter sucesso em um ambiente tão incerto, eles precisam antecipar essas mudanças, analisar seus impactos e, quando possível, direcionar suas empresas para as novas oportunidades que resultam dessa análise.
> Chekitan Dev e Michael D. Olsen, "Marketing Challenges for the Next Decade"

Após uma análise de fatores externos e uma análise do mercado e da concorrência, é hora de definir os pontos fortes e fracos, ameaças e oportunidades da/à empresa, de/para cada um de seus concorrentes. Essa autoanálise possibilitará à organização verificar possíveis vantagens competitivas, sendo, então, possível criar e/ou revisar as estratégias de RM com base na completa análise de marketing.

Devemos começar esse processo com a análise de SWOT, acrônimo das palavras da língua inglesa *strengths* (forças), *weaknesses* (fraquezas), *opportunities* (oportunidades) e *threats* (ameaças).

Segundo Públio (2008), a análise de SWOT foi criada por dois professores da Harvard Business School, Kenneth Andrews e Roland Christensen, e mencionada por Andrews em seu livro *The Concept of Corporate Strategy* (1971). Contudo, por volta de 500 a.C., o filósofo chinês Sun Tzu, autor do famoso *A arte da guerra*, já havia recomendado: "Concentre-se nos pontos fortes, reconheça as fraquezas, agarre as oportunidades e proteja-se contra as ameaças".

Uma análise de SWOT se divide em quatro fases, conforme o diagrama a seguir. Na primeira, avalia-se internamente a organização para verificar quais são as forças (S) que a auxiliam e devem ser maximizadas; na segunda, as fraquezas (W) que a atrapalham na conquista de seus objetivos e devem ser eliminadas; na terceira fase, analisa-se o ambiente externo para checar quais são as oportunidades (O) que a ajudam e devem ser capitalizadas; na quarta, as ameaças (T) que dificultam o alcance de suas metas e devem ser identificadas e evitadas.

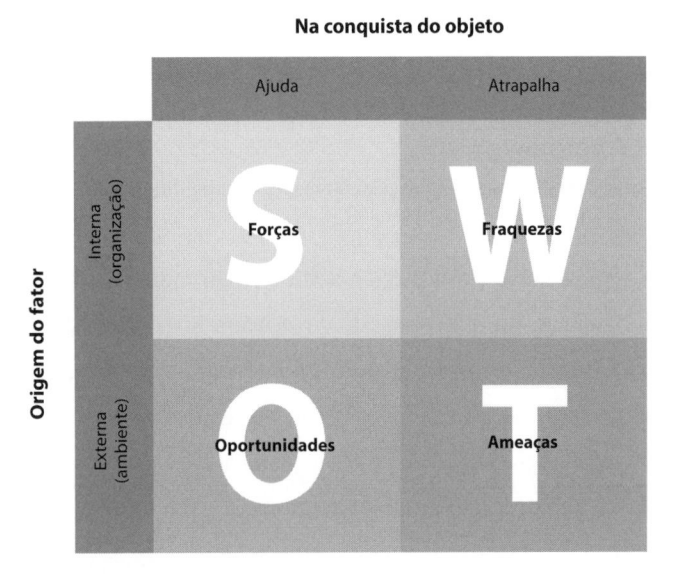

Figura 4.1. Diagrama de SWOT.
Fonte: adaptada de Andrews (1971).

Podemos verificar como uma análise de SWOT é relevante utilizando como exemplo a evolução dos mercados hoteleiros nas cidades-sede da Copa do Mundo de 2014. Para isso, utilizaremos a 6ª edição do estudo *Placar da Hotelaria 2015*, elaborado em novembro de 2014 pelo FOHB (Fórum de Operadores Hoteleiros do Brasil) e pela HotelInvest, com o apoio do Senac São Paulo, estudo este que avalia as perspectivas e divulga os resultados das projeções de taxa de ocupação para a hotelaria no pós-Copa, fazendo uma análise mais ampla sobre os desafios e as oportunidades que o megaevento trouxe para a hotelaria nacional. As previsões apresentadas no *Placar da Hotelaria 2015* foram feitas por meio de uma metodologia criteriosa e com base em informações do FOHB, da HotelInvest e de artigos publicados na imprensa, como vemos a seguir.

1. **Dimensionamento da oferta hoteleira.** A quantidade de quartos tem como base o *Guia Quatro Rodas Brasil 2012* e o banco de dados da HotelInvest, incluindo hotéis independentes e de redes não associadas ao FOHB, e excluindo motéis, pensões, albergues, residenciais com serviço e outros meios de hospedagem pequenos ou de baixo padrão.
2. **Segmentação da oferta hoteleira.** A categorização foi feita considerando-se o posicionamento de mercado, os preços, os serviços oferecidos e a qualidade das instalações, sendo cada hotel classificado em econômico, *midscale* (superior) ou *upscale* (luxo).
3. **Projeção da oferta hoteleira.** A oferta futura consiste nas unidades habitacionais existentes somadas às inauguradas até 2015.
4. **Dimensionamento da demanda no ano-base.** A demanda no ano-base (ano anterior ao de elaboração das análises) foi calculada para cada segmento, multiplicando a oferta pela taxa de ocupação de cada mercado, assumindo que a ocupação média do mercado fosse igual à da amostra.
5. **Projeção da demanda.** A taxa de crescimento da demanda esperada partiu do crescimento previsto para o PIB (Produto Interno Bruto) nacional até 2015 e de ajustes específicos para cada mercado. Também foram consideradas a possibilidade de migração de demanda entre os segmentos de mercado de uma mesma cidade e ainda a existência de um valor limite, refletindo a taxa de ocupação máxima que um mercado consegue absorver, em que a demanda acomodada é menor que a demanda potencial.

6. **Cálculo da taxa de ocupação em 2015.** Para cada mercado e para cada segmento, dividiu-se a demanda acomodada prevista pela oferta projetada em 2015, obtendo-se assim a taxa de ocupação prevista para aquele ano (FOHB & HotelInvest, 2012).

Vamos agora fazer uma análise de SWOT de alguns destinos turísticos nacionais, levando em consideração os principais investimentos em hotelaria e fatores do ambiente externo que afetam esse setor.

Pontos fortes

Relacionados ao ambiente interno, os pontos fortes são vantagens internas da empresa em relação às suas concorrentes, determinados pela posição atual da organização no mercado. Essas fortalezas definem estratégias que a empresa pode utilizar com sucesso (Kotler, 1989). Mas nem todos os pontos são igualmente importantes para o sucesso de uma empresa: é preciso avaliar a importância de cada ponto em alto ou baixo, para que se possam combinar níveis de desempenho interno e importância para o mercado. Uma empresa pode ter um ponto forte, uma competência distintiva, porém irrelevante ao mercado e aos consumidores – não sendo, portanto, uma vantagem competitiva.

Uma organização deve avaliar suas competências principais e refletir para verificar se está maximizando todas as oportunidades de vender seus melhores produtos e serviços. Alguns exemplos de pontos fortes são boa localização, variedade de destinos servidos, instalações robustas, amenidades diferenciadas, preço assertivo, percepção positiva de valor, imagem positiva da marca, boa reputação, posicionamento correto do produto, excelente atendimento ao cliente, alta fidelidade do consumidor, altos recursos financeiros e tecnológicos, entre outros (Tranter, Stuart-Hill & Parker, 2009).

Durante a Copa, algumas cidades-sede se destacaram em decorrência da importância de suas características para o evento. Uma cidade atrativa e com boa logística como São Paulo, por exemplo, muitas vezes foi utilizada como uma conveniente base, de onde os torcedores iam para os locais de jogos e voltavam no mesmo dia. Ao mesmo tempo, o cativo público corporativo evitou viagens para a capital paulista durante a realização do evento esportivo, comprometendo o desempenho dos mercados hoteleiros durante os meses de junho e julho. Já o Rio de Janeiro, cartão-postal brasileiro, teve um papel muito relevante no evento, com níveis altos e constantes de ocupação ao longo de quase todo o período de realização dos jogos. Cidades que sediaram um número reduzido de jogos e entre países de menor tradição no esporte apresentaram escassos picos de demanda, especialmente nas vésperas e nos próprios dias dos jogos, sendo que nos dias restantes o movimento foi fraco, já que as seleções e seus fãs dirigiam-se às cidades que sediavam o próximo jogo ou voltavam às suas cidades-base. Com o intuito de se diferenciarem, além de estabelecer preços competitivos, essas cidades foram obrigadas a capitalizar sobre o potencial turístico dos destinos vizinhos, criando passeios e serviços adicionais aos oferecidos, reduzindo a desvantagem e aumentando (ou pelo menos mantendo) a taxa de ocupação durante o evento (FOHB & HotelInvest, 2012).

Conforme o *Placar da Hotelaria 2015*, para calcular a demanda potencial esperada para o ano de 2015,

> cada destino recebeu ajustes de acordo com especificidades da economia de cada mercado e suas vantagens competitivas, como: existência de grandes projetos estruturantes; composição, tamanho e evolução histórica do PIB local; importância da economia no contexto nacional e regional; tamanho e evolução histórica do mercado hoteleiro; importância relativa de cada segmento da demanda hoteleira no mercado local; existência de geradores de demanda, hubs de transporte aéreo e centros de eventos; atratividade e posicionamento mercadológico do destino turístico. (FOHB & HotelInvest, 2012, p. 9)

O ambiente interno pode ser controlado pelos dirigentes da empresa, uma vez que é resultado das estratégias de atuação definidas pelos próprios membros da organização. Assim, na análise, quando for percebido um ponto forte, ele deve ser ressaltado ao máximo.

PARTE I – ANÁLISE E PLANEJAMENTO DE MARKETING

Foto 4.1. Esta peça publicitária da Azul Linhas Aéreas Brasileiras destaca o ponto forte da companhia: as aeronaves. A peça comunica que a Azul é a única empresa brasileira operando uma frota de jatos 100% nacional – as aeronaves Embraer 190 e Embraer 195. A estratégia está centrada em oferecer serviços diferenciados com a aquisição desses jatos menores, modernos e mais econômicos, de forma a reduzir custos.

Foto 4.2. A peça da CVC destaca seu ponto forte: o de marca mais lembrada na categoria agência de viagens no Brasil, segundo o levantamento "Folha Top of Mind" de 2013. A empresa alcançou 15% das menções na pesquisa. O foco da agência são os pacotes domésticos, que somam 65% do total vendido.

Pontos fracos

Relacionados ao ambiente interno, os pontos fracos são desvantagens internas da empresa em relação à concorrência, determinados pela posição atual da organização no mercado. Mas nem todos os pontos fracos devem ser corrigidos; é preciso avaliar a importância de cada ponto em alto ou baixo, assim se torna possível combinar níveis de desempenho interno e importância para o mercado. Uma empresa pode ter um ponto fraco que é irrelevante ao mercado e aos consumidores, não se constituindo, portanto, numa desvantagem competitiva.

Ao contrário dos pontos fortes, alguns exemplos de pontos fracos são localização ruim, pouca variedade de destinos servidos, instalações precárias, amenidades básicas, preço fora do mercado, percepção negativa de valor, imagem negativa da marca, reputação ruim, posicionamento incorreto do produto, fraco atendimento ao cliente, baixa fidelidade do consumidor e poucos recursos financeiros e tecnológicos, entre outros (Tranter, Stuart-Hill & Parker, 2009).

Um dos pontos fracos de se tornar um país-sede de um evento esportivo com as proporções da Copa do Mundo é o saldo de novos hotéis construídos no período e, consequentemente, a exagerada oferta de unidades habitacionais. Conforme as novas propriedades são lançadas, os hotéis existentes sentem a pressão da competição e buscam mais inteligência de mercado sobre sua fatia ideal de participação, visando manter ou melhorar essa participação de mercado. Por exemplo, na África do Sul, sede da Copa do Mundo de 2010, a oferta hoteleira em 2009 cresceu 4,1% e em 2010 aumentou 6,8%, sendo este último o maior crescimento da década no país. No ano seguinte ao da Copa, o RevPAR do setor hoteleiro sul-africano apresentou declínio, ao contrário do restante do mundo, que se recuperava após a crise financeira de 2009 (FOHB & HotelInvest, 2012).

Quando um ponto fraco for notado, a organização deve agir para controlá-lo ou, pelo menos, minimizar seu efeito.

Oportunidades

Relacionadas aos fatores externos, as oportunidades são áreas de atração, ou seja, aspectos positivos do mercado com potencial de fazer crescer a vantagem competitiva da empresa. Uma empresa deve classificar as oportunidades em termos de atração e probabilidade de sucesso para a própria organização, probabilidade esta que depende das fortalezas da empresa, da possibilidade de superar seus concorrentes, de ter competência superior, sendo capaz de manter uma vantagem competitiva sustentável (Kotler, 1989).

Alguns exemplos de oportunidades ao mercado são novos geradores de demanda (como grandes eventos esportivos), expansão das operações de antigos geradores de demanda, períodos de recuperação econômica, novos avanços tecnológicos, aumento da propensão ao consumo, personalização dos produtos do setor, novos e mais efetivos canais de distribuição, novas oportunidades de segmentação e demanda crescente para novos e melhores produtos e serviços, entre outros (Tranter, Stuart-Hill & Parker, 2009).

Segundo o *Placar da Hotelaria 2015*, apesar de o Brasil ser um destino distante dos polos emissores, o que poderia limitar a quantidade de turistas para acompanhar os jogos, a quantidade de turistas que o país captou durante a Copa foi influenciada pelo perfil das seleções classificadas (FOHB e HotelInvest, 2012). E foi mesmo o que aconteceu: a final foi disputada por Alemanha e Argentina, ambos países com grande tradição no futebol e elevado potencial turístico, gerando um grande fluxo de turistas e torcedores que permaneceram por mais noites, resultando em uma maior demanda turística e hoteleira. Durante a Copa, as receitas de turistas estrangeiros em viagem no Brasil chegaram a US$ 797 milhões em junho (76% superior ao do mesmo período de 2013) e a R$ 3,647 bilhões no primeiro semestre, maiores resultados da série histórica do Banco Central, iniciada em 1947 (Oliveira, 2014).

Apesar dos gastos excessivos com estádios, das manifestações pré-Copa e da derrota por 7 a 1 que a Alemanha impôs ao Brasil, a imprensa internacional considerou esta Copa uma das melhores, por conta do futebol de ataque que resultou em impressionantes goleadas e também pela participação, receptividade e alegria da torcida brasileira. O evento consistiu em uma ótima oportunidade de o Brasil se estabelecer e consolidar uma imagem positiva no exterior, com potenciais ganhos a longo prazo. E é exatamente esse o efeito mais duradouro de um país-sede de um grande evento esportivo, seja para quem compareceu ao evento, seja por quem o acompanhou pela mídia: a promoção do destino destacando seus atrativos e a boa impressão pela combinação de uma organização eficiente e a hospitalidade acolhedora ao público mundial. Se a nação conseguir manter uma boa infraestrutura e praticar preços justos, construirá uma imagem forte, impulsionando o número de turistas nos próximos anos e conseguindo maior rentabilidade.

No Rio de Janeiro – para a região da Barra da Tijuca em especial – há uma oportunidade do aumento da demanda por hospedagem, criada principalmente pela quantidade de investimentos no setor da exploração do pré-sal, pelo lançamento de edifícios corporativos e pela implantação de novos centros de convenções e eventos. Como a maioria dos novos hotéis cariocas que devem ficar prontos até 2015 está localizada na Barra da Tijuca, a zona deve se fortalecer como um mercado hoteleiro único, independente e distinto dos existentes na zona sul e no centro da cidade, com índices de demanda, ocupação e RevPAR diferentes, por conta da distância e da futura disponibilidade de quartos (FOHB & HotelInvest, 2012).

O ambiente externo está totalmente fora do controle da organização, mas, apesar de não poder controlá-lo, a empresa deve conhecê-lo e monitorá-lo com frequência, de forma a aproveitar as oportunidades. Identificar oportunidades atrativas é diferente de ter competência necessária para aproveitá-las, pois somente a empresa que se autoavalia com periodicidade e que conhece bem seus pontos fortes consegue tirar proveito das oportunidades que surgem.

Ameaças

Relacionadas aos fatores externos, as ameaças são desafios impostos por uma tendência desfavorável, ou seja, aspectos negativos do mercado com potencial de comprometer a vantagem competitiva. Uma empresa deve classificar as ameaças de acordo com a relevância e a probabilidade de ocorrência, probabilidade esta que depende das fraquezas da empresa, capazes de provocar, na ausência de uma ação específica, o enfraquecimento da posição da organização (Kotler, 1989).

Alguns exemplos de ameaças são terrorismo, medo de viajar, epidemias, alterações climáticas, custo de combustíveis, crises econômicas, agitação política, desvalorização da moeda, mudanças no comportamento do consumidor, mudanças demográficas, de gostos e de tendências, alterações nos valores e costumes e novos produtos e serviços competindo no mercado, entre outros (Tranter, Stuart-Hill & Parker, 2009). No Brasil, uma das maiores ameaças ao desenvolvimento do turismo continua sendo a infraestrutura.

Destinos que recebem renomados eventos esportivos normalmente têm um incremento de oferta hoteleira, uma vez que os idealizadores querem atender à demanda gerada e estimular o turismo a longo prazo, ansiando por melhorias na infraestrutura e pela promoção do destino. Contudo, o que ocorre na realidade é que esses novos empreendimentos terminam com uma ameaça de superoferta mesmo antes de o evento começar. Segundo o *Placar da Hotelaria 2015*, existe o risco de crescimento excessivo da oferta hoteleira em cada um dos mercados analisados. Acrescentando-se o crescimento da oferta (26.626 novas unidades habitacionais deveriam ficar prontas até 2015 em algumas cidades-sede), há a redução da demanda, por conta da desaceleração do crescimento da economia brasileira desde o final de 2011 e a revisão para baixo da expectativa de crescimento do PIB nacional. As consequências podem ser sentidas na evolução da demanda hoteleira da grande maioria dos mercados analisados, especialmente em negócios e eventos. Os mercados identificados com risco de superoferta de hotéis no período pós-Copa são Belo Horizonte, Brasília, Cuiabá, Manaus e Salvador. Além disso, outras cidades-sede passaram também a fazer parte desse grupo: Porto Alegre (no segmentos econômico e *midscale*) e Recife (no segmento *midscale*). Nas demais cidades, o risco de a oferta crescer em maior velocidade que a demanda ainda permanece pequeno. Veja, a seguir, a explicação dos riscos de superoferta do estudo (FOHB & HotelInvest, 2012):

- **Mercados com alto risco de superoferta:** neste, a oferta atual normalmente é reduzida ou pouco qualificada e está sofrendo forte movimento de expansão e requalificação, em decorrência da construção de hotéis modernos a serem operados por redes nacionais e internacionais. Em outros casos, apesar da existência de oferta ampla e empreendimentos em bom estado de conservação, há forte expansão por conta do aquecimento do mercado imobiliário em geral e/ou da concessão de incentivos fiscais. O aumento demasiado da oferta poderá causar forte competição entre os hotéis, guerra de preços e até fechamento de hotéis antigos.
- **Mercados com moderado risco de superoferta:** merecem atenção, pois ainda é possível evitar que a situação de alerta se transforme em problema. De modo geral, não apresentam baixas taxas de ocupação futura, mas a inauguração de mais hotéis pode levar a taxa de ocupação futura para níveis preocupantes.
- **Mercados com baixo risco de superoferta:** devem manter boas taxas de ocupação após a Copa, principalmente por conta da expansão reduzida da oferta decorrente de altos preços de terreno e da competição com empreendimentos imobiliários residenciais e comerciais. Há, também, diárias médias ainda em processo

de recuperação. Com boa ocupação, os hotéis existentes devem aumentar suas diárias e, consequentemente, sua receita, possibilitando a renovação de suas instalações. À medida que esse processo de aumento de receita e lucro se consolidar, mais novos projetos se tornarão viáveis e permitirão expansão da oferta com qualidade e de forma equilibrada.

Cidade-sede	Econômico	*Midscale*	*Upscale*
Belo Horizonte	Crítico	Crítico	Dados não disponíveis
Brasília	Dados não disponíveis	Crítico	Dados não disponíveis
Cuiabá	Dados não disponíveis	Crítico	Dados não disponíveis
Curitiba	Risco baixo	Risco baixo	Risco baixo
Fortaleza	Dados não disponíveis	Risco baixo	Dados não disponíveis
Manaus	Crítico	Crítico	Dados não disponíveis
Natal	Dados não disponíveis	Preocupante	Dados não disponíveis
Porto Alegre	Crítico	Cautela	Risco baixo
Recife	Dados não disponíveis	Ruim	Dados não disponíveis
Rio de Janeiro	Risco baixo	Cautela	Risco baixo
Salvador	Cautela	Ruim	Dados omitidos
São Paulo	Risco baixo	Risco baixo	Risco baixo

Risco baixo: mercado hoteleiro saudável, apresenta níveis de ocupação que permitem boas tarifas, margens operacionais satisfatórias e rentabilidade sobre o investimento adequada.

Cautela: mercado hoteleiro apresenta níveis de ocupação que dificultam a obtenção de boas margens operacionais e comprometem a rentabilidade do investimento hoteleiro.

Preocupante: mercado hoteleiro com níveis de ocupação que pressionam a redução das tarifas e não permitem a rentabilidade do investimento. Qualquer deterioração das condições de mercado conduz a uma situação operacional e financeira bastante desfavorável.

Ruim: mercado hoteleiro com níveis de ocupação muito baixos e que geram queda nas tarifas. Os níveis de faturamento e lucro caem a patamares muito baixos e perde-se a perspectiva de rentabilidade dos investimentos realizados.

Crítico: mercado hoteleiro com desempenho bastante insatisfatório, que compromete a saúde financeira do setor por um logo período. A recuperação do mercado deve se estender por muitos anos.

Quadro 4.1. Risco de superoferta na hotelaria no Brasil após a Copa.
Fonte: FOHB e HotelInvest (2012, p. 4).

Outra ameaça a considerar é a demanda regular do mercado que se hospeda no destino durante o período do evento, a qual pode se sentir desencorajada a se hospedar no destino por achar que não haverá quartos disponíveis e que os preços estarão mais elevados. Durante o ano de 2006, na Alemanha, por exemplo, a demanda hoteleira diminuiu apenas nos meses de abril e junho. A queda de demanda de abril foi decorrente da mudança do feriado da Páscoa (que ocorreu em março, em 2005, e em abril, em 2006). Já o mês de junho, durante o qual se realizou o maior número de jogos da Copa, foi o único momento do ano a apresentar queda de demanda (2,2%). Aparentemente, os apartamentos reservados aos negócios referentes à Copa não foram inteiramente ocupados pelos organizadores, fãs e seleções, e os hoteleiros não conseguiram repassá-los em tempo hábil para os segmentos de turismo de negócios e lazer não relacionados à Copa (FOHB & HotelInvest, 2012).

As oportunidades e as ameaças são antecipações do futuro que servem para sugerir ações possíveis de serem tomadas. Evitar ameaças nem sempre é possível, no entanto pode-se fazer um planejamento para enfrentá-las, minimizando seus efeitos.

Plano de ação

Uma análise de SWOT combina esses dois ambientes, interno e externo, e suas variáveis (pontos fortes e fracos, oportunidades e ameaças), combinando assim os níveis de desempenho e relevância, surgindo quatro quadrantes.

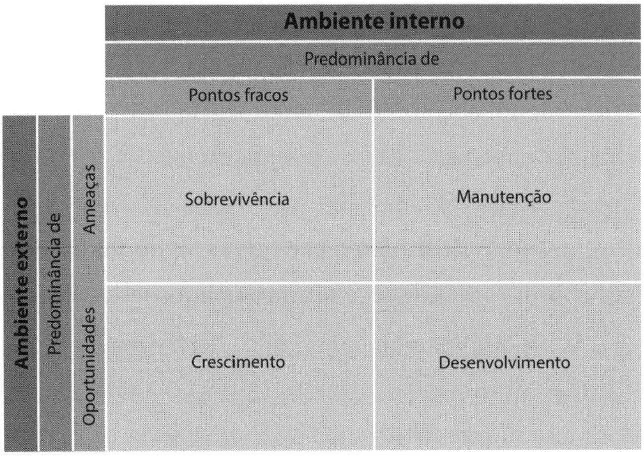

PARTE I – ANÁLISE E PLANEJAMENTO DE MARKETING

		Ambiente interno	
		Predominância de	
		Pontos fracos	Pontos fortes
Ambiente externo — Predominância de	Ameaças	Sobrevivência	Manutenção
	Oportunidades	Crescimento	Desenvolvimento

Figura 4.2. Análise de SWOT.
Fonte: adaptada de Andrews (1971).

O primeiro quadrante representa a sobrevivência da empresa, ou seja, áreas importantes para o mercado em que o desempenho da organização é fraco, devendo a empresa se fortalecer nelas, concentrando sua ação na adoção de estratégias para minimizar ou reduzir os pontos fracos e, tanto quanto possível, fazer face às ameaças.

Algumas estratégias de sobrevivência da empresa são (Tranter, Stuart--Hill & Parker, 2009):

- aumentar gastos em serviços e instalações;
- utilizar instalações antigas para atrair negócios de baixo custo que estão emergindo no mercado por conta da recessão econômica;
- reduzir as operações fechando uma parte das instalações durante períodos de baixa;
- reduzir tarifas durante épocas de clima ruim;
- buscar novos mercados, enfocando mercados próximos;
- desenvolver novos produtos e serviços, para satisfazer novos comportamentos dos clientes e atingir novos segmentos de mercado;
- ajustar as estratégias de preço e distribuição por segmento de mercado;

- desligar funcionários com baixa performance e contratar novos talentos;
- contratar um time de vendas e marketing mais agressivo;
- implementar programas de treinamento para aprimorar o atendimento ao cliente;
- utilizar recursos de franquia para gerar novas fontes de demanda;
- buscar novas fontes de receita e novas injeções de capital.

O segundo quadrante pede a manutenção da empresa, ou seja, são áreas relevantes para o mercado em que o desempenho da organização é forte, sendo conveniente à empresa manter essa situação, a fim de tirar o máximo partido dos pontos fortes e, assim, minimizar os efeitos das possíveis ameaças.

Algumas estratégias de manutenção da empresa são (Tranter, Stuart-Hill & Parker, 2009):

- caso o custo do combustível ou o medo de viajar estejam afetando as viagens aéreas, concentrar-se nos mercados locais e regionais que podem ser acessados por terra;
- em casos de agitação política, desviar os negócios para uma divisão mais segura, a fim de manter a receita dentro da organização durante crises econômicas;
- atrelar valor ao preço do serviço e criar valor adicional, para compensar desvalorização de moeda;
- incrementar a qualidade do serviço, para superar a resistência ao preço;
- combinar produtos e serviços existentes aos novos valores culturais;
- desenvolver novos produtos e serviços para novos segmentos de mercado;
- aumentar os esforços de marketing ou criar novos eventos, para capturar uma maior fatia da renda disponível dos clientes;

- ajustar as estratégias de preço e distribuição por segmento de mercado;
- utilizar recursos de franquia para gerar novas fontes de demanda;
- buscar novas fontes de receita.

O terceiro quadrante é para o próprio crescimento da empresa, ou seja, são áreas relevantes para os consumidores em que o desempenho da organização é fraco e, consequentemente, áreas de alta prioridade nas quais é possível desenvolver estratégias que minimizem os efeitos negativos dos pontos fracos e que, ao mesmo tempo, aproveitem-se das oportunidades que surjam.

Algumas estratégias de crescimento da empresa são (Tranter, Stuart--Hill & Parker, 2009):

- abaixar o preço para atrair consumidores sensíveis ao custo;
- adicionar novos destinos ao portfólio de serviços;
- desenvolver novos produtos e serviços para novos segmentos de mercado;
- combinar produtos e serviços existentes aos novos valores culturais;
- reformar e reposicionar as instalações;
- adicionar ou alterar as amenidades;
- aprimorar a imagem ou alterar a marca;
- utilizar relações públicas para superar a má reputação passada;
- desligar funcionários com baixa performance e contratar novos talentos;
- aumentar e aprimorar o treinamento de atendimento ao cliente;
- aprimorar a tecnologia;
- desenvolver novos programas de fidelidade, para gerar negócios adicionais;
- ajustar as estratégias de preço e distribuição por segmento de mercado;
- utilizar recursos de franquia para gerar novas fontes de demanda;

- buscar novas fontes de receita e novas injeções de capital.

O quarto quadrante indica o desenvolvimento da empresa, ou seja, são áreas importantes para os consumidores em que o desempenho da organização é forte, sendo conveniente à empresa investir nessas áreas a fim de tirar o máximo partido dos pontos fortes e aproveitar ao máximo as oportunidades detectadas.

Algumas estratégias de desenvolvimento da empresa são (Tranter, Stuart-Hill e Parker, 2009):

- buscar novas fontes geradoras de demanda;
- utilizar recursos de franquia para gerar novas fontes de demanda;
- introduzir ofertas especiais e pacotes diferenciados para novas demandas;
- utilizar os recursos disponíveis para expandir as operações e para desenvolver novos produtos e serviços a novos segmentos de mercado;
- buscar os clientes de empresas à beira da falência ou que estejam saindo do mercado;
- incrementar a participação de segmentos de mercado *premium*;
- expandir a distribuição adicionando novos canais;
- ajustar as estratégias de preço e distribuição por segmento de mercado;
- capitalizar o poder e a imagem da marca para capturar novos negócios;
- aumentar a receita adicional com a venda de amenidades e de serviços das instalações e procurar novas fontes de receita.

O objetivo final é maximizar as oportunidades do ambiente em torno dos pontos fortes da empresa e verificar se a empresa pode se ater às oportunidades em que já é forte ou se deve procurar melhores oportunidades, nas quais possa adquirir ou desenvolver alguns pontos fortes. Uma empresa deve utilizar os resultados das análises de SWOT a fim de definir os principais problemas a serem incluídos no plano de ação e na tomada de decisões, para o estabelecimento subsequente de objetivos, formulação estratégica e tática de negócios (Kotler, 1989).

Paralelo ao desenvolvimento de sua análise de SWOT, uma empresa deveria fazer a mesma análise para o seu conjunto competitivo – os três a cinco maiores competidores identificados por meio da Avaliação de Valores descrita no capítulo anterior. Com esta análise de marketing, a organização se conhecerá melhor, conseguirá identificar mais claramente quem são seus reais competidores, perceberá as características e tendências do mercado e suas reais possibilidades de vantagem competitiva (Tranter, Stuart-Hill & Parker, 2009). O próximo passo agora é conhecer a fundo seus consumidores, o que veremos no próximo capítulo.

Questão para reflexão e aplicação

1. Escolha uma empresa do mercado de hotelaria e faça uma análise de SWOT. Valide sua análise fazendo as seguintes perguntas:
   - O que a empresa faz melhor que as outras? Quais são as competências distintivas de negócio? O que faz com que a organização se destaque em relação aos competidores? Quais vantagens tem sobre os concorrentes?
   - Onde a empresa tem dificuldades? Sobre o que os consumidores reclamam? Quais são as necessidades não satisfeitas pela equipe? Os departamentos estão trabalhando de forma integrada, de forma a corrigir pontos fracos e melhorar as relações de trabalho?
   - Quais pontos fortes não estão sendo bem utilizados? Existem pontos fortes da empresa que se encaixam nas tendências de mercado? Existe alguma oportunidade de serviço ou produto que os competidores ainda não aproveitaram?

- Os competidores estão ficando mais fortes? Existem tendências de mercado que aumentam seus pontos fracos? Existem ameaças externas ao sucesso da empresa?

Sugestões de casos

Popescu (2006, 606-022-1). Este caso apresenta o conceito de gestão de receitas como uma ferramenta para maximizar os lucros e fornecer vantagem competitiva para as empresas em diversos setores. O caso e a simulação (606-022-4) que o acompanham são definidas no setor aéreo, em que se originou a gestão de receitas. O objetivo do exercício é estimular a intuição de como as técnicas básicas de gerenciamento de receitas funcionam e em que circunstâncias são mais eficazes. O leitor assume o cargo de gerente de receitas responsável pela venda de assentos em um avião. O objetivo é elaborar uma estratégia de vendas para captar a renda máxima do mercado. Estratégias de limite de reserva estáticas e dinâmicas devem ser testadas pelo simulador que o acompanha.

Premkumar, Richardson e Zmud (2004, p. 3). A Enterprise Rent-A-Car desenvolveu uma rede de valor interligando, por meio de tecnologia, os processos de negócios de empresas de seguro de carro, lojas de automóveis e a Enterprise Rent-A-Car. Essa plataforma fornece valor recorrente a cada membro, permitindo à Enterprise consolidar e ampliar essas relações. Os autores acreditam que uma empresa pode obter uma vantagem competitiva sustentável por meio do desenvolvimento e da detenção de uma plataforma de tecnologia que seus membros possam utilizar para interligar seus processos de negócio. O artigo apresenta uma estrutura conceitual dos fatores que influenciam a sustentabilidade de tal vantagem competitiva, com base no valor de negócio que os participantes derivam e as barreiras que impedem os concorrentes de desenvolverem uma plataforma de tecnologia similar.

••• OLHAR DO MERCADO

ENTREVISTA COM MARILIA PERGOLA

1. **EM SUA OPINIÃO, O QUE É *REVENUE MANAGEMENT*?**

    Revenue Management é administração de um inventário e uma grade tarifária de acordo com a demanda e a oferta. Parece simples, mas esses dois itens envolvem muitas outras ações, dentre elas, controle de inventário por segmento, mudança de estratégia de tarifa de acordo com a demanda e a concorrência, canais de distribuição, ofertas, estatísticas, previsão, futuro para o mercado.

2. **COMO SE DESENVOLVEU SUA TRAJETÓRIA PROFISSIONAL ATÉ SUA ENTRADA NO CAMPO DE RM?**

    Ingressei na hotelaria em 2000, na área de *Guest Service*. Depois, tive uma oportunidade em vendas, como assistente administrativa, e, depois, como coordenadora de vendas e grupos para quatro hotéis. Na função de coordenadora, comecei a ter envolvimento com os RFPs (*Request For Proposal*, ou Pedido de Proposta) de vendas, com grades tarifárias, estratégias de vendas, até que a companhia decidiu ter uma equipe somente para *Revenue*, que incluía todas essas negociações de RFP. Fui convidada para fazer parte da equipe para os 11 hotéis da América Latina. Após quatro anos, resolvi que queria trabalhar em *Revenue* para uma propriedade e consegui uma oportunidade como diretora de *Revenue* de um hotel no Rio de Janeiro com 559 apartamentos, no qual permaneci por seis anos.

3. **QUAIS SÃO/FORAM SUAS MAIORES RESPONSABILIDADES COMO GERENTE DE RECEITA?**

    São muitas as responsabilidades, principalmente quando se está trabalhando em um mercado muito dinâmico, mas acredito que as principais são: não perder oportunidade de vendas, ou seja, ter sempre todos os canais de vendas com paridade de inventário e tarifas e maximizar *Revenue*, que afeta diretamente os resultados de um hotel.

4. **COMO O RM SE DESENVOLVEU E SE ENCAIXA NA EMPRESA EM QUE VOCÊ ATUA/ATUOU COMO GERENTE DE RECEITA?**

   O RM na companhia em que trabalho tem um papel muito importante; está no mesmo nível de importância de todo o comitê executivo. Ele responde diretamente ao gerente geral. É uma das pessoas com mais responsabilidade pelos resultados do hotel, ou seja, participa de todas as reuniões de estratégias, toma decisões por negociações de vendas e assume riscos. O RM deve ser um profissional de total confiança para um gerente geral e um diretor de vendas. O RM está presente em todas as reuniões de orçamentos e revisões; é a pessoa que mais tem informação do mercado, tanto sobre o passado, quanto sobre o futuro.

5. **QUAIS SÃO AS MAIORES DIFICULDADES ENFRENTADAS POR UM GERENTE DE RECEITA ATUALMENTE?**

   Acredito que a maior dificuldade é fazer com que as pessoas do hotel, principalmente de Vendas, Reservas e Recepção (diretamente envolvidas com RM) entendam a importância do trabalho de um RM e saibam compreender quando não se pode tomar certa estratégia de vendas ou quando devem cobrar por *no show*, *early departure*, cancelamento fora do prazo, redução de grupo, situações delicadas que devemos enfrentar com nossos clientes.

6. **EM SUA OPINIÃO, QUAIS SÃO AS TENDÊNCIAS EM RM?**

   As tendências são sistema de tarifa dinâmica, sistema de *forecasting*, sistema de *price optimization*.

7. **QUAIS CONSELHOS VOCÊ PODE DAR A ESTUDANTES E PROFISSIONAIS QUE PRETENDEM INGRESSAR NO CAMPO DE RM?**

   Eu aconselho 100% que profissionais ou estudantes entrem nesta área e se aperfeiçoem, busquem o melhor de si para esse trabalho.

Trata-se de uma atividade de análises e riscos, e o mais motivador é poder ver o resultado, que muitas vezes é imediato. Por qualquer ação tomada ou procedimento criado se vê o resultado muito rápido. É uma área que não tem muitos profissionais, portanto há espaço para aqueles que se encaixam no perfil de RM (ou seja, analista, organizado, metódico, rápido, interessado, comprometido). O profissional pode aprender muito mais que RM, porque pode se envolver com os resultados do hotel, entender como uma estratégia afeta diretamente um GOP, EBITDA (*Earnings Before Interest, Taxes, Depreciation and Amortization*; ou Lucros Antes de Juros, Impostos, Depreciação e Amortização), margens e, assim, conseguir melhores resultados. Não tenha medo de assumir riscos; os bons resultados muitas vezes vêm de altos riscos. Seja firme nas decisões – muitas vezes, elas não agradam a todos, mas o importante é o resultado final para o hotel.

8. QUAIS ARTIGOS, LIVROS E CURSOS VOCÊ RECOMENDA PARA QUEM QUER SEGUIR NA ÁREA DE RM?
Cursos da Universidade de Cornell, módulo *Revenue Management*.

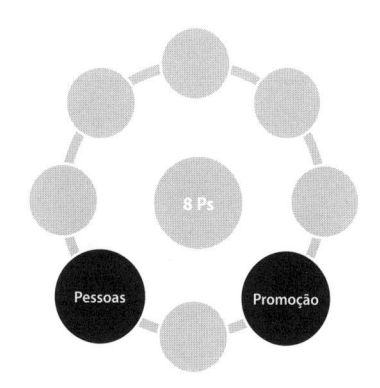

5
Conhecimento dos consumidores

> Funcionários afetados pelos sistemas de *Revenue Management* – especialmente dos departamentos de Reservas, Recepção, Vendas e Marketing – devem ser envolvidos no processo para que eles entendam que além dos objetivos promovidos de gerenciamento de receita – que é de maximizar receitas – ainda é criticamente importante manter clientes leais.
> Robert C. Lewis e Richard E. Chambers, *Marketing Leadership in Hospitality: Foundations and Practices*

Após realizar um estudo de mercado, bem como de macro e microambientes – conforme abordado nos capítulos 1 a 4 –, é necessário ainda conhecer os consumidores para criar quaisquer estratégias de *Revenue Management*. É por essa razão que desde o início do livro faço questão de ressaltar a grande participação que o marketing, como componente dos cursos de administração, tem sobre o gerenciamento de receita. O conceito de marketing pode ser definido como a arte ou a ciência de satisfazer as necessidades e os desejos do consumidor, fidelizados e novos, criando valor para eles e ganhando lucro em retorno. A fim de que os departamentos de Vendas e Marketing criem produtos e serviços que satisfaçam os desejos e necessidades de seus clientes mais valiosos, primeiro as empresas precisam verdadeiramente conhecer seus consumidores.

Segundo um dos "papas" do marketing, Philip Kotler, para identificar seus consumidores-alvo é necessário conhecer quem constitui o mercado, o que e por que compra, além de quem participa na compra, como, quando e onde compra (Kotler, 1989). Kotler ensina que o comportamento do comprador é influenciado por quatro fatores principais que fornecem indícios de como atingir e atender ao consumidor mais efetivamente:

- culturais (cultura, subcultura e classe social);
- sociais (grupos de referência, família, papéis e posições sociais);
- pessoais (idade e ciclo de vida, ocupação, condições econômicas, estilo de vida, personalidade e autoconceito);
- psicológicos (motivação, percepção, aprendizado, crenças e atitudes).

Também é necessário entender o tipo de processo decisório que os clientes adotam, pois, embora diversas decisões de compra possam envolver apenas uma pessoa, há aquelas que envolvem participantes capazes de atuar como iniciador, influenciador, decisor, comprador e usuário. Cabe ao profissional de marketing identificar quem são esses diversos participantes, seus critérios de compra e a quantidade de influência que eles exercem no comprador. Quanto mais deliberação na compra e quanto maior o número de participantes dela, maior a complexidade da situação da compra. É preciso planejar-se de maneira distinta para os quatro tipos de comportamento de compra do consumidor, que levam em consideração o grau de envolvimento do consumidor na aquisição e o grau de diferenças significativas entre as marcas. São eles:

- o comportamento complexo de compra;
- o comportamento de compra com divergência reduzida;
- o comportamento habitual de compra;
- o comportamento de compra à procura de variedade.

Kotler complementa explicando que o trabalho do profissional de marketing é compreender o complexo comportamento do comprador em cada estágio do processo de decisão e as influências que ocorrem em cada uma dessas fases. Essas fases consistem em:

- reconhecimento do problema;
- busca de informação;
- avaliação de alternativas;
- decisão de compra;
- comportamento pós-compra.

A compreensão desse rico processo possibilita o desenvolvimento de ações de marketing eficazes e significativas para a conquista do mercado-alvo.

Em *A terceira onda* (1980), Alvin Toffler comentou sobre o consumidor que estava emergindo: ele é parte produtor e parte consumidor do produto ou serviço desejado. Todos nós, quando almoçamos em um restaurante, ao utilizar o *buffet* ou montar nosso próprio prato de acordo com nossos desejos e necessidades, estamos produzindo e consumindo nossa refeição. Em estudos de comportamento do consumidor, também se comenta frequentemente sobre um consumidor profissional, que está envolvido no processo de produção e que tem conhecimento considerável dos atributos e características do produto ou serviço sendo adquirido (Tranter, Stuart-Hill & Parker, 2009). Um gerente de TI de uma empresa, ao fazer seu processo de compra de um *laptop* pessoal, tem quase tanto conhecimento do produto quanto o próprio gerente de TI da empresa fabricante. O fato é que os consumidores estão mais informados, mais atentos e participativos no processo de compra.

Essa nova realidade fez com que muitas empresas começassem a utilizar uma abordagem centrada no cliente – ou seja, todos os esforços de marketing e também os operacionais focados nos desejos e nas necessidades dos consumidores. Essa personalização de atenção e serviço já é muito conhecida no segmento de luxo, contudo, para as massas, trata-se de um movimento que se intensificou mais nos últimos anos (Tranter, Stuart-Hill & Parker, 2009). Quando o Grand Hyatt São Paulo abriu, em agosto de 2002, o hotel de luxo lançou um novo conceito no mercado brasileiro, inovando com o *"menu* de travesseiros", uma personalização de atenção e serviço para seus clientes mais valiosos. Hoje, esse mesmo conceito pode ser observado em redes *midscale* nacionais, como na Bourbon, por exemplo.

Contudo, como personalizar em um mundo globalizado?

Globalização

Em novembro de 2013, Philip Kotler fez uma palestra em São Paulo, durante a HSM Expo. Ele iniciou sua exposição comentando sobre a importância de marcas globais para uma nação, exemplificando que o Brasil não possui nenhuma marca conhecida globalmente. Segundo a pesquisa Top of Mind da Datafolha/Folha de S.Paulo de 2013, cinco marcas apareceram empatadas na lista das mais lembradas pelos brasileiros quando se fala em produtos ou serviços: Omo (da Inglaterra), Coca-Cola (dos Estados Unidos), Nestlé (da Suíça), Nike (dos Estados Unidos) e Samsung (da Coreia do Sul). Nenhuma delas brasileira. Para Kotler, para obter o verdadeiro sucesso é fundamental que uma empresa tenha uma marca forte e consiga crescer com lucratividade, crescimento esse que depende diretamente do momento da economia mundial e da economia local em que a organização está inserida.

O guru de marketing citou as oito estratégias de seu recente livro, sobre marketing de crescimento, para auxiliar uma empresa a tornar-se 3.0. Todas essas estratégias podem ser observadas do ponto de vista a favor da globalização ou em prol da personalização. Cada empresa deve – com base em uma análise de fatores internos e externos, mercado e concorrência – decidir o foco que funciona melhor para si (Kotler, 2010).

Ampliar a fatia de mercado

Em uma orientação estratégica global, nenhuma distinção deveria ser feita entre oportunidades de mercado domésticas e estrangeiras, pois há um mercado idêntico cruzando vários países pelo mundo (Doole & Lowe, 2001). Com a internet, as barreiras logísticas e comerciais estão desaparecendo, ampliando as dimensões globais do mercado. Fronteiras nacionais não funcionam como limite para as indústrias, competidores potenciais não competem apenas em um país. Empresas estão enfrentando competidores estrangeiros em seus mercados locais; todos estão se tornando globais (Hill & Jones, 2004). Para crescer, uma empresa deve desenvolver estratégias mundiais para segmentos ao redor do mundo e criar planos operacionais para fornecer cobertura mundial aos mercados-alvo (Seth & Parvatiyar, 2001).

Ao mesmo tempo, em uma orientação estratégica personalizada, partimos do pressuposto de que a cultura de um país influencia pensamentos e comportamentos. Portanto, se uma empresa está "pensando globalmente", seus pensamentos já são um produto de sua cultura. Apesar de os valores serem similares ao redor do mundo, culturas podem ver os valores com significados diferentes e até opostos. Produtos podem ser globais, mas os consumidores não são. Marcas podem ser globais, mas as intenções de compra da marca não são.

Com a globalização, as pessoas tornaram-se ainda mais conscientes de suas próprias culturas, suas crenças e seus valores, demonstrando que o que funciona para um segmento de mercado em um país pode não dar certo para o mesmo segmento de mercado em outro país. É um debate entre "pense globalmente, atue localmente" *versus* "pense localmente, atue globalmente" (Lewis, 2000, p. 366). Do McKafta no Egito ao hambúrguer de camarão, chamado EBI Filet-O, no Japão e o hambúrguer McVeggie na Índia, o McDonald's tem oferecido comida adaptada aos gostos locais há tempos em seus mais de 35.400 restaurantes em 119 países. No Brasil, "pratos executivos", que contam com arroz e feijão, embora não estejam no cardápio, podem ser pedidos pelos clientes nos balcões de mais de 800 lojas nacionais (Godoy, 2014).

Fidelizar clientes

A globalização tem sido impulsionada pelo aumento no número de consumidores internacionais, cujo comportamento, atrelado à sua própria cultura, é marcado pela propriedade e pelo uso do produto, pelo poder de decisão, pela adoção ou difusão de inovações, pelo nível de reclamações, pelas respostas à publicidade e pela lealdade à marca (Mooji, 1998). Essa lealdade dos consumidores pode ocorrer de quatro formas distintas (Rowley, 2005):

- **clientes cativos**, que compram diversas vezes o mesmo produto, serviço e marca em decorrência da falta de oportunidades para encontrar substitutos;
- **caçadores de conveniência**, que podem não respeitar a própria marca, mas entender a conveniência atrelada a ela;
- **consumidores satisfeitos**, que, apesar de possuírem uma atitude positiva com relação à marca, não realizarão nenhum consumo extra;
- **clientes comprometidos**, leais à marca tanto em atitude quanto em comportamento.

A possibilidade de lealdade à marca leva as empresas à busca incessante da fidelização do cliente, que pode ocorrer com maior frequência quando a empresa tem marca e presença globais. Com o aumento do turismo e da viagem de negócios, empresas de setores diferentes e similares entraram em alianças globais estratégicas para competir mundialmente, o que é exemplificado pela aquisição de hotéis por investidores internacionais, como a rede Hilton Internacional pela inglesa Ladbrokes em 1987 (vendida à Hilton Hotel Corporation em 2005) e a Intercontinental pela japonesa Seibu Saison em 1988 – sendo o InterContinental Hotels Group (IHG) oficialmente formado em 2003. Mesmo que, ao dar recompensas gratuitas para seus clientes, a empresa demonstre valorização e reconhecimento personalizado de seus consumidores, não há evidências sobre os efeitos a longo prazo de programas de fidelidade e sua eficácia não está bem estabelecida, apesar de seu uso predominante pelas empresas (Liu, 2007).

Crescer internacional e regionalmente

Em uma estratégia de entrada global, acredita-se na homogeneidade dos mercados internacionais, nos quais diferenças nacionais devem ser descartadas e similaridades internacionais devem ser exploradas, sendo as diferenças entre países, então, menos relevantes conforme as necessidades de mercado se tornem mais homogêneas. Essas diferenças internacionais têm sido substituídas por diferenças dentro da mesma nação, sendo as diferenças dentro de um mesmo país consideradas maiores que aquelas entre países. Portanto, as empresas precisam olhar em um âmbito global para mercados-alvo diferentes, formulando um planejamento de marketing. A proximidade geográfica não mais pode ser utilizada para determinar a similaridade do processo de adoção de um produto ou serviço; logo, uma estratégia padronizada não funcionará em nível geográfico, mas em nível social, segmentando as diferentes subculturas dentro de um país e entre países.

Ao mesmo tempo, em uma estratégia de entrada personalizada, acredita-se que os mercados não se sobrepõem e os modelos de divulgação de produtos e serviços são diferentes em cada país, apesar das características sociais e demográficas similares (Forlani & Parthasarathy, 2003). Na verdade, quanto maior o escopo dos mercados internacionais para os quais uma empresa expande, maiores são as variações em preferências nacionais e regionais. Portanto, para ser competitiva ao expandir para mercados estrangeiros, uma empresa necessita adaptar seus produtos e serviços e ter um extenso conhecimento desses mercados.

Ao entrar, devido principalmente às diferenças político-econômicas entre as nações, a escolha de formas de entrada e de estratégias de operação serão afetadas pelas barreiras de entrada à condução de negócios internacionais (Seth & Parvatiyar, 2001), que vão além das Cinco Forças de Porter (1979) e precisam ser mencionadas: língua, valores, crenças, religião e cultura são algumas dessas barreiras abstratas. É recomendado, inclusive, que empresas estrangeiras formem parcerias com companhias locais quando entram em um mercado desconhecido, a fim de explorar as novas possibilidades (Doole & Lowe, 2001). No Brasil, a barreira de entrada tecnológica para agências de turismo *on-line* é pequena, estimulando várias delas a tentar desbravar o país. Contudo, baseadas em um modelo de investimento na novidade em curto prazo e na especialização em médio prazo, muitas tentaram e várias acabaram não dando certo. Não há mais espaço para novatas, já que as agências de turismo tradicionais estão adquirindo a tecnologia pronta (Vabo, 2011).

Em março de 2010, iniciei como gerente regional do mercado sul-americano para a Travelocity, na época parte da Sabre Holdings. Selecionei e recrutei um time de dez profissionais, que foram devidamente treinados pela matriz, em Dallas, nos Estados Unidos. Conseguimos dobrar a quantidade de hotéis no Brasil em um ano, chegando a quase 2.000 hotéis na época. Exatamente um ano e meio depois do início das operações da Travelocity no Brasil, tivemos de fechar a unidade da América do Sul, em decorrência da mudança estratégica da empresa e do foco dos recursos nas outras unidades, que geravam maior rentabilidade.

Construir uma marca muito forte

Um planejamento de marketing global integrado com marcas globais, produtos globais, publicidade global e estrutura de distribuição global está sendo cada vez mais desenvolvido por empresas não mais internacionais, e sim globais, com uma orientação não mais policêntrica, e sim geográfica. Empresas verdadeiramente globais são consistentes em todos os mercados nos quais competem, assumindo uma homogeneização das expectativas e necessidades dos consumidores internacionais e criando um planejamento de marketing global integrado em que todas as atividades de marketing são coordenadas, uniformizadas e integradas no mundo todo, desde a padronização da marca, da imagem corporativa, do sistema de identidade visual, dos esforços de marketing, da qualidade dos produtos e serviços, da seleção do mercado-alvo, da estratégia de preços e de distribuição até a consistência dos esforços de vendas e dos programas de publicidade e de promoção ao redor do mundo que desconsideram cultura, nacionalidade, raça, religião, valores e costumes.

Os benefícios de um planejamento de marketing global integrado são um aumento substancial nas vendas, uma facilidade de recrutamento e seleção, um crescimento do valor da marca, um aumento na familiaridade dos consumidores com a empresa e seus produtos e serviços, um crescimento na consciência da publicidade da empresa pelos consumidores e na receptividade dos habitantes locais em relação à empresa e, claro, uma vantagem competitiva.

Em contrapartida, devido às situações únicas em cada país, as estratégias do planejamento de marketing precisam ser personalizadas, criadas, explicadas e controladas com base em variações de operações, de estratégias, de divulgação dos produto e serviços e de culturas nos diferentes países. É difícil para uma empresa transferir suas estratégias e todos os elementos do *mix* de marketing para mercados estrangeiros devido à divergência nas preferências de consumidores, nas instituições de distribuição, na qualidade e na disponibilidade de mídia, na cadeia de valor principal e nas atividades de apoio entre países, influenciando a utilização e o sucesso dessa transferência (Lewis, 2000; Seth & Parvatiyar, 2001).

É preciso um equilíbrio entre a padronização das estratégias de marketing e a adaptação do *mix* de marketing às necessidades locais, pois somente por meio da adaptação e da administração personalizada de uma marca uma companhia internacional pode expandir com sucesso para um mercado estrangeiro, que oferece constantemente barreiras culturais aos seus exploradores. Exemplo de uma marca internacional que deu certo no Brasil é a rede Hilton Worldwide, presente no país há mais de três décadas com duas unidades, uma em São Paulo e outra em Belém. Em 2012, a cadeia hoteleira assinou contrato com a Carvalho Hosken Hotelaria Ltda. para a construção do Hilton Barra, na zona oeste do Rio, com 298 apartamentos e inauguração prevista para o final de 2014. Para 2016, está prevista a abertura do primeiro Hilton Garden Inn nacional, em São José do Rio Preto, interior paulista, em parceria com a HDauff Empreendimentos Imobiliários. O hotel será construído no Georgina Business Park, centro comercial cujo conceito combina tecnologia de ponta com preservação da natureza, localizado em área nobre da cidade ("Hilton Worldwide traz...", 2013).

Inovar e criar um novo modelo de negócios

Empresas que se expandem globalmente são consideradas exportadoras de valores, possuindo características nacionais fortes, um design padrão e uma consistência distinta. Um efeito da globalização é a economia de escala, quando a cadeia produtiva é organizada de forma a alcançar a maior utilização possível dos elementos produtivos, buscando aumento da produção de produtos e serviços, baixos custos e maior lucratividade. Outro efeito da globalização é a curva da experiência, conceito desenvolvido pelo Boston Consulting Group (BCG) nos anos 1960, por meio da análise de trabalhos de companhias fabricantes de semicondutores, em que os consultores do BCG notaram que o custo de produção de uma organização decrescia em torno de 25% cada vez que o volume produzido dobrava – portanto, quanto maior for a experiência que a empresa possuir na produção de um determinado produto, menor serão seus custos ("The Experience Curve", 2009).

Contudo, a padronização não permite que os produtos e serviços sejam desenhados para satisfazer mercados locais, nem que os escritórios regionais aprimorem sua compreensão a respeito das diferenças culturais. Então sempre há uma dualidade entre padronizar, ganhar a massa e reduzir o custo, negligenciando possibilidades emergentes em mercados específicos (Walton, 2001) ou personalizar, inovar e criar a altos custos, conquistando assim consumidores específicos, perdendo o foco e tornando-se menos consistente. Padronizar com aplicações personalizadas ou personalizar em massa, eis a questão!

A Mapie, que atua na área de gestão de negócios e realiza análises de modelos de negócios, listou alguns dos principais modelos de negócios existentes para associar-se a uma rede hoteleira:

- ***joint venture***, no qual uma empresa independente é estabelecida por meio de aportes financeiros das organizações que se unem, compartilhando riscos, ativos e lucros em um relacionamento acionário, de contribuições tecnológicas, de gestão e de acesso aos mercados;
- **arrendamento**, no qual a estrutura completa de uma propriedade hoteleira é alugada por uma rede por certo período de tempo, sendo o arrendador responsável pela conservação e pela manutenção da estrutura;
- **contrato de gestão**, em que é feito um acordo segundo o qual o controle operacional da organização (incluindo atividades como administração financeira, de pessoal, operações ou marketing) é cedido por contrato a outra empresa, que realiza as funções de gestão necessárias em troca de uma remuneração;
- **franquia**, na qual há uma cessão de conhecimento entre a rede e o franqueado, sendo o proprietário o principal responsável pela gestão, devendo comandar de acordo com padrões pré-acordados;
- **consórcio**, em que as partes hoteleiras permanecem independentes e a afiliação (seja íntegra, de marketing, de reservas e de referências) tem o intuito de conseguir vantagens que não teriam

sozinhas, assim como acontece com a Best Western, a Leading Hotels of the World, a Relais et Châteaux e o Roteiros de Charme. É necessário verificar o modelo que se encaixa melhor no perfil da propriedade, do mercado no qual está inserida e de seus proprietários, para conseguir vantagens de escala e ganhos com acesso ao *know-how* específico por intermédio da empresa parceira e sua ampla capacidade de gestão ("Os diversos modelos...", s/d.). Ou, então, é preciso criar seu próprio modelo de negócios com base nos existentes; inovar e criar um modelo completamente novo.

Tornar-se uma empresa engajada com o setor público

O processo de globalização foi acelerado por conta da desregulamentação de certos setores da economia e das mudanças políticas que abriram alguns mercados antes inacessíveis. O Estado viu seu poder decisório efetivo diminuir em favor das empresas multinacionais, as quais agora operam em áreas essenciais como transporte, telecomunicações e energia. A globalização diminuiu a divisão entre o Estado e o setor de negócios corporativos; suas responsabilidades agora se sobrepõem em um mercado de capital livre, em que governos anfitriões fornecem incentivos a empresas ávidas por crescimento e lucro.

O Estado removeu-se de setores clássicos da economia, reduzindo seu papel na participação direta da produção, tornando-se um facilitador de capital global, respondendo pelas necessidades de corporações estrangeiras operando dentro de suas fronteiras. Essas empresas se tornaram os principais instrumentos para a disseminação da globalização, dominando as áreas estratégicas das economias de certos países e o sistema de capital global, estabelecendo um sistema global de produção, uma divisão de mão de obra internacional e condições operacionais na economia internacional e formulando políticas com a intenção de juros sobre o capital global.

A personalização aconteceria, então, em nível corporativo, no que diz respeito a cada empresa, individualmente, comprometer-se o máximo possível com a comunidade, o município, o Estado e a federação. O grau de impacto das multinacionais no processo de desenvolvimento da nação irá depender, entretanto, das condições econômicas, políticas e sociais nos países nos quais elas estão estabelecidas. No Brasil, a PPP (parceria público-privada) é um contrato de prestação de obras ou serviços assinado entre uma empresa privada e o governo federal, estadual ou municipal de, no mínimo, R$ 20 milhões, com duração mínima de cinco anos e máxima de 35 anos. As parcerias podem ser de dois tipos:

- **concessão patrocinada**, na qual o poder público complementa o pagamento do valor mais impostos e encargos por meio de colaborações regulares, uma vez que os valores cobrados dos usuários dos serviços não são suficientes para remunerar as inversões realizadas pelos sócios privados;
- **concessão administrativa**, na qual o pagamento da empresa é totalmente feito por recursos públicos, já que existe a impossibilidade de cobrar do usuário pelo serviço de interesse público prestado pelo parceiro privado. No setor federal, o CGP (Comitê Gestor da PPP) – que ordena, autoriza e estabelece critérios para selecionar projetos da PPP – é integrado por representantes dos ministérios da Fazenda, da Casa Civil e do Planejamento. A remuneração ao parceiro privado só é realizada quando as obras e os serviços são finalizados, mediante uma avaliação periódica da performance do prestador de serviço, de acordo com os padrões de desempenho definidos em contrato ("Parceria...", 2012).

Ser uma empresa mais cuidadosa, local e mundialmente

Em uma orientação estratégica global, uma empresa precisa decidir se sua vantagem competitiva está em centralizar e padronizar as atividades e decisões em sua matriz ou em descentralizar e personalizar as atividades e decisões nas subsidiárias. A globalização vem remodelando algumas grandes forças macroeconômicas, como a liberdade de ideologia e da economia, os avanços tecnológicos em operações de negócios, a integração regional de mercados comerciais, a abertura dos mercados sem fronteira. Numa economia global, para ser capaz de transferir procedimentos normais para subsidiárias no mundo todo, a matriz opta pela padronização, na qual todas as funções de negócio (aquisições, vendas, contabilidade, logística, manufatura, pesquisa e desenvolvimento) são integradas para fornecer suporte interfuncional aos consumidores globais (Seth & Parvatiyar, 2001).

Contudo, as subsidiárias precisam tomar suas decisões personalizadas localmente, já que diferenças essenciais existem e influenciam a estratégia de marketing, como a infraestrutura, o clima, a língua, as tradições, os hábitos, as percepções dos consumidores, o nacionalismo, a disponibilidade de mídia do país, além das diferenças entre leis, regulamentos, economia e tecnologia. Além disso, hábitos de leitura, de mídia e de música, tempo de lazer, prioridades de gastos e necessidades sociais de consumidores são diferentes, assim como costumes, atitudes e necessidades, que são um reflexo da cultura, cuja força irá determinar o grau de adaptação à globalização ou a necessidade de personalização.

Exemplos de decisões localizadas e personalizadas que matrizes de agências de turismo *on-line* norte-americanas ou europeias fazem para conseguir melhor penetração em países da América do Sul são puramente operacionais, como, por exemplo, fornecer ao hotel o código de segurança do cartão de crédito do consumidor apenas uma vez durante a reserva, para garanti-la, o que não é permitido ou necessário para reservas nos países desenvolvidos; cobrar a comissão sobre o serviço líquido, uma vez que certos impostos devem ser pagos apenas por cidadãos do país em questão, e certas taxas não são obrigatórias; e até mesmo criar um contrato em língua nativa com cláusulas específicas para determinados países, dependendo das práticas de mercado.

Entender os consumidores mental e emocionalmente

Em um mundo globalizado, mercados nacionais isolados com culturas distintas estão mudando em direção a um grande mercado com uma variedade de culturas, mas sem barreiras de comércio, distância ou tempo, fazendo com que consumidores no mundo todo tenham as mesmas exigências básicas independentemente do nível de desenvolvimento do país. Um enorme esforço seria necessário se uma empresa tentasse compreender culturas locais, acomodando os pedidos diferentes de países distintos, como gostos e preferências, práticas de negócios, canais de distribuição, condições competitivas e políticas governamentais (Hill & Jones, 2004).

Os consumidores tornaram-se globais, exigindo empresas globais com produtos e serviços globais para satisfazer suas necessidades globais. Consumidores de mercados que são menos desenvolvidos aceitam produtos padronizados mais facilmente, já que o ambiente desses países não requer muita rivalidade entre empresas. Além disso, nesses mercados menos afluentes, os produtos estrangeiros são recebidos como superiores aos locais. No entanto, consumidores de etnias diferentes têm valores diferentes, e a empresa necessita reconhecer essas distinções e personalizá-las. Quanto mais exigentes se tornam os consumidores no mundo todo e quanto mais protetores de valores locais se tornam os governos, menor é a aceitação de produtos estrangeiros com valores estrangeiros que tentam passar uma mensagem, verbal ou visual, global, simplesmente porque tal cultura global não existe.

A propaganda deve refletir os valores dos consumidores, que são uma consequência de suas culturas, para construir relacionamentos entre os consumidores e as marcas.

O primeiro passo em direção à propaganda internacional é entender que os valores dos consumidores e as culturas dos países não são similares. Praticada por muitas cadeias hoteleiras globais, a propaganda global normalmente falha em diferenciação, fazendo com que a campanha global não atinja o sucesso. Hotéis e restaurantes precisam adaptar-se a locais e mercados diferentes, tanto em um *design* atrativo do produto quanto em uma abrangente cultura organizacional (Lewis, 2000). Ao se adaptar a mercados distintos, as características intangíveis do produto ou serviço devem ser consideradas, já que o significado de um produto ou serviço excelente é afetado pelos gostos, valores e atitudes do consumidor local. A habilidade de segmentos de consumidores de comprar um produto e a ocasião de compra são distintas em países em diferentes estágios de desenvolvimento econômico; logo, a cultura impacta o comportamento e o processo de decisão do consumidor (Doole & Lowe, 2001).

Seguindo um novo comportamento de compra de viagens, estimulado pelos compartilhamentos e interatividade das mídias sociais, surgiu um inovador, interessante e criativo modelo de negócios, criado pelo Airbnb. Fundado em agosto de 2008, em São Francisco, na Califórnia, com presença no Brasil desde abril de 2012 (Rio de Janeiro e São Paulo), o Airbnb é uma plataforma internacional de reserva *on-line* que reúne 550 mil ofertas de anfitriões – que disponibilizam desde apartamentos, castelos, casas em árvore ou *lofts* para hospedagem – e já totaliza dez milhões de usuários, com presença em 34 mil cidades de 194 países. Tendência em franca expansão globalmente, no Brasil há cerca de 20 mil anúncios em cerca de 20 estados brasileiros e 670 cidades, principalmente Rio de Janeiro, São Paulo e Salvador. Em 2013, cresceu em 400% a procura de brasileiros por ofertas de hospedagem alternativa em mais de 100 cidades, principalmente Nova York, Paris e Londres. O *site* se autodefine como uma comunidade global que se interessa por troca de experiências, cultura, conforto, *design* e novas amizades, proporcionando uma interação direta entre o anfitrião e o hóspede e valorizando mais a localização e a personalização do serviço ("Hospedagem alternativa...", s/d.).

Em suma, a existência de uma convergência global de mercados distintos em segmentos homogêneos, apesar das diferenças culturais, foi observada por diversos autores da área de marketing. Levitt (1986), por exemplo, citou o crescimento global de mercados étnicos como um exemplo de padronização de segmentos e, a partir dessa observação, sugeriu que as empresas fizessem uma mudança de produtos locais personalizados para produtos globais padronizados como forma de adquirir vantagem competitiva. Segundo o autor, por conta da comunicação e das tecnologias globais, os mercados nacionais não estão isolados uns dos outros, nem as diferenças culturais são tão distintas, implicando uma cultura mundial. No entanto, esse autor não ignorou nem descartou as distinções contínuas e importantes entre as nações e os gostos, culturas e preferências culturais nacionais, bem como entre regiões e instituições de negócios; ele apenas previu que a segmentação de mercado poderia ter uma abordagem diferente. Na verdade, Levitt percebeu que "não há evidência da homogeneização das necessidades e dos desejos globais. O oposto é o caso. De fato, há um crescimento da heterogeneidade dentro de um país, não apenas da heterogeneidade entre países" (1986, p. xii). Ele também notou que, se uma empresa, em sua estratégia de marketing, procurar responder às necessidades e aos desejos de consumidores distintos, que querem coisas diferentes, então as economias de escala deverão ser substituídas por economias de escopo, que produzem numerosas variedades de produtos específicos e personalizados por um preço consideravelmente baixo.

Branding

Este capítulo não se chama "Conhecimento dos consumidores" por acaso. Ele se refere não apenas ao estudo que os profissionais de marketing têm de fazer do público de seu produto ou serviço, mas também à via inversa: o conhecimento que os consumidores precisam ter da marca. E, aí, estamos falando de *branding*. Uma realidade dominante na indústria de turismo e hotelaria, principalmente nos Estados Unidos e na Europa, o *branding* reforça as características da empresa e reduz o risco de compra de serviços intangíveis pelo consumidor, tornando-se a marca um dos bens mais valiosos que uma empresa pode possuir (Onkvisit & Shaw *apud* Connell, 1992). Dentro de um mercado globalmente competitivo, o *branding* se torna uma arma essencial e poderosa em destinos maduros, onde há uma maior paridade de tarifa e possibilidade de substituição pela concorrência (Morgan, Pritchard & Pride, 2002).

Os atributos de uma marca são intangíveis, satisfazendo as necessidades de aprovação social, expressão pessoal e autoestima (Echtner & Ritchie *apud* Hankinson, 2003) e apelando para os sentidos, a razão e as emoções do consumidor. Deve existir um encaixe entre as necessidades físicas e psicológicas do consumidor e os atributos funcionais e valores simbólicos da marca, especialmente com marcas de serviços (Hankinson, 2003). Consumidores que experimentam emoções seletivas são menos sensíveis aos preços (Barsky, 2001), e consumidores com rendas maiores são leais a uma marca *premium*, visualizando-a como um reflexo de seu *status* social, devido ao valor social que algumas imagens ou símbolos carregam (Tepeci, 1999).

No setor hoteleiro, existem várias maneiras de medir o poder e o valor de uma marca:

- consistência, experiências memoráveis e distintas, performance do hotel (Walsh, 2002c);

- reputação, imagem, promoção, inovação, extensão da marca, satisfação, histórico do consumidor (Tepeci, 1999);
- âmbito de serviço, preço, localização (Connell, 1992);
- lealdade do consumidor, conhecimento do nome, qualidade percebida e associações à marca embutidas nas memórias dos consumidores (Yesawich, Pepperdine & Brown *apud* Higley, 2001b).

A imagem e a identidade criadas para o consumidor por meio da apresentação e da comunicação da estratégia da marca, dirigida aos específicos segmentos de mercado, constituem o posicionamento de mercado (Lewis, 2000). De acordo com Bowen (1998), esse posicionamento é criado a partir de três passos:

1. Identificar as vantagens competitivas para construir a posição.
Primeiramente – e com base na realidade para que a experiência prometida seja realizada –, deve-se identificar os atributos similares e distintos da empresa em relação à concorrência (Hankinson, 2003). Essa comparação direta com um competidor deve ser baseada em preço e qualidade, características de produtos ou serviços, consumidores-alvo e aplicações específicas. Considerando que as percepções dos consumidores sobre o produto ou serviço determinam o sucesso de seu posicionamento, por meio do estabelecimento na percepção do consumidor de como os produtos e serviços de uma empresa são diferentes e têm maior valor agregado em relação àqueles dos potenciais competidores, uma empresa confirma seu posicionamento em um mercado específico (Doole & Lowe, 2001). Com base no posicionamento de uma empresa comparado ao dos competidores e na atratividade do segmento de mercado, as decisões de entrada e saída de mercado são tomadas (Hamermesh *apud* Drumwright & Kosnik, 1992).

2. **Selecionar as vantagens competitivas corretas.** Por meio de uma vasta análise competitiva, uma empresa escolhe sua estratégia de diferenciação. Para isso, uma empresa deve ser proativa e realizar pesquisas entre os consumidores e potenciais compradores existentes para estabelecer as percepções da empresa em questão e de seus competidores, bem como quais são os pontos fortes e fracos, e as vantagens e desvantagens em relação à concorrência. A distância entre o posicionamento declarado da empresa e o atual posicionamento percebido permite que planos de marketing sejam alterados em direção às crenças e atitudes dos consumidores – e, consequentemente, em direção a alcançar o posicionamento desejado. Esse posicionamento é a ferramenta necessária para desenvolver a imagem de uma empresa e sua reputação no mercado. Um forte posicionamento de mercado resulta em uma fatia de mercado maior e em uma vantagem competitiva e financeira em relação aos concorrentes.

3. **Comunicar com eficácia e entregar a posição ao público-alvo selecionado.** Por meio da análise cuidadosa do consumidor e do segmento, uma empresa escolhe seu mercado-alvo e os benefícios a serem oferecidos àquele segmento com base nas percepções dos clientes. Marcas facilitam a diferenciação e o posicionamento em um mercado competitivo, e uma declaração clara de posicionamento arremata a estratégia de marketing (Pearce, 2003). A segmentação de mercado complementa a estratégia de marca por meio da identificação dos segmentos valiosos e do posicionamento desejado da marca, do produto ou serviço na mente dos consumidores-alvo. Então, deve-se determinar um plano para as atividades de marketing a fim de alcançar o posicionamento desejado.

O quadro a seguir mostra um exemplo de posicionamento bem aplicado: o da rede Marriott International, Inc.

Hotel	Tarifa	Perfil do consumidor
Gaylord Hotels	US$ 74 a US$ 109	Hóspede a lazer que busca conveniência
Fairfield Inn	US$ 74 a US$ 149	Hóspede a lazer e negócios da classe econômica
TownePlace Suites	US$ 74 a US$ 149	Hóspede de longa estadia da classe média
SpringHill Suites	US$ 74 a US$ 159	Hóspede a lazer e negócios da classe média
Courtyard	US$ 74 a US$ 159	Hóspede na estrada e que busca qualidade a preço acessível
Residence Inn	US$ 84 a US$ 179	Hóspede que busca hotel estilo residência
Renaissance Hotels & Resorts	US$ 89 a US$ 179	Hóspede a lazer e negócios que busca atenção ao detalhe
Autograph Collection	US$ 119 a US$ 229	Hóspede a lazer que busca experiências diferentes
Marriott Vacation Club	US$ 119 a US$ 339	Hóspede a lazer e negócios que busca qualidade
JW Marriott	US$ 215 a US$ 269	Hóspede a lazer e negócios que busca experiências extraordinárias
Ritz-Carlton	US$ 299 a US$ 369	Executivo sênior que busca luxo, sofisticação e serviço personalizado

Tabela 5.1. Hotéis, tarifas e perfis diferentes da rede Marriott.
Fonte: pesquisa realizada no *site* da Marriott para hotéis do Estado da Flórida. Disponível em http://www.marriott.com. Acesso em 17 maio 2014.

Esse posicionamento de marcas vai ao encontro de um mercado altamente fragmentado, dividido em muitos micromercados, em cada um dos quais os segmentos de consumidores querem ser tratados com exclusividade, exigindo uma variedade de opções de compra, produtos e serviços personalizados, com alto valor agregado e satisfação imediata. De forma contraditória, justamente é essa variedade que gera uma infidelidade à marca por parte dos clientes, deixando bem claro que o poder de decisão é deles, e não das empresas (Cross, 1998).

Foto 5.1. Um exemplo de posicionamento bem aplicado é o da GJP Hotels & Resorts. Nesta peça institucional, a GJP comunica que, para atender a diversos tipos de clientes e necessidades, trabalha com três bandeiras diferentes em seu portfólio: Wish (hotéis *upscale*), Prodigy (hotéis *midscale* e *uppermidscale*) e Linx (hotéis econômicos). Esse posicionamento de marcas se alinha a um mercado altamente fragmentado, dividido em muitos micromercados, em cada um dos quais os segmentos de consumidores querem ser tratados com exclusividade, exigindo uma variedade de opções de compra, produtos e serviços personalizados, com alto valor agregado e satisfação imediata.

Global, mas local

Ainda que vivamos em um mundo globalizado, é raro que as marcas globais sejam padronizadas completamente ou posicionadas da mesma maneira em todos os mercados. O consumidor não precisa de uma marca global; o produtor, sim. O sucesso de uma marca global está na sua integração com a cultura local e nas adaptações para cada mercado (Mooji, 1998). O desafio é lidar com a variedade de benefícios intangíveis entre países, culturas e indivíduos (Doole & Lowe, 2001). Marcas internacionais obtêm sucesso apenas quando os consumidores sentem que são abordados diretamente e de forma significativa (Anholt *apud* Mooji, 1998).

Uma marca global é normalmente associada à sua nação de origem, e a hotelaria foi uma das primeiras indústrias de serviços a explorar o poder de fortes marcas nacionais. Na verdade, as maiores marcas globais hoteleiras fazem parte de redes hoteleiras norte-americanas relacionadas ao turismo de negócios, como, por exemplo, Hilton Hotels, Marriott International, Wyndham Hotel Group, Choice Hotels International, Starwood Hotels and Resorts, Best Western & Carlson Rezidor Hotel Group.

Essas sete cadeias hoteleiras, junto com a britânica IHG, a francesa Accor e a chinesa Home Inns, formam as dez principais redes hoteleiras no mundo segundo estudo realizado pela MKG Hospitality em março de 2013 (tabela 5.3). Todas aparecem na mesma posição do *ranking* de 2013, exceto a Choice Hotels International – que mantém aliança com a Atlantica Hotels no Brasil –, que ultrapassou a Accor, pulando para a 5ª colocação. Esses grupos são responsáveis por pelo menos dois terços das propriedades com marcas (gerenciadas, franquiadas ou próprias), e a expectativa é de que dominem o mercado e se beneficiem de maiores economias de escala. Competidores independentes continuarão a sentir a pressão conforme as tendências à consolidação e à globalização se perpetuem (Lunt & Arnold, 2000).

Posição		Grupos		Hotéis		Quartos		Crescimento numérico	Crescimento percentual
2013	2012			2013	2012	2013	2012	2013	2012
1	1	IHG	GB	4.602	4.480	675.982	658.348	17.634	2,7%
2	2	Hilton Hotels	EUA	3.992	3.861	652.378	631.131	21.247	3,4%
3	3	Marriott International	EUA	3.672	3.595	638.793	622.279	16.514	2,7%

(cont.)

Posição		Grupos		Hotéis		Quartos		Crescimento numérico	Crescimento percentual
2013	2012			2013	2012	2013	2012	2013	2012
4	4	Wyndaham Hotel Group	EUA	7.342	7.205	627.437	613.126	14.311	2,3%
5	5	Choice Hotels International	EUA	6.198	6.203	497.023	502.460	-5,437	-1,1%
6	6	Accor	FRA	3.515	4.426	450.199	531.714	-81.515	-15,3%
7	7	Starwood Hotels and Resorts	EUA	1.121	1.076	328.055	315.346	12.709	4%
8	8	Best Western	EUA	4.024	4.018	311.611	295.254	16.357	5,5%
9	9	Home Inns	CHI	1.772	1.426	214.070	176.562	37.508	21,2%
10	10	Carlson Rezidor Hotel Group	EUA	1.077	1.077	166.245	165.802	443	0,3%

Tabela 5.2. *Ranking* das dez principais redes hoteleiras no mundo, em janeiro de 2013.
Fonte: "World Ranking..." (2013).

Posição		Cadeia	Grupos	Hotéis		Quartos		Crescimento numérico	Crescimento percentual
2013	2012			2013	2012	2013	2012	2013	2012
1	2	Holiday Inn+ HI Express	IHG	3.392	3.347	424.612	421.944	2.618	0,6%
2	1	Best Western	Best Western	4.024	4.018	311.611	295.254	16.357	5,5%
3	6	Marriott Hotels Resorts	Marriott International	558	555	204.917	205.595	-678	-0,3%
4	3	Comfort Inn & Suites	Choice Hotels Internat.	2.509	2.509	194.262	199.875	-5.613	-2,8%
5	5	Hilton Hotels & Resorts	Hilton Worldwide	551	562	191.199	197.311	-6.112	-3,1%
6	4	Hampton Inn by Hilton	Hilton Worldwide	1.880	1.847	184.765	181.087	3.678	2%
7	7	Ibis (Mega Brand*)	Accor	1.667	1.519	182.496	163.484	19.012	11,6%
8	14	Home Inns	Home Inns	1.438	1.119	164.325	128.621	35.704	27,8%

(cont.)

Posição		Cadeia	Grupos	Hotéis		Quartos		Crescimento numérico	Crescimento percentual
2013	2012			2013	2012	2013	2012	2013	2012
9	8	Sheraton Hotels & Resorts	Starwood Hotels and Resorts	427	415	149.784	144.648	5.136	3,6%
10	10	Days Inn of America	Wyndham Hotel Group	1.826	1.864	147.808	150.436	-2.628	-1,7%
11	9	Super 8 Motels	Wyndham Hotel Group	2.314	2.249	147.512	142.254	5.258	3,7%
12	11	Courtyard by Marriott	Marriott International	929	911	136.553	134.428	2.125	1,6%
13	12	Quality Inns Hotels	Choice Hotels Internat.	1.479	1.410	133.515	128.753	4.762	3,7%
14	13	Ramada Worldwide	Wyndham Hotel Group	850	845	115.811	114.306	1.505	1,3%
15	15	Crowne Plaza	IHG	392	387	108.307	105.104	3.203	3%

(*) Gathering of Ibis Hotels, Etap Hotel, All Seasons.

Tabela 5.3. *Ranking* das quinze principais marcas hoteleiras no mundo, em janeiro de 2013.

Fonte: "World Ranking..." (2013).

Na mesma lista do banco de dados da MKG Hospitality, que leva em conta tanto o número de apartamentos quanto o tamanho da rede em número de empreendimentos, a Atlantica Hotels é a operadora hoteleira do Brasil mais bem colocada na lista das 300 maiores redes do mundo. Na 89ª posição, a Atlantica está na frente da BHG (142ª), da Blue Tree (242ª) e da Transamérica (244ª), todas com sede em São Paulo. Na última pesquisa, a Atlantica ocupava o 93º lugar. Entre as 50 principais marcas de hotéis, Comfort Inn e Comfort Suites, administradas pela Atlantica Hotels no Brasil, aparecem na 6ª colocação. Quality Suites alcançou a 14ª posição; Radisson ficou com a 20ª; Four Points by Sheraton, na 26ª; e Clarion, na 40ª ("Publicação aponta Atlantica...", 2013).

PARTE I – ANÁLISE E PLANEJAMENTO DE MARKETING

A Jones Lang LaSalle Hotels, em sua publicação *Hotelaria em números Brasil 2013*, que conta com apoio do FOHB (Fórum de Operadores Hoteleiros do Brasil), lista as maiores redes e administradoras hoteleiras do país e faz uma análise do setor, que conta com 9.681 hotéis e 464 mil quartos. Segundo esse levantamento, hotéis e *flats* de cadeias nacionais somam 377 unidades e 55.947 quartos. Hotéis e *flats* de cadeias internacionais são 423 e contam com 74.822 apartamentos. Hotéis independentes com até 20 quartos são 3.502, com 38.699 quartos, e hotéis independentes com mais de 20 quartos somam 5.379 e têm 295 mil apartamentos.

2013	Administradora hoteleira	Número de quartos	Número de hotéis
1	Accor	27.551	159
2	Atlantica	13.253	79
3	BHG Brazil Hospitality Group	8.271	48
4	Blue Tree	4.838	24
5	Nacional Inn	4.593	41
6	Transamérica	4.447	22
7	Windsor	3.010	12
8	Meliá Hotels	2.873	12
9	Hotéis Slaviero	2.740	21
10	Allia Hotels	2.733	29
11	Intercity	2.610	19
12	Othon	2.450	15
13	GJP	2.159	15
14	Bourbon	2.135	11
15	IHG	2.127	7
16	Nobile	2.089	14
17	Vila Galé	2.055	6
18	Átrio	1.794	14
19	Estanplaza	1.733	12
20	Bristol Hotelaria	1.660	13
21	Master Hotéis	1.658	12
22	Pestana	1.566	9
23	Sauípe	1.564	6

(cont.)

2013	Administradora hoteleira	Número de quartos	Número de hotéis
24	Deville	1.518	9
25	Travel Inn	1.390	18

Tabela 5.4. *Ranking* das maiores administradoras hoteleiras no Brasil (até junho de 2013).
Fonte: Jones Lang LaSalle e FOHB (2013).

2013	Marcas	Número de quartos	Número de hotéis
1	Accor	30.260	181
2	Choice	9.446	62
3	Louvre Hotels	6.737	38
4	Blue Tree	4.838	24
5	Nacional Inn	4.593	41
6	Transamérica	4.447	22
7	Windsor	3.010	12
8	Wyndham	2.860	15
9	IHG	2.803	12
10	Bourbon	2.791	12
11	Slaviero	2.740	21
12	Othon	2.450	15
13	Starwood	2.158	8
14	Carlson	2.060	9
15	Vila Galé	2.055	6
16	Intercity	1.916	14
17	Best Western	1.767	17
18	Estanplaza	1.733	12
19	Bristol Hotelaria	1.660	13
20	Pestana	1.566	9
21	Sauípe	1.564	6
22	Rede Brístol	1.543	16
23	Nobile	1.495	11
24	Master Hotéis	1.485	11
25	Travel Inn	1.390	18
26	Promenade	1.259	12
27	Marriott	1.246	5

(cont.)

2013	Marcas	Número de quartos	Número de hotéis
28	Deville	1.204	8
29	Iberostar	1.168	2
30	Rio Quente Resorts	1.079	7
31	Sol Express	1.027	5
32	Plaza Inn	1.020	12
33	Solare	1.005	5
34	Rede Plaza	982	6
35	Grupo Roma	965	6
36	Hotéis Ritz	944	7
37	Club Med	908	3
38	Mabu	890	6
39	Meliá	866	3
40	Tropical	865	3
41	Harbor	850	11
42	Hilton	848	2
43	Tauá	841	3
44	Hotéis Arco	812	7
45	Arco Hotel	801	9
46	Hotelaria Brasil	728	5
47	GJP	720	4
48	Go Inn	673	3
49	Royal Palm	662	4
50	Pontes Hotéis	657	3

Tabela 5.5. *Ranking* das maiores marcas hoteleiras no Brasil (até junho de 2013).
Fonte: Jones Lang LaSalle e FOHB (2013).

O turismo é uma indústria dinâmica, que muda rapidamente junto com as tendências globais e a expansão da economia mundial. Na última década do século XX, houve uma reestruturação considerável no setor de hotelaria. Tecnologia e transporte são dois fatores que têm um papel importante na criação de um mundo sem fronteiras, onde o capital econômico flui livremente entre destinos turísticos. O número de turistas internacionais está crescendo; eles estão se tornando mais experientes, e a confiança e o conhecimento estão crescendo devido ao fácil acesso a informações sobre o destino no mundo todo por meio da mídia e da internet. Conforme viagens de conveniência crescem em abundância, novos destinos (países, regiões e cidades) continuamente entram no mercado de turismo e recebem turistas mais diversos. Esta tendência, combinada com a escassez do crescimento e com o desenvolvimento de oportunidades em um número de mercados potenciais ao redor do mundo, forçou as empresas a olharem além de seus mercados domésticos maduros. A globalização resultou em uma mudança significativa de posse de hotéis pelo mundo, uma mudança de hotéis independentemente operados e próprios para afiliações a cadeias (Vellas e Bécherel, 1999). O advento de um número de novas empresas de hotelaria, o desenvolvimento de novos conceitos e segmentos e as atividades crescentes de fusões e aquisições provocaram o interesse dos investidores (Quan, Li e Sehgal, 2002).

O crescimento de destinos e transportes está diretamente relacionado à expansão internacional da hotelaria. Mesmo que esta tenha ocorrido primeiramente na Europa e na América do Norte, países em desenvolvimento têm atraído a atenção de cadeias hoteleiras em decorrência do aumento da taxa de crescimento de turistas e do surgimento de destinos empresariais. Estes, que foram uma vez descartados como possíveis competidores, são agora ameaças reais para destinos estabelecidos, criando um mercado de turismo altamente competitivo. Além disso, as empresas globais estão buscando por qualidade uniforme ao redor do mundo para seus viajantes corporativos – consumidores globais que têm grandes expectativas quanto ao preço, à conveniência, ao conforto e ao tempo –, colocando o setor de turismo no centro da globalização de negócios internacionais (Graff, 2001; Cline, 2004).

Foto 5.2. Segundo estudo de março de 2013 da MKG Hospitality, a Atlantica Hotels International é a operadora hoteleira do Brasil mais bem colocada na lista das 300 maiores redes do mundo, na 89ª posição. Entre as 50 principais marcas de hotéis estão as administradas pela Atlantica Hotels no Brasil: Comfort Inn e Comfort Suites, na 6ª colocação; Quality Suites, na 14ª posição; Radisson, na 20ª; Four Points by Sheraton, na 26ª; e Clarion, na 40ª. Nesta peça publicitária, a Atlantica apresenta o Quality Berrini, na região conhecida como novo polo empresarial paulistano.

Inteligência de mercado

Segundo Cross (1998), as organizações enfrentam vários desafios, como controlar e digerir a imensa – e crescente – quantidade de informações detalhadas acessíveis, respondendo ao mercado de forma pontual e adequada, gerenciando a necessidade cada vez maior de velocidade, confiabilidade e exatidão ao tomar decisões, reduzindo a incerteza na tomada dessas decisões e convertendo-as em probabilidade de um julgamento correto.

A fim de estruturar um dos bens mais valiosos de uma empresa, é preciso investir em tecnologia da informação, em sistemas que reúnem, processam e classificam corretamente a maior quantidade possível de dados e variáveis de forma rápida e precisa, permitindo a realização de importantes avaliações, a formulação de princípios, a elaboração de conceitos e de análises quantitativas, e determinando o valor das potenciais oportunidades de receita perdidas. Essas ferramentas coletam e manipulam dados externos (dos consumidores e do mercado) e internos (capacidade, custos, preços, descontos e promoções), fazem previsões baseadas nas análises de comportamento e tendências, otimizam o plano de ação considerando as limitações e priorizam as decisões considerando o potencial de maximização de receita. É fundamental manter registros completos de cada transação que a empresa realiza, pois esses dados organizados por ferramentas de análise resultam em informação compilada, que, interpretada e relacionada corretamente, é convertida em conhecimento, que pode ser utilizado – juntamente com a intuição humana – para, por exemplo, realizar as melhores previsões possíveis de demanda futura dos consumidores, as quais são revisadas para assegurar as melhores recomendações possíveis.

O conhecimento – ativo corporativo valioso – pode ser utilizado para gerar, compreender e prever o preço, a qualidade e a disponibilidade de produtos e serviços, o padrão de comportamento dos consumidores em nível de micromercado, o impacto das ações dos competidores e outras importantes informações de mercado. Essa aplicação da ciência da tecnologia da informação na arte do marketing está causando o renascimento do gerenciamento de demanda, focada no indivíduo e em seus desejos e necessidades distintos e pessoais.

Quando estava no terceiro ano da faculdade de propaganda e marketing, iniciei um estágio em uma empresa de *Database Marketing*. Na época, eu trabalhava como analista de suporte e, por meio de *softwares* de *data analytics* (análise de dados), de ferramentas e relatórios de banco de dados e dos serviços de tratamento de dados, auxiliava as empresas a conhecerem e analisarem seus consumidores, bem como gerenciarem o relacionamento com os clientes, realizarem programas de marketing direto, gerarem e gerenciarem campanhas, atualizarem continuamente as bases, minimizarem seus custos e mensurarem efetivamente os resultados.

Durante esse estágio, pude perceber alguns dos grandes problemas desses bancos, como incorreções, inconsistência e duplicidade de dados, os quais resultam em desperdício de investimentos e tratamento indevido aos clientes. Qual mulher já não foi chamada de "senhor" em comunicações diretas? Quantas vezes você não recebeu a mesma propaganda de uma empresa repetidamente na sua casa? Quem não continua a receber telefonemas para o ex-dono do apartamento que já se mudou há anos?

Para que uma empresa personalize seus serviços a clientes fiéis, é preciso lapidar seu CRM, que são os sistemas e programas automatizados desenvolvidos para ajudar as organizações na criação e na manutenção de um bom relacionamento com seus consumidores por meio da armazenagem dos dados de cada cliente de forma eficiente e inteligente. Afinal, é três vezes mais caro adquirir um cliente novo do que manter um cliente fiel (Vinod, 2008).

Uma das ferramentas para um CRM efetivo é o *Data Mining*, ou seja, o tratamento, a integração e a atualização de bancos de dados, que possibilitam a correção e a padronização de nomes, endereços e telefones, a eliminação de registros duplicados, a identificação de gênero (sexo), a correção de CPF/CNPJ e até mesmo o agrupamento de domicílios por bairros. É uma técnica que ajuda as empresas a encontrarem padrões em seus dados, reduzindo gastos operacionais e concentrando esforços de tempo e dinheiro com informações válidas. Dessa ferramenta se desenvolveu o *geomarketing*, que realiza o tratamento e a visualização de dados por meio de uma seleção de pontos dentro de áreas segmentadas, possibilitando até mesmo análises de distância, adjacências e proximidades. Juntos, esses sistemas podem ser chamados de Data Warehouse, isto é, um armazém utilizado para guardar informações relativas à atividade de uma organização em bancos de dados consolidados, permitindo a análise de grandes volumes de dados.

Existem ainda os Siges (Sistemas Integrados de Gestão Empresarial), também conhecidos como ERPs, que integram todos os dados e processos de uma organização em um único sistema. A integração pode ser vista sob a perspectiva funcional (sistemas de finanças, contabilidade, recursos humanos, fabricação, marketing, vendas, compras, etc.) e sob a perspectiva sistêmica (sistema de processamento de transações, sistemas de informações gerenciais, sistemas de apoio à decisão, etc.). A Oracle, por exemplo, possui produtos de inteligência de mercado para análises e relatórios que podem ser baixados, sem custo, pelo *site* http://otn.oracle.com, para efeito de aprendizado (como Oracle BI, Hyperion Essbase e Hyperion Strategic Finance, entre outros).

Esse investimento em ferramentas que compõem o sistema de informação de uma empresa é essencial para a organização colher o máximo de dados possível sobre seus clientes, transformá-los em informações a serem analisadas e moldá-los em inteligência de mercado de fato. Com uma estrutura de gerenciamento de dados bem organizada, conforme a figura 5.1, de Vinod (2008), uma empresa é capaz de entender verdadeiramente os anseios do consumidor e de personalizar seu serviço. Além disso, consegue agregar inteligência às ações de marketing direto para alavancar as vendas:

- por meio da venda cruzada ou *cross-selling* (por exemplo, com o intuito de identificar possíveis compradores para um produto a partir da venda de outro);
- por meio do *e-mail* marketing (por exemplo, para descobrir qual foi a taxa de abertura para um convite a um evento, para realizar *mailings* centralizados, propaganda direta e ações promocionais);

PARTE I – ANÁLISE E PLANEJAMENTO DE MARKETING

- por meio do telemarketing (com o objetivo de contatar proativamente os clientes para confirmar e atualizar os dados, capturar e obter novas informações, pesquisar o nível de satisfação dos mesmos, gerar novos *leads*, buscar dados de profissionais-alvo, dar lembretes, fazer seguimento ou cobranças, etc.).

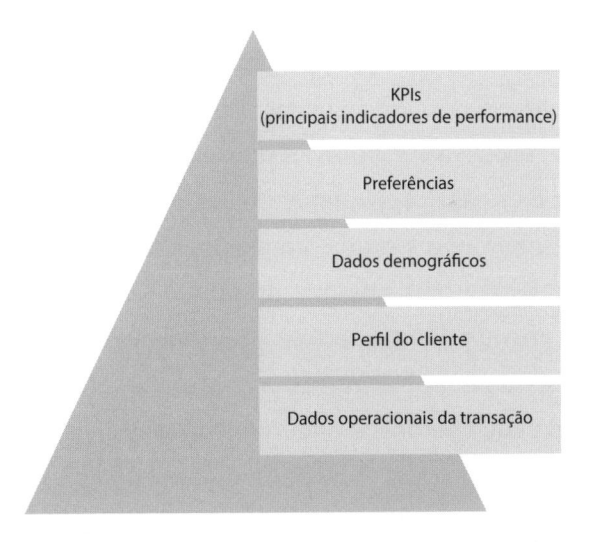

```
                KPIs
   (principais indicadores de performance)

              Preferências

           Dados demográficos

            Perfil do cliente

       Dados operacionais da transação
```

Figura 5.1. Estrutura de gerenciamento de dados.
Fonte: adaptada de Vinod (2008).

É possível também conquistar informações dos clientes por meio de formulários ou pesquisas primárias elaboradas, conduzidas, compiladas, analisadas e avaliadas pela organização para atingir seus próprios objetivos. No caso da hotelaria, exemplos disso são os formulários de registro de hóspedes (que podem coletar informações cruciais como nome, endereço, telefone comercial/residencial/celular, *e-mail*, atividade profissional, propósito da visita, modo como soube do hotel, local em que fez a reserva, tarifa paga, forma de pagamento, preferências, etc.), os questionários de avaliação do serviço e as pesquisas de satisfação do consumidor entregues após o serviço ter sido realizado. Também entram nesse quesito os relatórios de venda e produção, que podem dar indícios sobre a antecedência com que os clientes reservam o hotel, a velocidade com a qual as reservas entram no sistema – ou *pace of reservations* – os canais de distribuição que obtêm vendas melhores para determinado público, o índice de conversão das ligações (que se tornam reservas), o índice de cancelamento e de *no show*, os segmentos de mercado que se hospedam com mais frequência no hotel e a época dessas hospedagens, as noites mais procuradas para *check-in*, o tempo de permanência dos hóspedes, a diária média do hotel e os produtos mais vendidos nos pontos de venda, entre outras informações (Tranter, Stuart-Hill & Parker, 2009). Mas nada substitui a observação do vaivém dos hóspedes no *lobby* do hotel, conversar e escutar suas opiniões. Quando eu trabalhava no Hilton Downtown Toronto, no Canadá, uma vez por semana um gerente era escalado para ser o que chamavam na época de *lobby lizzard*: ficar passeando pelo *lobby*, perguntando e escutando o que os hóspedes tinham a dizer. Aprendi muito sobre o hotel e o mercado exercendo essa função.

Para complementar as informações coletadas e ter uma melhor visão do mercado, é necessário obter pesquisas secundárias – conduzidas, analisadas e publicadas por empresas terceiras. Alguns exemplos são os relatórios de mercado da IHi International Hotel Index e da TravelClick (como Hotelligence360 e Rate360), bem como os das companhias de cartão de crédito (que possuem dados de seus clientes relativos a hábitos de compra, produtos e serviços de interesse). Também é importante aprender sobre o comportamento e a motivação – além de dados demográficos (quem), canais de distribuição (onde), gastos por estadia (quanto), plataforma utilizada para fazer a reserva (como) e propósito da visita (por que) – de consumidores da indústria de turismo em geral, pois apenas por meio da compreensão das características desses potenciais consumidores uma empresa consegue criar estratégias efetivas para obtê-los e retê-los (Tranter, Stuart-Hill & Parker, 2009). Essas informações estão disponíveis em artigos e publicações de empresas de consultoria (como, por exemplo, a Hotel Invest, a Jones Lang LaSalle e a Price Waterhouse and Coopers) e de universidades e faculdades de turismo e hotelaria; em *sites* e publicações do setor (como *Panrotas*, *Hôtelier News*, *Mercado & Eventos* e *BrasilTuris*, entre outros); nas câmaras de comércio; nos Convention & Visitors Bureaux (CVBs); em associações como o já citado FOHB, a Abih (Associação Brasileira da Indústria de Hotéis), a Abav (Associação Brasileira de Agências de Viagens) e a Abgev (Associação Brasileira de Gestores de Viagens Corporativas); nas prefeituras das cidades; nas secretarias de Estado; no Ministério do Turismo.

Esses processos auxiliam as corporações a organizarem as informações sobre os consumidores, ou seja, a formarem uma inteligência de negócios (*business intelligence*) a fim de conhecer melhor as características, os comportamentos e as preferências dos seus consumidores-alvo, a adquirirem novos clientes, a aumentarem seu relacionamento com os consumidores mais fiéis, de modo a reter o interesse dos seus clientes mais rentáveis e maximizar o potencial de geração de receita da base de clientes (Vinod, 2008).

RM centrado no consumidor

Vinod (2008) define que o *Revenue Management* focado no consumidor é uma união da ferramenta de CRM com o *insight* do consumidor, visando aumentar a rentabilidade de uma empresa. Segundo esse autor, o uso efetivo de um CRM implica pensar no ciclo de vida do consumidor, para manter consumidores rentáveis e fiéis e conquistar novos clientes, como mostra o gráfico 5.1.

Primeiramente, o Departamento de Marketing busca gerar demanda (cliente ainda não qualificado); depois, tenta qualificar e priorizar a oportunidade de negócios; em seguida, busca distribuir a oportunidade qualificada ao canal de distribuição pertinente (cliente em prospecção). No segundo passo, o Departamento de Vendas se concentra em maximizar a receita gerada em cada interação ao cliente, por meio da combinação de ofertas direcionadas aos desejos e necessidades do consumidor, serviços únicos e de qualidade, disponibilidade de inventário, preços simples e inteligentes. Note que a disponibilidade do serviço só será possível se houver o controle do inventário em tempo real, para possibilitar respostas direcionadas ao cliente em todos os momentos de interação com ele durante seu ciclo de vida. O terceiro passo, normalmente ignorado por práticas tradicionais de marketing de relacionamento, consiste no processo de satisfação do cliente por meio da correta execução da tarefa em questão. O último passo do ciclo de vida do consumidor é o atendimento ao cliente – seja por meio da venda de novos serviços, seja pela resolução de reclamações pelo serviço prestado –, que garante um relacionamento ao longo da vida do consumidor. Para Vinod (2008), quanto maior o volume de negócios repetidos em relação ao total de vendas para uma empresa em determinado período, mais estável será a organização e maior será a criação de relacionamentos vitalícios com os clientes, pois estará menos exposta aos padrões cíclicos de demanda.

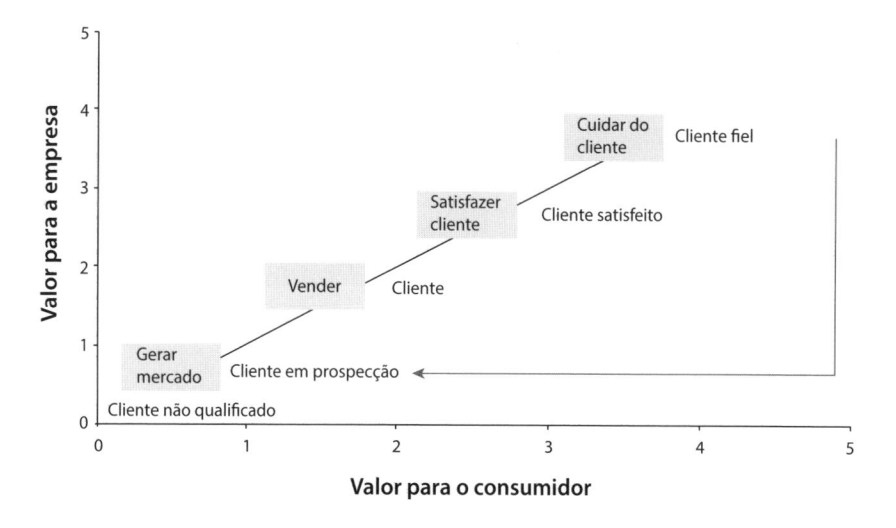

Gráfico 5.1. Ciclo de vida do consumidor.
Fonte: adaptada de Vinod (2008).

Para criar uma relação de longo prazo com um cliente, muitas empresas do ramo de turismo adotam os programas de fidelidade, que beneficiam aqueles clientes que repetem a compra, seja por pontos acumulados, seja por valor agregado via amenidades adicionais, seja por descontos para clientes frequentes, seja por uma combinação dessas opções. Os custos destes programas devem ser levados em consideração quando da confecção das estratégias de preços e de distribuição (Tranter, Stuart-Hill & Parker, 2009). Além disso, conforme comentado anteriormente, sua eficácia não está comprovada.

Vinod (2008) ainda explica que o crescimento das reservas *on-line* constitui uma nova e rica fonte de dados para modelar as preferências do consumidor e estimar a demanda de serviços. Esses *shopping data* (dados de compra) baseados nas preferências do consumidor – o qual normalmente faz sua seleção a partir de opções acessíveis de disponibilidade e preço, por exemplo, em agências de viagens *on-line* e *off-line* – podem fundamentar uma previsão de demanda aprimorada.

Manter a lealdade do consumidor e criar um conceito de experiência único e inesquecível são as áreas mais importantes para qualquer empresa, principalmente para as que atuam no mercado de serviços. Para isso, cada vez mais vêm sendo aplicadas e aprimoradas estratégias que integram informações de clientes no processo de decisão do negócio. Essa abordagem permite entregar ao cliente uma experiência convincente por vários canais, fortalecendo a marca e aumentando o retorno mensurável do investimento em marketing exigido pela empresa. A estratégia centrada no consumidor identifica os recursos que oferecem o maior valor e mostra como implantá-los em várias frentes ao mesmo

Conhecimento dos consumidores

tempo para entregar o serviço desejado pelo cliente. Com isso, possibilita a construção de um relacionamento mais relevante e rentável com o consumidor em todo o seu ciclo de vida.

Foto 5.4. Por meio desta peça publicitária, o Intercontinental Hotels Group apresentou, em julho de 2013, o aprimoramento de seu programa de fidelidade, o IHG Rewards Club, que, além de reforçar o reconhecimento do associado, faz parte do programa padrão da IHG, oferecendo opções para resgatar os pontos acumulados. O IHG é a primeira empresa hoteleira a oferecer globalmente o serviço de internet gratuito a todos os seus 71 milhões de membros do programa de fidelidade no mundo. A decisão veio após o IHG ter revelado os resultados de uma pesquisa global *on-line* que indicava que praticamente a metade dos hóspedes adultos (43%) não escolheria se hospedar em hotéis que cobram pelo uso da internet. Note a presença do código QR para baixar o *app* da IHG.

Foto 5.3. Nesta peça, a rede Meliá Hotels International apresentou em setembro de 2011 seu programa de fidelidade para agente de viagens e *meeting planners*, o Programa "Mas Amigos". Os participantes acumulam pontos por cada reserva efetuada por *call center*, mymasonline.com ou GDS *Global Distribution System*, ou Sistema de Distribuição Global, além de trocar pontos por noites gratuitas nos hotéis, desconto de até 40% na melhor tarifa disponível para reserva do próprio agente de viagem e desconto nos serviços e restaurantes dos hotéis da rede. Já os agentes de viagem brasileiros podem trocar os pontos por noites de hospedagem nos hotéis da rede em qualquer lugar do mundo ou por voos/trechos da companhia aérea Air Europa. Há também um novo catálogo de presentes para clientes brasileiros e uma nova tarifa especial para agentes de viagem.

Comportamento estratégico do consumidor

Como clientes, já estivemos à procura de preços baixos e consideramos comprar serviços em baixa ocupação. Também já enfrentamos alguma restrição de data e tivemos de comprar a preços mais altos, em alta ocupação. A consciência de que o valor da oferta irá depender da demanda serve de base para a educação dos clientes quanto ao *Revenue Management*. Um cliente bem informado pode utilizar o RM a seu favor, enquanto um mal-informado pode oferecer objeções quanto às técnicas de gerenciamento de receita, as quais precisam ser rebatidas com estratégias para manter clientes fiéis e conquistar novos.

Segundo Cross (1998), o comportamento do consumidor não é esperado ou previsível e muda constantemente, tornando a previsão das necessidades e dos desejos dos consumidores cada vez mais desafiadora e fazendo com que as típicas estratégias de marketing tornem-se obsoletas. Yeoman e McMahon-Beattie (2006) afirmam que os consumidores atuais estão muito mais exigentes, educados, viajados e sofisticados que os de antigamente em seu comportamento de compra. Vale, aqui, relembrar a hierarquia das necessidades de Maslow: na base, está a fisiologia; depois, vem a segurança; em seguida, amor/relacionamento; subindo um pouco mais, aparece a estima; no topo da pirâmide está a realização pessoal. Segundo Yeoman e McMahon-Beattie (2006), as pessoas têm mais dinheiro disponível para gastar do que em qualquer outro momento na história da humanidade. Partindo do pressuposto de que as necessidades de fisiologia, segurança e amor/relacionamento estão supridas e de que as gerações recentes possuem maior conforto material, os consumidores têm aspirações sensitivas por experiências para elevar a autoestima e a realização pessoal, que os façam se sentir bem e resultem em uma transformação pessoal.

Assim, os clientes estão adquirindo produtos e serviços mais caros e de alta qualidade (como, por exemplo, estadia em hotéis 5 estrelas e refeições em restaurantes de luxo) e comprando por um preço menor aqueles serviços percebidos como *commodities* (como, por exemplo, passagens aéreas e aluguel de carros econômicos), que têm menor valor para eles, uma verdadeira desarmonia do consumo. O turismo – e, em muitos sentidos, o luxo – está sendo democratizado: a internet facilitou o acesso à informação, a competição acirrada baixou os preços dos serviços e a vasta disponibilidade de artigos de luxo tem aumentado sua procura e, consequentemente, sua compra.

Para que as necessidades dos clientes sejam atendidas, é necessário diferenciar-se e posicionar corretamente a marca, inovar e aprimorar a qualidade do serviço oferecido, focar a maximização de receita a longo prazo, fazer exceções a clientes fiéis e de longa data, reconhecer receita adicional gerada em outros setores da empresa, educar clientes quanto à diferenciação do serviço de acordo com o preço pago, comprometer-se a relacionamentos de longo prazo e estimular feedback dos clientes. No caso da hotelaria, vale acrescentar: criar políticas de reservas e restrições de preços justas e lembrar sempre que reservas rejeitadas são direcionadas à concorrência.

Questões para reflexão e aplicação

1. A velocidade crescente em direção à globalização, a padronização e as regras mundiais podem tornar-se uma ameaça para as culturas de destinos emergentes, encontrados nos países em desenvolvimento, uma vez que a padronização tende a eliminar o sabor local e a singularidade dos diferentes destinos, e que pensamentos, ações e produções locais ainda são o que tornam um país ou uma organização únicos (The European Hotel Managers Association, 2003). O potencial de perder culturas originais vem se tornando cada vez mais uma preocupação tanto para os setores públicos quanto para os privados. Entender as perspectivas de cultura de ambos – os visitantes internacionais e os destinos anfitriões – é crítico para que seja preservada a identidade cultural (Graff, 2001). Analise esse parágrafo, utilizando exemplos concretos da indústria do turismo.

2. Uma marca com uma mensagem para todo o mundo não funciona. Mesmo quando uma empresa padroniza sua imagem da marca, a personalidade da marca tem um significado diferente em diferentes culturas (Mooji, 1998). Você já notou diferenças na

identidade da marca entre países? Analise a marca de restaurantes *fast-food* McDonald's e suas diferentes estratégias de comunicação internacionais.

3. A conquista do conhecimento é um processo dinâmico que não pode – nem deve – ser gerenciado por uma só pessoa ou departamento, mas por todos da empresa (Cross, 1998). Cite algumas das precauções que devem ser tomadas e das problemáticas relacionadas aos sistemas de tecnologia da informação, pensando na estratégia, na operação e na tomada de decisão.

Sugestões de casos

Kimes, Verma e Hart (2010, pp. 126-127). O caso é um exemplo interessante dos *trade-offs* entre gerenciamento de receita, imagem da marca, programas de fidelidade e satisfação do empregado. O programa de fidelidade "Dine In Grandeur" é bem-sucedido financeiramente, mas pode estar causando o deslocamento de clientes regulares que pagam integralmente e gerando um efeito negativo sobre a imagem do hotel Hong Kong Grand. Além disso, muitos funcionários e gerentes estão descontentes com o programa e consideram difícil implementá-lo.

Shumsky (2009, pp. 135-139). Este caso é composto de duas séries. Cada uma inclui três subcasos e uma nota de ensino relacionada. Esses seis casos curtos introduzem muitos dos conceitos que fundamentam a prática de gerenciamento de receitas em companhias aéreas, como os níveis de proteção, o *overbooking*, o comportamento do cliente e a estratégia de preços. Os casos reforçam muitos dos conceitos fundamentais ensinados em cursos de administração, como a formulação de modelos estatísticos, a segmentação de clientes, a otimização de preços, bem como o impacto de erros do modelo em decisões do mundo real. Os casos também utilizam muitas das habilidades e ferramentas básicas ensinadas em programas de negócios, como análise e previsão de dados, simulação e otimização.

••• OLHAR DO MERCADO

ENTREVISTA COM KARINA BORGES

1. EM SUA OPINIÃO, O QUE É *REVENUE MANAGEMENT*?

   Trata-se de uma técnica de gestão baseada na análise de informações históricas e tendências de mercado para antecipar qual o preço ideal do seu produto ou serviço a ser vendido ao cliente.

2. COMO SE DESENVOLVEU SUA TRAJETÓRIA PROFISSIONAL ATÉ SUA ENTRADA NO CAMPO DE RM?

   Comecei a minha carreira na hotelaria com atendimento às agências de viagens, dentro de uma Central de Reservas internacional. Nessa época, 1998, os preços das diárias de hotel eram fixos e anuais, não variavam conforme a demanda, principalmente porque os recursos tecnológicos eram muito limitados e esse conceito não existia no mercado brasileiro. No final do ano 2000, quando já estava na área comercial dessa mesma empresa, fui levada para Omaha, nos Estados Unidos, para o meu primeiro curso sobre *Revenue* e *Yield Management*. Após esse período de capacitação, passei a incorporar conceitos básicos de RM no meu dia a dia, oferecendo apoio e consultoria aos nossos clientes hoteleiros.

3. QUAIS SÃO/FORAM SUAS MAIORES RESPONSABILIDADES COMO GERENTE DE RECEITA?

   Quando trabalhei dentro da operação hoteleira, certamente a maior responsabilidade e o objetivo principal eram o aumento do RevPAR. Trabalhávamos muito atentos à paridade tarifária e ao monitoramento constante da concorrência. Na atuação como consultora/assessora, o trabalho fica mais passivo, mas damos muita ênfase à importância da boa gestão dos diversos canais de venda (que atualmente são muitos) e de manter sempre a atenção aos relatórios de desempenho do hotel e de sua concorrência.

4. COMO O RM SE DESENVOLVEU E SE ENCAIXA NA EMPRESA EM QUE VOCÊ ATUA/ATUOU COMO GERENTE DE RECEITA?

Quando começamos a integrar os conceitos de RM na empresa, por volta do ano 2000, havia poucos hoteleiros que conheciam e aceitavam nossas sugestões de estratégias para melhoria de desempenho. Com o desenvolvimento dos profissionais da hotelaria nesse assunto, tornou-se possível a troca de muito mais informações e experiências, e os resultados são atualmente mais positivos.

5. QUAIS SÃO AS MAIORES DIFICULDADES ENFRENTADAS POR UM GERENTE DE RECEITA ATUALMENTE?

Há uma parcela do mercado que ainda resiste a uma política de preços flutuante e se prende ao estilo de gestão tradicional e linear. Para que um gerente de receita possa desempenhar seu trabalho, ele precisa de autonomia e total confiança por parte da gerência geral do hotel. Sem essa autonomia para tomada de decisão, ele passa a ser um gerenciador de canais, e não um gerente de receita. Outra grande dificuldade que vejo é o acesso à tecnologia. Muitos hotéis ainda contam com sistemas de gerenciamento muito precários e poucas ferramentas de relatórios. Os sistemas específicos de RM ainda têm custos muito elevados, principalmente para a hotelaria independente, o que restringe muito o uso dessa importante ferramenta de trabalho.

6. EM SUA OPINIÃO, QUAIS SÃO AS TENDÊNCIAS EM RM?

Acredito que o novo RM engloba o entendimento e a gestão de canais de vendas totalmente novos, como *mobile* e redes sociais, em que o comportamento do comprador e o "preço ideal" para esse consumidor ainda estão sendo estudados. Adicionalmente, vejo cada vez mais o RM integrado a outros departamentos dentro do hotel, como Marketing, Eventos, Guest Relations, Governança, etc. Esse estreitamento ajuda a criar uma cultura de aproveitamento de oportunidades e gerar receita adicional de canais antes mal explorados.

7. QUAIS CONSELHOS VOCÊ PODE DAR A ESTUDANTES E PROFISSIONAIS QUE PRETENDEM INGRESSAR NO CAMPO DE RM?

Seja criativo e audaz. Questione-se sempre e permita-se. Não há certo e errado; aliás, o erro faz parte do sucesso. É a falta de tentativa que leva ao fracasso.

8. QUAIS ARTIGOS, LIVROS E CURSOS VOCÊ RECOMENDA PARA QUEM QUER SEGUIR NA ÁREA DE RM?

Há uma *newsletter* eletrônica que leio sempre, que não fala somente de RM, mas aborda temas muito interessantes e atuais: Hotelmarketing.com. Os cursos da Universidade de Cornell são interessantes e há opções presenciais ou virtuais, o que viabiliza o estudo daqueles que possuem pouca disponibilidade para viagem.

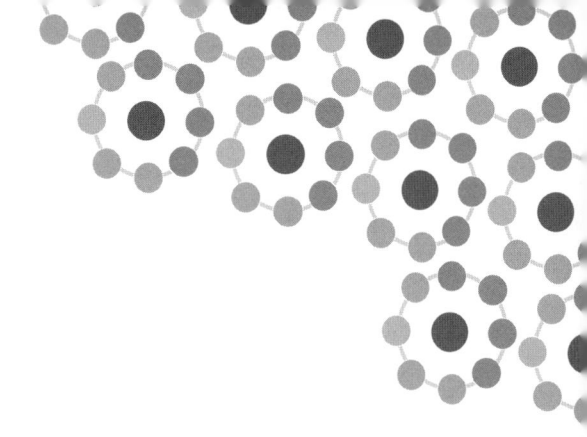

PARTE II
DESENVOLVIMENTO E IMPLEMENTAÇÃO DAS ESTRATÉGIAS DE RM

Finalizada a análise de marketing, é possível dar o segundo passo e começar o desenvolvimento das estratégias de *Revenue Management*. Mas vale ressaltar que essas estratégias não são estáticas e imutáveis, e sim dinâmicas e adaptáveis aos fatores externos e internos. A forma correta de proceder ao gerenciamento de receita é revisar constantemente as estratégias, de modo a confirmar se elas estão condizentes com a realidade da empresa, do mercado e do cenário macro.

Assim, embora tenham sido apresentados, na parte I, os conceitos de uma forma lógica, deve-se sempre ter em mente que, após o período de desenvolvimento das estratégias de RM, é necessário voltar às análises já efetuadas, para verificar se alguma situação externa mudou e, então, adaptar as estratégias elaboradas, pensando nas considerações a fazer.

A ilustração a seguir demonstra esse processo contínuo. Pode-se iniciar com uma análise interna ou externa; o importante é que tal análise seja feita em 360 graus e que, depois da criação das estratégias de RM, elas sejam validadas novamente com novas micro e macroanálises, e assim continuamente.

PARTE II – DESENVOLVIMENTO E IMPLEMENTAÇÃO DAS ESTRATÉGIAS DE RM

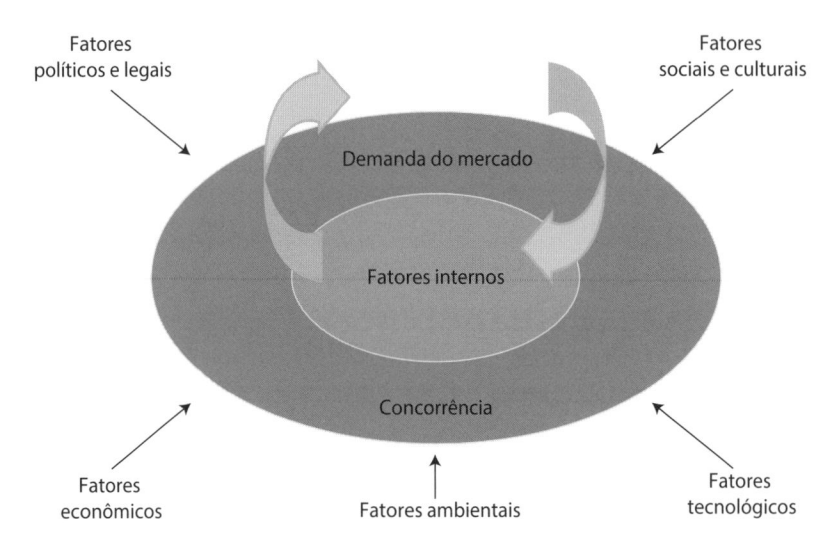

Figura II.1. Micro e macroanálises

A primeira estratégia consiste em desenvolver uma segmentação de mercado com a escolha do *business mix* ideal, com base em um estudo prévio para conhecimento dos consumidores (capítulo 6). Logo, criam-se estratégias para controlar a capacidade do inventário e a disponibilidade do serviço, por meio de ferramentas como *overbooking* e *displacement* de negócios (capítulo 7). Em seguida, entra em cena a estratégia de previsão de demanda, com a utilização de dados históricos e de um calendário de demanda. Para isso é necessário acompanhar a curva de reservas e *pick up* (capítulo 8). Então, desenvolve-se uma estratégia de preços condizente com todos esses fatores mencionados, utilizando-se de BAR (*Best Available Rate*) e tarifas dinâmicas (capítulo 9). Finalmente, com base na tecnologia de informação existente, selecionam-se os canais desejados para a distribuição do inventário ao consumidor final (capítulo 10).

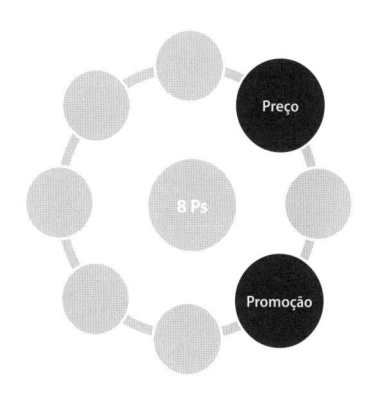

6
Segmentação de mercado

> Segmentação de mercado é a maneira pela qual a empresa tenta combinar seus esforços de marketing ao comportamento único de grupos de consumidores específicos do mercado, por meio do uso de variáveis de segmentação.
> Robert C. Lewis e Richard E. Chambers, *Marketing Leadership in Hospitality: Foundations and Practices*

Segmentar o mercado nada mais é que dividir o mercado consumidor em grupos menores e específicos que compartilham de características similares, chamados de segmentos de mercado, os quais podem ser subdivididos em grupos menores, denominados subsegmentos. Os *revenue managers* analisam o mercado consumidor e criam essas segmentações para selecionar a melhor estratégia para cada um e, assim, otimizar as oportunidades de receita (Tranter, Stuart-Hill & Parker, 2009). Por meio da tecnologia de informação, é possível aplicar a segmentação de mercado adequada, à estratégia de preços correta, com o intuito de maximizar a receita.

O ponto de partida para a compreensão dos micromercados (ou seja, da segmentação de mercado) é entender o que o cliente está comprando em oposição ao que a empresa oferece. Essa abordagem de marketing que se concentra na compreensão dos desejos e das escolhas dos consumidores tem a capacidade de prever o comportamento e as necessidades deles, bem como seus hábitos de compra e os valores e benefícios que veem no serviço, avaliando oportunidades e reconhecendo chances de maximização de receita (Cross, 1998).

Análises para a segmentação

Novamente segundo Philip Kotler (1989), para uma correta segmentação de mercado são necessárias várias análises:

- estágio de levantamento;
- análise e desenvolvimento de perfil;
- segmentação geográfica, demográfica, psicográfica e comportamental;
- avaliação e seleção dos segmentos.

Estágio de levantamento

Muito utilizado em marketing de produtos, o estágio de levantamento é realizado por meio de entrevistas informais com grupos de clientes que fornecem informações sobre motivações, atitudes e comportamentos. São aplicados também questionários formais em uma amostra do segmento a respeito de atributos do serviço e graus de importância, consciência e avaliação de marca, padrões de utilização do serviço, atitudes em relação à categoria do serviço e aspectos demográficos, psicográficos e hábitos de mídia dos entrevistados.

Por exemplo, quando se tornou mais forte o comércio de Estados Unidos e Europa com Oriente Médio e Ásia, altos executivos passaram a se deslocar por rotas mais longas, viajando de 20 a 30 horas para reuniões de negócios. Em entrevistas com essa clientela, notou-se a necessidade de um serviço de maior qualidade com um alto valor agregado por um preço *premium*. Daí surgiram as companhias aéreas mais extravagantes do mundo, como a Emirates Airline e a Singapore Airlines, que em maio de 2014 anunciou o investimento de US$ 325 milhões para modernizar dezenove aeronaves Boeing 777-300ER, incluindo novas poltronas em todas as classes, para aumentar o conforto, e a instalação do mais avançado sistema de entretenimento para voos ("Singapore Airlines investirá...", 2014).

Análise e desenvolvimento de perfil

Após as entrevistas e os questionários realizados no estágio anterior, é preciso analisar os dados para desenvolver um perfil, ou seja, é preciso identificar atitudes, comportamentos, fatores geográficos, demográficos e psicográficos dos clientes, além de seus hábitos de mídia. Para que seja possível identificar os mercados com os quais quer trabalhar, a empresa deve analisar e reavaliar esses dados periodicamente: via análise fatorial, para remover variáveis altamente correlacionadas; via análise de conglomerado, a fim de criar um número específico de segmentos altamente diferenciados, e via análise de cada segmento de mercado, a fim de criar mercados, internamente homogêneos e externamente muito diferentes dos outros.

O grupo hoteleiro espanhol Iberostar, por exemplo, em 2007 reavaliou o ambiente de negócios brasileiro, que se provou diferente do que imaginavam a princípio, e decidiu mudar de estratégia. Quando chegou ao Brasil, mirou o turismo de lazer, principalmente os viajantes europeus, que representavam 80% do total de hóspedes. No entanto, a valorização do real, a crise aérea e a falta de divulgação do país no exterior na época fizeram a empresa enfocar o turismo de negócios brasileiro, apostando no sistema *all inclusive* e no centro de convenções do Novo Hotel Premium, uma unidade erguida ao custo de R$ 80 milhões, ao lado do *resort* que o grupo tem na praia do Forte, na Bahia, para atrair clientes corporativos. Houve, portanto, uma alteração de seu mercado-alvo no Brasil (Barcellos, 2008).

Segmentação geográfica, demográfica, psicográfica e comportamental

A segmentação geográfica divide os clientes por continentes, países, regiões, estados, cidades, bairros, população e até clima.

A segmentação demográfica, estudo das características de uma população, divide os clientes por idade, sexo, estado civil, tamanho da família, ciclo de vida da família, renda, ocupação, educação, religião, etnia e nacionalidade. A maioria das cadeias hoteleiras utiliza-se de programas de fidelidade para recompensar os clientes fiéis e induzir à repetição da compra, como o "HHonors" (da Hilton), o "Rewards" (da Marriott), o "Gold Passport" (da Hyatt), o "Rewards Club" (da IHG) e o "Mas" (da Meliá). Para inscrever-se em um desses programas, o cliente preenche uma ficha de inscrição em que registra informações demográficas e geográficas para alimentar o CRM da empresa.

A segmentação psicográfica divide os clientes por atitudes, interesses, opiniões, classe social, estilo de vida e personalidade. Muitas agências se especializaram nesse tipo de segmentação por preferências e estilo de vida, enfocando nichos de mercado como o turismo de aventura e o ecoturismo (por exemplo, Venturas & Aventuras, Pisa Trekking e Destino Aventura) e o turismo de luxo e de experiência (Teresa Perez Tours, Aster Turismo de Experiência e Paraty Adventure, entre outras).

Finalmente, a segmentação comportamental organiza os clientes por propósito da compra, ocasiões de compra, benefícios da compra, valor da compra, natureza da compra, condição do usuário, frequência de uso, tempo de uso, grau de lealdade e atitude relativa ao serviço. Um exemplo é o quadro 6.1, em que Fitzsimmons e Fitzsimmons (2001) analisaram a diferença comportamental entre passageiros a lazer e a negócios durante o processo de compra de serviços de viagem.

Passageiro a lazer	Passageiro a negócios
Sensível ao preço	Insensível ao preço
Reserva antecipada	Reserva de última hora
Data e horário flexíveis	Data e horário restritos
Viagens longas	Viagens curtas
Consulta a agentes de viagens	Independente e conhecedor de seu destino
Viagens de fim de semana	Viagens em dias úteis
Viagens sazonais	Viagens constantes
Pouca fidelidade	Programa de milhagem

Quadro 6.1. Segmentação de passageiros aéreos.
Fonte: adaptado de Fitzsimmons e Fitzsimmons (2001, p. 398).

Avaliação e seleção dos segmentos

Uma avaliação dos segmentos precisa levar em conta o potencial de receita do segmento, seu potencial de participação de mercado, o tamanho e o crescimento do segmento, a atratividade estrutural do segmento, características da sua demanda e seu poder de compra, o atendimento pela concorrência do segmento, a compatibilidade com os objetivos, os recursos, os valores e a filosofia da empresa por parte do segmento.

Para avaliar o segmento de luxo, as exclusivas companhias aéreas Emirates Airline e Singapore Airlines se basearam no fato de que 35% da receita da indústria aérea comercial provém de bilhetes de primeira classe e da classe executiva. Com o intuito de atender a esse mercado, a Boeing criou a Dreamliner, uma aeronave equipada com janelas que escurecem automaticamente, simulando a sensação de dia e de noite, além de sensores que diminuem os solavancos quando em turbulência. Já a Airbus criou o A-380, o maior e mais luxuoso avião do mundo, pensando apenas no segmento de mercado de luxo.

Para selecionar os segmentos com os quais uma empresa irá trabalhar, podem-se utilizar várias estratégias: concentração em segmento único, especialização seletiva, especialização de serviço, especialização de mercado e cobertura ampla. Esta última estratégia foi a adotada tanto pela Marriott como pela Accor por meio do *branding* de hotéis. Na década de 1980, época em que a hotelaria já estava em maturidade nos Estados Unidos, houve a segmentação dessa indústria, que desenvolveu produtos para cada novo mercado. A precursora foi a Marriott Corporation, com o desenvolvimento de *branding* de hotéis, desde o mercado *upscale* (Ritz-Carlton Hotels and Resorts) ao segmento econômico (Fairfield Inn). Essa maneira que a Marriott encontrou para segmentar seus produtos aos seus segmentos de mercado é até hoje muito pertinente e foi copiada por outras grandes cadeias hoteleiras, como a Accor.

O *branding portfolio* da Accor, por exemplo, vai de marcas de luxo a econômicas e é extremamente efetivo, reconhecido e apreciado ao redor do mundo por sua qualidade de serviço. A rede hoteleira francesa está presente em 92 países, com mais de 3.500 hotéis e 450 mil quartos. As marcas atendem a diferentes perfis e segmentos:

- **luxo:** Sofitel, Sofitel Legend, Sofitel So;
- *upscale:* Pullman, MGallery, Grand Mercure;
- *midscale:* Novotel, Novotel Suite, Mercure, Adagio, Caesar Business;
- **econômico:** Ibis, Ibis Styles, Ibis Budget, Adagio Access, hotelF1, Orbis.

Para uma segmentação de mercado eficiente é necessário analisar as necessidades, os comportamentos e as expectativas de cada segmento de mercado, além de disposição para comprar, propósito, ocasião e natureza da compra, condição do usuário, tempo e frequência de utilização, lealdade e atitude relativa ao serviço. Com base nesses fatores, calcula-se o preço apropriado por unidade de serviço; definem-se o valor e os benefícios que cada segmento de mercado percebe na unidade de serviço; estabelece-se a demanda de mercado por segmento, e criam-se campanhas de marketing diferenciadas para cada segmento de mercado.

Em suma, para obter uma vantagem competitiva é preciso uma análise da cadeia de valor percebida pelo cliente, visando aumentar a demanda de mercado para o serviço.

Segmentos de mercado

Segundo Cross,

> a maximização da receita exige segmentar os clientes nas categorias mais restritas possíveis para compreender suas características, incluindo padrões de consumo, percepção de produto e disposição de gastos. Os micromercados identificáveis devem ser previstos em separado, o que para a maior parte das grandes empresas significa digerir uma fenomenal quantidade de informações para obter resultados preciosos. (Cross, 1998, p. 120)

A segmentação de consumidores a lazer e a negócios é a mais simples de todas, pois separa os consumidores com base no motivo da viagem e pode ser complementada com uma subdivisão em consumidores individuais e em grupo (Tranter, Stuart-Hill & Parker, 2009). A seguir são apresentados os segmentos de mercado mais utilizados em hotelaria e que, portanto, podem ser utilizados por qualquer hotel independente que esteja se iniciando em gerenciamento de receita.

Segmento individual a negócios (B2C)

Consumidores em viagem de trabalho que estão pagando a *rack rate* (tarifa cheia), clientes a negócios sem tarifa corporativa negociada, e aqui podem ser até encaixados, em um subsegmento, os membros do governo com uma tarifa especial.

Foto 6.1. Os anúncios da rede InterCity Hotéis têm como foco o segmento individual a negócios, oferecendo serviços em caráter de cortesia para viajantes corporativos. A rede demonstra saber quem é seu público-alvo, suas necessidades e expectativas, e busca comunicar como alcançá-las.

Segmento individual a lazer (B2C)

Pessoas, casais e famílias que compram serviços a propósito de lazer pagando a tarifa cheia, membros de associações pagando tarifas com desconto, consumidores de pacotes promocionais durante fins de semana ou feriados.

Foto 6.2. As peças publicitárias do Salinas de Maceió Beach Resort e do Salinas Maragogi All Inclusive Resort refletem o foco dos dois empreendimentos (o segmento a lazer), comunicando "Diversão em família. Essa é a nossa praia". O anúncio do Salinas de Maceió ressalta as vantagens do *resort*, como o fato de haver seis refeições incluídas e que crianças de até 12 anos, acompanhadas por adultos na mesma acomodação, não pagam diária. O anúncio do Salinas de Maragogi ressalta pela foto aérea sua completa estrutura e informa que é o melhor resort *all inclusive* do Brasil. Note a indicação da presença do Salinas nas mídias sociais.

Segmento de grupos (B2C ou B2B)

Um grupo é caracterizado por um acordo assinado especificando o número de unidades vendidas – normalmente estipulando-se o número mínimo de 10 quartos – em determinado período de tempo por determinado preço. Os grupos podem ser a negócios ou a lazer. Além disso, também podem se encaixar no termo SMERFE (social, militar, educacional, religioso, fraternal ou de entretenimento).

Segmento de contratos (B2B)

Este segmento é representado por todos os negócios gerados por contratos fechados localmente ou globalmente com empresas (incluindo companhias aéreas) – seja por localidade atrativa, seja por qualidade, comodidade e segurança.

Segmento de atacado (B2B)

Também chamado de segmento de *tour and travel*, reúne empresas *brokers* ou consolidadoras de viagens que compram componentes individuais de uma viagem com desconto baseado numa compra de volume e, então, juntam os vários componentes em um pacote, adicionam uma margem e o revendem aos consumidores finais em caráter de varejo, diretamente ou via operadoras ou agências de viagens intermediárias (Tranter, Stuart-Hill & Parker, 2009). Alguns exemplos de consolidadoras brasileiras são Flytour, Gapnet, Esferatur, Rextur, Advance e Ancoradouro.

Segmentação por canal de distribuição

Recentemente, a segmentação tornou-se mais complexa, havendo a necessidade de criar uma nova maneira de dividir os consumidores para sua melhor compreensão: a segmentação por canal de distribuição. Onde os consumidores compraram o seu serviço, em uma loja real ou virtual? Diretamente no seu estabelecimento ou via intermediários?

Quantos *sites* o seu consumidor visitou, ou seja, quantos *sites* o influenciaram antes da realização da compra? Algumas das opções de compra de um consumidor são apresentadas a seguir e serão mais exploradas no capítulo 10 ("Canais de distribuição"). Muitos desses canais utilizam a intermediação de agências consolidadoras de viagens e/ou do GDS:

- diretamente com o Departamento de Reservas ou com a Central de Reservas de uma rede de hotéis;
- pelo próprio *site* do hotel para a internet e para o celular;
- via operadoras e agências de viagens;
- via agências de viagens corporativas e TMC (*Travel Management Company*, ou Empresa de Gerenciamento de Viagens);
- via OTAs;
- por *sites* de busca;
- por *sites* de compra coletiva;
- por mídias sociais.

Segmentação por geração

Tranter, Stuart-Hill e Parker (2009) afirmam que, na análise de tendências, é comum a segmentação por geração, ou seja, pelo comportamento dos consumidores de acordo com seu ano de nascimento.

Quem	Nascimento	Características
Seniors	Antes de 1946	Alguns desta geração chegaram a vivenciar períodos de crise, como a Segunda Guerra Mundial (1939-1945), de modo que sabem muito bem o que é passar dificuldade. São extremamente econômicos e, em vez de gastar com lazer e turismo, tendem a poupar para seus descendentes.
Baby boomers	Entre 1946 e 1964	É a geração com o maior número de pessoas (cerca de 78 milhões de membros) e com a maior riqueza acumulada. Conforme os *baby boomers* se aposentarem, mais pessoas terão condições econômicas e tempo livre para provar o melhor que a indústria de hotelaria tem a oferecer, como *resorts* que combinam conforto extra, serviços e instalações adequadas para a terceira idade.

(cont.)

Quem	Nascimento	Características
Geração X	Entre 1965 e 1976	Bem menos numerosa (aproximadamente 45 milhões de membros), esta geração é formada por consumidores sofisticados que desejam produtos personalizados, sendo mais predisposta que a dos *baby boomers* a visitar lugares novos e hospedar-se nos melhores hotéis, a tomar férias com tudo incluído, a utilizar o spa e outras atividades de *resort*. Busca férias orientadas à experiência e, como beneficiária da Era da Informação, exige amenidades de alta tecnologia e entretenimento.
Geração Y	Entre 1977 e 1994	É uma geração numerosa (cerca de 72 milhões de membros) e extremamente competente tecnologicamente. São consumidores mais animados e abertos a mudanças. Também gostam mais de comprar que a geração anterior, mas não são necessariamente fiéis a marcas. Conforme o tempo passar, terão mais renda e maior poder de compra, sendo capazes de influenciar e, inclusive, moldar o futuro desenvolvimento de produtos e serviços.
Millennials	Após 1994	Os nascidos na virada do século utilizam a tecnologia *touch screen* como ninguém. Esta geração, sim, é *high-tech*, com consumidores muito mais exigentes que os das gerações anteriores.

Quadro 6.2. Comportamento dos consumidores de acordo com a geração.
Fonte: adaptado de Tranter, Stuart-Hill e Parker (2009, pp. 48-50).

Cada geração, assim como cada segmento de mercado, tem hábitos de compra, necessidades e desejos específicos. Cabe ao gestor das empresas prestadoras de serviços verificar o potencial de compra de cada geração e de cada segmento, e decidir quanto investir em cada um. O ideal é descobrir quais produtos e serviços devem ser desenvolvidos para obter o mix ideal de consumidores, maximizando assim o potencial de receita a ser conseguida.

O *revenue manager* deve primeiramente entender o mercado em que sua empresa está atuando, para conseguir segmentá-lo de forma correta, determinando a sensibilidade aos preços de cada segmento para as características de seu serviço e devendo, depois, analisar o comportamento de cada segmento de mercado a fim de determinar o máximo de receita que pode ser obtido de cada segmento em cada momento. Então, deve monitorar as receitas conquistadas ao longo do tempo, a fim de conseguir a receita máxima de cada segmento (Cross, 1998). Planejar com base nas vendas totais para o mercado-alvo seria extremamente genérico, portanto a segmentação permite constatar com antecedência áreas de oportunidade, em situações de baixa ou alta demanda, possibilitando a implantação de estratégias que gerem o melhor *business mix* de vendas.

Anderson, Kimes e Carroll (2009) complementam que, para ter uma estratégia de RM de sucesso, uma empresa necessita, além de segmentar corretamente o seu mercado, estabelecer os preços corretos e alocar o inventário desejado para cada um desses segmentos. É fundamental criar regras de preços contendo técnicas tradicionais de RM, como estabelecimento de políticas e restrições – bem como novas técnicas de criação de pacotes e preços opacos – por segmentos de mercado, sazonalidade e periodicidade sem, contudo, afetar a integridade dos preços dos serviços.

Gerenciamento do segmento de grupos

Conforme mencionado anteriormente, um dos principais segmentos de mercado é o de contratos. Uma negociação corporativa se inicia por um *lead* ou *approach*, em que algum representante da empresa faz um pedido de proposta, isto é, RFP (*Request For Proposal*), ou então uma proposta é elaborada baseada nas vendas e na receita esperadas, ou seja, na produção de pernoites da empresa (com um volume de produção mínimo) de acordo com o mercado e com o *budget* ou a produção da empresa. Caso a proposta seja aceita, elabora-se um contrato com uma tarifa negociada (com descontos que variam de 5% a 30% da melhor tarifa disponível), benefícios (como internet *wi-fi* ou café da manhã inclusos) e restrições como LRA (*Last Room Availability*, ou Disponibilidade do Último Quarto), e *late check-out*, com categoria de apartamentos e período de utilização máximo estabelecidos (dependendo do prazo de validade do contrato e do período de renegociação), sob influência dos controles de inventários (como período mínimo de estadia, ou Min LOS). Uma vez o contrato assinado, a tarifa é criada no sistema, a equipe de vendas, reservas e recepção é treinada, os relatórios de produção são gerados e um acompanhamento com o cliente corporativo é feito mensalmente.

As negociações de grupos – gerenciadas sempre pelos departamentos de Vendas e Marketing, de preferência por um cargo específico de coordenador de grupos – devem ser conduzidas de forma diferente à das negociações corporativas. Portanto, para todo e qualquer grupo, seja B2C ou B2B, é necessário criar algumas regras de gerenciamento de grupos, já no momento de cotação do grupo, antes da assinatura do contrato, como:

- o número de quartos bloqueados para o grupo;
- as características específicas do grupo (como salas de reunião, equipamentos, alimentos e bebidas);
- o período de estadia (que pode exigir um bloqueio com volume maior ou menor em períodos específicos);
- a tarifa estabelecida (que pode ser maior que a tarifa corporativa ou igual a esta, caso o grupo seja pertencente a uma empresa que tem acordo corporativo com o hotel);
- a validade da proposta (dependente da proximidade da data de *check-in* do grupo e da demanda na data em questão);
- a data do envio do *rooming list* pela empresa;
- a data (normalmente um mês antes da chegada do grupo) e a porcentagem de *wash* do grupo (ou seja, quando o hotel diminui uma porcentagem preestabelecida de quartos do bloqueio do grupo com base em dados históricos e experiência, a fim de não perder vendas);
- o valor que será cobrado por reservas tardias feitas fora do grupo, mas pertencentes a este (se será venda livre, venda com desconto ou se o mesmo valor do grupo será honrado);

- a data de corte do grupo, isto é, o *cut off* (normalmente duas semanas antes da chegada do grupo), quando todos os apartamentos não ocupados são liberados para venda;
- as penalidades sobre cancelamento do grupo (como o pagamento de 50% do valor da estadia nos apartamentos bloqueados).

É importante que, assim que haja a confirmação do grupo, as reservas sejam criadas no sistema para garantir o espaço ao grupo e assegurar que o gerenciamento do inventário seja feito da forma apropriada, uma vez que o número de unidades de inventário disponíveis será mais restrito. Além disso, cada vez mais se faz necessário criar maneiras para que os grupos reservem via GDS ou IDS (*Internet Distribuition System*, ou Sistema de Distribuição de Internet), investindo em tecnologia e incorporando opções para reservas de grupos nos canais de reserva eletrônica (Tranter, Stuart-Hill & Parker, 2009).

Pode acontecer também de o hotel decidir trabalhar com alguns grupos sem bloqueio, ou seja, estipular uma tarifa para reservas provenientes de uma pessoa ou empresa e, conforme a disponibilidade, vender livremente na tarifa acordada até uma porcentagem estipulada de ocupação.

No Caribe Hilton, onde eu trabalhava como gerente de Reservas em 2006, toda semana a diretora de Vendas e Marketing comandava uma reunião entre o gerente de Receita, a gerente de Grupos e eu, a fim de avaliar o *pick up* dos grupos. A gerente de Grupos ficava encarregada de trazer uma lista com todos os grupos e bloqueios pendentes para os próximos três meses, enquanto eu levava a quantidade de reservas no sistema e o gerente de Receita mencionava a previsão de ocupação para cada uma das datas. Munidos dessas informações, decidíamos em conjunto o fator de *wash* de cada grupo com base em dados históricos e experiência, quais bloqueios seriam derrubados e os quartos liberados para venda, bem como se honraríamos a tarifa para grupos que já não tinham mais bloqueio e continuavam pedindo mais quartos. Durante essa reunião, também analisávamos o valor potencial de quaisquer grupos sendo prospectados pelo time de Vendas. Uma reunião como essa, apoiada na análise de dados confiáveis, auxilia muito o processo decisório do *revenue manager*.

Deslocamento e remanejamento de negócios

Quando o gerente de Grupos recebe para a mesma data duas oportunidades de negócios distintas, cabe ao *revenue manager* analisar o valor total do cliente ou do grupo para a organização, levando em conta não apenas essa compra, mas também compras passadas e futuras, considerando também a receita principal do apartamento e a receita adicional de produtos e serviços extras. Somente então o RM irá decidir qual negócio preferir e qual preterir, prática esta – de substituir um consumidor por outro – chamada de deslocamento e remanejamento de negócios.

Quando se aceita um grupo, é necessário levar em conta os clientes, por segmento de mercado, que deverão ser remanejados, ou *walks* necessários para a aceitação do grupo, bem como as receitas marginais, como salão de eventos e aluguel de equipamentos, entre outras. É preciso pensar em custo de outro apartamento em hotel de qualidade similar ou superior, custo de transporte até esse hotel, custo de alimentação como cortesia e até mesmo o custo de perder um cliente para a concorrência.

Para auxiliar esse raciocínio, Tranter, Stuart-Hill e Parker (2009) criaram uma fórmula que inclui, no valor total do consumidor, além das receitas primária e adicional, o valor que é gasto para adquirir o consumidor (com ações de marketing e distribuição, por exemplo) e a disposição que o cliente em questão tem para gastar (que depende, de certa forma, do segmento em que ele se encontra). Obviamente, há de se pensar também no custo para manter o consumidor ou grupo para garantir compras futuras, que está baseado no nível de satisfação atingido, dependendo se as expectativas personalizadas do cliente foram superadas.

Valor total do consumidor = (Receita primária + Receita adicional − Custo de aquisição) × Propensão para comprar

Outra fórmula criada pelos autores revela quantas unidades de inventário podem deixar de ser vendidas para chegar à mesma lucratividade. Para esse cálculo de deslocamento de unidades de inventário, basta tirar do número de unidades reservadas o mesmo número vezes a porcentagem de lucratividade, considerando que o número de UIs (unidades de inventário) corresponde àquelas que já estão reservadas ou sobre as quais existe a expectativa de atingir segundo a previsão de demanda. A porcentagem de lucratividade é obtida dividindo a margem bruta pela própria margem bruta mais a diferença entre preços, resultado que deve ser multiplicado por 100 para conseguir uma porcentagem. A margem bruta é a receita adquirida vendendo os serviços menos os custos fixos e variáveis de gerar os serviços, e a diferença entre preços é a diferença entre os dois preços prováveis de venda da unidade de serviço. O intuito é otimizar a receita e aumentar a lucratividade da empresa para os investidores e acionistas.

Cálculo de deslocamento de UI = Número de UI reservadas − (Número de UI reservadas × % de lucratividade)

% de lucratividade = $\dfrac{\text{Margem bruta}}{\text{Margem bruta} + \text{Diferença entre preços}} \times 100$

Em 2007, quando eu trabalhava no Hilton Morumbi como *revenue manager*, recebemos a proposta de hospedar o grupo do Cirque Du Soleil por três meses a uma tarifa realmente boa. A primeira resposta é: claro! Contudo, depois de fazermos um estudo de deslocamento e remanejamento de negócios, chegamos à conclusão de que a trupe de aproximadamente 75 pessoas deslocaria uma tripulação aérea inteira, clientes corporativos importantes e clientes individuais habituais durante um considerável período de tempo, o que poderia fazer com que esses clientes experimentassem a concorrência e, talvez, não regressassem mais ao hotel. Portanto, apesar de naquele momento específico deixarmos de obter receita, a longo prazo deixaríamos de perder uma quantia substancial de dinheiro.

Business mix ideal na hotelaria

Quem você deve deixar entrar no seu hotel primeiro? Para quem você deve reservar lugar? Quem você deve recusar até o último minuto? Para quem você deve dar o mesmo número de apartamentos sempre?

Em hotelaria, há um termo muito utilizado chamado de colchão – ou seja, o segmento de mercado para o qual você tem lugar cativo, seja em baixa ou alta temporada, um segmento com o qual você fecha um contrato, com bloqueio de apartamento por um longo período de tempo (como tripulação se hospedando quase todas as noites) e por uma tarifa baixa, mas com uma receita total alta se contabilizarmos o período completo de parceria. Normalmente, esse tipo de contrato é fechado com companhias aéreas com muita antecedência (por um ou mais anos), por uma tarifa que chega a ser metade da diária média do hotel. Caso haja algum acordo fechado com consolidadora, também com um bloqueio predeterminado, é preciso reservar quartos por causa do contrato, mesmo que a tarifa seja mais baixa que a tarifa de grupos e a corporativa, porque o hotel já se comprometeu com esses quartos. Estes constituem o primeiro segmento de mercado para o qual devem ser reservados lugares no inventário, não em decorrência da tarifa, mas em decorrência do acordo assinado prometendo um número fixo de apartamentos por noite.

Caso haja algum grupo fechado, com um bloqueio predeterminado em contrato, novamente é preciso reservar quartos – e, desta vez, não só em razão do contrato, mas também em virtude da tarifa mais alta que o grupo irá pagar, normalmente mais alta que a tarifa corporativa. Este é o segundo segmento de mercado que deve merecer atenção, antes de ser aceita qualquer outra reserva.

Depois, temos o segmento das tarifas negociadas, com empresas que trazem funcionários em viagem de negócios ao hotel e pagam valores que variam de 10% a 40% abaixo da tarifa praticada pelo hotel diariamente, dependendo do volume anual de produção – quanto maior, mais baixa a tarifa –, sempre pensando numa parceria a longo prazo, interessante para ambas as partes. Este é o terceiro segmento de mercado para o qual devem ser reservados lugares, porque há um contrato de tarifa entre ambas as partes embora não haja bloqueio acordado.

Então, deve-se pensar nos segmentos individuais a lazer e a negócios, que pagam uma tarifa mais alta e, portanto, apresentam maior potencial de receita, mas que, por não terem bloqueios ou acordos em contrato, às vezes por engano são deixados de lado, fazendo com que o hotel sobreviva apenas de tarifas acordadas e negociadas (bem menores). O ideal é, com base na previsão de demanda, saber exatamente quanto reservar do inventário para esses segmentos que pagam mais. Na realidade, este é o último segmento a ser pensado em termos de inventário, mas é o segmento mais importante em termos de receita, por isso é tão importante planejar bem seu *business mix*.

Durante a baixa ocupação, o mais rentável é que o hotel faça diversos acordos e feche vários contratos de forma a conseguir a receita desejada por meio do volume. Na alta ocupação, o mais interessante é fechar poucos contratos e acordos para ter a liberdade de escolher segmentos de mercado individual a lazer e a negócios, que pagam uma tarifa muito mais alta. Além disso, é preciso lembrar que a receita trazida por cada segmento deve ultrapassar seu custo de aquisição e retenção, o que será auxiliado por meio de um CRM eficaz – elemento-chave no desenvolvimento de planos de marketing, planos estratégicos e *budgets*.

Segundo Cross (1998), para conseguir chegar a um *business mix* ideal é necessário:

- **focar o preço**, atacando as flutuações de certo prazo com o preço e, depois, com a capacidade;
- estabelecer **preços de acordo com o mercado**, preços que os consumidores aceitarão em um ambiente de preços flexíveis, reduzindo os custos para atingir as margens exigidas;
- lembrar que **segmentos de mercado distintos exigem preços diferentes**, ou seja, para maximizar a receita e permanecerem competitivos, os custos devem variar de acordo com a sensibilidade de preço de cada mercado;
- **reservar seu produto para seus clientes mais valiosos** – para isso, é fundamental compreender a demanda em nível de micromercado com o máximo de precisão e reservar produtos para os clientes mais valiosos, a fim de atingir a melhor receita possível;
- tomar as **decisões sempre com base no conhecimento e na análise das informações**, fazendo previsões de demanda em nível de segmento de mercado para conhecer as mudanças sutis nos padrões de comportamento do consumidor;
- **estudar o ciclo de valor de cada serviço**, gerando a receita máxima por meio da compreensão dos preços do serviço para cada segmento de mercado;
- **reavaliar continuamente suas oportunidades**, fornecendo ferramentas de apoio às decisões para que os funcionários tomem decisões dinâmicas em nível de micromercado, enfocando sempre o aumento da receita e não o controle de custos.

Alinhada com a missão, a visão e os objetivos da empresa deve estar a seleção do *business mix* ideal, que requer muita pesquisa e muito planejamento, assim como um monitoramento constante para manter a efetividade da seleção de segmentos, já que esse *mix* pode ser diferente a cada dia. Algumas empresas utilizam o termo gasto total para definir as receitas primária e adicional que são gastas pelo consumidor em suas instalações, sendo os clientes que gastam mais os mais desejados. É crucial determinar quanta receita adicional um consumidor pode gerar por real gasto em receita principal, e quais as oportunidades para aumentar a quantidade de receita adicional gasta por cliente. Vale a pena também criar oportunidades novas e adicionais para que o cliente gaste seu dinheiro, como lojas, serviço de quarto, serviços de *spa* e até parcerias com outros hotéis, que – com o *merchandising* correto – são ótimos exemplos para gerar receita adicional. Esse efeito é chamado de efeito multiplicador e também pode ser aplicado em destinos: para cada real que um viajante gastar em custos diretos para alcançar seu destino, algum múltiplo dessa quantia será gasto em produtos e serviços durante a visita daquele viajante. CVBs e associações de *resorts* utilizam o efeito multiplicador para calcular o valor total do turismo para um destino (Tranter, Stuart-Hill & Parker, 2009).

Deve-se levar em conta que é importante ter um *mix* de fontes diferentes de negócios, porque eles se complementam do ponto de vista de ocupação, como os segmentos de lazer e corporativo, por exemplo. Ou seja, os clientes corporativos se hospedam durante os dias de semana e os de lazer, nos fins de semana e feriados. Além disso, por mais que o segmento de lazer não seja tão atraente em termos de receita, porque justamente são estes viajantes que têm o orçamento mais apertado, é o segmento mais estável (Adams, 2004). É preciso lembrar também que, para buscar novos segmentos de mercado, faz-se necessário, primeiramente, refletir sobre como é a segmentação de mercado atual da empresa, para qual segmento de mercado e por qual preço é interessante dirigir seu foco.

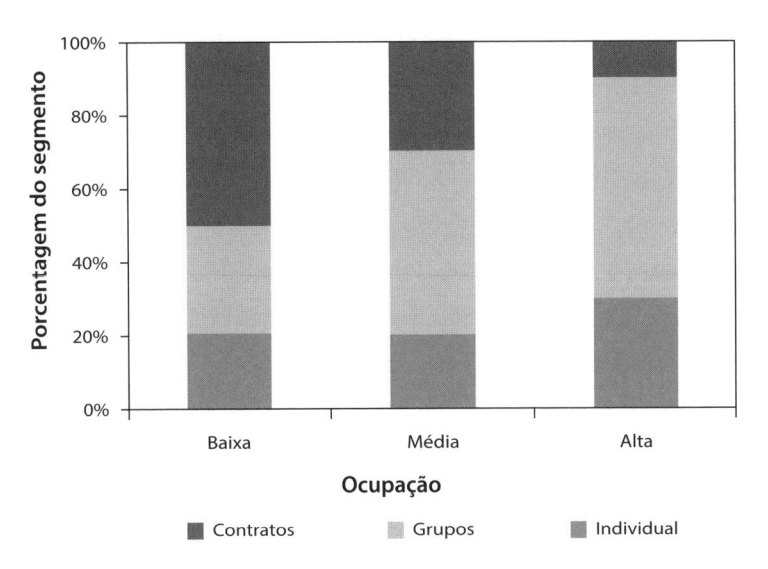

PARTE II – DESENVOLVIMENTO E IMPLEMENTAÇÃO DAS ESTRATÉGIAS DE RM

Figura 6.1. Exemplo de *business mix*.
Fonte: a autora.

Tendências na segmentação hoteleira

Os especialistas são unânimes em afirmar que qualquer investidor da área hoteleira precisa primeiramente fazer uma pesquisa de mercado para qualquer nicho do mercado e detectar áreas inexploradas, além de verificar se essas áreas constituirão uma fonte rentável independentemente de eventos marcados para aquela localidade.

Hotéis boutique

Esses hotéis, que capitalizam sobre o segmento de mercado orientado ao entretenimento, apresentam algumas das características a seguir:

- **arquitetura autêntica:** por exemplo, o Hotel Unique, em São Paulo, assinado por Ruy Ohtake;
- **decoração diferenciada:** por exemplo, a tapeçaria flamenga do século XVI exposta no L'Hotel Porto Bay São Paulo;

- **amenidades excêntricas:** por exemplo, a roupa de cama em algodão egípcio 500 fios e os travesseiros recheados com plumas de gansos húngaros oferecidos no Hotel Emiliano, em São Paulo;
- **serviços incomuns:** por exemplo, o serviço de praia gratuito com direito a assistentes, guarda-sol, cadeiras, toalhas e ducha do Porto Bay Rio internacional, no Rio de Janeiro.

Muitos gigantes internacionais da hotelaria trazem esse conceito boutique para dentro de seu próprio hotel, como a rede Hilton, com o Andar Executivo, e a cadeia Hyatt, com o Grand Club Lounge. Há quem afirme que o Brasil não está maduro para absorver esse tipo de produto pelo custo elevado associado a uma diária média muito baixa. Contudo, na Era da Experiência em que vivemos, os viajantes continuarão a buscar por estadias diferenciadas, fazendo com que os hotéis boutique continuem a prosperar.

Resorts de destino

Estes empreendimentos vêm desenvolvendo estratégias de diferenciação de serviços, com amenidades imaginativas e experiências únicas para os hóspedes. Um exemplo é o Rio Quente Resorts, com programação de lazer 24 horas para todas as idades, *shows* temáticos diariamente, música ao vivo, boate, oito piscinas naturais e bares molhados, seis restaurantes, sala de jogos, academia, atividades monitoradas para adultos e crianças, *spa* e boutiques. Além disso, o hóspede tem acesso grátis ao Hot Park.

Spas de relaxamento e realização pessoal

Os *resorts* estão constatando que, para serem competitivos, precisam contar com um *spa* de serviço completo. Os consumidores ainda utilizam os principais serviços de *spa* (manicure, tratamentos faciais, massagens e fitness), mas também vêm procurando cada vez mais por atividades de total imersão de corpo e mente.

Em 2012, o Casa Grande Hotel Resort & Spa inaugurou o Spasissimo, um investimento de R$ 1,8 milhão e que abriu as suas portas com o aval de endocrinologistas certificados em gerenciamento de estresse pelo Mind-Body Institute de Harvard, além de dermatologistas, ortopedistas, nutricionistas, psicólogos, fisioterapeutas, dentistas e profissionais de ioga, acupuntura, meditação e relaxamento muscular. A intenção do local é manter o luxo do *spa* de relaxamento e de destino, mas principalmente ser reconhecido como *spa* médico.

Condomínios-hotéis

No Brasil, um exemplo é o Granja Brasil Resort, condomínio residencial e hoteleiro localizado em Itaipava, Rio de Janeiro. São 23 prédios, em arquitetura normanda, de 1 a 4 quartos, e um hotel cinco estrelas, o Clarion Itaipava, com 37 suítes de luxo. A estrutura de lazer é completa.

A ideia do sistema de venda de imóvel fracionado é largamente difundida em outros países. Cada proprietário tem a sua escritura pública em cartório, e cada imóvel possui 10 cotas de venda. Todos os proprietários cotistas, por meio de uma tabela, utilizam o empreendimento de forma organizada e predefinida, em períodos de alta estação e grandes feriados. E quem cuida do imóvel são os administradores do *resort*. O proprietário tem liberdade e flexibilidade para emprestar, alugar, presentear ou até mesmo vender a propriedade de férias, com um retorno financeiro.

No entanto, esses empreendimentos apresentam alguns desafios relacionados ao marketing e à operação. Muitas unidades de condomínios-hotéis são maiores que as da hotelaria tradicional (geralmente incluem uma cozinha), e os gerentes frequentemente lutam para manter padrões consistentes em todo o hotel. Outro aspecto complicador: enquanto os desenvolvedores de condo-hotéis buscam minimizar o espaço público e maximizar o espaço de estar, os operadores de hotéis procuram quase o oposto. Uma outra dificuldade se deve ao fato de as unidades do condomínio serem vendidas com base em metros quadrados, enquanto os hotéis estabelecem seus preços considerando qualidade do serviço, instalações e comodidades.

Os investimentos e o desenvolvimento de condo-hotéis no Brasil ainda são vistos mais como fundo imobiliário, com o qual os investidores devem ter cautela.

Hotéis com centros comerciais

É cada vez mais difícil, aos investidores, convencer os credores de que um hotel independente é um bom investimento. Muitos novos hotéis são construídos com shopping centers e centros de entretenimento que podem ajudar a gerar vendas adicionais. A estratégia é criar um ambiente sinérgico e sem descontinuidades entre os produtos e serviços para os seus clientes.

Um exemplo no Brasil é o Complexo Comercial e Hoteleiro do Valongo, primeiro empreendimento em hotelaria na área abrangida pelo programa de revitalização Alegra Centro, a ser construído pela Odebrecht em terreno de 3.892 m² no bairro do centro histórico de Santos, no litoral paulista, próximo à futura sede de operações do pré-sal da Petrobras. Com 2.160 m² de área construída, ele contempla duas torres com 21 pavimentos, que abrigarão 329 salas comerciais de 42 a 115 metros quadrados e um hotel Ibis, da rede francesa Accor, dotado de 240 apartamentos.

Hotéis econômicos

No geral, a indústria hoteleira nacional está evoluindo e há um mercado amplo para atender ao segmento de hotéis econômicos, principalmente em regiões de alto crescimento econômico, como o interior paulista, ou regiões da capital paulista próximas aos canais viários e ao metrô, de forma a satisfazer os acionistas exigentes e para competir com outras oportunidades de investimento.

A rede Hyatt anunciou, em julho de 2013, que irá trazer ao Brasil sua bandeira de hotéis econômicos, a Hyatt Place. A empresa afirma que o estabelecimento com essa marca, apesar de não oferecer lavanderia, restaurante, *room service*, *concierge* ou mensageiros, terá a mesma qualidade de camas das bandeiras de luxo da rede. Até 2016, está prevista a abertura de pelo menos nove hotéis instalados em capitais ou cidades com boa estrutura de comércio e indústrias (Simon, 2013).

Questões para reflexão e aplicação

1. Crie um questionário formal com pelo menos dez questões para avaliar a opinião de potenciais consumidores sobre um produto ou serviço de sua escolha, relevante para a indústria de hotelaria. Aplique esse questionário em uma amostra de quinze familiares e amigos e classifique as informações recolhidas a fim de descobrir a qual segmento de mercado pertencem.

2. Escolha três cadeias hoteleiras nacionais e identifique seus principais segmentos de mercado, detalhando-os. Verifique se essas redes possuem uma marca de hotel com um posicionamento distinto para cada mercado-alvo. Em caso positivo, faça uma análise da estratégia de *branding*.

3. Identifique novas tendências de segmentação na indústria de turismo, exemplifique-as com casos reais e analise o relativo sucesso ou fracasso desses empreendimentos.

Sugestões de casos

El Haddad, Roper e Jones (s/d.). Este artigo apresenta os resultados sobre o desenvolvimento e a implementação de um sistema centralizado de gestão de receitas em uma empresa e as percepções do provável impacto da implantação do sistema nas atitudes e nos comportamentos dos clientes. Os resultados da pesquisa revelam que, apesar de ser uma tarefa desafiadora, a estrutura e a cultura organizacional da rede hoteleira e as sessões de treinamento e oficinas implantadas auxiliaram a superar muitos dos problemas e das dificuldades identificados na literatura. Além disso, os resultados sugerem a necessidade de uma maior atenção sobre as atitudes e os comportamentos dos clientes para as práticas da gestão de receitas.

Harrison *et al.* (2003, pp. 1-45). Segundo os autores deste estudo de caso, a rede hoteleira Starwood pode não parecer muito diferente de seus principais competidores, com centenas de propriedades sob várias bandeiras em mercados-chave em distintos mercados do mundo, mas, quando vista de perto, transparecem diferenças significantes. Apesar de suas principais marcas (Westin e Sheraton) serem bem reconhecidas, a Starwood é relativamente nova no mercado, mas com boa perspectiva. Ao contrário de seus competidores, que nasceram e cresceram dentro das regras da indústria hoteleira, a Starwood é suscetível a mudanças, sendo reconhecida por várias inovações em marketing, gerenciamento de marca e atendimento ao cliente.

PARTE II – DESENVOLVIMENTO E IMPLEMENTAÇÃO DAS ESTRATÉGIAS DE RM

••• OLHAR DO MERCADO

ENTREVISTA COM CLAUDIA GODOY

1. EM SUA OPINIÃO, O QUE É *REVENUE MANAGEMENT*?

   É uma filosofia de negócios que utiliza uma metodologia para otimizar receitas e ocupação do hotel durante suas diferentes sazonalidades.

2. COMO SE DESENVOLVEU SUA TRAJETÓRIA PROFISSIONAL ATÉ SUA ENTRADA NO CAMPO DE RM?

   Iniciei como agente de reservas, passei a supervisora e fui treinada para assumir o cargo de *revenue manager* do hotel. Para essa primeira experiência na área, foi muito importante a bagagem adquirida nos estágios operacionais anteriores.

3. QUAIS SÃO/FORAM SUAS MAIORES RESPONSABILIDADES COMO GERENTE DE RECEITA?

   Como gerente de *Revenue* em hotel, foi disponibilizar as informações para facilitar a tomada de decisão sobre controle de inventário, tarifas de grupos, tarifas negociadas, tarifas públicas, aceitação ou rejeição de *leads* diversos, *blackout dates*, controle de resultados, e projeção de demanda para o *budget* anual. Como gerente de *Revenue* oferecendo consultoria à carteira de clientes, saber utilizar as informações disponíveis no sistema, de história e mercado, para melhor orientá-los, além de passar o conhecimento dessa metodologia aos clientes.

4. COMO O RM SE DESENVOLVEU E SE ENCAIXA NA EMPRESA EM QUE VOCÊ ATUA/ATUOU COMO GERENTE DE RECEITA?

   Pela consultoria para a carteira de clientes, utilizo a metodologia para ajudar os hotéis a conseguirem a melhor receita dentro de suas sazonalidades, e dentro de seu *business mix* de seu segmento de vendas.

5. QUAIS SÃO AS MAIORES DIFICULDADES ENFRENTADAS POR UM GERENTE DE RECEITA ATUALMENTE?

A falta de direcionamento em geral. Muitos hotéis se encontram sem um plano de negócios e sem o plano de marketing desenvolvidos, o que dificulta a tomada de decisão sobre estratégias anuais e em curto e médio prazos. Além do mais, acredito que ainda haja a dualidade vendas × *revenue manager*, em que o primeiro tentará atingir suas metas e o segundo será capaz de negar *leads* em prol da otimização da receita e do RevPAR.

6. EM SUA OPINIÃO, QUAIS SÃO AS TENDÊNCIAS EM RM?

A especialização e o conhecimento profundo das dinâmicas das OTAs e das mídias sociais são ainda incipientes, mas importante discussão sobre a paridade das tarifas.

7. QUAIS CONSELHOS VOCÊ PODE DAR A ESTUDANTES E PROFISSIONAIS QUE PRETENDEM INGRESSAR NO CAMPO DE RM?

Primeiramente, é importante conhecer bem a operação do hotel, em todos os níveis. Isso permite ter uma base sólida do produto, seus serviços e suas possibilidades de serviço/produto. Depois, a atualização constante e a interatividade com profissionais da área em diferentes tipos de empresas, não só a hotelaria como também a aviação e o varejo.

8. QUAIS ARTIGOS, LIVROS E CURSOS VOCÊ RECOMENDA PARA QUEM QUER SEGUIR NA ÁREA DE RM?

Cursos do Senac e da Universidade de Cornell, além da participação em redes sociais, como o LinkedIn.

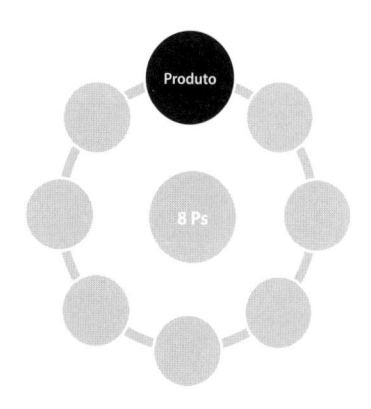

7
Controle da capacidade do inventário

> Existe uma conexão metodológica direta entre gerenciamento de receita e outros tópicos de gerenciamento de demanda e otimização de preço que se baseiam na precificação de inventário restrito. Como já sabemos, o custo de oportunidade do inventário restrito é um componente de um ótimo preço.
> Nicola Secomandi, "Teaching Demand Management and Price Optimization in the MBA Program at the Carnegie Mellon University Tepper School of Business"

Inventário são as unidades de serviço disponíveis para a venda por meio de diversos canais de distribuição. Em um hotel, são as unidades habitacionais – ou seja, os quartos; em um avião e em um restaurante, os assentos; em uma locadora de carros, são os próprios carros disponíveis. Capacidade do inventário é o número máximo de unidades de serviço que uma empresa possui. Gerenciamento do inventário consiste, portanto, no processo de controlar o número, a disponibilidade e o preço das unidades de serviços disponíveis, por segmento de mercado e por canal de distribuição, visando à otimização da receita.

Como uma organização que vende serviços é limitada pela sua capacidade de inventário, seu sucesso financeiro na maioria das vezes depende da habilidade do *revenue manager* de utilizar essa capacidade de forma eficiente. Em empresas do setor de serviços, que requerem muito investimento de capital e têm altos custos fixos, o custo marginal de vender outra unidade de inventário é muito menor que a receita marginal proveniente dessa venda (Kimes, 1994).

Gerenciamento do inventário

De acordo com Tranter, Stuart-Hill e Parker (2009), para executar um efetivo controle da capacidade do inventário, visando maximizar a receita, é preciso:

- determinar os clientes-alvo por segmento e subsegmento de mercado, chegando assim ao valor total do consumidor e verificando qual é o *business mix* ideal;
- identificar os canais de distribuição que poderão produzir esse *business mix*, selecionando aqueles que entreguem clientes valiosos e, portanto, o melhor potencial de receita, levando em consideração a produção e o custo de distribuição;
- verificar a previsão de demanda para cada data disponível, 365 dias no futuro, identificando a sazonalidade das datas;
- determinar quais canais otimizarão as receitas para cada dia específico do ano e, então, designar os níveis apropriados de inventário para cada canal em cada data, ou seja, qual é a atual e a futura porcentagem de inventário por cada dia do ano reservada para cada canal;
- verificar qual será o preço estabelecido para cada unidade de inventário por dia, tarifas estas agrupadas em categorias para melhor gerenciamento por canal;
- estabelecer políticas e restrições atreladas às reservas, baseadas no preço, na duração ou no volume, por segmento de mercado e por canal de distribuição;
- verificar também como o *mix* de unidades reservadas pelo canal afeta os custos variáveis do estabelecimento, ou seja, como um canal em particular gera um aumento na porcentagem do negó-

cio e, consequentemente, nos custos variáveis não distribuídos da organização, requerendo a designação desses custos para os cálculos de margem de contribuição do canal.

Vale ressaltar que, conforme as reservas forem sendo recebidas e o ritmo das reservas for determinado, os níveis de inventário deverão ser realocados, em um esforço contínuo de otimizar as receitas em cada uma das datas do futuro, baseado não só em dados históricos registrados em sistemas automatizados como também em uma contínua análise humana dos fatores externos e internos que podem afetar a demanda, conforme vimos nos primeiros capítulos deste livro. Gerenciar o inventário em múltiplos canais projetados com base no comportamento do consumidor e na produção por canal é extremamente complexo, apoiando-se em várias técnicas, como veremos a seguir.

Disponibilidade do serviço

Para gerenciar de forma efetiva o inventário, é preciso controlar a disponibilidade do serviço que é prestado nele. O controle é feito por meio de uma análise do fluxo do processo do serviço, para a verificação do tempo de duração do serviço, dos potenciais atrasos na entrega do serviço, do tempo de limpeza da unidade de inventário e do tempo de preparação do serviço para o novo cliente. Ou seja, é fundamental controlar o tempo para disponibilizar a unidade como vaga e disponível no inventário da propriedade. Afinal, é de vital importância que os níveis de inventário sejam continuamente atualizados no sistema de gerenciamento de propriedade (PMS), a fim de que os sistemas de reservas e de distribuição (CRS – *Central Reservation System*, ou Sistema de Reservas Central, GDS – *Global Distribuition System*, ou Sistema de Distribuição Global e CMS – *Channel Manager System*, ou Sistema de Gerenciamento de Canais) sempre indiquem o inventário em tempo real, caso contrário a empresa estará perdendo vendas e, portanto, receita.

Considerando-se o processo de reserva de um quarto de hotel, por exemplo, é possível estabelecer um fluxograma desse serviço pensando em cada uma de suas etapas, desde a criação de demanda pelos departamentos de Vendas e Marketing à reserva do cliente no hotel, desde a chegada do hóspede no hotel à sua saída, desde a limpeza da unidade de inventário à sua disponibilização para o próximo hóspede. É preciso verificar quais os departamentos envolvidos em cada uma das etapas, quais suas responsabilidades, qual o período de duração de cada etapa, como cada uma (e potenciais atrasos) influencia a outra e o tempo de preparação para o novo cliente.

Observe, na figura 7.1, o serviço de reserva de um quarto de hotel. Para visualizar o processo total, seria preciso criar um fluxograma anterior (para geração de demanda) e um posterior (para limpeza do apartamento e disponibilização de volta ao inventário). Normalmente, o Departamento de Governança estabelece o uso de créditos para suas camareiras: cada uma delas tem que completar um número X de créditos por dia. Geralmente, cada crédito equivale a tempo Y de limpeza, baseado na carga horária da camareira por dia; além disso, cada crédito equivale à limpeza de uma metragem predeterminada de espaço. A limpeza de cada tipo de quarto de um hotel equivale a um número Z de créditos, dependendo da categoria do apartamento, de sua metragem e da complexidade de limpeza. Por exemplo, a limpeza de um quarto onde o hóspede permanecerá mais alguns dias no hotel é mais rápida e superficial do que a limpeza de um apartamento em que o cliente fez *check-out* – nesta situação, a limpeza precisa ser mais demorada e profunda, portanto a segunda limpeza equivalerá a mais créditos que a primeira, mesmo sendo os quartos de mesmo tamanho. Para facilitar a comunicação entre departamentos, é recomendado o uso de um sistema de identificação do *status* de limpeza dos quartos por meio de códigos inseridos no próprio telefone do quarto, que, ligado ao PMS do hotel, identifica o *status* de cada apartamento e disponibiliza aqueles vagos limpos e verificados para venda via canais de distribuição:

- vago, limpo e já verificado pela supervisão de governança, ou seja, disponível para venda;
- vago, limpo e não verificado, isto é, ainda não disponível para venda;
- vago e sujo, isto é, necessitando de limpeza demorada e profunda, além de verificação da supervisão de governança;
- ocupado e limpo, ou seja, já realizada a limpeza rápida e superficial;
- ocupado e sujo, ou seja, necessitando de limpeza rápida e superficial;
- fora de serviço, em decorrência de alguma necessidade de manutenção;
- fora de uso, devido a algum uso específico do hotel (como para os próprios gerentes do hotel para longa estadia).

Além de definir o fluxo do processo de serviço, é necessário restringir o tempo de duração do serviço, estabelecer um período de tempo para cada departamento em sua função, pensar em potenciais atrasos na entrega do serviço, reduzir o tempo de preparação do serviço para o novo cliente, a fim de que o atraso de um departamento não afete o outro, a disponibilidade do serviço ao cliente não seja comprometida e, portanto, a geração da receita não seja limitada. Também podem ser feitos ajustes nos elementos da entrega do serviço para atender ao excesso da demanda, como a extensão do horário de atendimento e contratação de mão de obra adicional (Tranter, Stuart-Hill & Parker, 2009). Em suma, o objetivo é maximizar a utilização da capacidade fixa do inventário por meio do controle do tempo de duração do serviço.

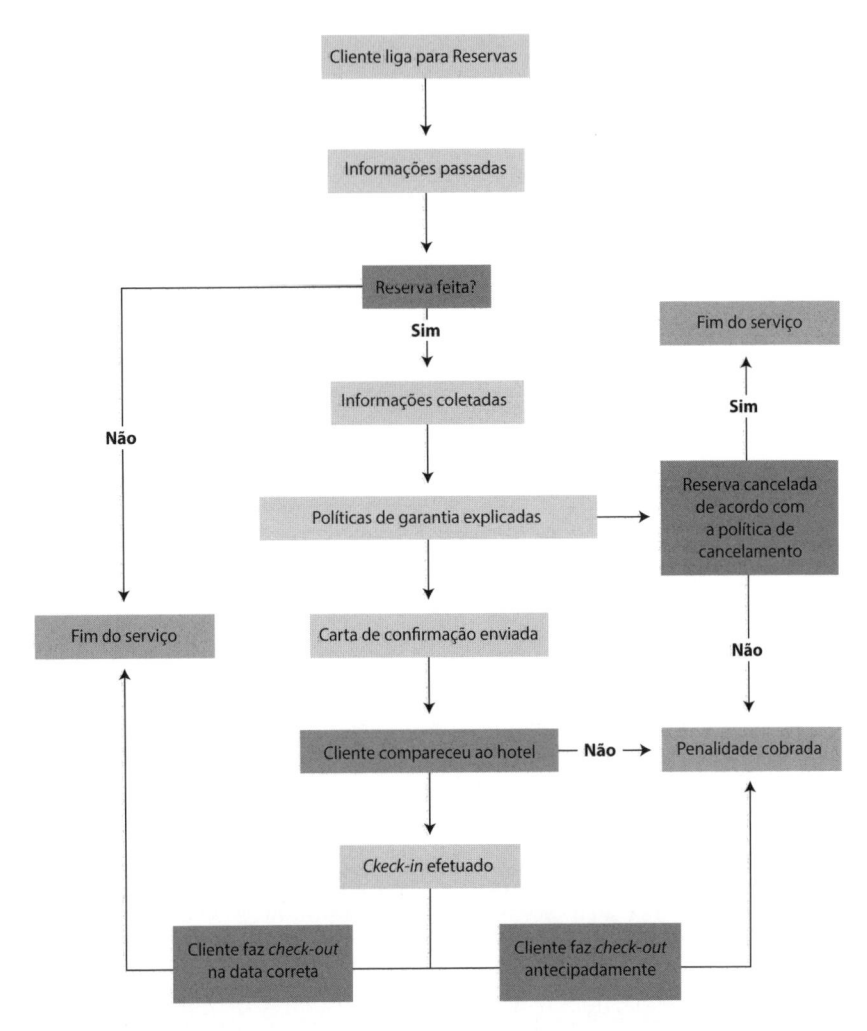

```
                    ┌─────────────────────────┐
                    │ Cliente liga para Reservas │
                    └─────────────┬───────────┘
                                  ▼
                    ┌─────────────────────────┐
                    │  Informações passadas   │
                    └─────────────┬───────────┘
                                  ▼
                    ┌─────────────────────────┐
                    │     Reserva feita?      │
                    └─────────────┬───────────┘
                            Sim   │
                                  ▼
```

Fluxograma: Cliente liga para Reservas → Informações passadas → Reserva feita? (Não → Fim do serviço; Sim → Informações coletadas → Políticas de garantia explicadas → (Reserva cancelada de acordo com a política de cancelamento → Sim: Fim do serviço; Não: Penalidade cobrada) → Carta de confirmação enviada → Cliente compareceu ao hotel (Não → Penalidade cobrada) → Check-in efetuado → Cliente faz check-out na data correta / Cliente faz check-out antecipadamente → Fim do serviço).

Figura 7.1. Fluxograma do serviço de reserva de uma unidade de inventário.
Fonte: a autora.

O RM em restaurantes envolve mais aspectos de desenho de processos e de serviços que o RM em hotéis, porque restaurantes têm mais controle de sua capacidade de inventário e do gerenciamento dos consumidores utilizando esse inventário. Em restaurantes, por meio de uma observação detalhada é possível fazer um estudo de tempo dos vários processos de serviço, incluindo a chegada dos clientes, a acomodação à mesa, o consumo da refeição, o pagamento da conta, a limpeza da mesa e a preparação da mesa para o próximo cliente (Anderson, Kimes & Carroll, 2009), calculando-se assim o fluxograma de serviço de um restaurante, ou seja, o tempo total de rotatividade de uma unidade de inventário.

Custo de oportunidade

Conforme a demanda por um tipo de serviço aumenta, algumas empresas tentam incrementar sua capacidade para satisfazê-la, adicionando mais unidades de serviço ao seu inventário. Contudo, é preciso muita análise de mercado e da margem de contribuição adicional, além de muito investimento para chegar a essa solução de longo prazo (Tranter, Stuart-Hill e Parker, 2009). Longo prazo porque, para uma companhia de aluguel de carros, seria necessário adquirir novos veículos; para um hotel, seria preciso construir uma ala nova de quartos; para uma companhia aérea, seria necessário comprar novos aviões – ou seja, soluções que envolvem tempo e dinheiro e que não podem ser abandonadas caso não deem certo.

Segundo Anderson, Kimes e Carroll (2009), a distribuição de inventário envolve alocar a capacidade entre os segmentos de consumidores, determinar os níveis de *overbooking* e enfatizar o papel da otimização, utilizando-se em particular da programação linear no cálculo do valor marginal da capacidade, ou seja, do preço sombra. Muitos problemas práticos de gerenciamento operacional podem ser expressos como problemas de programação linear (PL), que em matemática são problemas de otimização nos quais a função objetivo e as restrições são todas lineares. Para certos casos especiais de PL, como problemas de fluxo de rede e de fluxo de serviços, gerou-se muita pesquisa em algoritmos especializados para suas soluções; vários desses algoritmos de problemas de otimização foram solucionados resolvendo-se problemas de PL como subproblemas.

Já o preço sombra – conhecido internacionalmente como *shadow price* – identifica o valor de uma unidade de inventário a cada restrição da capacidade, isto é, quanto a função objetivo (que, normalmente, é o lucro) aumentará se for aumentada a restrição por cada unidade. Kanitz (1977, p. 49), ao se referir ao preço sombra, afirma que ele é "interpretado como lucratividade adicional que a empresa obteria se aumentasse a sua capacidade produtiva".

Preço sombra é o valor máximo que a gerência está disposta a pagar por uma unidade extra de inventário, considerando um recurso limitado. Os investidores podem querer saber se vale a pena adicionar capacidade em uma propriedade em particular – por exemplo, um quarto adicional em um hotel. Esse preço sombra é o custo de oportunidade, ou seja, a margem de contribuição adicional que se pode conseguir, que estaria perdida caso não se adicionasse um quarto extra à capacidade. Para justificar a decisão de criar uma unidade extra ao inventário, o decisor deve ter certeza de que o preço sombra excede o preço atual para essa expansão. Por exemplo, suponha que o preço sombra de uma noite em uma unidade de inventário é R$ 175, enquanto o preço de mercado é R$ 250. Isso significa que não vale a pena criar um quarto adicional para a capacidade de inventário.

O gerenciamento da demanda é realizado com eficiência por companhias aéreas, hotéis e locadoras de carro, os quais consistentemente registram o custo de oportunidade de suas capacidades de inventário entre os segmentos de mercado e os períodos de tempo, sendo que o preço ótimo deve superar o custo de oportunidade da empresa com uma oferta restrita. Os modelos de RM que utilizam o custo de oportunidade da capacidade de inventário para tomar decisões de aceitar ou rejeitar reservas, como o preço ofertado ou lance de aposta, podem ser definidos como modelos de estabelecimento de preços com oferta limitada. Em um cenário comercial, o custo de oportunidade pode ser útil para estimar o valor da melhor alternativa para negociar um acordo, princípio básico dos cursos de negociação, ou seja, um negociador não deve concordar com uma transação que traga a ele um benefício menor que o valor da melhor alternativa para um acordo já negociado. Para uma empresa que utiliza as estratégias de RM, a maior dúvida da gerência está entre aceitar muitas reservas a preços baixos cedo demais ou guardar demasiada capacidade para reservas a preços altos que talvez não se concretizem. Esta dúvida é capturada pela noção de custo de oportunidade da capacidade, ou custo implícito, decorrente das oportunidades sacrificadas, relacionado à receita marginal esperada por unidade de inventário e ao preço sombra da capacidade, o qual é estudado em programação linear e nos modelos de demanda. Quando há recursos múltiplos (como uma rede hoteleira, por exemplo), estuda-se programação dinâmica (Secomandi, 2009).

Estratégia de *overbooking*

Soluções de curto prazo para servir mais clientes e gerar receita adicional à organização incluem aluguel de instalações adicionais, redistribuição do espaço existente para maximizar o potencial de capacidade e ajuste nos elementos da entrega do serviço para atender ao excesso da demanda (Tranter, Stuart-Hill & Parker, 2009). No entanto, a maioria das empresas ainda utiliza o *overbooking* para atender à demanda latente ou evitar o desperdício de serviços, que, segundo Cross (1997), ocorre quando o produto é reservado, ou vendido com antecedência, mas no final a venda não é consumada e não pode ser recuperada.

O *overbooking* ocorre quando se vendem mais unidades de inventário que a capacidade da propriedade em questão. É uma técnica muito utilizada em RM, que significa aceitar mais reservas que a capacidade do inventário permite. Essa tática pode melhorar a receita porque um número considerável de reservas aceitas não irá se materializar no momento da entrega do serviço (Secomandi, 2009).

Mas quem já não teve uma má experiência de *overbooking* sendo cliente? É preciso refletir e analisar a fundo sobre os aspectos envolvidos e as etapas contidas no processo de determinar um número de unidades de serviço para vender acima da capacidade. A consequência de um cliente que sofreu atrasos, foi encaminhado a outra empresa ou até mesmo deixou de ser atendido devido a *overbooking* vai muito além de uma simples reclamação... A imagem da empresa e sua idoneidade é afetada, não só para esse cliente, mas para todo o segmento de mercado potencial.

Pela prática incorreta do *overbooking*, na qual o cliente final que reservou a unidade de serviço com muita antecedência acaba não recebendo o que lhe foi prometido, a empresa pode perder para sempre um consumidor fiel e até mesmo denegrir sua imagem no mercado. Portanto, para a prática correta do *overbooking*, uma empresa precisa decidir para cada data no futuro quais consumidores realmente quer atrair e capturar – dependendo da demanda prevista, por quais canais ela espera que esses clientes façam suas reservas e comprem, quanto inventário ela irá designar para cada um desses canais e qual o preço ela irá atribuir a cada unidade de serviço disponível, por canal e por segmento de mercado (Tranter, Stuart-Hill & Parker, 2009).

A única maneira de uma propriedade gerenciar corretamente a demanda e concretizar uma venda de 100% do inventário, ou seja, garantir 100% de ocupação – quando há potencial para tal, leia-se em períodos de alta demanda –, se dá por meio do *overbooking*, porque todos os dias há incerteza da chegada dos hóspedes e existem alterações nas reservas que não são planejadas e fogem do controle do *revenue manager*. Todos os dias em que a ocupação de um estabelecimento fechou entre 95% a 99%, havia um potencial de concretizar a venda de 100% do inventário, contudo não houve sobrevenda para compensar a baixa nas reservas.

Para gerenciar corretamente o cálculo de quantos apartamentos por dia devem ser sobrevendidos é preciso, primeiramente, analisar os dados históricos – por isso é tão importante que os funcionários de Reservas,

Recepção e Finanças sejam treinados constantemente para o registro correto dos dados no sistema, diariamente. Os dados históricos a serem analisados são as potenciais baixas na ocupação a serem compensadas, por dia da semana e por segmento, considerando as políticas e restrições aplicadas a cada reserva. Do número total de pernoites reservadas, definir:

- % de reservas rejeitadas;
- % de cancelamentos;
- % de *no shows*;
- % de *walk ins*;
- % de saídas antecipadas;
- % de saídas prorrogadas.

Além desses dados, para definir o nível de *overbooking* é necessário acompanhar o *pick up* de reservas (curva de reservas) e as reservas *on the books* (quantidade de reservas no sistema), que veremos em detalhe no capítulo 8 ("Previsão de demanda").

Como vimos, a estratégia de *overbooking* consiste, simplesmente, em sobrevender a quantidade de unidades de inventário que se espera perder por conta de alterações, cancelamentos e não comparecimento às reservas, sobrevendendo conforme o necessário para maximizar o potencial de 100% de ocupação. Esse número está baseado em uma previsão diária – por dia da semana e por segmento – de *no shows*, *walk ins*, saídas antecipadas e prorrogadas, cancelamentos, considerando sempre o *pick up* de reservas e a quantidade de reservas no sistema. Qualquer estabelecimento que aceite reservas deve saber lidar com essas estatísticas, ou seja, lidar com aqueles clientes que fazem, mas não honram suas reservas. Propriedades podem se proteger dessa perda de receita por meio de fortes políticas e restrições, cobrando taxas por alterações, cancelamentos e *no show* às reservas realizadas anteriormente e gerando receita adicional por meio das práticas de sobrevenda de inventário. Na prática, o gerente de Receita é responsável pelo *overbooking* até o dia da chegada, e o gerente de Recepção é responsável pelo *overbooking* no dia da chegada. O mais importante é que os departamentos de Reservas, Receitas e Recepção trabalhem lado a lado, para assegurar uma estratégia eficiente de sobrevenda de inventário no dia de chegada dos hóspedes.

É fundamental que se estabeleçam regras para a prática do *overbooking*, a fim de que o funcionário de linha não seja crucificado caso ele se arrisque a sobrevender unidades de inventário, dentro de certos parâmetros. É necessário também saber gerenciar as situações e os riscos que decorrem do *overbooking*. Existe a responsabilidade de lidar com o cliente e sua insatisfação (que pode afetar a fidelidade à marca), pagar pelos custos de realocação para outra propriedade de qualidade similar ou superior (caso o cliente não possa ser atendido) e refazer a imagem da empresa (por meio de ações de marketing).

Foto 7.1. A peça publicitária da Azul divulga para o consumidor seu programa de milhagem e afirma que a companhia não pratica *overbooking*. A estratégia de *overbooking* ocorre quando se vendem mais unidades de inventário que a capacidade. Essa técnica visa atender à demanda latente ou evitar o desperdício de serviços decorrente da perecibilidade do inventário.

Benefícios *versus* restrições

Segundo Kimes (1994), desde a implantação do *Yield Management* no setor de aviação, os consumidores já estão acostumados a pagar diferentes tarifas pela mesma unidade de inventário, pois sabem que terão distintos benefícios e restrições atrelados à cada unidade de serviço. Caso um cliente pague mais que outro pelo mesmo serviço e não perceba nenhuma diferença entre eles, irá encarar a situação e, portanto, o gerenciamento de receita como prática injusta. Caso essa impressão permaneça, a maximização de receita se dará apenas a curto prazo, uma vez que a longo prazo os clientes não comprarão mais o serviço e se distanciarão da empresa. Portanto, para conseguir a maximização da lucratividade a longo prazo e o sucesso do gerenciamento de receita, é preciso que o cliente tenha uma percepção de transação justa (de ganho para ambos, o consumidor e a empresa, tanto no quesito qualidade quanto no quesito preço), que será comparada às transações referências (experiências passadas com a empresa ou práticas de mercado).

Kimes (1994) explica que, por meio de restrições, a empresa diminui um pouco do valor que o cliente ganharia com a transação comercial e aumenta o valor à empresa. Para equilibrar essa equação, a empresa deve oferecer ao cliente o suficiente para equiparar-se ao valor percebido à empresa. Quanto mais restrições o cliente está disposto a aceitar, maior deve ser o benefício em retorno, na forma de desconto, amenidades adicionais ou mesmo *upgrades* a categorias de serviço superior. Se um hotel aplica muitas restrições em uma reserva de unidade de inventário em troca de um pequeno desconto na tarifa total, ou sem desconto algum, os consumidores encaram a transação comercial como injusta. Os consumidores entendem bem essa relação entre restrições e benefícios, contudo, como as empresas influenciam consideravelmente a quantidade e o tipo de informação que seus consumidores recebem, elas influenciam também a noção do que é aceitável para seus clientes. A opinião sobre se uma transação comercial é justa pode alterar-se caso os benefícios e as restrições atrelados a uma unidade de inventário mudem, ou caso o conhecimento do consumidor sobre a transação se altere, por isso é de suma importância que os clientes sejam educados sobre as práticas de RM. Quanto maior o nível de experiência do consumidor e a exposição dos clientes às práticas do setor, maior a impressão que os consumidores têm de que essas práticas são comuns (não necessariamente justas). A seguir, exemplos das práticas tidas como aceitáveis na pesquisa conduzida por Kimes (1994):

- a organização informa que diferentes preços serão cobrados com base na data de reserva da unidade de inventário, ou seja, informação sobre as diferentes opções de preço estava disponível;
- a empresa dá um desconto substancial em contrapartida por uma restrição de cancelamento, isto é, ao impor forte restrições tira-se um pouco do valor que o consumidor ganha, mas em compensação o desconto também é grande;
- a organização oferece ao cliente um desconto, mas em troca aplica restrições razoáveis para contrabalançar a tarifa com desconto, equilibrando a transação comercial;
- a empresa diferencia seus serviços de forma que os consumidores os percebem distintos e, portanto, cobra preços diferentes, representando uma mudança na transação referência em vez de uma mudança no equilíbrio da transação referência (como nos três casos acima).

Considerando esse estudo, níveis de proteção e limites devem ser aplicados ao inventário como forma de proteção à sua capacidade. Com o aumento da demanda nos mercados de São Paulo e Rio de Janeiro, cada vez mais hotéis dessas cidades começaram a pedir o número do cartão de crédito do cliente (ou da empresa) para garantir sua reserva, sendo o cliente notificado de que seria cobrado pela compra (parcialmente ou integralmente, dependendo da política da organização) caso a reserva não fosse cancelada com uma antecedência predeterminada (de um número x de horas, dependendo da política da organização). Essa é uma das formas de reduzir o número de clientes que não comparecem ao estabelecimento para submeter-se ao serviço reservado, que não cancelam a reserva ou, quando cancelam, o fazem em cima da hora, na maioria das vezes impossibilitando que o serviço seja revendido para outra pessoa e que a receita seja maximizada.

Para que o controle do inventário funcione, é necessária a criação de políticas de tempo mínimo e máximo de estadia, políticas de garantia, depósito e pré-pagamento, políticas para intermediários, descontos para compras com antecedência e para certas empresas, associações, clubes, etc., a cobrança de penalidades sobre cancelamentos e alterações, a cobrança de saídas antecipadas e *no shows*, o controle de reservas rejeitadas (por preço ou duração), etc. É preciso criar e comunicar as políticas e os procedimentos éticos de controle de capacidade de inventário e da disponibilidade do serviço, a fim de que a percepção dos clientes não seja negativa.

O quadro 7.1 lista e exemplifica os tipos de restrições comuns atrelados à tarifa.

Tipo	Restrições de tarifa	Exemplos
Relacionadas ao apartamento	Produto básico	Categoria do apartamento. Localização ou vista do apartamento.
	Amenidades	Café da manhã gratuito. Transporte do aeroporto ou para ele. Serviço de vallet.
	Nível de serviço	Prioridade no *check-in*. Linhas diretas de serviço. Serviço de mordomo.
Características da transação	Momento da reserva	Descontos por compra antecipada.
	Local da reserva	Para clientes de diferentes países são cobrados preços distintos. Clientes que reservam *on-line* pagam um preço menor que os que reservam pelo telefone.
	Flexibilidade da reserva	Taxas/penalidades por cancelamento ou modificação da reserva. Taxas não reembolsáveis para a reserva.

(cont.)

Tipo	Restrições de tarifa	Exemplos
Relacionadas ao consumo	Tempo ou duração de uso	Tempo mínimo de estadia. * Estadia de noite específica.
	Localização do consumo	Preço dependente do local de origem, especialmente em viagens internacionais.
Relacionadas ao hóspede	Frequência ou volume de consumo	Membro de programa de fidelidade em certo nível tem prioridade de preço, desconto ou benefícios.
	Membro de grupo	Descontos para crianças, estudantes e terceira idade. Associação com certos grupos. Tarifas corporativas. Desconto de grupo, baseado no tamanho do grupo.
	Localização geográfica	Para consumidores locais é cobrada uma tarifa menor que para turistas. Para consumidores de certos países são cobradas tarifas maiores que de outros países.

Quadro 7.1. Exemplos de restrições comuns de tarifa
Fonte: adaptado de Kimes e Anderson (2011).

É necessário também gerenciar reservas de grupos e bloqueios criando uma previsão de demanda para o segmento de grupos, saber avaliar os grupos – quais aceitam variações de tarifas ou quais podemos recusar ou devemos aceitar – e saber calcular e determinar qual tarifa é a mais adequada para cada um deles. Além disso, deve-se levar em consideração que os grupos aumentam os custos, mas trazem oportunidades de receitas adicionais ao hotel. É fundamental criar um modelo para calcular os custos de aceitar um negócio em vez de outro – o que se perde, o que se ganha, levando-se em consideração as margens de contribuição para determinar e decidir quais grupos são mais lucrativos, reservando-se inventário para negócios que permitam aumentar a ocupação nas noites de baixa ocupação.

Foto 7.2. A peça publicitária do Outback Steakhouse busca divulgar a *Billabong hour* (duas bebidas oferecidas pelo preço de uma, como forma de atrair mais consumidores nesse horário específico). No restaurante, durante o famoso *happy hour*, são utilizadas promoções ou preços especiais para aumentar a demanda durante os períodos de baixa ocupação, incrementando assim a rentabilidade da empresa.

Políticas e restrições de reservas

Estabelecer políticas e restrições de reservas depende de uma análise completa da previsão de demanda e do ritmo das reservas para cada data, além de um conhecimento profundo dos padrões de chegada e saída dos hóspedes. Essas políticas e restrições devem apenas ser aplicadas quando há realmente a possibilidade de adquirir receita adicional – normalmente, em períodos de alta ocupação, quando há um intuito de recusar negócios de baixo valor, a fim de maximizar a capacidade do inventário e otimizar a receita. De acordo com Tranter, Stuart-Hill e Parker (2009), as políticas e restrições para cada tipo de compra estão baseadas em três fatores:

1. Políticas e restrições baseadas no preço determinam a qualificação de um indivíduo para comprar produtos e serviços a uma tarifa específica, inibindo consumidores de um segmento de tentar comprar inventário mais barato, reservado a clientes de outro segmento. Por exemplo, as tarifas para o cliente que compra de maneira antecipada sempre serão menores do que o preço aplicado ao consumidor que entra de última hora e sem reserva no hotel.

2. Políticas e restrições baseadas na duração determinam o valor do cliente pela duração completa da estadia, estabelecendo uma tarifa dependendo do número de noites da reserva do consumidor; normalmente, quanto maior a duração da estadia, maior o desconto na tarifa. Atrelados à duração também estão os controles da estadia sobre o inventário citados abaixo, com o objetivo de otimizar a potencial receita futura, que se aplicam a datas de chegada, datas de saída e duração da estadia. Essas tarifas por duração da estadia permitem que diferentes tarifas sejam combinadas, facilitando o gerenciamento dos hóspedes no sistema, ao mesmo tempo fazendo mais sentido para o hóspede:

- **aberto para venda:** quando não há restrições sobre o inventário. Por exemplo, durante períodos de baixa demanda e ocupação;
- **fechado para venda:** quando todo o inventário já foi reservado e nenhuma reserva adicional poderá entrar nesta data ou em período específico, seja para estadias com chegada na data em questão, seja para estadias com passagem pela data em questão. Isto ocorre quando, por exemplo, os hotéis em São Paulo fecham completamente para a venda durante o período da Fórmula 1 para diversos canais terceiros de distribuição e vendem diretamente por meio da equipe de vendas e do Departamento de Reservas (ou *call center* próprio) as disputadas unidades de inventário. No Rio de Janeiro, o mesmo ocorre durante o período de *Réveillon* e carnaval, datas com demanda altíssima e muita antecedência de reserva e compra;
- **fechado para chegada:** quando reservas com uma data específica de chegada não podem ser recebidas, não importando a duração da estadia; contudo, reservas podem chegar em datas anteriores e passar pela data "fechada" em questão. Por exemplo, em mercados corporativos, como São Paulo, faz-se necessário em períodos de alta demanda (como os meses de março e agosto por exemplo)

fechar as noites de terças-feiras para chegadas, uma vez que é possível alcançar 100% de ocupação por meio de estadias com data de chegada em noites anteriores, apenas passando pelas terças-feiras;
- **duração fixa de estadia, ou *fixed LOS (Length of Stay,* ou Duração da Estadia):** estabelece qual é o número de pernoites durante as quais o consumidor deve ficar hospedado para conseguir fazer a reserva em um período específico. Isto ocorre muito em períodos de feriado prolongado, quando hotéis de lazer em locais remotos estabelecem um pacote fechado com estadia obrigatória por um certo período de noites, não podendo ser quebrado e não permitindo aos clientes se hospedarem por um período menor;
- **duração mínima de estadia (o já citado MLOS):** estabelece qual é o mínimo de pernoites durante as quais o consumidor deve ficar hospedado para conseguir fazer a reserva em uma data de chegada específica. Caso o cliente queira deixar o hotel antes do período mínimo estabelecido pelas políticas e restrições da reserva, haverá a cobrança de uma taxa previamente estipulada. Caso um hotel em um mercado corporativo não queira, por exemplo, fechar para chegadas as noites de terça-feira, é possível apenas fazer uma restrição de pernoites mínimas de estadia para os clientes que desejarem chegar nesse dia da semana;
- **duração máxima de estadia, ou *max LOS (Maximum Length of Stay,* ou Duração Máxima de Estadia):** estabelece qual é o máximo de pernoites durante as quais o consumidor pode ficar hospedado para conseguir fazer a reserva em uma data de chegada específica. Isto ocorre quando, por exemplo, há um evento muito importante se aproximando e o hotel está praticamente todo reservado para um grupo. Foi o que aconteceu em março de 2007, quando o então presidente dos Estados Unidos, George W. Bush, hospedou-se no Hilton São Paulo Morumbi, com uma comitiva que reservou mais de 300 apartamentos durante alguns dias;

- **padrão total de duração de estadia:** estabelece qual é o padrão total de pernoites durante as quais o consumidor pode ficar hospedado para conseguir fazer a reserva em uma data de chegada específica. Por exemplo, pode-se forçar o consumidor a permanecer uma, três, sete ou mais pernoites, e a não permanecer duas, quatro, cinco ou seis pernoites no hotel. Esse é um tipo de restrição muito utilizado para alavancar noites de baixa ocupação em um período de média ou alta ocupação, tentando alinhar os níveis de ocupação do período.

3. Políticas e restrições baseadas no volume determinam o mérito do consumidor pela quantidade de vezes da repetição da compra, atribuindo porcentagens de descontos maiores com base no volume total de pernoites que o cliente irá gerar a longo prazo. Por exemplo, as tarifas negociadas para um cliente corporativo de uma empresa que produz mil pernoites por ano ao hotel sempre serão menores do que o preço aplicado ao consumidor de negócios que se hospeda esporadicamente no hotel.

Para um controle ainda maior do inventário, essas políticas e restrições mencionadas anteriormente podem ser combinadas com outras políticas e restrições atreladas a categorias de apartamento, a planos de tarifa, a segmentos de mercado ou a canais de distribuição. Além disso, dependendo das capacidades e limitações do sistema de TI utilizado, é possível monitorar o ritmo das reservas e ajustar as tarifas constantemente ao nível restante de inventário, visando sempre a maior receita por apartamento disponível. Aplicar políticas e restrições a reservas de forma correta demanda muito tempo, e é uma estratégia que deve ser utilizada com cautela por meio de um sistema eficiente, pois, se aplicadas com muita antecedência, desnecessariamente ou de forma incorreta, podem, ao invés de otimizar a receita, diminuí-la. Além disso, quanto mais políticas e restrições forem atreladas à reserva, menor vai ser a inclinação dos consumidores a concretizar a compra. Apesar de um sistema automatizado auxiliar no processo de controle da capacidade do inventário, o gerente de receita é o responsável pelo julgamento e pela tomada de decisões relacionadas à alocação e realocação de inventário conforme as reservas são recebidas (Tranter, Stuart-Hill & Parker, 2009). Finalmente, é essencial estabelecer controles de inventário e de tarifas de hoje até 365 dias para a frente, verificar que novos dias que entram no sistema estejam atualizados, rever diariamente os controles de inventário futuro, processar controles de inventário de acordo com a previsão de demanda dos diversos segmentos de mercado e de eventos especiais.

A fim de maximizar a receita, é preciso rever a cultura da organização, as políticas e os procedimentos, as práticas do dia a dia envolvidas na geração de receita. Conversando com funcionários, checando documentos e analisando relatórios, um *revenue manager* consegue verificar se as atuais políticas e procedimentos refletem a direção da empresa para maximizar a receita (Cross, 1997).

Questões para reflexão e aplicação

1. Crie um fluxograma do processo total de venda de uma unidade de inventário em um hotel, desde o processo de geração de demanda pelos departamentos de Vendas e Marketing, passando pelo processo de reservar um quarto de hotel pelo Departamento de Reservas, até o processo de limpeza do apartamento e disponibilização de volta ao inventário pelo Departamento de Governança.
2. A capacidade de um hotel no centro da cidade do Rio de Janeiro é de 150 quartos, e, devido às Olimpíadas de 2016, a demanda verdadeira e irrestrita é de 1.120 pernoites nos cinco dias da semana da abertura do mundial. Seguem os grupos interessados em pernoitar no hotel por dia da semana:
   - chegando na segunda-feira há uma família de Macaé que precisa de dez quartos por uma noite; há um grupo de cem argentinos

que quer ficar em apartamentos individuais por duas noites e há um grupo de famílias alemãs que necessita de 25 quartos por quatro noites;
- entrando na terça-feira há uma associação de Teresópolis que quer 75 apartamentos por uma noite; há um grupo de ingleses que precisa de cinquenta quartos individuais por duas noites e há um grupo de famílias uruguaias que necessita de 25 apartamentos por quatro noites;
- chegando na quarta-feira há a equipe da China, uma delegação de 175 pessoas, todas requerendo quartos individuais por uma noite, e também há um grupo de colombianos que precisa de cinquenta apartamentos por duas noites;
- entrando na quinta-feira há dez famílias de Nova Friburgo que necessitam de cinquenta quartos por uma noite, e há uma turma de norte-americanos que quer cem apartamentos por duas noites;
- chegando na sexta-feira há dez russos que querem se hospedar em quartos individuais por apenas uma noite.

Sabendo que os grupos estão dispostos a pagar a mesma tarifa de R$ 500 por pernoite e que não existem requerimentos especiais por parte de nenhum grupo, escolha quais grupos vocês deve aceitar por dia de semana com o intuito de maximizar a ocupação e a receita da propriedade, sabendo que não é possível fazer *overbooking*, pois todos os hotéis da cidade estão lotados. Respalde sua decisão calculando a taxa de ocupação, a receita total e o RevPAR para cada uma das cinco noites.

3. Tomando como referência o quadro 7.1, que lista e exemplifica os tipos de restrições comuns atrelados à tarifa, crie uma tabela de políticas e restrições de tarifas para um estabelecimento de sua escolha, levando em consideração os três fatores (preço, duração e volume) em que se baseiam as políticas e restrições para cada tipo de compra, de acordo com Tranter, Stuart-Hill e Parker (2009).

Sugestões de casos

Coughlan (1999, pp. 1.098-1.103). Este artigo apresenta o modelo de *overbooking* de uma companhia aérea para uma categoria de serviço de compartimento de cabine. Dados de demanda desta categoria são utilizados para determinar o número de reservas que podem ser tomadas para cada categoria. O modelo é otimizado por meio da utilização das rotinas de pesquisa multidimensional. O modelo de nível de controle desenvolvido foi testado com dados fornecidos pela companhia aérea nacional da Irlanda, a Aer Lingus. O modelo mostra uma melhora significativa em relação aos métodos anteriores empregados pela Aer Lingus e foi posteriormente adotado pela companhia aérea.

Sanjeev (2007, pp. 378-387). O objetivo deste texto é fornecer *insights* exploratórios sobre a medição da eficiência de hotéis e restaurantes que operam na Índia. O estudo utilizou uma abordagem baseada em programação linear e análise envoltória de dados para avaliar a eficiência de hotéis e restaurantes da Índia. A análise envoltória de dados é um método utilizado para avaliar a eficiência relativa de unidades de tomada de decisão, as quais neste estudo são os hotéis e restaurantes. O estudo explora ainda a possibilidade da existência de uma relação entre a eficiência e o tamanho das empresas de hotelaria e restaurantes. O modelo de análise envoltória de dados utilizado no estudo atribui pontuações de eficiência para cada um dos hotéis e restaurantes dentro da amostra de 68 empresas para 2004-2005. O estudo também analisa se existe uma relação entre a eficiência e o tamanho das empresas. Como o estudo avalia a eficiência do setor, ele separa os hotéis e restaurantes mais eficientes daqueles que não o são. O estudo ainda identifica os melhores desempenhos nesse setor. Além disso, os gerentes podem obter *insights* importantes para suas decisões estratégicas e operacionais para melhorar o desempenho.

PARTE II – DESENVOLVIMENTO E IMPLEMENTAÇÃO DAS ESTRATÉGIAS DE RM

••• OLHAR DO MERCADO

ENTREVISTA COM SORAYA CASTRO

1. EM SUA OPINIÃO, O QUE É *REVENUE MANAGEMENT*?

   Em linhas gerais, é aproveitar as oportunidades da demanda, vendendo o meu produto por um "preço ótimo", que seja perfeito para o cliente e para o hotel naquela situação pontual. No entanto, vejo o RM como muito mais, porque vai além de um simples conceito. Ele precisa estar no sangue da empresa e fazer parte das ações cotidianas do hotel, em que todos os processos girem em torno de maximizar o lucro dos setores.

2. COMO SE DESENVOLVEU SUA TRAJETÓRIA PROFISSIONAL ATÉ SUA ENTRADA NO CAMPO DE RM?

   Estou há trinta anos na indústria hoteleira e vim originalmente de Reservas e Front Office, em que pude obter familiaridade com canais de distribuição, segmentações de mercado, diferenciações das tarifas e, principalmente, lidar com diversidade de sistemas. Há dez anos ocupo a função de gestora de receitas, e a cada dia é um novo aprendizado. Tenho a consciência de que há ainda muito o que aprender nessa área.

3. QUAIS SÃO/FORAM SUAS MAIORES RESPONSABILIDADES COMO GERENTE DE RECEITA?

   O gerente de receitas é como aquele personagem de desenho animado chamado Lula Lelé. Nós de RM precisamos de muitos braços (infelizmente, não é possível), porque as atividades são muitas e a cada dia aumentam. Todas elas requerem foco, precisão e rapidez. Temos que ver as tendências, os resultados, analisar cada dia para decidir qual produto disponibilizar e a que preço, precisamos administrar os canais de internet, contratos, descrições, inventários e, sem dúvida, gerenciar o excesso de informação que vem até nós. São tantas as responsabilidades que é difícil dizer a maior. Contudo, acho que a principal é ter o domínio da precificação correta para cada dia, porque é isso que vai maximizar o seu lucro. Não adianta se perder em planilhas, relatórios e diversas informações se você não consegue atuar com rapidez no ajuste de preço para cada dia. Esse deve ser o foco de todo gerente de receitas, ou seja, ajustar seus preços com rapidez de acordo com a demanda, aproveitando a oportunidade do mercado.

4. COMO O RM SE DESENVOLVEU E SE ENCAIXA NA EMPRESA EM QUE VOCÊ ATUA/ATUOU COMO GERENTE DE RECEITA?

O RM foi entrando devagar na cultura da empresa. Não é algo que se incute com facilidade de um dia para o outro e começa a funcionar às mil maravilhas. Leva tempo. Atualmente todos os gerentes já querem se envolver, os funcionários querem aprender e os processos são levados a sério. Todos entendem que são responsáveis por maximizar a receita do hotel de alguma forma e que isso não é apenas minha responsabilidade. RM está ligado à qualidade nos serviços, e o bom atendimento anda de braços dados com a lucratividade, ou seja, atender bem cobrando bem por esse atendimento.

5. QUAIS SÃO AS MAIORES DIFICULDADES ENFRENTADAS POR UM GERENTE DE RECEITA ATUALMENTE?

Ele ainda precisa ser um *channel manager*, ou seja, tem de administrar todos os canais de OTAs e outros, e isso toma muito tempo e tira o foco das estratégias principais. É necessário haver uma pessoa separada para essa função de *e-commerce*.

6. EM SUA OPINIÃO, QUAIS SÃO AS TENDÊNCIAS EM RM?

Eu ouço muito falar que o *revenue manager* do futuro será aquele que é prodígio na matemática e na estatística; ele se tornará o *business analyst* do hotel, ou seja, nenhum negócio será decidido sem passar por ele. Ele vai ter a palavra final em termos de negócio e não poderá ser um simples hoteleiro, como eu, por exemplo. Terá que ser um profissional de formação matemática ou estatística, com domínio em Excel avançado, etc. Eu particularmente acho que isso levará muitos e muitos anos para acontecer, se é que vai acontecer, porque hoje vejo o RM ligado diretamente ao Marketing e não ao Financeiro. É mesclado, claro, porque existe a matemática ligada ao RM, porém é muito mais importante que o profissional tenha uma formação de marketing e entenda do mercado, da análise de segmentações, das estratégias de marketing, de marketing digital, do que apenas ser um mestre na matemática e na estatística. Se o RM se tornar um *business analyst*, precisará de alguém que ocupe a função que ele exerce atualmente para analisar os segmentos, procurar novos negócios nos canais *on-line*, fazer promoções na internet, entender do Google, administrar os canais... É uma parte do marketing que os gerentes de vendas e marketing da hotelaria não fazem e é de responsabilidade do *revenue manager*. Mesmo no exterior (tenho contato com muitos *revenue managers* de fora do país), não vejo que eles sejam diferentes do que somos no Brasil. Atuamos da mesma forma no Brasil, com a única diferença de que no exterior há um maior uso de sistemas de RM. A maioria dos *revenue managers* veio também de Reservas e faz exatamente o que fazemos aqui.

7. QUAIS CONSELHOS VOCÊ PODE DAR A ESTUDANTES E PROFISSIONAIS QUE PRETENDEM INGRESSAR NO CAMPO DE RM?

    Acho a formação em marketing fundamental. Também são importantes uma base em gestão financeira e, sem dúvida, uma boa bagagem em Reservas, ou seja, experiência com canais, diferenciações de tarifas e sistemas.

8. QUAIS ARTIGOS, LIVROS E CURSOS VOCÊ RECOMENDA PARA QUEM QUER SEGUIR NA ÁREA DE RM?

Para quem está no Rio de Janeiro, cursos do Senac Rio. Sobre livros referentes a esse assunto em português, por enquanto só vejo o do Robert Cross (*Revenue Management: maximização de receitas, táticas radicais para dominar o mercado*). É um ótimo livro, de fácil leitura e que abrange totalmente o assunto. Em inglês, há vários títulos, e cito alguns interessantes: *Revenue Management: Maximizing Revenue in Hospitality Operations*, de Gabor Forgacs; *Revenue Management for the Hospitality Industry*, de David K. Hayes e Allisha Miller, e *Pricing and Revenue Optimization*, de Robert Phillips.

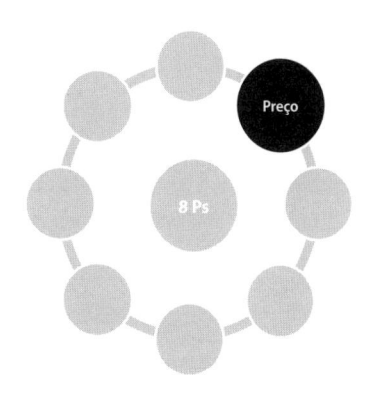

8
Previsão de demanda

> De modo geral, pense em gerenciamento da demanda como uma maneira de estender as ferramentas táticas de RM para um nível mais estratégico não só de gerenciar a demanda, mas de criar e dirigir a demanda. Utilizada de forma eficaz, a gestão de demanda tem a oportunidade de criar valor e evitar com que os serviços tornem-se cada vez mais *commodities*.
> Chris Anderson e Bill Carroll, "Demand Management: Beyond Revenue Management"

Uma empresa tem a necessidade de utilizar estratégias de RM a partir do momento em que vende distintos serviços para diferentes segmentos de mercado de tamanhos incertos a preços díspares por meio de reservas antecipadas, utilizando-se de capacidade limitada e perecível para entregar seus serviços. Tal empresa precisa controlar as reservas, considerando sua capacidade, por meio do aceite ou da recusa de pedidos de clientes.

Segundo Cross (1998), empresas voltadas para a receita estão sempre alertas a oportunidades de utilização de estratégia de preços com base no mercado, a fim de aproveitar as flutuações de demanda. Considerando a capacidade fixa de inventário, para gerar receita adicional sem alterar os custos fixos da empresa, é preciso, durante períodos de baixa ocupação, captar clientes por meio de tarifas com desconto e, durante períodos de alta ocupação, aumentar os preços a fim de selecionar os consumidores que pagam mais neste período e deslocar a demanda excedente para períodos de baixa, como veremos a seguir.

Oferta e demanda

Segundo Vasconcellos e Garcia (2008), a microeconomia, ou teoria dos preços, parte da ciência econômica, estuda o funcionamento da oferta e da demanda na formação de preço no mercado, analisando como a empresa e o consumidor interagem e a organização decide qual o preço e a quantidade de determinado bem ou serviço em mercados específicos, valendo-se da hipótese de que todo o restante permanece constante (em latim, *coeteris paribus*).

A oferta pode ser descrita como a quantidade de produtos ou serviços que um fornecedor está disposto e é capaz de vender ao mercado, a certo preço em determinado período de tempo. A demanda pode ser descrita como a quantidade de um produto ou serviço que um comprador está disposto a (e é capaz de) comprar, a certo preço em determinado período de tempo. Segundo a lei geral da oferta, conforme os preços sobem, a quantidade fornecida aumenta; conforme os preços caem, a quantidade ofertada diminui, ou seja, a função oferta mostra uma correlação direta entre a quantidade ofertada e o nível de preços, *coeteris paribus*. Segundo a lei geral da demanda, conforme os preços baixam a quantidade de produtos ou serviços comprados aumenta, e vice-versa, ou seja, a função demanda mostra uma relação inversamente proporcional entre a quantidade procurada e o preço do produto ou serviço, *coeteris paribus*. O equilíbrio de mercado ocorre quando a quantidade fornecida é exatamente igual à quantidade demandada de um certo produto ou serviço, isto é, quando as curvas de oferta e demanda se interseccionam, quando o preço e a quantidade atendem às aspirações dos consumidores e fornecedores simultaneamente. Caso a quantidade ofertada ultrapasse o ponto de equilíbrio, há um excesso do produto ou serviço; caso a quantidade ofertada fique abaixo do ponto de equilíbrio, dá-se escassez do produto ou serviço (Vasconcellos & Garcia, 2008).

O objetivo é que a empresa aperfeiçoe o gerenciamento operacional da demanda para seus serviços de modo a alinhá-la com sua oferta, com o foco no gerenciamento de risco de demanda dentro das restrições operacionais da empresa (Popescu, 2008). A abordagem de Cachon e Terwiesch (*apud* Secomandi, 2009) para o ensino de gerenciamento de operações é a tática de equilibrar uma oferta inflexível e uma demanda elástica, enfatizando o gerenciamento da demanda por meio de estabelecimento de limites de reservas e técnicas de *overbooking*, conforme vimos no capítulo anterior. Já Shapiro (*apud* Secomandi, 2009) explica a necessidade do uso de modelos de gerenciamento de demanda baseados em dados reais e em otimização, que reconhecem as escolhas e considerações de oferta da empresa – tais como a capacidade e a disponibilidade do inventário – como ferramentas de suporte aos gerentes para melhor equilibrar a oferta e a demanda, dessa forma incrementando a lucratividade (Shapiro *apud* Secomandi, 2009). Segundo Anderson, Kimes e Carroll (2009), a previsão de demanda deve estender o assunto de análise regressiva padrão, coberto em cursos de estatística ou de gerenciamento de operações, para métodos de *time-series* e para o uso de métodos adaptáveis e combinatórios, que se beneficiam de reservas antecipadas, disponíveis na maioria das situações de *Revenue Management*. Estes são métodos complexos que não serão abordados neste livro.

O setor hoteleiro teve a oportunidade, nos últimos anos, de sentir os efeitos do aumento da demanda, e o consequente aumento das tarifas. Segundo o *Panorama da Hotelaria Brasileira* da HVS e da HotelInvest referente a 2010-2011,

> em 2010, o mercado hoteleiro obteve crescimento real de RevPAR (10,1%). O expressivo aumento de demanda (9,5%), acompanhado de uma pequena expansão da oferta (0,6%) nos mercados analisados, elevou a taxa de ocupação média (8,9%), aproximando as taxas de ocupação de cada mercado de seus limites sazonais. Assim, a demanda acomodada, que subiu mais de 10% nos dois primeiros trimestres, se elevou cerca de 3% no último, apresentando

tendência de desaceleração por falta de capacidade de absorção. Com hotéis cheios, as diárias aceleraram, passando de um acréscimo nominal de 4% nos primeiros trimestres para cerca de 10% nos dois últimos (contra os mesmos trimestres do ano anterior). Apesar da evolução nominal positiva, a diária média agregada em termos reais teve crescimento modesto (1,1%), devido ao efeito conjunto de fortes elevações em alguns mercados e perdas reais em outros onde a inflação acima das previsões e desvalorização cambial tiveram maior impacto. (HVS & HotelInvest, 2011, p. 6)

Segundo o relatório da HVS e da HotelInvest de 2011-2012, não obstante a crise econômica, a ocupação dos hotéis brasileiros no primeiro semestre de 2011 bateu recorde e permitiu aumentos reais das diárias médias (12%). Como resultado, a hotelaria brasileira continuou crescendo e, consequentemente, o RevPAR aumentou em 12,2% em 2011. No segundo semestre do mesmo ano, houve uma leve queda na demanda por hospedagem que, além da sazonalidade, pode ter sido consequência da instabilidade internacional e da desaceleração econômica na demanda por hospedagem (HVS & HotelInvest, 2012).

Conforme mencionado no capítulo 2 ("Análise de fatores externos"), em 2012 o Brasil teve um crescimento inexpressivo do PIB, que encerrou o ano com expansão de 0,9%. Entretanto, ao contrário do que se observou em 2009, quando as ações governamentais estimularam uma demanda reprimida, em 2012 os efeitos das iniciativas do governo foram limitados, conforme menciona o *Panorama da Hotelaria Brasileira* da HVS e da HotelInvest referente a 2012-2013:

> Essa conjuntura econômica repercutiu na hotelaria através de queda na ocupação e pressão nos custos. Do lado da ocupação, houve uma mistura de menor demanda e/ou aumento de oferta, com variações relevantes de cidade a cidade. Em relação aos custos, a principal causa foi a pressão do mercado de trabalho, que resultou em inchaço na folha salarial. Apesar da queda na ocupação (4,1%), as boas taxas observadas nos diversos mercados permitiram certa inércia dos reajustes tarifários (+8%). O resultado foi um aumento do RevPAR (3,5%) suficiente para compensar a alta nos custos e garantir um leve aumento da margem

de lucro operacional dos hotéis. A queda da Selic, adicionalmente, fortaleceu a busca por ativos e opções de investimento. Em conjunto, queda de juros e aumento de renda permitiram valorização real dos ativos hoteleiros. (HVS & HotelInvest, 2013, p. 3)

Elasticidade da demanda

"**Elasticidade** reflete o grau de reação ou sensibilidade de uma variável quando ocorrem alterações em outra variável, *coeteris paribus*" (Vasconcellos & Garcia, 2008, p. 58). Quando a demanda é elástica, qualquer diminuição de preço aumenta o volume de compras e otimiza a receita total gerada, portanto, quando a demanda é elástica a variação da quantidade demandada supera a variação do preço do serviço, ou seja, os consumidores são bastante sensíveis aos preços. Quando a demanda é inelástica, qualquer variação percentual no preço provoca uma variação percentual relativamente menor nas quantidades demandadas, portanto, quando a demanda é inelástica a variação do preço do serviço supera a variação da quantidade demandada, ou seja, os consumidores são bem insensíveis aos preços. As empresas devem monitorar a elasticidade de preços de seus produtos e serviços de acordo com as alterações feitas nos preços (Tranter, Stuart-Hill & Parker, 2009). Os consumidores de serviços com demanda elástica reagem de forma drástica a eventuais variações de preços, aumentando o consumo em grandes quantidades quando há diminuição de preço e diminuindo o consumo em grandes quantidades quando há aumento de preço.

Segundo Vasconcellos e Garcia (2008), alguns dos fatores que afetam a elasticidade da demanda em relação ao preço são:

- a disponibilidade de serviços substitutos ou complementares: quanto mais substitutos, mais elástica é a demanda, já que alterações no preço do serviço farão com que os consumidores comprem substitutos, diminuindo drasticamente a demanda em maior grau que a

variação no preço. Contudo, quanto menor a importância dos serviços complementares, mais inelástica é a demanda;
- o fato de o produto ou serviço ser considerado de primeira necessidade: caso o serviço seja essencial aos consumidores, sua demanda será menos sensível a alterações nos preços – portanto, inelástica. Já para um item supérfluo, a demanda é elástica;
- a importância do serviço, e o valor de seu preço relativo ao orçamento do consumidor: quanto maior o gasto do serviço em relação ao orçamento total do consumidor, mais sensível será a demanda e, portanto, mais elástica em relação a variações em seu preço;
- o período de tempo envolvido: quanto mais longo o período, mais elástica a demanda, uma vez que não há um sentido de urgência na compra do serviço (Tranter, Stuart-Hill & Parker, 2009).

Considerando todos esses pontos, podemos concluir que o mercado de serviços para o setor de hotelaria e turismo tem a demanda bastante elástica, uma vez que o turismo em si não é um item de primeira necessidade; há muitos serviços substitutos neste segmento, o gasto que o consumidor tem com viagens é alto proporcionalmente ao seu orçamento, e, em razão do planejamento envolvido na compra de serviços relacionados ao turismo, o período de tempo envolvido é longo. E, finalmente, caso haja reduções nos preços ofertados, os consumidores irão viajar mais.

A demanda, mesmo elástica, pode ser:
- **irrestrita**: refere-se a quando a demanda vem livremente, sem qualquer barreira, regra ou restrição que possa constrangê-la. Vale a pena ressaltar que a previsão de demanda é sempre feita com base em uma demanda irrestrita, para que seja possível calcular o potencial da demanda para o estabelecimento e, em cima desta demanda, estabelecer a estratégia de preços e de controle de inventário;
- **restrita**: quando a demanda é contida em razão de obstáculos como preços mais altos que o esperado, fortes regras e restrições

aplicadas às tarifas e falta de disponibilidade de inventário, em datas de alta ocupação ou de *blackout*, por exemplo.

Logo, sendo a demanda para turismo elástica, precisamos, primeiramente, prevê-la (em caráter irrestrito) para, então, poder gerenciá-la (restringindo-a conforme a necessidade).

Demanda de mercado

Segundo Philip Kotler,

> a demanda de mercado de um produto é o volume total, que poderá ser adquirido por um grupo definido de clientes, em uma área geográfica definida, em um período de tempo definido, em um ambiente de mercado definido, sob um programa definido de marketing. (Kotler, 1989, p. 297)

Kotler explica que primeiramente é necessário descobrir qual é a demanda total do mercado para poder fazer uma previsão de demanda para esse mercado e, então, calcular a previsão de demanda da empresa. Segundo o autor, para a mensuração da demanda de mercado alguns pontos importantes devem ser lembrados:

- é preciso definir o intuito, ou seja, o objetivo do tipo de serviço;
- é necessário estabelecer como a demanda será medida (em unidades de serviço, em volume de receita e/ou em volume relativo/percentual);
- é importante definir a partir de quando o serviço será considerado como adquirido (se quando encomendado, pago ou consumido);
- é preciso considerar a possibilidade de medir a demanda para o mercado como um todo ou por segmento;
- é fundamental estabelecer as fronteiras geográficas do mercado em questão (ou mesmo dividir o mercado em áreas geográficas bem definidas);
- é crucial definir um período de tempo específico para a previsão (quanto maior o intervalo, mais frágil ele se torna);

- é essencial levar em consideração que a demanda de mercado é sempre afetada por um grande número de fatores incontroláveis do macro e micro ambientes. Vale ressaltar que fatores controláveis, como ações de marketing, também podem afetar a demanda.

A demanda do mercado é uma função dos gastos de marketing do setor em questão: quanto maiores forem os esforços de marketing, maior será a previsão de demanda do mercado, até que se alcance o potencial de mercado, que constitui o limite da demanda do mercado, considerando-se gastos de marketing ilimitados, que serão diferentes em distintos períodos econômicos (menores em períodos de recessão e maiores em períodos de prosperidade). A demanda da empresa equivale à sua participação na demanda de mercado, também chamada de *market share*. A participação de mercado é proporcional à participação do esforço de marketing da empresa (dependente do investimento, da sinergia, da eficácia e da elasticidade das ações mercadológicas da empresa). O objetivo de todas as empresas é aumentar sua participação de mercado – e, com isso, sua receita –, por isso a concorrência é tão acirrada. A previsão de demanda da empresa é o nível estimado de suas vendas, baseado em seu plano de marketing, em determinado ambiente macroeconômico. A participação do esforço de marketing da empresa influi muito na geração de demanda – e, portanto, na previsão de demanda. Logo, é fundamental criar uma previsão de vendas da empresa com base no plano de marketing anual, para que todos os departamentos estejam alinhados no mesmo objetivo. O potencial de demanda da empresa é o limite estimado de sua demanda, conforme aumenta seus esforços na área de marketing em relação aos de seus concorrentes (Kotler, 1989).

É importante também fazer uma estimativa da demanda futura, por meio da pesquisa da intenção de compra dos clientes, da opinião de especialistas, da análise de dados históricos e da análise estatística da demanda. Outra maneira de calcular a demanda para um serviço específico consiste em utilizar o "método da taxa em cadeia" (Ackoff *apud* Kotler, 1989). Para calcular a demanda de *couverts* de restaurantes italianos em uma cidade, é possível utilizar a seguinte fórmula:

**População ×
Renda per capita ×
% média da renda individual gasta com alimento ×
% média dos gastos com alimento
destinados a refeições fora de casa ×
% média dos gastos com alimento destinados
a refeições fora de casa em restaurantes ×
% média dos gastos com alimento destinados a
refeições fora de casa em restaurantes italianos = demanda de *couverts***

Os departamentos de Vendas e Marketing são responsáveis por gerar a demanda, seja por meio de vendas diretas, propaganda e promoção, programas de fidelidade, relações públicas, assessoria de imprensa e parcerias de mercado. Já o Departamento de *Revenue Management* se ocupa de gerenciar essa demanda, além de otimizar e maximizar a receita, por meio da venda da experiência correta, da seleção da tarifa correta ao segmento de mercado correto, ao canal de distribuição correto, no momento correto. E, finalmente, cabe ao Departamento de Operações proporcionar um serviço de qualidade superior para superar as expectativas dos clientes e fidelizá-los.

Veja como foi descrita a relação entre a demanda e a oferta de mercado do setor hoteleiro no *Panorama da Hotelaria Brasileira* de 2011, situação ainda válida atualmente:

> Com a estimativa de maior demanda agregada e ampliação restrita da oferta, a taxa de ocupação deve crescer, mas continuar em desaceleração por estar muito próxima do limite sazonal. A dificuldade em encontrar hospedagem nos períodos de maior demanda pode deslocar eventos e reuniões de negócios para finais de semana e meses menos movimentados. Esse processo, associado à elevação da demanda de lazer em finais de semana e férias (ocasionado pelo avanço da renda nacional), representa uma mudança de cultura de

consumo de hospedagem e deve possibilitar taxas de ocupação acima dos limites históricos. A pressão de demanda deve estimular a aceleração das diárias (ainda que câmbio e inflação continuem limitando o potencial de ganhos reais), resultando em incremento real de RevPAR e aumento da margem de lucro dos hotéis. Essa tendência deve se estender para além de 2011, até que a oferta comece a se expandir de maneira expressiva. (HVS & HotelInvest, 2011, p. 7)

Calendário de demanda

Cross (1998) recomenda que seja estabelecido um modelo de previsão que utilize até 100% das antigas transações da empresa de, pelo menos, 12 meses antes.

> Além disso, você deve incorporar a sazonalidade e as dinâmicas históricas na previsão para lidar com padrões cíclicos. Por fim, você deve ajustar a previsão para lidar com os efeitos iatrogênicos – ações (ou omissões) da empresa que podem ter influenciado os padrões históricos de reservas. (Cross, 1998, p. 119)

Como vimos anteriormente, para realizar uma previsão de demanda efetiva, é preciso determinar a demanda total para o mercado, conforme mencionado no item anterior. Então, é fundamental criar um calendário de demanda para um ano completo (ou seja, 365 dias de 1º de janeiro a 31 de dezembro), para auxiliar no processo de previsão de demanda e, também, de preparação para o orçamento da empresa. Esse calendário deve ser subdividido em segmentos de mercado e de acordo com a sazonalidade do mercado, baseado em:

- **reservas históricas (de pelo menos dois anos anteriores):** quantidade de reservas efetuadas, rejeitadas e canceladas, *no shows* e *walk ins*, saídas antecipadas e prorrogadas, *overbooking* e *walks*. A soma desses dados resulta no número final de pernoites concretizadas;
- **dados históricos (de pelo menos dois anos anteriores):** além das reservas históricas, é necessário verificar qual foi a porcentagem de ocupação, ou seja, o número total de quartos ocupados, a tarifa aplicada por pernoite para chegar à receita total diária, a qual

dividida pelo número total de unidades ocupadas resulta na diária média e, dividida pelo número de unidades disponíveis no hotel, resulta no RevPAR, isto é, a receita disponível por unidade disponível. Esses dados são fundamentais para a criação do calendário de demanda, possibilitando o cálculo de receita total que será gerada por dia, mês, bimestre, trimestre, semestre e ano;
- **variações sazonais do clima:** obviamente não é possível prever o clima para o ano todo, contudo estações bem marcadas devem ser lembradas. Por exemplo, sabemos que de meados de dezembro a meados de fevereiro é verão no Brasil, o que, combinado às férias escolares nacionais, resulta na alta estação para destinos de lazer, principalmente na costa nacional;
- **feriados nacionais e internacionais (anuais):** feriados que podem influenciar a demanda, aumentando a de lazer e diminuindo a corporativa. Os feriados internacionais a serem considerados devem ser relativos aos países emissores de demanda para a empresa;
- **eventos especiais, comerciais e sociais (anuais):** eventos que podem afetar a demanda, ou seja, acontecimentos especiais que criam uma demanda fora da curva típica, como feiras de indústrias emissoras de demanda, congressos de setores relevantes para a empresa e eventos esportivos que influenciem a demanda;
- **entidades geradoras de demanda:** entidades que criam demanda para um mercado em particular, como instalações militares e do governo, estádios esportivos, centros de convenção, escritórios corporativos, salas de reunião, hotéis e resorts com atividades recreativas (Tranter, Stuart-Hill & Parker, 2009);
- **reservas antecipadas (que estiverem disponíveis):** reservas antecipadas, reservas no sistema e captação de reservas em um determinado período de tempo. A previsão de demanda deve ser revisada diária, semanal, mensal e anualmente de acordo com o *pick up* de reservas.

Todas essas informações, ao serem listadas no calendário de demanda, devem ser apresentadas mês a mês (janeiro, fevereiro, março, etc.) e, então, dia a dia (01, 02, 03, etc.). E, mesmo que a organização seja numérica, ou seja, pela data em questão, a comparação deve ser feita por dia da semana (de segunda-feira a domingo) – isto é, comparando-se o primeiro domingo do mês de janeiro do ano seguinte com o primeiro domingo de janeiro do ano atual e dos dois anos anteriores (porque a demanda varia exatamente de acordo com o dia da semana, e não de acordo com a data).

Na verdade, quando fazemos um gráfico da demanda, seja da previsão, seja da demanda realizada por meio de dados históricos, o resultado visual são ondas, mais ou menos acentuadas, dependendo da realidade do hotel. O pico e o vale dessas ondas são influenciados pelos fatores anteriormente mencionados. Portanto, dependendo do dia do mês em que caia o feriado ou evento especial, essas ondas são deslocadas para um lado ou para outro, antecipando ou retardando situações de alta ou baixa demanda no calendário anual.

É essencial saber as datas especiais (em razão de feriados, eventos, etc.) com muita antecedência para estabelecer as estratégias de preços específicas, seja para capturar o potencial de receita extra via preços *premium* em períodos de alta demanda, seja para capturar novos clientes para a empresa via preços promocionais em períodos de baixa demanda. Durante períodos de alta procura, deve ser tomado muito cuidado para não haver manipulação de preços, prática ilegal e oportunista em que preços exorbitantes são cobrados em situação de extrema necessidade e/ou procura, sobre os quais existem limites e consequências éticas. Durante a Conferência das Nações Unidas sobre Desenvolvimento Sustentável, a Rio+20 – que ocorreu vinte anos após a Rio-92 –, os preços extremamente altos cobrados (que chegaram a R$ 1.880 por noite) e a política inflexível de vender pacotes para o período completo (que fizeram com que as delegações pagassem por um período longo mesmo sendo a hospedagem só por três dias) praticada pelos hotéis no Rio de Janeiro fizeram com que as delegações europeias que vieram ao país para o evento – que esperava receber 50 mil pessoas de 193 nações entre 13 e 22 de junho de 2012 – encolhessem em média 30% sua participação, de acordo com o chefe da Seção de Cooperação da Delegação da União Europeia no Brasil. Em virtude da demanda maior do que a oferta – o evento fez com que o mês de junho passasse a seguir padrões de alta temporada, com uma ocupação de aproximadamente 95% –, a agência de turismo licitada para cuidar das hospedagens, Terramar, teve que fazer reservas em hotéis fora do Rio, em cidades como Petrópolis e Mangaratiba, uma vez que os 33 mil quartos na cidade do Rio de Janeiro, de albergues a hotéis cinco estrelas, não foram suficientes para atender à procura das delegações, sobretudo por hotéis de 4 a 5 estrelas. Mesmo que o CNO (Comitê Nacional de Organização) da Rio+20 tenha conseguido negociar com os hotéis um desconto de 10% sobre as reservas oficiais para o período, os preços praticados subiram muito por causa da dimensão do evento. O Ministério da Justiça e o CNO receberam representantes da ABIH e de outras entidades de hotelaria para tratar de denúncias recebidas sobre o "possível aumento abusivo dos preços cobrados pela rede hoteleira" durante a Rio+20, e, mesmo que a maioria dos hotéis tenha trabalhado com a agência oficial encarregada das reservas e com contratos assinados, houve hotéis que se aproveitaram da situação. Os preços altos causaram consternação pela má imagem que passaram aos contribuintes nos países de origem, onde as delegações foram cobradas pelos altos custos de hospedagem, transmitindo uma má impressão ao público em geral (Carneiro, 2012).

Foto 8.1. Nesta peça, a Azul explica ao cliente que a vantagem de comprar uma passagem com 21 dias ou mais de antecedência está em economizar em mais de 100 destinos oferecidos. A ideia – exemplificada por meio de um calendário – é informar que, para aqueles consumidores que planejam sua compra, é dado um desconto sobre a tarifa cheia. Note as políticas e restrições listadas no canto inferior esquerdo.

Métodos de previsão de demanda

Prever a demanda nada mais é que calcular e fazer uma estimativa da demanda dos consumidores para seus serviços no futuro. Segundo Weatherford e Kimes (2003), no artigo que compara métodos de previsão de demanda para gerenciamento de receita de hotéis, os modelos de previsão de demanda podem ser três:

1. **Modelo de previsão de reservas históricas:** considera apenas o número final de quartos pernoitados em determinada noite.
2. **Modelo de previsão de reservas antecipadas:** inclui apenas o acúmulo de reservas ao longo do tempo para uma noite específica.

3. Modelo de previsão combinado: que utiliza regressão ou uma média ponderada dos dois modelos anteriores para desenvolver previsões de demanda.

Durante os quatro anos em que atuei em *Revenue Management* na Hilton, o modelo utilizado para a previsão de demanda era o combinado, que leva em consideração, além dos dados históricos, a antecedência, a quantidade e o incremento da entrada de reservas no sistema. Veremos um pouco de ambos tipos de dados a seguir.

Os dados de anos anteriores são fundamentais para uma previsão de demanda assertiva. Geralmente, as pessoas que coletam esses dados são funcionários de linha de frente em contato com os clientes, como agentes de reservas e de recepção, além do Departamento de Finanças. Por isso, é essencial um forte e constante treinamento em coleta e registro de dados, além de uma forte explicação sobre a finalidade da informação proveniente desses dados – isto é, explicar a finalidade para a qual tais dados são utilizados e que informação eles proporcionam. É importante que o funcionário saiba qual a sua participação para o resultado final da empresa e, assim, sinta que seu trabalho representa uma peça importante para o alcance dos objetivos da organização. Para ter uma integridade nos dados históricos, é preciso uma análise constante dos dados contidos no banco de dados da empresa, a fim de verificar aqueles que fujam do comportamento padrão e sejam irreais se comparados àqueles passados.

Alguns exemplos dos dados históricos contidos em um banco de dados podem ser o nome do cliente, suas preferências pessoais, os serviços adquiridos pelo cliente, seu padrão de compra, a receita gerada pelo cliente, um histórico de queixas, sugestões, comentários, etc. Além disso, os bancos de dados podem fornecer informações muito relevantes, como os clientes que mais produzem em termos de volume e em termos de receita, e os clientes que substituem outros com potencial de receita melhor. Essa informação é importante na escolha do *business mix* da organização, bem como no estudo de *displacement* de negócios.

Alguns exemplos dos dados históricos utilizados na previsão de demanda são os mesmos que foram utilizados para o cálculo do *overbooking*, como vimos no capítulo 7 ("Controle da capacidade do inventário"), ou seja, são as potenciais baixas na ocupação a serem compensadas, por dia da semana, por duração da estadia, por segmento de mercado, por canal de distribuição, considerando as políticas e restrições aplicadas à cada reserva:

- número de pernoites rejeitadas (seja por tarifa ou disponibilidade);
- número de pernoites reservadas;
- número de pernoites canceladas;
- número de pernoites não concretizadas por causa de não comparecimento;
- número de pernoites concretizadas e não programadas;
- número de pernoites não concretizadas por causa de saídas antecipadas;
- número de pernoites concretizadas por causa de saídas prorrogadas.

Esses dados históricos indicam se o inventário está sendo gerenciado apropriadamente e levam ao número de pernoites final total concretizado diariamente, isto é, à taxa de ocupação diária, que junto com o acúmulo de reservas ao longo do tempo para uma noite específica auxilia na análise da otimização de receita, medida por meio do monitoramento constante dos índices apresentados a seguir.

1. **Reservas "na casa".** A expressão em inglês é *reservations on the house* e significa a quantidade de reservas no sistema para o estabelecimento por noite. Informação que pode auxiliar a

determinar períodos de alta e baixa ocupação e a medir o interesse da demanda em certas datas futuras. Quanto mais reservas e quanto mais rápido elas entram no sistema, mais alto deve ser o preço das unidades restantes, deixando os melhores serviços para os melhores consumidores no final.

2. **Ritmo de reservas.** Este é o já citado *booking pace*, que significa antecedência com a qual as reservas entram no sistema para cada data específica. As reservas tendem a ocorrer durante um período longo de tempo, podendo acontecer dias, semanas e meses antes da data em questão. Esta informação é crítica para estabelecer e ajustar o preço, pois, conforme o ritmo de reservas aumenta, mais restrições devem ser colocadas sobre o inventário, e mais alto deve ser o preço.

3. **Curva de reservas.** A expressão em inglês é *booking curve* e refere-se à combinação da quantidade de reservas que entram no sistema e com qual antecedência. Existem curvas de reservas distintas para cada dia da semana, para cada duração de estadia, para cada época do ano, para cada segmento de mercado, para cada classe de tarifa, para cada canal de distribuição, etc. As curvas de reservas podem funcionar como um termômetro para verificar, por exemplo, se um desconto lançado para uma classe de tarifa específica deu certo. Também podem medir se as reservas no sistema estão entrando conforme o esperado (Anderson, 2012a).

Veja um exemplo de curva de reservas no gráfico 8.1. No eixo vertical está a quantidade de reservas registradas no sistema, no eixo horizontal está a quantidade de dias antes da chegada, aqui exemplificando duas curvas, a previsão e o valor de referência para alcançar 100% de ocupação (*benchmark*).

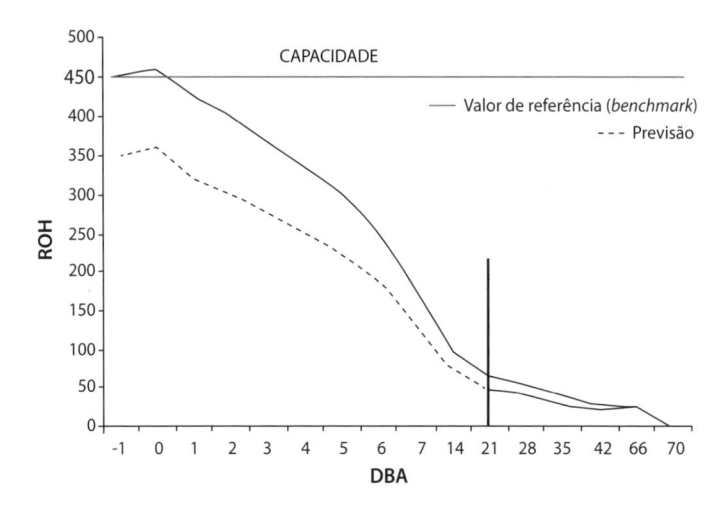

Gráfico 8.1. Exemplo de curva de reservas. ROH: *Reservations on the House* (reservas "na casa"); DBA: *Days Before Arrival* (dias antes da chegada).
Fonte: Anderson (2012a).

4. **Captação de reservas.** A expressão em inglês é *reservations pick up* e significa a quantidade de reservas captadas em comparação com a quantidade de reservas captadas em uma data anterior, isto é, incremento de reservas feitas em um certo período de tempo.
5. **Método de captação.** Definido pela expressão *pick up method*, refere-se à estimativa dos incrementos das reservas para todos os dias futuros, a fim de estimar todas as chegadas futuras. Informação recente e parcial de reservas que pode ajudar na previsão de demanda futura por dia, além de antecipar mudanças no comportamento da demanda. O método combinado de previsão de demanda pode ser subdividido em dois modelos: aditivo e multiplicativo (Zakhary, El Gayar & Atiya, 2008).

Previsão de demanda

Veja um exemplo do método de captação de reservas na tabela 8.1. No eixo vertical está a data de chegada, e no eixo horizontal está a quantidade de dias antes da chegada em que a reserva é feita. Em cada célula com intersecção dessas variáveis está a quantidade incremental de reservas para cada data.

T	A Data	B -1	C 0	D 1	E 2	F 3	G 4	H 5	I 6	J 7	K 14	L 21	M 28	N 35	O 42	P 56	Q 70	R 84
43	30/08/2005	12	28	27	27	27	30	31	31	30	16	16	12	10	1	1	1	1
44	31/08/2005	0	12	12	8	8	8	7	7	7	4	3	1	1	1	1	0	0
45	01/09/2005	9	6	4	4	2	2	2	2	1	0	0	0	0	0	0	0	0
46	02/09/2005	25	24	22	20	20	18	17	17	17	11	8	8	8	2	2	0	0
47	03/09/2005	1	0	0	0	0	1	0	0	0	0	0	0	0	0	0	0	0
48	04/09/2005	3	3	1	1	1	1	4	4	4	4	4	3	3	3	0	0	00
49	05/09/2005	14	13	10	10	10	9	8	8	7	5	3	2	2	2	2	1	1
50	06/09/2005	17	15	8	8	8	4	3	1	0	1	0	0	0	0	0	0	0
51	07/09/2005	14	14	16	11	16	16	16	15	14	5	0	0	0	0	0	0	0
52	08/09/2005	14	20	22	19	17	17	17	15	15	5	5	4	2	1	1	1	0
53	09/09/2005	26	25	26	20	18	16	15	15	13	9	6	6	5	2	2	0	0
54	10/09/2005	3	3	3	3	2	3	1	1	1	0	0	0	0	0	0	0	0
55	11/09/2005	4	6	5	3	3	2	2	2	2	1	0	0	0	0	0	0	0
56	12/09/2005	15	18	17	16	12	11	8	6	6	1	1	1	1	1	1	1	1
57	13/09/2005	8	12	9	9	9	10	12	12	12	5	4	3	3	3	0	1	0
58	14/09/2005		8	7	4	4	4	4	3	3	2	1	0	0	0	0	0	0
59	15/09/2005			27	22	16	12	13	8	5	4	1	2	0	0	0	0	0
60	16/09/2005				19	16	15	14	13	9	8	8	6	3	3	1	1	1
61	17/09/2005					10	9	8	8	3	0	0	0	0	0	0	0	0
62	18/09/2005						3	4	4	3	3	3	4	2	2	1	1	1
63	19/09/2005							3	2	2	3	1	0	3	0	0	0	0
64	20/09/2005								9	8	5	0	0	0	0	0	0	0
65	21/09/2005									8	7	1	2	0	0	0	0	0
66	22/09/2005										3	2	1	0	0	0	0	0
67	23/09/2005										7	6	5	3	5	3	2	0

Tabela 8.1. Exemplo do método de captação de reservas.
Fonte: Anderson (2012a).

a) modelos aditivos: a média do número de reservas antecipadas incremental é adicionada à quantidade de reservas no sistema para chegar ao valor final de previsão de reservas. Neste modelo, as diferenças absolutas são calculadas. Pode ser subdividido em dois métodos (Zakhary, El Gayar & Atiya, 2008):

- **método de captação clássica:** apenas a média do número de reservas antecipadas incremental é adicionada à quantidade de reservas no sistema, até a data atual;
- **método de captação avançada:** além da média do número de reservas antecipadas incremental ser adicionada à quantidade de reservas no sistema, são incluídas reservas de datas de chegada futuras.

A tabela 8.2 traz um exemplo de modelo combinado aditivo de previsão de demanda. Trata-se de uma tabela, também chamada de matriz de reservas. No eixo vertical está a data de chegada, e no eixo horizontal está a quantidade de dias antes da chegada em que a reserva é feita. Em cada célula com intersecção dessas variáveis está a quantidade de reservas no sistema para cada data.

Nessa figura, na linha "Média" está listada a média da soma da quantidade de reservas no sistema das datas circuladas, por quantidade de dias de antecedência. Na linha "PU" (referente a *pick up*) está listada a diferença entre a média do período final e cada período anterior, ou seja, a quantidade de reservas incremental por período de tempo (por exemplo, 110 - 110 = 0; 110 - 70 = 40; 110 - 42 = 68; 110 - 28 = 82; 110 - 14 = 96). Para calcular a previsão para as outras datas, deve ser somado o número de reservas no sistema com as reservas esperadas no futuro.

Média	110	70	42	28	14
PU	0	40	68	82	96
Data	-1	7	14	21	28
15/07	100	60	40	30	20
22/07	120	70	45	30	15
29/07	110	70	40	30	10
05/08	100	70	35	20	10
12/08	120	80	50	30	15
19/08		60	40	30	10
26/08			30	20	5
02/09				20	10
09/09					20

Tabela 8.2. Exemplo de modelo combinado aditivo de previsão de demanda.
PU: pick up.
Fonte: Anderson (2012a).

b) modelos multiplicativos: a média do número de reservas antecipadas incremental é multiplicada pela quantidade de reservas no sistema para chegar ao valor final de previsão de reservas. Neste modelo, as diferenças relativas são calculadas.

Observe um exemplo de modelo combinado multiplicativo de previsão de demanda na tabela 8.3. Nessa matriz de reservas, no eixo vertical está a data de chegada, e no eixo horizontal está a quantidade de dias antes da chegada em que a reserva é feita. Em cada célula com intersecção dessas variáveis está a quantidade de reservas no sistema para cada data. A linha "Média" apresenta a média da soma da quantidade de reservas no sistema das datas circuladas, por quantidade de dias de antecedência. Na linha "PU" (relativa a *pick up*) está listada a divisão entre a média do período inicial pela média do período final, ou seja, a porcentagem de reservas em estoque para os distintos dias antes da chegada (por exemplo, 14/110 = 12,7%; 28/110 = 25,5%; 42/110 = 38,2%; 70/110 = 63,6%; 110/110 = 100%). Para calcular a previsão para as outras datas, deve ser dividido o número de reservas em estoque pela porcentagem (%) de reserva.

Média	110	70	42	28	14
%	100%	63,6%	38,2%	25,5%	12,7%
Data	-1	7	14	21	28
15/07	100	60	40	30	20
22/07	120	70	45	30	15
29/07	110	70	40	30	10
5/08	100	70	35	20	10
12/08	120	80	50	30	15
19/08		60	40	30	10
26/08			30	20	5
2/09				20	10
9/09					20

Tabela 8.3. Exemplo de modelo combinado multiplicativo de previsão de demanda.

Fonte: Anderson (2012a).

O outro método de previsão de demanda combinado é a regressão, que consiste em estabelecer a relação entre a(s) variável(is) dependente(s) e independente(s). A variável dependente é o número de quartos vendidos (que estamos tentando determinar), e a variável independente são as reservas no sistema em um dia específico (os dados de que dispomos no momento). A regressão pode ser calculada facilmente com o auxílio do Excel 2013, sistema da Microsoft (na barra de menu, clique em "Dados"; depois, em "Análise de Dados" e, então, em "Regressão" – ativar o suplemento "Ferramentas de Análise"). É possível criar gráficos de dispersão XY, adicionar a linha de tendência, além de utilizar as funções internas: RSQ, *Slope* (Inclinação), *Intercept* (Interceptação) e *Trend*

(Tendência) (Anderson, 2012a). Existem também outros métodos de previsão de demanda – como por combinação de médias ponderadas, regressão de análise baseada em variável artificial e modelos de seleção – que não serão abordados neste livro.

O ideal é que a previsão de demanda seja feita para o período de um ano, pois, como se baseia em um conjunto de suposições, dependentes das condições ambientais e de marketing, a chance de que algumas dessas suposições não correspondam à realidade aumenta com a extensão do período da previsão (Kotler, 1989). Segundo Cross,

> todos os dias ocorrem eventos que invalidam a precisão da sua previsão, não importando quantas informações você utilizou ou o nível de precisão de seu método de previsão. A única forma de acompanhar o mercado cada vez mais entrópico é através da análise, reavaliação e novas previsões. (Cross, 1998, p. 120)

A previsão de demanda nada mais é do que isso mesmo: uma previsão, uma suposição de que a nova demanda seguirá o padrão da demanda histórica e se norteará pela curva e pela captação de reservas, ou seja, isto não quer dizer que a previsão se concretizará. A possibilidade de acerto da previsão depende da constante reavaliação da situação atual. A credibilidade desse método depende de uma analogia correta dos dados, ou seja, da interpretação assertiva dos dados de forma a torná-los informação efetiva.

Durante seu curso de *Revenue Management* no Senac, Chris Anderson explicou que o erro na previsão de demanda pode acontecer; a previsão pode ser subestimada ou, ao contrário, superestimada. Para calcular a CFE (*Cumulative Sum of Forecast Errors,* ou Soma Acumulativa dos Erros de Previsão) ao longo do tempo, é possível utilizar os métodos de valores absolutos, ou seja, medidas de distanciamento da previsão de demanda à demanda realizada, como:

- **MAD** (de *Median Absolute Deviation*, ou Desvio Absoluto Médio), que determina a diferença absoluta entre a previsão de demanda e a demanda realizada (média ao longo do tempo);

- **MAPE** (de *Mean Absolute Percentage Error*, ou Erro Percentual Absoluto Médio), que determina a diferença absoluta entre a previsão de demanda e a demanda realizada (média ao longo do tempo), identificando a porcentagem dos valores efetivos;
- **MSE** (de *Mean Squared Error*, ou Erro ao Quadrado Médio), que determina o quadrado da diferença entre a previsão de demanda e a demanda realizada (média ao longo do tempo), dando peso excessivo aos erros maiores.

Para evitar erros de previsão é importante selecionar o método de previsão mais adequado ao estabelecimento. Para isso, crie um quadro comparativo listando todos os métodos de previsão de demanda disponíveis e calcule o erro de previsão para cada um deles. O método cujo CFE chegar mais próximo a zero deve ser o escolhido. O cálculo da porcentagem de erro da previsão mede a precisão da previsão. Vale ressaltar que a previsão de demanda tem impacto em praticamente todas as outras áreas do estabelecimento, desde a confecção da escala de colaboradores até as decisões de compras, desde o orçamento que será destinado ao marketing até o cálculo das comissões dos executivos de vendas.

A coleta de dados históricos, juntamente com os dados sobre a curva de reservas, as reservas no sistema e a captação de reservas em um determinado período de tempo, é essencial para a análise da previsão de demanda futura, porque com esses dados é possível montar um calendário de demanda que auxilia na previsão de demanda de anos subsequentes, como veremos a seguir.

Gerenciamento da demanda

Após a previsão da demanda, é preciso gerenciá-la. Gerenciar a demanda consiste em controlar, direcionar, influenciar e criar no consumidor uma propensão para a compra dos serviços da organização em um momento específico, por meio do preço, das regras e das restrições aplicadas às tarifas e da disponibilidade de inventário. Para controlar a demanda, como há o potencial da compra antecipada no caso dos serviços, utiliza-se o procedimento de reservas. Para direcionar a demanda, utiliza-se a estratégia de preços, para mover a demanda de períodos de alta ocupação (períodos de pico) para períodos de baixa ocupação (períodos de vale). Para influenciar a demanda, entram em cena os departamentos de Vendas e Marketing, que se utilizam de diversas ferramentas, como vendas diretas, ações de propaganda, promoções, programas de fidelidade, relações públicas e assessoria de imprensa, bem como parcerias de mercado, aproveitando-se de novas tendências em canais de distribuição distintos. Para criar a demanda, criam-se promoções, pacotes e eventos especiais que dão descontos atrativos aos clientes e agregam valor. Contudo, é importante frisar que a demanda não é "criada" para o mercado; apenas uma parcela da demanda é alterada dentre o mercado, de uma empresa para a outra, ou seja, uma fatia de mercado dos concorrentes irá para a organização que utilizar melhor seus recursos de vendas e marketing (Tranter, Stuart-Hill & Parker, 2009).

Uma estratégia de RM de sucesso se embasa na habilidade de prever a demanda corretamente, controlando a disponibilidade de unidades de serviço, bem como a permanência do cliente, e recomendando preços com base no comportamento da demanda. Para gerenciar a demanda corretamente, um *revenue manager* deve primeiramente segmentar a demanda, oferecer preços variados de acordo com o segmento de mercado, promover períodos de baixa ocupação por meio do desenvolvimento de serviços complementares, controlar períodos de alta ocupação por meio de uma estratégia de preços, desenvolver políticas e procedimentos de reservas e gerenciar a capacidade de inventário e a disponibilidade do serviço.

Primeiramente, é necessário analisar os dados históricos, para identificar as características de cada segmento de mercado. Então, agrupa-se a demanda da unidade de serviço por segmento de mercado. É fundamental analisar cada segmento de mercado, suas necessidades e comportamentos, para calcular o preço apropriado por unidade de serviço. Na verdade, definem-se o valor e os benefícios que cada segmento de mercado percebe na unidade de serviço para calcular o preço que estão dispostos a pagar. Finalmente, cria-se uma campanha de marketing diferenciada para cada segmento de mercado, com base em preço e volume. Desta forma, define-se o melhor *business mix*, considerando um volume maior em segmentos de mercado com maior potencial de receita.

O RM contribui decisivamente também para a redução do inventário ocioso. Ao identificar com antecedência períodos em que se prevê ociosidade, estratégias podem ser aplicadas para gerar demanda extra em determinados segmentos de mercado nos quais uma possível receita adicional possa ser gerada, o que de outra forma não existiria. Nos períodos de alta demanda, uma das oportunidades para um hotel incrementar sua receita está nas *shoulder nights* (noites de vale), que são as noites anteriores e posteriores às datas de alta ocupação. Como nas noites de alta ocupação não há como vender mais, um bom balanceamento das reservas entre noites de pico e de vale com a devida antecedência permite ao hotel aumentar seu RevPAR. Uma meticulosa previsão de demanda possibilita identificar essas *shoulder nights* e aumentar o nível de ocupação da semana toda.

Para selecionar a demanda em períodos de alta ocupação, nada melhor que aumentar a tarifa e as restrições para selecionar o seu melhor *business mix*; para captar mais demanda em períodos de baixa ocupação, nada melhor que aumentar o volume de vendas por meio de tarifas mais baixas e com maior valor agregado. No gráfico 8.2, já sabendo que no mercado corporativo de uma grande cidade como São Paulo o pico de ocupação é atingido na noite de terça-feira, é possível criar estratégias –

como duração mínima de estadia e tarifas maiores – para direcionar a demanda para as noites de segunda-feira e de quarta-feira, por exemplo, a fim de atenuar a grande variação da demanda durante certos períodos e maximizar a receita total.

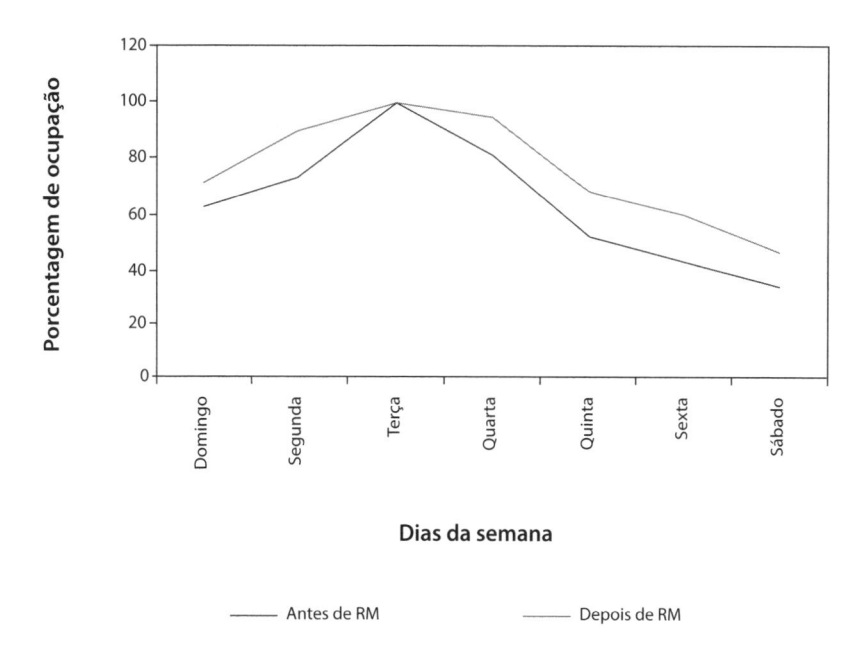

Gráfico 8.2. Atenuação da variação da demanda.
Fonte: a autora.

Segundo Fitzsimmons e Fitzsimmons (2001), variações constantes na demanda de um serviço não são inevitáveis nem imutáveis, uma vez que os sistemas de RM são alimentados com dados e informações para atenuar esses picos e vales da demanda com o intuito de reduzir as flutuações e tornar a demanda mais equilibrada.

Durante meus quatro anos no Departamento de *Revenue Management* Corporativo da Hilton Hotels, aprendi a importância de gerar e analisar relatórios diária, semanal, mensal e até anualmente, visando entender melhor o comportamento da demanda e da oferta e conseguir controlar as variações da demanda. Alguns relatórios importantes são:

- relatórios diários de ligações e conversões de reservas do dia anterior (com o número de chamadas recebidas, atendidas, rejeitadas e convertidas), incluindo a lista de espera durante períodos de alta ocupação;
- relatório de fechamento do dia anterior realizado pelo auditor noturno, incluindo cancelamentos, *no shows*, *walk ins*, saídas antecipadas e prorrogadas, *overbooking* e *walks*;
- relatório diário de variação entre o que era previsto para o dia anterior e o que realmente aconteceu;
- previsão de demanda e estratégia de vendas a curto prazo para os próximos três a seis dias (utilizando os dados recentes e as variações percebidas);
- previsão de demanda e estratégia de vendas a médio prazo para os próximos sete a quatorze dias (utilizando os dados recentes e as variações percebidas), assegurando otimização do custo de oportunidade em todas as datas, e auxiliando na elaboração do turno quinzenal de trabalho dos funcionários e no cálculo quinzenal de compras;
- relatórios semanais de comparação da estratégia de preços por período, por canal de distribuição e por segmento de mercado para o conjunto de maiores competidores da propriedade;
- relatórios semanais de grupos com os bloqueios no sistema, as datas de corte de uma porcentagem do bloqueio para revenda e as reservas de grupo que já entraram no sistema (e a que ritmo entraram);
- relatório das reuniões estratégicas semanais para discussões sobre a previsão de demanda e a estratégia de preços por segmento de mercado, sobre como controlar a capacidade do inventário e gerenciar os diversos canais de distribuição, considerando as realidades dos macro e microambientes, a fim de maximizar a receita por apartamento disponível;

- relatórios mensais de gerenciamento da capacidade do inventário, incluindo controles diários realizados por segmento de mercado, estratégia de preços durante o período, noites de venda total do inventário, oportunidades perdidas com unidades não vendidas ou *no shows*, possibilidades perdidas em virtude de rejeições e oportunidades perdidas com unidades fora de serviço ou em manutenção;
- relatórios mensais de produção indicando as estatísticas da origem geográfica dos consumidores, por segmento de mercado e por tipo de tarifa – número de reservas, unidades de serviço reservadas, canceladas e vendidas, diária média, receita total e RevPAR –, indicando também a variação em comparação com o período anterior;
- relatórios mensais de produção indicando as estatísticas por canal de distribuição e por tipo de tarifa – número de reservas, unidades de serviço reservadas, canceladas e vendidas, diária média, receita total e RevPAR –, indicando também a variação comparada ao período anterior;
- relatórios mensais de produção indicando as estatísticas por segmento de mercado e por tipo de tarifa – número de reservas, unidades de serviço reservadas, canceladas e vendidas, diária média, receita total e RevPAR –, indicando também a variação comparada ao período anterior;
- relatórios mensais de comparação da participação de mercado – número de reservas, unidades de serviço reservadas, canceladas e vendidas, diária média, receita total e RevPAR – para o conjunto de maiores competidores da propriedade;
- relatórios mensais de produção do programa de fidelidade, indicando quem são os consumidores mais fiéis, tanto em nível individual quanto corporativo;
- relatórios mensais de vendas cruzando os resultados atingidos e esperados por contas-chave e por executivo de vendas;

- previsão de demanda para os próximos três, seis, nove e doze meses baseada em dados históricos – como número de reservas, de unidades de serviço vendidas, porcentagem de ocupação, diária média, receita total e RevPAR –, em dados reais que estão se concretizando e em dados de previsão de demanda e venda por segmento de mercado;
- relatório de ritmo de captação de reservas (número de reservas que entram no sistema dia a dia) para os próximos três, seis, nove e doze meses, indicando percentual de variação relativo ao período anterior e períodos de alta e baixa ocupação para que sejam alinhadas as estratégias de venda.

Segundo Cross,

> prever e otimizar são as funções de um sistema de RM à parte de quaisquer outras aplicações dos computadores – são engrenagens da máquina de marketing. Sem os componentes da previsão e da otimização, o sistema de RM ainda teria valor como um enorme depósito de dados. O valor real dos dados está em sua utilização para prever o comportamento do cliente e decidir quais medidas tomar para a maximização de receita – previsão e otimização avançadas em nível de micromercado. (Cross, 1998, p. 119)

Ainda segundo esse autor,

> utilizamos software de simulação para determinar as melhores formas de prever o comportamento do micromercado e otimizar o preço e a disponibilização relacionados à capacidade da empresa, seus custos e as barreiras da concorrência. Isso nos proporciona uma visão precisa do potencial de receita e determina a melhor forma de se chegar a ele. (*Ibid.*, p. 110)

Enfim, apesar de todos os modelos, cálculos e relatórios apresentados e utilizados para uma previsão de demanda, é fundamental frisar que a experiência, a análise e a intuição do gerente de receita devem ser consideradas para uma previsão eficaz, de modo a adicionar o lado humano à previsão de demanda.

Questões para reflexão e aplicação

1. Considerando os fatores que afetam a elasticidade da demanda em relação ao preço e considerando a demanda irrestrita, utilize o "método da taxa em cadeia" citado neste capítulo para calcular a demanda futura de pacotes românticos para casais em hotéis *midscale* da cidade de São Paulo durante o Dia dos Namorados. Então, desenvolva um calendário de demanda detalhado e diário por segmento de mercado para o mês de junho do ano em questão para um desses hotéis *midscale* da capital paulista, levando em consideração reservas e dados históricos, variações sazonais, feriados nacionais e internacionais, eventos especiais, entidades geradoras de demanda, reservas antecipadas e duração das estadias.

2. O Hotel Centurión tem um inventário de quinhentos apartamentos disponíveis. Para a semana que vem, a previsão de demanda individual na tarifa balcão de R$ 160 é a seguinte:
   - segunda-feira: 200 apartamentos;
   - terça-feira: 200 apartamentos;
   - quarta-feira: 200 apartamentos;
   - quinta-feira: 200 apartamentos;
   - sexta-feira: 100 apartamentos;
   - sábado: 50 apartamentos;
   - domingo: 50 apartamentos.

O Hotel Centurión também comprometeu-se com os seguintes apartamentos para um grupo durante a mesma semana:
   - segunda-feira: 200 apartamentos;
   - terça-feira: 200 apartamentos;
   - quarta-feira: 300 apartamentos;
   - quinta-feira: 300 apartamentos;

- sexta-feira: 100 apartamentos;
- sábado: 100 apartamentos;
- domingo: 100 apartamentos.

O Hotel Centurión tem a possibilidade de hospedar outro grupo que ocupará cem apartamentos durante as noites de terça, quarta, quinta e sexta feira da mesma semana na tarifa de R$ 120 por apartamento. Com base no modelo de previsão de reservas antecipadas, você acha que devemos hospedar esse grupo? Por quê? Quais outros fatores, além de receita, devem ser considerados antes de essa decisão ser tomada?

3. Exercício de *Yield Management* traduzido e adaptado do caso 18 de Lewis e Chambers (2000, p. 705).

Você é o gerente de receita de um hotel comercial de quinhentos quartos em uma área urbana, na cidade Alfa. Sua propriedade recebe, na maioria, pessoas em viagens de negócios durante os dias de semana e famílias e turistas durante os fins de semana.

O hotel tem três pontos de venda de alimentos e bebidas, incluindo um café para cafés da manhã e almoços rápidos, um restaurante italiano informal e um bar de esportes popular. Tanto o bar quanto o restaurante têm uma TV grande de tela plana e frequentemente recebem celebridades do esporte como clientes. O bar acomoda duzentas pessoas e é decorado com pôsteres assinados, fotos e equipamentos esportivos. O cardápio inclui vários aperitivos, sanduíches frios e quentes, e uma variedade de bebidas alcoólicas e não alcoólicas.

O hotel é uma franquia de uma cadeia famosa de hotéis e gerenciado por uma empresa particular. A maioria dos acionistas do hotel é composta por investidores institucionais, incluindo uma grande empresa de seguros. A propriedade tem dez anos e um histórico financeiro excelente.

O terceiro quadrimestre é um período particularmente forte para esse hotel, uma vez que atende a muitas reuniões de negócios e hóspedes individuais a negócios durante os dias de semana. Nos fins de semana, tem ocupações e tarifas médias mais baixas que as de segunda-feira a quinta-feira, mas ainda assim a demanda é consistente.

Estamos agora em meados de setembro, e o terceiro quadrimestre promete ser o mais forte dos últimos cinco anos, embora com tarifas mais baixas. O resumo da ocupação e a tarifa média para o mês de outubro dos últimos cinco anos é o seguinte:

	Ano 5	Ano 4	Ano 3	Ano 2	Ano 1
Ocupação	85%	86%	83%	74%	77%
Tarifa média	US$ 130	US$ 125	US$ 125	US$ 110	US$ 120

Ano 5 = ano passado

Como gerente de receita, você está revendo a previsão de ocupação para outubro do ano atual. Você se vê diante de um dilema e deve decidir que hóspede irá acomodar.

O maior time de basquete local poderá competir no campeonato mundial, mas não haverá certeza dos potenciais competidores até a terça-feira antes de o campeonato começar. Se o time local competir, o primeiro e o segundo jogo serão disputados na cidade na qual está localizado o hotel, no sábado e no domingo, dias 18 e 19 de outubro.

O primeiro time que ganhar os quatro jogos ganha o campeonato, ou seja, caso necessário, o sexto e o sétimo jogo também serão realizados na cidade do hotel, no sábado e no domingo, dias 25 e 26 de outubro. De 20 a 24 de outubro os jogos serão disputados em outras cidades.

Os quartos dos hotéis da cidade serão, quase com certeza, todos vendidos nessas datas nas tarifas mais altas. A partir de 15 de setembro, para essas datas em outubro, quatrocentos dos quinhentos quartos do seu hotel já foram vendidos a uma tarifa média de US$ 125 nos dias de semana (de segunda-feira a quinta-feira), e trezentos foram vendidos nos fins de semana (de sexta-feira a domingo) a uma tarifa média de US$ 90.

O Departamento de Vendas pediu um bloqueio de cem quartos para acomodar um grupo de negócios fiel ao hotel, da noite de domingo

(19 de outubro) até a noite de sábado (25 de outubro) – uma estada de sete noites. Esse grupo espera pagar sua tarifa corporativa de US$ 100 por quarto. Quatro serviços de jantar de banquetes, outras refeições, bebidas e várias salas de reunião serão necessários durante a estada. O grupo gostaria de fazer a reserva imediatamente.

Revisando os padrões históricos de reserva, você percebe que o hotel normalmente venderia uma média de oitenta quartos a hóspedes individuais de segunda-feira a quinta-feira (de 20 a 23 de outubro), 120 quartos no sábado e no domingo (18 e 19 de outubro), e 120 na sexta-feira, no sábado e no domingo (24, 25 e 26 de outubro).

Esses hóspedes individuais normalmente reservam quartos com três a sete dias de antecedência para os fins de semana. A tarifa média para essas vendas é esperada em US$ 110 em dias de semana e US$ 80 em fins de semana.

Se os jogos do campeonato mundial forem, de fato, realizados na cidade do seu hotel, você espera cobrar facilmente a tarifa inteira de US$ 160 em todos os quartos remanescentes; contudo, você não antecipa que essas reservas entrem até o último minuto. Enquanto revê a lista de hóspedes já com reservas para o período de outubro, você nota uma grande concentração de hóspedes na cidade do time rival do campeonato mundial.

Se o time da cidade não for para a final, ou se o campeonato terminar em quatro jogos, você antecipará um grande número de cancelamentos. O hotel tem uma política de cancelamento de 24 horas de antecedência da data de chegada. Se o outro time não for para a final, os quartos serão ocupados por fãs do time que for o finalista.

Utilizando os métodos de previsão e as técnicas de gerenciamento de demanda explicadas neste capítulo, qual seria a decisão estratégica que você tomaria em relação à escolha do hóspede para acomodar?

Sugestões de casos

Adaptação de Fitzsimmons e Fitzsimmons (2001, pp. 396-400). O jogo de gerenciamento de receita ilustra a troca entre fazer *overbooking* (vender mais que a capacidade) e ter desperdício (ter capacidade ociosa), com o objetivo de maximizar a receita quando de encontro com uma demanda em excesso na forma de várias receitas por passageiro e diferentes volumes de passageiros. Este jogo, em particular, enfoca o gerenciamento de capacidade de companhias aéreas, mas pode ser aplicado para todas as organizações com capacidade fixa de inventário, como hotéis e cruzeiros, por exemplo.

Ferguson e Queenan (2009, pp. 180-187). As vendas de bens e serviços são muitas vezes limitadas pela oferta. Essa limitação restringe o conhecimento dos verdadeiros valores dos parâmetros que fundamentam as distribuições da demanda, valores necessários para se calcularem os níveis de proteção ideais em um sistema de gerenciamento de receita. O caso fornece um módulo de ensino e um estudo de caso para apresentar os perigos da utilização da "demanda restrita". O módulo de ensino ilustra o negativo impacto financeiro de não liberar dados de demanda. O estudo de caso fornece, ainda, dados de demanda restrita reais que o leitor pode usar para praticar métodos de liberação de demanda, como o bastante utilizado método de média. Esses materiais são aplicados com sucesso em cursos de MBA e de educação executiva em gestão de receitas.

••• OLHAR DO MERCADO

ENTREVISTA COM ELIANE TANNO

1. EM SUA OPINIÃO, O QUE É *REVENUE MANAGEMENT*?

   Revenue Management é a racionalidade por trás da estratégia. Em outras palavras, a inteligência do negócio.

2. COMO SE DESENVOLVEU SUA TRAJETÓRIA PROFISSIONAL ATÉ SUA ENTRADA NO CAMPO DE RM?

   Iniciei como recepcionista de um hotel e passei por todos os turnos, até auditoria noturna. Em seguida fui promovida a gerente de reservas e desse momento em diante me questionei como desenvolveria a minha carreira profissional. Foi quando surgiu *Revenue Management*.

3. QUAIS SÃO/FORAM SUAS MAIORES RESPONSABILIDADES COMO GERENTE DE RECEITA?

   Sem dúvida nenhuma, no aumento de receita, não só na área de hospedagem como também em outros departamentos, como Spa, Alimentos e Bebidas e *Revenue Management* de cassino, e também realizando estratégias que minimizassem riscos e perda de receitas em períodos de baixa temporada. Muitas pessoas acreditam que *Revenue Management* funciona apenas com demanda, e não é verdade. Um profissional de RM sênior com experiência sabe muito bem criar estratégias e ações na baixa temporada. É necessário ter criatividade e sair da zona de conforto das planilhas e de sistema, rever o macrocenário do empreendimento, do mercado, das tendências e, muitas vezes, dependendo da sua cesta competitiva, ser o *benchmark* da concorrência.

4. COMO O RM SE DESENVOLVEU E SE ENCAIXA NA EMPRESA EM QUE VOCÊ ATUA/ATUOU COMO GERENTE DE RECEITA?

Atualmente trabalho com consultoria estratégica de *Revenue Management* para hotéis independentes, principalmente criando e conduzindo as reuniões estratégicas nas áreas Comercial e de Marketing, com *inputs*, ferramentas, técnicas, *coaching* e recomendações, acompanhando, porém não executando nenhuma atividade diretamente no sistema do hotel. A execução é responsabilidade do hotel.

5. QUAIS SÃO AS MAIORES DIFICULDADES ENFRENTADAS POR UM GERENTE DE RECEITA ATUALMENTE?

A resistência inicial, sem dúvida, gerada por medo, insegurança ou desconfiança. Na filosofia de *Revenue Management* frequentemente será necessário adaptar processos existentes, criar novas políticas comercias, estruturar departamentos para que o resultado seja alcançado, e não é fácil sair da zona de conforto. Isso é natural e compreensível.

6. EM SUA OPINIÃO, QUAIS SÃO AS TENDÊNCIAS EM RM?

A tendência é ser mais estratégico, com uma visão mais comercial e de operação. É preciso calçar os sapatos dos colegas de outras áreas para entender as limitações e oportunidades, a fim de que a estratégia seja eficaz. Se analisarmos somente os números, teremos uma visão unilateral e não conseguiremos resultados satisfatórios, principalmente se impusermos alguma ação comercial, correndo sérios riscos de perder tempo e dinheiro. O mesmo vale para a equipe de Operações. Normalmente, a operação não é consultada; simplesmente precisa dar os seus "pulos" para entregar um serviço ou produto prometido ao cliente, e muitas vezes isso não ocorre por não conseguir um fornecedor adequado, tecnologia ou estrutura; quem é o responsável? A visão e a experiência de um *revenue manager* são fundamentais para que o ciclo seja redondo, sem falhas, e não ficar somente falando de estatísticas, que não serão absorvidas pela equipe.

7. **QUAIS CONSELHOS VOCÊ PODE DAR A ESTUDANTES E PROFISSIONAIS QUE PRETENDEM INGRESSAR NO CAMPO DE RM?**

    Frequentemente sou questionada pelos responsáveis nos hotéis com a seguinte pergunta: "Mas eu tenho que fazer isso?". Trabalhar com dados no alinhamento da informação, na criação do banco de dados exige muita disciplina, muito trabalho e velocidade na execução. A imagem que se tem de um RM pode ser sedutora na teoria, porém na realidade é uma profissão que exige não só habilidades técnicas, como raciocínio lógico ou *expertise* no Excel, mas também uma personalidade atenta aos detalhes, crítica e imparcial a ponto de não sucumbir às pressões políticas, forte a ponto de posicionar o seu ponto de vista para o presidente da companhia e, ao mesmo tempo, saber trabalhar em equipe. A profissão exige uma personalidade forte, decidida e corajosa, para não se abater durante pressões e ser responsável para admitir os próprios erros e saber que os resultados positivos sempre serão da equipe. É uma combinação de técnica e de personalidade.

8. **QUAIS ARTIGOS, LIVROS E CURSOS VOCÊ RECOMENDA PARA QUEM QUER SEGUIR NA ÁREA DE RM?**

    A minha escola foi a universidade de *Revenue Management* criada por uma cadeia de hotéis internacional que é considerada o pai do RM na hotelaria mundial; é essa a minha referência.

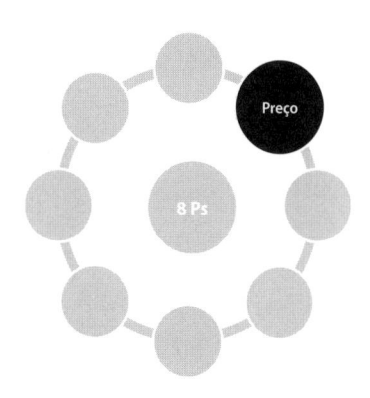

9
Estratégia de preços

> *Yield Management* é uma tentativa de combinar o padrão de compra dos consumidores e sua demanda por apartamentos com as previsões de ocupação futuras. É um método de medir a performance de marketing do hotel. É uma tentativa de balancear a demanda de cada segmento de mercado que o hotel tem com a oferta de apartamentos colocados à disposição deste segmento através do ajuste da principal variável que o hotel pode ter maior controle efetivo: a tarifa do apartamento.
>
> Michael M. Coltman e Martin G. Jagels, *Hospitality Management Accounting*

Como vimos no capítulo 3 ("Análise do mercado e da concorrência"), uma das Cinco Forças de Porter é a intensidade da rivalidade entre empresas estabelecidas, rivalidade esta que examina a relação entre as empresas e as suas dimensões competitivas. Para Michael Porter (1996), a melhor maneira de criar uma vantagem competitiva para uma empresa é o posicionamento estratégico, ou seja, uma seleção de estratégias competitivas frente aos competidores, uma escolha de atividades que agreguem valor ao serviço, tornando-o único e de difícil cópia pela concorrência. Para o autor, a busca apenas pela produtividade, pela qualidade e pela velocidade – via ferramentas e técnicas gerenciais como qualidade total, *benchmarking* e reengenharia – facilita aos concorrentes copiar qualquer vantagem competitiva que se baseie fundamentalmente em eficiência operacional e afasta a empresa de posições competitivas viáveis (Passos, 2007).

A competição é um processo dinâmico que regula o mercado em que as ações estratégicas implementadas por uma empresa causarão contraestratégias por outras. Estas reações por parte dos concorrentes são uma resposta competitiva, um exercício estratégico por parte dos departamentos de Vendas e Marketing. Elementos importantes dessa estratégia competitiva, além dos gastos com qualidade e inovação do serviço, são as despesas com estratégias de preços e de marketing (Buzzell & Wiersema, 1981).

O estabelecimento de estratégias de preços faz parte tanto dos estudos de marketing, microeconomia e finanças quanto dos de gerenciamento de operações, e é muito útil para equilibrar a oferta e a demanda, visando à maximização da lucratividade (Secomandi, 2009). O preço é utilizado pelo *Revenue Management* para a otimização do lucro, já que vários preços são administrados com o intuito de extrair o maior valor do desequilíbrio entre demanda e oferta. Segundo Cross (1998), os conceitos de RM podem ser aplicados para resolver os problemas do estabelecimento de equilíbrio entre oferta e demanda. Por exemplo, baseado na previsão da demanda, decidir quanto de seu inventário deve ser reservado para os melhores consumidores a preços *premium* e quanto de seu inventário deve ser vendido a preços com desconto, a fim de dar descontos apenas nas unidades de inventário que faltam para preencher sua capacidade. As decisões feitas por trás dos preços, o conceito de estabelecimento diferencial de preços, é um processo que está mudando dramaticamente com os avanços obtidos nos processos de tomada de decisões e na tecnologia da informação. A abordagem ao preço deve ser moderna e voltada para a tecnologia, uma abordagem tática, integrando as decisões de formulação do serviço, bem como estratégias de vendas e de preços (Popescu, 2008).

Estratégia de preços

Foto 9.1. Nesta peça publicitária, a Unidas Aluguel de Carros comunica vantagens exclusivas para os associados da Câmara Portuguesa, como desconto de 60% nas diárias de locação, abrangência nacional e acessórios como GPS e cadeirinha de bebê.

Segundo Anderson, Kimes e Carroll (2009), para o desenvolvimento e a aplicação das táticas e estratégias de preço, é preciso familiarizar-se com a complexidade dos métodos de execução, como:

- os conhecimentos básicos em microeconomia e finanças (teoria de preços tradicional e análise de *break-even*);
- o papel da elasticidade de demanda no estabelecimento de preços e na determinação de mudanças do ponto de equilíbrio (entre receita e despesa) do preço;
- uma introdução à teoria dos jogos (o relacionamento entre o dilema do prisioneiro e a competição entre preços) e sobre como as ações de preços de uma empresa afetam todos os outros competidores do mercado, tanto em participação de mercado quanto em resultados financeiros;
- os princípios de criação de preços em marketing;
- os conceitos de desenvolvimento de políticas e comunicação sobre preços;

- a aplicação prática de ferramentas de preços e processos analíticos;
- o papel emergente do gerenciamento de canais de distribuição, em que a elasticidade dos preços é impactada por variações nos custos dos canais, no *display* e no *mix* de negócios dos hotéis;
- a criação de pacotes de viagens dinâmicos.

Vejamos alguns desses métodos e estratégias.

Elasticidade do preço

Conforme vimos no capítulo 8, no item "Elasticidade da demanda", quando a demanda é elástica a variação da quantidade demandada supera a variação do preço do serviço, ou seja, os consumidores são bastante sensíveis aos preços. Segundo Tranter, Stuart-Hill e Parker (2009, p. 127), "a demanda é uma função do preço e, algumas vezes, o preço é determinante da demanda". De acordo com os autores, apenas quando uma empresa entender a demanda de mercado para seus serviços é que será capaz de decidir como utilizar o preço para controlar, direcionar, influenciar e gerar demanda. O preço deve ser fluido e acompanhar a demanda em sua dinâmica, e deve ser utilizado de forma proativa como agente de gerenciamento do inventário e dos canais de distribuição.

Chris Anderson, em seu curso de RM no Senac São Paulo (2012a), explicou que a elasticidade é a medida da alteração percentual de uma variável resultante de uma alteração de 1% em outra variável. Por exemplo, quando o preço aumenta em 1% e a quantidade demandada cai 5%, a elasticidade da demanda neste caso é de -5%. Quando uma elasticidade é baixa (entre 0 e 1 em valor absoluto), a relação que a descreve é denominada como inelástica. Demanda inelástica significa que a quantidade demandada não é muito sensível ao preço, e oferta inelástica quer dizer que a quantidade suprida não é muito sensível ao preço. Quando uma elasticidade é alta (maior que 1 em valor absoluto), a relação que a descreve é denominada como elástica. Demanda elástica significa que a quantidade demandada é sensível ao preço e oferta elástica quer dizer que a quantidade suprida é sensível ao preço. A elasticidade de preço pode ser calculada pela seguinte fórmula:

Elasticidade de preço = $\dfrac{\text{Alteração percentual na quantidade}}{\text{Alteração percentual do preço}}$

A inclinação da curva de demanda mede a taxa de alteração da variável preço em termos da variável quantidade. Já a elasticidade do preço mede a alteração porcentual de uma alteração da variável quantidade em termos da alteração da variável preço. A elasticidade da demanda ao preço é sempre negativa, mas os economistas geralmente se referem à elasticidade da demanda ao preço por seu valor absoluto, ignorando o sinal negativo. Considerando que a inclinação da curva de demanda é calculada pela divisão da variação do preço pela variação da quantidade, se um mercado ou segmento de mercado for elástico em relação ao preço, um aumento de preço reduzirá a contribuição. Logo, reduzir o preço (ou acompanhar a redução de preço da concorrência) é a única ação de contribuição, ou pelo menos a mais fácil. Contudo, as reduções de preço devem ser segmentadas para serem incrementais em vez de causar a diluição da receita. Em suma, descontos generalizados devem ser evitados. Alguns descontos interessantes de serem aplicados são:

- a criação de tarifas opacas (em que se vê a tarifa, mas não se pode ver o hotel que se está comprando) em *sites* de agências de turismo *on-line*;
- a criação de pacotes combinando vários serviços distintos;
- o envio de ofertas por *e-mail*;
- a utilização de estratégias de SEO e SEM;
- a promoção de posicionamento em agências de turismo *on-line* por meio de aumento de comissão ou de ofertas de último momento;
- a promoção do posicionamento em GDS.

Na realidade, a maioria das propriedades não determina seu preço com poder de mercado completo, pois a demanda não reage apenas ao preço de uma empresa, e sim em função dos dados em nível de mercado (Anderson, 2012a).

Várias cadeias hoteleiras possuem preços especiais para funcionários, parentes e amigos de funcionários, com descontos que chegam até 75%. No Hilton, por exemplo, essa tarifa é chamada de Friends & Family Rate e está disponível apenas em noites de baixa ocupação, quando existe a certeza de que não há muita demanda para a propriedade. Caso haja algum evento ou situação atípica que mude essa realidade e crie uma demanda não esperada para o hotel, conforme o ritmo das reservas vai se alterando e conforme as reservas no sistema vão aumentando, as tarifas com desconto vão sendo suprimidas, até sobrarem apenas as classes tarifárias mais caras.

A elasticidade de preço da demanda deve ser determinada para cada serviço e por segmento de mercado (por exemplo, viajantes a lazer são mais sensíveis à variação de preços que os viajantes a negócios). A seguir, alguns fatores que influenciam a elasticidade do preço (Tranter, Stuart-Hill & Parker, 2009):

- percepção de valor do serviço em relação ao preço cobrado;
- duração da estadia conforme a necessidade do cliente;
- conveniência e restrições de tempo – eles também impactam a sensibilidade ao preço;
- disponibilidade de serviços substitutos e complementares – eles impactam a sensibilidade ao preço, mas dependem da localização e do tempo;
- eventos especiais com promoções, às quais se aplicam restrições e penalidades para viajantes com certa flexibilidade de viagem;
- canal de distribuição pelo qual o cliente irá comprar;
- ritmo de reservas por segmento de mercado;

- preço do serviço em relação ao gasto total com a experiência;
- noção de preço justo, principalmente com relação à cobrança de serviços complementares (como, por exemplo, despesas com ligações telefônicas e internet *wi-fi*).

É importante ressaltar que o Departamento de Reservas deve acompanhar diariamente a quantidade de potenciais clientes que ligam para o hotel a fim de fazer uma reserva, mas que, por algum motivo, acabam desistindo de efetuá-la. Alguns sistemas possuem campos específicos para inserir o motivo de recusa de uma reserva, como preços muito altos, data não disponível, serviço não adequado às necessidades ou se a pessoa ligou apenas para se informar sobre os preços. Esse relatório informa quanta demanda adicional poderia ter sido capturada caso os preços fossem adequados ao valor percebido, caso houvesse mais inventário disponível e caso o serviço estivesse mais adequado às necessidades dos clientes. O sistema Micros-Fidelio, por exemplo, possui uma tela de *Turnaway* que aparece quando o processo de criação de uma nova reserva não é concluído. Nessa janela é necessário selecionar, dentre as opções oferecidas, o motivo pelo qual a reserva não foi concretizada. Caso a empresa não tenha um sistema para monitorar as recusas, os agentes de reservas devem receber instruções para fazê-lo manualmente. Esse relatório é um importante termômetro da demanda dos consumidores e auxilia na definição dos preços.

Preços com base no custo *versus* preços com base no valor

Segundo Vasconcellos e Garcia (2008, p. 79), para a maximização de seus resultados uma empresa deve "maximizar a produção para um dado custo total ou minimizar o custo total para um dado nível de produção". Para conseguir gerar determinada quantidade de um serviço, uma organização tem despesas, as quais juntas formam o custo total de produção, que é a soma dos custos fixos totais ou custos indiretos, ou seja, independentes da produção (como despesas financeiras, comerciais e administrativas, aluguel do edifício, depreciação de equipamentos e instalações) e dos custos variáveis totais ou custos diretos, ou seja, dependentes do volume de produção (como salários da mão de obra direta, custos de matérias-primas e componentes, gastos com energia, manutenção e reparação). Chris Anderson, em seu curso de RM no Senac São Paulo (2012a), explicou que os custos variáveis estão associados à determinação de preços, à distribuição de inventário e às vendas; já os custos fixos são os custos com instalações, publicidade e administrativo. Segundo ele, existem ainda os custos semifixos, que são os custos de fazer "blocos" de negócios, os custos semivariáveis, que podem se alterar com a ocupação, e os custos irrecuperáveis, que são os custos irreversíveis.

Considerando que o objetivo maior de uma empresa é a otimização dos lucros, é importante saber que o lucro total é a diferença entre as receitas totais de vendas da organização menos seus custos totais de produção. Receita marginal é o acréscimo da receita total da empresa quando esta vende uma unidade adicional de seu serviço. Custo marginal é o acréscimo do custo total de produção da empresa quando esta produz uma unidade adicional de seu serviço. O custo marginal é estabelecido somente pela variação do custo variável total, uma vez que o custo fixo total não se altera com as oscilações da produção a curto prazo. Para atingir o ponto de equilíbrio, uma empresa deve gerar um nível de produção em que a receita total se equipara ao custo total, sendo a lucratividade contábil zero (Vasconcellos & Garcia, 2008), ou seja, deve obter o faturamento mínimo necessário para cobrir os custos totais. Chris Anderson, em seu curso de RM (2012a), explicou que para uma análise efetiva do ponto de equilíbrio é preciso calcular o volume de vendas mínimo necessário para que o volume esteja em equilíbrio com o preço, ou seja, é preciso identificar o mínimo de alteração no volume de vendas ou de ocupação para compensar uma alteração de preço. Sabendo que a margem de contribuição pode ser calculada removendo as despesas e os custos diretos variáveis do preço de venda, podemos calcular o ponto de equilíbrio de uma empresa, o que é possível de ser feito com as seguintes fórmulas:

PE = Custo fixo / Margem de contribuição

% PE = – (Variação de preço) / (Margem de contribuição + Variação de preço)

Por exemplo, suponhamos que um hotel esteja considerando um aumento de 10% em sua diária por noite acima de seu preço atual de R$ 200, que o custo variável por quarto seja de R$ 80 e que os custos fixos sejam de R$ 70 mil por dia.

Ponto de equilíbrio atual:

Preço de venda de R$ 200 – Custo direto variável de R$ 80 = **Margem de contribuição de R$ 120**

Ponto de equilíbrio = Custo fixo de R$ 70 mil / Margem unitária de contribuição de R$ 120

PE = 70.000 / 120

PE = 583 unidades ou R$ 116.600 (583 × 200)

Ponto de equilíbrio com o aumento de preço:

% PE = – (Variação de preço) / (Margem de contribuição + Variação de preço)

% PE = – (20) / (120 + 20) = – 20 / 140 = – 14,3%

Em suma, com o aumento de 10% do preço final é preciso vender 14,3% a menos de unidades para atingir o seu ponto de equilíbrio, ou seja, precisariam ser vendidas 500 unidades. Da mesma forma, o aumento de preço não deve causar uma redução de volume maior que 14,3% para que o hotel não fique abaixo do seu ponto de equilíbrio.

Podemos também calcular quanto deve aumentar a ocupação para lucrar com uma diminuição de preço e quanto deve baixar a ocupação antes que um aumento dos preços deixe de ser rentável. Além disso, temos que considerar que a maioria dos aumentos de custo tem características de retornos marginais decrescentes, ou seja, conforme o volume de vendas aumenta, os custos variáveis aumentam e a margem de contribuição diminui, o que pode ser expresso pela fórmula a seguir:

$$\% PE = - \frac{(\text{Variação de preço} - \text{Variação de custo variável})}{\text{Margem de contribuição} + (\text{Variação de preço} - \text{Variação de custo variável})}$$

Por exemplo, suponhamos que o mesmo hotel esteja considerando uma redução de 10% em sua diária por noite em seu preço atual de R$ 200, que o custo variável por quarto seja de R$ 80 e que os custos fixos sejam de R$ 70 mil por dia. Espera-se que a redução de preço aumente a ocupação de modo que os custos variáveis subam em R$ 10 por quarto por noite.

Ponto de equilíbrio atual:

Preço de venda de R$ 200 – Custo direto variável de R$ 80 = **Margem de contribuição de R$ 120**

Ponto de equilíbrio = Custo fixo de R$ 70 mil / Margem unitária de contribuição de R$ 120

PE = 70.000 / 120

PE = 583 unidades ou R$ 116.600 (583 × 200)

Ponto de equilíbrio com a redução de preço:

$$\% PE = - \frac{(\text{Variação de preço} - \text{Variação de custo variável})}{\text{Margem de contribuição} + (\text{Variação de preço} - \text{Variação de custo variável})}$$

% PE = – (– 20 – 10) / (120 + (– 20 –10) = + 30 / 90 = 33,3%

Em suma, com a redução de 10% do preço final e o aumento de R$ 10 de custo variável por unidade vendida, é preciso vender 33,3% a mais de unidades para atingir o ponto de equilíbrio, ou seja, precisariam ser vendidas aproximadamente 777 unidades. Da mesma forma, a redução de preço deve resultar em um aumento de volume igual a 33,3% para que o hotel atinja seu ponto de equilíbrio.

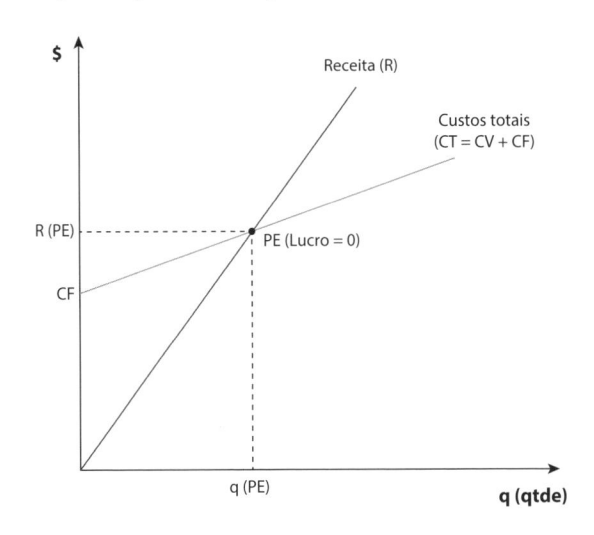

Gráfico 9.1. Ponto de equilíbrio.

R: receita; PE: ponto de equilíbrio; CF: custo fixo; CV: custo variável;

CT: custo total; q: quantidade.

Fonte: Anderson (2012a).

Criar uma estratégia de preços é um processo dinâmico, uma vez que é influenciado pela demanda flutuante e pelas tendências de consumo. As empresas deveriam criar sua estratégia de preços com base nas percepções de valor e nos comportamentos de compra de seus consumidores – os quais variam dependendo da idade e do nível de renda, e estão em constante mudança – em vez de criar preços com base nos atributos ou nos custos de seus serviços. O preço é um dos fatores mais importantes para a maioria dos consumidores que querem, pelo menor preço, conseguir o melhor serviço possível. Com base em suas necessidades e expectativas, os consumidores determinam um valor total a todos os serviços que compram, que nada mais é que o valor percebido do serviço (medido pela qualidade, pelos benefícios e pela autoestima que gera no cliente) menos o custo para obtê-lo (medido por preço do serviço, custo e tempo do deslocamento) (Tranter, Stuart-Hill & Parker, 2009). Segundo Cross (1998, p. 44), "essa percepção de valor pode ser influenciada pela disponibilidade de serviços alternativos pela concorrência, pela quantidade de renda disponível ou pela urgência ou necessidade (real ou percebida) do produto" (ou serviço). Esse valor total do serviço para o cliente, também conhecido como custo-benefício, deve servir de base para o estabelecimento das estratégias de preços, o valor percebido e o preço devem estar alinhados, e, uma vez que o comportamento e a motivação de compra dos consumidores atuais e potenciais sejam esmiuçados e a empresa aprenda como seus consumidores percebem e reagem ao preço, é possível determinar preços por segmento de mercado e ao mesmo tempo atender e até mesmo superar as expectativas do cliente (Tranter, Stuart-Hill & Parker, 2009).

Para descobrir qual é o valor que o consumidor dá ao serviço, é possível proceder a uma avaliação de valores, como fizemos no capítulo 3 ("Análise do mercado e da concorrência"). Segundo Chris Anderson explicou em seu curso de RM no Senac São Paulo (2012a), essa avaliação de valores, como é chamada pelo mercado, também é conhecida como modelo logístico de escolha. Por meio da análise conjugada desse modelo de escolha – além de histórico de dados, simulações de preços controladas ou não, dados agregados de venda, dados do consumidor, análise dos relatórios do Departamento de Reservas, e pesquisa e opiniões de peritos –, consegue-se entender a resposta ao preço pelos clientes, que pode ser elástica, ter alto nível de concorrência, ter serviços padrões, ter baixo nível de concorrência, ter serviços altamente diferenciados ou ser inelástica. Apenas recapitulando, primeiramente é preciso estabelecer atributos do serviço que motivam os consumidores, itens pelos quais têm necessidades e/ou preferências declaradas. Depois, atribua níveis a esses critérios de avaliação selecionados. Então, escolha decisores de compra para responder a essa pesquisa e atribuir valor baseado em seus julgamentos, percepções e/ou crenças a cada item. Logo, colete dados de amostra representativa e faça uma estimativa dos modelos de escolha. Finalmente, analise e avalie o valor dos atributos em relação à sensibilidade ao preço com base na amostra. Já sabemos, por exemplo, que clientes corporativos valorizam muito a localização do hotel, o programa de fidelidade e o acesso à academia de ginástica, enquanto clientes a lazer valorizam muito o café da manhã incluso, as opções de diversão (como piscina e quadras esportivas) e o valor da diária.

Anderson ainda explica que, para uma empresa calcular seu próprio modelo de preferência multidimensional (com atributos de preço e não relacionados ao preço), basta coletar e guardar em um banco de dados elementos básicos de dados de compras dos clientes – como pedido feito, opções apresentadas, opção desejada – a fim de conseguir inferir as preferências do cliente para preço, serviço, promoção e localização e estimar a porcentagem de fatia de mercado e a probabilidade de venda. O modelo de escolha do cliente computa uma utilidade para cada item, com base nos atributos dos critérios em questão, e na probabilidade da seleção pelo cliente para o mercado avaliado em uma data futura. Mesmo o preço sendo o predominante, existem outros fatores não relacionados ao preço que contribuem significativamente na escolha do cliente, como a porcentagem de aumento sobre o preço mais baixo, a marca da empresa, a posição da empresa no *ranking*, o período de compra antecipada, o dia de semana da compra e a comunicação sobre o serviço. Com o auxílio do modelo de escolha, o *revenue manager* pode estimar o impacto financeiro destes fatores na determinação de preços e alimentar o time de Vendas e Marketing.

De acordo com Lewis e Chambers (2000), uma estratégia de preços deve levar em conta:
- a percepção de valor do serviço pelo cliente;
- o nível de aceitação do preço no mercado;
- o preço esperado pelo mercado;
- o preço da concorrência;
- a posição do serviço na curva do ciclo de vida;
- as características sazonais e cíclicas da indústria;
- as condições econômicas presentes e futuras;
- o relacionamento com os clientes;
- o custo e o *markup* dos canais de distribuição;
- os custos de propaganda e marketing;
- a diferenciação necessária do serviço.

Lewis e Chambers (2000) ainda complementam com ações necessárias para preços eficientes e com uma melhor contribuição:
- orientar os preços não ao custo, mas à demanda dos consumidores;
- adaptar as regras de preço às condições variáveis do mercado;
- atrelar preços às estratégias de posicionamento do serviço/marca;
- atrelar preços diferenciados a cada segmento de mercado, integrando elementos do *mix* de marketing;
- considerar as percepções de valor e as expectativas de experiência do cliente, influenciadoras do processo de decisão;
- decidir os preços com base em marketing;
- atrelar condições específicas aos descontos nos preços;
- disponibilizar classes de preços de acordo com a ocupação diária, semanal, mensal e anual e o *pick up* de reservas de cada segmento de mercado.

Estratégia de preços

Foto 9.2. A peça publicitária da Localiza Rent a Car divulga desconto de até 20% nas diárias de locação para quaisquer modelo e número de diárias, descontos estes que funcionam via código (informado no anúncio). A promoção tem validade definida. Ainda há a possibilidade de aproveitar o desconto em reservas antecipadas, nas quais há mais flexibilidade. Note a indicação da presença da empresa nas mídias sociais.

Preços com base na concorrência

De acordo com Secomandi (2009), existem várias estratégias de preços. A estratégia de preço-resposta relaciona o preço à demanda para um serviço específico para um segmento específico durante um período de tempo específico, essencialmente um serviço dependente do preço e da receita de um segmento de mercado. A estratégia de preço-resposta é útil em quase todas as indústrias, incluindo principalmente a de serviços como parques temáticos, estádios esportivos, *shows* de entretenimento e propaganda *on-line*. O objetivo da empresa em curto e médio prazos é maximizar a margem de contribuição da venda dos serviços. Se a capacidade de inventário da empresa for fixa durante o período sob consideração – situação da grande maioria dos prestadores de serviços de turismo –, a empresa enfrentará um problema de estabelecimento de preços para uma oferta restrita. Quando a oferta é restrita e a venda de produtos é sazonal, surge a necessidade da estratégia de preços rebaixados. Quando uma empresa vende serviços para outras empresas (B2B), a regra é que os fornecedores negociem preços individuais para diferentes clientes, os quais realizam comparações de preços entre fornecedores competidores. Esses preços personalizados têm por objetivo estabelecer um preço para um acordo específico a fim de otimizar a margem do fornecedor na transação e, concomitantemente, levar em consideração o comportamento do concorrente a fim de manter as estatísticas.

Também podem ser estabelecidos preços baseados na concorrência em nível de indústria, confiando em modelos estruturais do comportamento competitivo, com aplicações em preços para efeitos competitivos e preços para mercados de serviços. Segundo Chris Anderson explicou em seu curso de RM (2012a), em decorrência da competição entre preços, as ações de preços de uma empresa causam reação em todos os outros competidores do mercado, tanto em participação de mercado quanto em resultados financeiros. Organizações que pertencem ao mesmo setor constantemente buscam compreender como uma empresa se posiciona no mercado diante da concorrência, avaliando ações de correspondência (ou não) de preço aos concorrentes, tentando compreender sua estratégia de preços. Qual é a perda potencial mínima de ocupação que justifique acompanhar o corte de preço efetuado por um concorrente? Qual é o ganho potencial mínimo que justifique não acompanhar o aumento de preço efetuado por um concorrente? Quando um concorrente abaixa o preço, uma empresa pode:

- manter seu preço e perder algum volume de venda, cálculo para o qual utilizamos a seguinte fórmula: PE = Variação da quantidade vendida / Quantidade vendida antes, o que também pode ser calculado pela seguinte fórmula:

PE = Variação do preço / Margem de contribuição

- abaixar também seu preço e perder alguma margem de contribuição, cálculo para o qual utilizamos a seguinte fórmula:

PE = Variação do preço / Margem de contribuição

Por exemplo, suponhamos que um concorrente reduza em R$ 10 o preço atual de sua diária de R$ 100 e que o custo variável por quarto seja de R$ 20:

Ponto de equilíbrio com a redução de preço:

Preço de venda de R$ 100 – Custo direto variável de R$ 20 = **Margem de contribuição de R$ 80**

PE = Variação do preço de R$ 10 / Margem de contribuição de R$ 80

PE = 0,125

Em suma, se a empresa em questão acompanhar a concorrência e reduzir em R$ 10 seu preço final, terá que vender 12,5% a mais de unidades para atingir o seu ponto de equilíbrio, caso contrário sofrerá uma perda de margem de contribuição à renda.

Da mesma forma, caso o concorrente suba o preço em R$ 10, a menos que a propriedade espere que a ocupação aumente em mais de 12,5% em virtude da manutenção do preço atual, será preciso acompanhar a alteração do preço para manter seu ponto de equilíbrio.

As empresas devem continuamente monitorar a temperatura tanto dos consumidores quanto de seus competidores para o estabelecimento de preços; devem também tentar entender como outras organizações reagem a alterações de preços da concorrência. Entrar continuamente em guerras de preço pode ter um efeito inflacionário nos preços do mercado. Alguns competidores se recusam a entrar nessas guerras de preço, resultando no fim de relações amigáveis entre competidores. É de suma importância que a organização entenda o impacto que a mudança de preços terá tanto nos seus consumidores quanto nos seus concorrentes. Seguir o preço de um competidor atribui muito crédito à concorrência e assume que os consumidores estão também obcecados com o preço do concorrente. Quando uma empresa desenvolve e implementa uma estratégia de preços bem concebida, ela não deve ter medo de flutuações de preço da concorrência (Tranter, Stuart-Hill & Parker, 2009).

De acordo com Anderson (2012a), um dos maiores erros na determinação de preço é a personalização de preços, pois as empresas objetivam principalmente o desconto, abaixando os preços, mas nunca o incremento, aumentando os preços. A personalização de preço não deve, necessariamente, abaixar os preços, uma vez que, caso não haja o estabelecimento de barreiras ou restrições às tarifas mais baixas, o cliente com alta propensão a pagar se desloca para categorias de preço mais baixo, ocorrendo um "vazamento" de receita. Ou seja, a redução de preços pode, em vez de captar novos clientes do mercado, simplesmente conseguir clientes de outras categorias de preço da mesma empresa.

Isso aconteceu, por exemplo, no mercado de aviação dos Estados Unidos. Em 1992, havia muita variação de tarifas e os clientes compravam duas viagens de ida e volta para evitar *overbooking*. As companhias aéreas tinham excesso de capacidade em torno de 60%. Quando a American Airlines anunciou suas tarifas com desconto, a Delta e a United Airlines acompanharam, mas a TWA foi ainda mais agressiva e ofereceu tarifas mais baixas, seguida pela NWA, que ofereceu duas passagens pelo preço de uma. Em reação à concorrência, a American Airlines ofereceu um desconto de 50%, o que lhe proporcionou índices recordes de carga, mas, em consequência, seu faturamento caiu 20%. A American Airlines, ao perceber que havia entrado em um espiral sem fim de guerra de preços, cancelou o desconto nas tarifas e informou que era vítima de uma competição tola, na qual cada companhia aérea pensava em si própria e não no setor. Quais são as lições que podemos tirar do mercado de aviação? A oferta era caracterizada por orientação ao custo, necessidade de utilização máxima da capacidade, perecibilidade do serviço e pouca diferenciação do serviço, enquanto a procura era caracterizada por busca de menor preço, alta eficiência da compra, baixa fidelidade à marca e baixa taxa de crescimento. Após os anos 2000, houve o crescimento das companhias aéreas de baixo custo com tarifas irrestritas, e a consequente correspondência de preço pelas transportadoras tradicionais. Além disso, os consumidores incrementaram a pesquisa de preço, e a tendência hoje são as tarifas simplificadas e de fácil compreensão do cliente final.

Estratégia de preço por fase do ciclo de vida do serviço

Everett Rogers, em seu livro *Diffusion of Innovations* (1962), com base em desvios-padrão da média da curva normal (curva em forma de sino na matemática), propôs que os consumidores de qualquer inovação ou nova ideia podem ser categorizados como inovadores (2,5%), adotadores precoces (13,5%), maioria avançada (34%), maioria atrasada (34%) e retardatários (16%), categorias estas que forneceram uma linguagem comum para os pesquisadores de inovação. A vontade e a capacidade de cada consumidor de adotar uma inovação depende de sua consciência, seu interesse, sua avaliação, seu julgamento e sua adoção. As pessoas podem cair em diferentes categorias para distintas inovações. Quando colocada em um gráfico, a taxa de adoção cria uma curva cumulativa em forma de S, simbolizando a curva de difusão da inovação. O gráfico mostra, essencialmente, um percentual acumulado de adotantes ao longo do tempo: lento no início, mais rápido ao aumentar a adoção e, em seguida, nivelando-se até faltar apenas uma pequena porcentagem de retardatários que adotem a inovação.

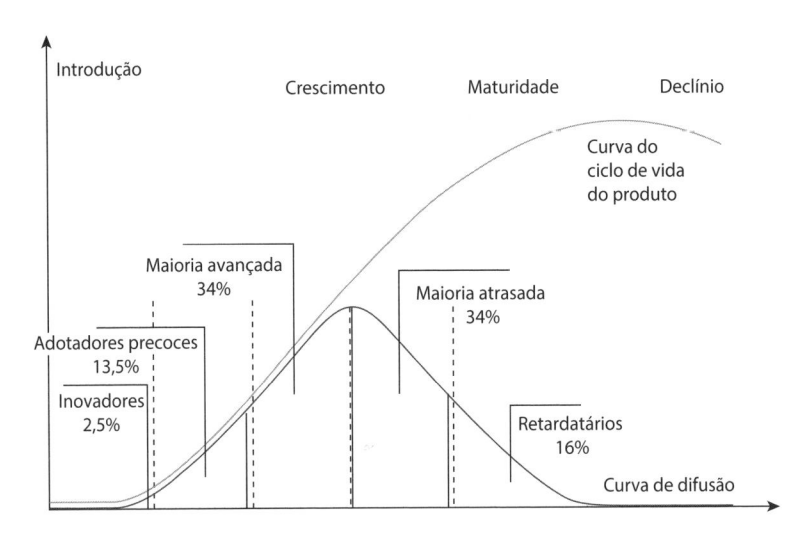

Gráfico 9.2. Difusão das inovações de Rogers.
Fonte: adaptado de Rogers (1962).

Esta curva S cumulativa pode ser sobreposta à curva de ciclo de vida do produto ou serviço, que vimos no capítulo 3 ("Análise do mercado e da concorrência"), para criar diferentes estratégias de precificação alinhadas com as estratégias de vendas e marketing, como sugiro a seguir:

1. **Fase de introdução.** Nesta fase, apenas os consumidores mais aventureiros estão dispostos a comprar, seja inovando e experimentando lançamentos do mercado, seja pagando um alto preço pelas novidades. Duas estratégias de preços podem ser utilizadas nesta etapa – a de penetração de mercado e a de preço *premium* (Tranter, Stuart-Hill & Parker, 2009):
    - **estratégia de penetração de mercado:** estratégia temporária de introdução de serviços com preços mais baixos no mercado para atrair volume, visando aumentar a margem de con-

tribuição. Na indústria de turismo, as novidades tendem a ser instalações novas em locais novos, portanto, normalmente um desconto sobre o preço é oferecido para que os consumidores se sintam estimulados a provar a novidade. Com o objetivo de dissuadir outros potenciais competidores de entrar no mercado, os preços oferecidos são menores que os das empresas concorrentes, criando uma percepção de melhor custo-benefício para os consumidores e possibilitando, também, a captação de uma fatia de mercado dos competidores. Uma vez que a empresa tenha conquistado um *market share* significativo, ela normalmente ajusta seus preços aos da concorrência. Podem-se criar preços com desconto para atrair volume;

- **estratégia de preço *premium*:** estratégia geralmente utilizada em serviços com elevado grau de diferenciação, os quais são introduzidos no mercado com preço alto de forma a criar uma percepção de grande valor intrínseco, exacerbar o valor percebido pelo cliente e posicionar o serviço como *premium* na mente dos consumidores, visando enaltecer a imagem da marca e captar da concorrência pequenos nichos de mercado com maior poder de compra. O valor da marca é um componente-chave para o estabelecimento de preços e para o posicionamento do serviço; afinal, consumidores muitas vezes igualam suas expectativas quanto ao serviço à percepção de valor da marca. O intuito dessa estratégia é ganhar em margem de venda, em qualidade de clientela, e perder em volume, em quantidade de unidades vendidas. Praticada normalmente por organizações no segmento *upscale*, pode também ser utilizada apenas na fase de lançamento do serviço para conseguir um posicionamento distinto, com redução gradual dos preços a fim de conquistar maior participação de mercado.

2. **Fase de crescimento.** Nesta fase, os adotadores precoces e a maioria avançada já estão dispostos a comprar, incrementando o volume de vendas e gerando economias de escala na produção, ou seja, diminuindo o custo de produção por unidade e, consequentemente, o preço. Michael Porter (1985), complementando seu Modelo das Cinco Forças que vimos no capítulo 3 ("Análise do mercado e da concorrência"), afirma que existem três estratégias bem-sucedidas para superar seus concorrentes – liderança de custo, diferenciação de serviço ou enfoque:

- **estratégia de liderança de custo:** visa à vantagem competitiva em vários segmentos de diversas indústrias, via liderança de custos, equiparando-se em qualidade de serviço à concorrência. Técnica centrada na empresa que utiliza como base os custos totais – fixos e variáveis, conforme volume da demanda – para gerar os serviços, mais uma margem adicional, como base para calcular os preços de venda, preços estes que são baseados nos atributos dos serviços. Essa estratégia é utilizada pela maioria das empresas e é caracterizada pela descentralização e pela estrutura leve, criando preços para cobrir os custos fixos e variáveis da empresa, visando maximizar a margem de contribuição;

- **estratégia de diferenciação de serviço:** visa à vantagem competitiva em vários segmentos de diversas indústrias, via diferenciação de serviços, equiparando-se em quantidade de custos à concorrência. Técnica centrada no cliente que utiliza como base o valor do serviço conforme percebido por ele, atribuindo a este valor um preço específico, preço este baseado nas percepções e nos comportamentos de compra de seus consumidores e nos benefícios gerados pelos serviços. Essa estratégia busca pontos significativos de diferenciação por meio

da criação de planos de marketing inovadores de modo a influenciar as decisões dos clientes, visando maximizar a margem de lucro;
- **estratégia de enfoque:** visa à vantagem competitiva em um segmento específico, via uma combinação de alto enfoque e alta flexibilidade, levando à inovação de estratégias de marketing, mantendo a empresa à frente das necessidades de competição, tecnologia e atendimento ao cliente. A equipe de marketing deve se concentrar na composição de produtos e recursos, em seguida, sobre o valor agregado do serviço para o cliente em relação aos seus concorrentes (Pearce, 2003).

3. **Fase de maturidade.** Nesta fase, a maioria atrasada e os retardatários correm para comprar os serviços, que já não são considerados novidade. De acordo com Kimes, em seu artigo "Perceived Fairness of Yield Management" (1994), a maioria dos consumidores acredita que eles têm direito a um preço justo e, ao mesmo tempo, a empresa tem direito a um lucro razoável. Modificações justificáveis no preço do serviço são vistas como justas, caso contrário, como injustas. Como fazer então para modificar os preços? Para realizar quaisquer alterações em sua transação-referência – o que modificaria também a opinião dos consumidores sobre a aceitação da transação em si –, uma empresa deve equilibrar os ganhos e as perdas percebidos tanto para o cliente quanto para a empresa. Duas estratégias de preços muito utilizadas nessa etapa são a de desconto nos preços e a de adição de recursos:
   - **estratégia de desconto nos preços:** para gerar vendas adicionais, um certo percentual de desconto no preço é dado. O fundamental é saber quando (em períodos de baixa ocupação ou em reservas feitas com certa antecedência, por exemplo), quanto (qual a por-

centagem de desconto e quantas unidades do inventário devem ser vendidas com desconto, por exemplo) e como (em reservas com grande volume e em reservas com restrições, por exemplo) aplicar tais descontos. Alguns hotéis aumentam o preço de referência, como a "tarifa cheia" (antiga "tarifa balcão"), para dar a noção de desconto sobre o preço praticado, sem realmente dar um desconto. A forma correta é colocar restrições nos preços com descontos, de maneira que preços mais altos e com menos restrições pareçam justos se comparados aos outros. Políticas e procedimentos para descontos sobre tarifas devem ser criados baseados na demanda por segmento, por data e por serviço. Para cada benefício dado deve haver restrições, como reservas feitas com certo período de antecedência, período mínimo de estadia, estadia passando por uma noite em particular, penalidades sobre cancelamento ou alterações, reservas não sujeitas a alteração, cancelamento ou reembolso. Vale ressaltar que, em caso de pouca demanda ou falta dela, é inútil dar descontos, pois a pequena receita que você teria seria ainda mais minimizada. Descontos são facilmente imitados pela concorrência, e, caso a empresa não aprenda a gerenciá-los de forma a maximizar suas receitas, pode-se entrar em uma interminável guerra de preços;

- **estratégia de adição de recursos:** para estimular o interesse de novos segmentos de mercado são adicionados serviços ou produtos extras ao principal serviço vendido, por um preço mais alto, aumentando o valor percebido da transação. Além disso, é possível vender o serviço como parte de um pacote especial que reúne vários serviços e produtos, criando-se pacotes com todos preços inclusos, aumentando o valor total percebido do pacote e mascarando o preço unitário de cada item, visando diluir preços para os clientes. A estratégia aqui é criar uma rica

experiência, combinando todos os principais produtos e serviços que o consumidor poderia querer, até chegar aos pacotes dinâmicos com foco no cliente, superpersonalizados, para atender às necessidades de cada consumidor (Tranter, Stuart-Hill & Parker, 2009).
4. **Fase de declínio.** Nesta fase, o volume de vendas começa a despencar, novos serviços despontam no mercado e chamam a atenção dos consumidores, e, caso nenhuma atitude seja tomada, o serviço morre. Duas estratégias de preços podem ser utilizadas nessa etapa – a de inovação e a de retirada:
   - **estratégia de inovação:** de acordo com Porter (1996), mudanças estruturais na indústria beneficiam novas empresas iniciantes no mercado e induzem as empresas maduras a mudarem suas estratégias. Inovações tanto nas estratégias de marketing – para repaginar, reembalar e reposicionar o conceito do serviço – quanto nos processos são necessárias para manter a vantagem competitiva. Essa inovação permite uma visão de mercado dinâmica e não estática, incluindo o tempo como uma variável, além dos serviços e clientes (Forlani & Parthasarathy, 2003);
   - **estratégia de retirada:** simplesmente saber a hora de parar de jogar e retirar o serviço do mercado.

O mais importante é escolher a estratégia de preço correta de acordo com o ciclo de vida do serviço ou da empresa e seu posicionamento no mercado, mantendo a estabilidade e a integridade dos preços a fim de preservar a confiança do consumidor. A estratégia de preços deve ser feita de forma que haja políticas e restrições de preços atreladas aos diversos segmentos de mercado, por sazonalidade.

Vale a pena notar que comunicar e praticar preços diferentes, ou impor certas restrições em reservas com desconto, não é visto como injusto no setor aéreo, mas pode ser visto como injusto no setor hoteleiro. Isso porque a indústria aérea tem muito menos competidores, ao contrário da competitiva hotelaria. Além disso, o preço pago por um assento em um avião é bem maior que por um quarto em um hotel (por noite neste caso, não por estadia), e, finalmente, uma vez no ar, é impossível mudar de aeronave, o que já é possível em um hotel (Kimes, 1994).

A estratégia de preços é uma das mais poderosas alavancas que uma empresa pode utilizar para afetar receitas e lucros. Segundo o relatório de McKinsey Quarterly (*apud* Popescu, 2009), para a média das empresas S&P 1500 (portfólio que representa os segmentos do mercado de *equity* dos Estados Unidos), um aumento de 1% no preço poderia gerar um incremento de 8% a 12% de lucro, impacto 50% maior que a redução de 1% em custos variáveis e 300% maior que o aumento de 1% em volume. A rede Marriott foi a pioneira em inúmeros conceitos do RM no setor hoteleiro – ao utilizar, por exemplo, uma combinação de determinação de preços e controle de estoque – e continua buscando melhorias de receitas (Cross, 1998).

Melhor tarifa disponível e tarifas dinâmicas

A BAR é a melhor tarifa disponível por quarto livre para a venda ao público em uma certa noite. A aplicação da BAR permite muita flexibilidade ao hotel, pois as tarifas são sempre aplicadas conforme a demanda – os níveis tarifários são abertos e fechados de acordo com a demanda, as tarifas promocionais são criadas conforme a demanda –, otimizando o potencial de receita. As tarifas dinâmicas ou tarifas flexíveis, que mudam conforme a data da reserva e de estadia, são um dos elementos do RM mais conhecidos e comentados, sendo apenas uma pequena parte do vasto repertório de técnicas de RM, que já vêm sendo praticadas pelas companhias aéreas há tempos. A hotelaria brasileira está caminhando na mesma direção. Um dos desafios dessa técnica é assegurar paridade das tarifas nos diversos canais de distribuição, principalmente para os hotéis independentes que não têm interface direta com CRS, GDS ou IDS e que têm de fazer a atualização de tarifas de forma manual.

Para desenvolver um tarifário efetivo de melhores tarifas disponíveis de acordo com a demanda e a ocupação, é necessário, primeiramente, ter atualizado há menos de seis meses a avaliação de valores e o mapa de posicionamento perceptivo de preço e nível de serviço, que vimos no capítulo 3 ("Análise do mercado e da concorrência", pois essas tabelas e gráficos contêm informações sobre o posicionamento de mercado do seu hotel e dos seus principais concorrentes em relação ao seu hotel. Além disso, é preciso preparar o calendário de demanda e a previsão de demanda, conforme vimos no capítulo 8 ("Previsão de demanda"). Então, devem ser criados níveis de tarifa por estação, que devem conter todas as condições de demanda que seu hotel antecipa no mercado, e os níveis de tarifa para mercado de grupos devem ser proporcionais aos do individual. Minha recomendação é de que sejam criados níveis em número ímpar, para haver um nível de tarifa média, e que sejam sete níveis no máximo, para haver maior controle da estratégia tarifária e menos trabalho operacional. Os níveis 1 e 7 representam a maior e a menor tarifa possíveis, respectivamente, e os níveis intermediários devem responder a todas as tarifas tipicamente ofertadas pelos concorrentes, sendo preciso desenvolver tarifas que permitam com que a empresa realmente venda as tarifas como foram criadas e não dê descontos desnecessários. Determine a tarifa intermediária de nível 4 como a tarifa que irá vender com maior frequência; para isso, utilize sua diária média para o segmento de mercado individual, baseada em dados históricos de anos anteriores, como base para sua tarifa intermediária. Para o intervalo entre os níveis, pode ser utilizado o mesmo valor, de forma que os níveis sejam equilibrados. Para isso, basta calcular a diferença entre o nível 1 e o nível 7 (no caso mostrado a seguir,

R$ 300 - R$ 120 = R$ 180,00), dividi-la pelo número de intervalos existentes (neste exemplo, R$ 180 / 6 = R$ 30) e somar este valor no nível 7 até o nível 6 (ver tabela 9.1).

Níveis	Tarifa	Demanda esperada/Nível de ocupação
1. Maior nível	R$ 300	De 91% a 100%
2	R$ 270	De 81% a 90%
3	R$ 240	De 66% a 80%
4. Diária média	R$ 210	De 51% a 65%
5	R$ 180	De 36% a 50%
6	R$ 150	De 16% a 35%
7. Menor nível	R$ 120	De 0% a 15%

Tabela 9.1. Exemplo de níveis de tarifa atrelados à demanda prevista.
Fonte: a autora.

Para a personalização do preço, os níveis de tarifa mencionados no quadro 9.1 evidenciam oportunidades de precificação e servem como base para variações tarifárias por critérios variados: duração da estadia, segmento de mercado, categoria de serviço e adicional por pessoas extras.

1. **Duração da estadia.** Em inglês, é definida pela sigla LOS (de *Length of Stay*) e se refere à determinação de preços diferenciados por duração da estadia, cujo objetivo é atingir diferentes segmentos de mercado por meio da venda de várias tarifas para uma única data de chegada, de acordo com a duração da estadia do hóspede, uma vez que segmentos de mercado mais sensíveis à tarifa tendem a ficar mais noites para conseguir uma tarifa mais baixa. Um dos benefícios de cotar uma tarifa por duração de estadia se deve ao fato de essa estratégia auxiliar a empresa a conquistar seu objetivo de maximização de receitas, eliminando as confusas mudanças de tarifa. Além disso, os preços podem ser utilizados para alterar padrões de estadia, pois, ao aumentar ou decrescer a duração da estadia necessária para a reserva, a demanda é direcionada

para as noites de menor ocupação. Para estabelecer controles de duração da estadia, pense na previsão de demanda potencial e ilimitada e estabeleça controles gerais de duração da estadia por dia da semana para o ano todo, modificando-os em datas de maior ou menor demanda. Faça esses controles da data atual até 365 dias para o futuro, continuando a fazer a cada dia que passa, conforme a demanda muda.

Por exemplo, em uma cidade com foco corporativo como São Paulo, a maior procura é de clientes do segmento de negócios, visando portanto aos dias de semana. A maioria desses clientes chega entre domingo e terça-feira e fica de uma a três noites, logo é importante resguardar os dias de chegada, principalmente as terças-feiras, para que o inventário não seja todo ocupado por clientes que ficam apenas uma noite. Há hotéis, inclusive, que simplesmente proíbem a entrada de clientes com estadia de uma noite chegando na terça-feira. É fundamental atrelar com antecedência de um ano níveis de tarifa por data de chegada e por duração de estadia (quadro 9.1). À medida que a data vai se aproximando, é possível fazer alterações nos controles conforme o ritmo das reservas no sistema.

	LOS 1	LOS 2	LOS 3	LOS 4	LOS 5	LOS 6	LOS 7 +
Domingo	Nível 3	Nível 2	Nível 1	Nível 2	Nível 3	Nível 4	Nível 5
Segunda	Nível 2	Nível 1	Nível 2	Nível 3	Nível 4	Nível 5	Nível 4
Terça	Nível 1	Nível 2	Nível 3	Nível 4	Nível 5	Nível 4	Nível 3
Quarta	Nível 3	Nível 4	Nível 5	Nível 6	Nível 5	Nível 4	Nível 3
Quinta	Nível 4	Nível 5	Nível 6	Nível 5	Nível 4	Nível 3	Nível 4
Sexta	Nível 5	Nível 6	Nível 5	Nível 4	Nível 3	Nível 4	Nível 5
Sábado	Nível 6	Nível 5	Nível 4	Nível 3	Nível 4	Nível 5	Nível 6

Quadro 9.1. Exemplo de matriz de níveis de tarifa por data de chegada e por duração de estadia para um hotel corporativo.

Fonte: a autora.

2. **Segmento de mercado.** Determinação de preços diferenciados por segmento de mercado, aproveitando segmentos com diferentes disposições de pagar e gerando uma barreira de compra aos segmentos não alvo, a fim de melhor gerenciar os segmentos de mercado. Para uma segmentação de preços efetiva é necessário adaptar as regras de preço às condições variáveis do mercado, atrelar os preços às estratégias de posicionamento do serviço e/ou marca, atrelar preços diferenciados a cada segmento de mercado, integrando elementos do *mix* de marketing, considerar as percepções e expectativas do cliente influenciadoras do processo de decisão, atrelar condições específicas aos descontos nos preços e disponibilizar as classes de preços de acordo com a ocupação e o *pick up* de reservas por segmento de mercado.
3. **Categoria de serviço.** Determinação de preços diferenciados por linhas de serviço diferenciadas, oferecidas para diferentes segmentos de mercado com distintas atribuições de valor agregado e características físicas, as quais serão abertamente divulgadas para diferenciar os serviços, erguendo barreiras e fazendo com que os próprios clientes se classifiquem entre as diversas ofertas de acordo com suas necessidades e preferências.
4. **Adicional por pessoas extras.** Determinação de preços diferenciados por quantidade de pessoas que utilizarão o serviço – normalmente, o custo de um adulto utilizando o serviço já está embutido na tarifa BAR, e pessoas adicionais serão cobradas separadamente.

Por exemplo, podemos estabelecer uma porcentagem de incremento ou de redução que cada segmento de mercado terá sobre a tarifa BAR, dependendo do volume de negócios que trará para a empresa. Podemos também estabelecer um valor adicional por categoria de inventário e por número de pessoas, dependendo do valor agregado e do custo variável que gerará para a organização (quadro 9.2). Por exemplo, se um casal fizer uma reserva para um apartamento de categoria luxo em um hotel em São Paulo com a grade tarifária baseada nos níveis de tarifa da tabela 9.1 e nas variações tarifárias do quadro 9.2 em uma data para a qual o sistema já registra 70% de ocupação, chegando numa quarta-feira, por sete noites, eles conseguirão a tarifa de R$ 240 + R$ 200 adicional de categoria de quarto + R$ 15 de pessoa extra, ou seja, a tarifa final por noite será de R$ 455. Uma grade tarifária com sete níveis de tarifa pode gerar uma ampla variedade de combinações de tarifas; além disso, cada tipo de tarifa, dependendo da antecedência com a qual a reserva é feita e do tipo de política ou restrições a ela atreladas, pode ter várias subtarifas, como veremos no item seguinte.

TIPO	SUBTIPO	TARIFA
Segmento de mercado	Individual a negócios (B2C)	BAR
	Individual a lazer (B2C)	BAR
	Grupos (B2C ou B2B)	BAR – 5% até BAR – 20%
	Contratos (B2B)	BAR – 5% até BAR – 30%
	Atacado (B2B)	BAR – 10% até BAR – 40%
Categoria de serviço	Luxo	BAR + R$ 200
	Executivo	BAR + R$ 100
	Padrão	BAR
Adicional por pessoa extra (por unidade de serviço)	1 adulto	BAR + R$ 15
	1 criança* (de 6 a 18 anos)	Adicional de R$ 10
*Acompanhada de adulto responsável	1 criança* (até 5 anos)	Cortesia

Quadro 9.2. Exemplo de tabela de valores adicionais por segmento de mercado, categoria de serviço e pessoa extra.
Fonte: a autora.

Acordos corporativos podem ser feitos com base na BAR, de forma que a tarifa corporativa negociada tenha uma porcentagem de desconto sobre a BAR – assim, o cliente corporativo sempre tem um desconto sobre a melhor tarifa disponível. Vale a pena enfatizar a importância de estabelecer quais unidades de inventário ficarão disponíveis por acordo corporativo: se vão ser todas as unidades da empresa, ou seja, todas as categorias estarão disponíveis – conceito conhecido como *run of the house* –, ou se apenas algumas categorias de inventário estarão disponíveis (como as categorias padrão e/ou executiva). Também de suma relevância é estipular até quando as unidades de inventário ficarão disponíveis, se até o último quarto estar disponível (o já citado LRA) ou não (também chamado de NLRA) (Tranter, Stuart-Hill & Parker, 2009). No último caso, é possível, inclusive, atrelar a tarifa corporativa negociada a um certo nível de tarifa, a fim de que, quando a organização alcançar um percentual de ocupação X que necessite a aplicação de tarifa Y atrelada a nível Z, a tarifa corporativa negociada já não mais esteja disponível. No início de 2008, meu último ano como *revenue manager* do Hilton São Paulo Morumbi, adotamos as tarifas corporativas dinâmicas, flutuantes de acordo com a BAR, conceito amplamente adotado nos Estados Unidos ou na Europa, onde o RM já atingiu sua maturidade. Facilmente implantados, descontos de 5% a 30% da BAR começaram a ser oferecidos – dependendo da produção anual esperada e do relacionamento com o cliente corporativo – em substituição aos acordos corporativos fixos em que a tarifa negociada era uma só, não importando a variação da demanda ou a sazonalidade do destino.

Como gerente geral da hotel.info/hotel.de no Brasil, aprendi muito sobre o mercado de viagens corporativo. A hotel.info/hotel.de (parte do alemão HRS Group, a maior agência de turismo *on-line* da Alemanha) é um serviço gratuito de reservas hoteleiras, tanto para clientes de empresas como para pessoas físicas, que oferece a possibilidade de reservar *on-line* mais de 250 mil hotéis em todo o mundo.

Com sede na Alemanha, onde é líder do setor, possui escritórios na Espanha, na Itália, na França, na Grã-Bretanha, na China, em Cingapura, e inaugurou em maio de 2012 uma sucursal no Brasil, de cuja equipe de abertura fiz parte. Em 2011, a OTA ultrapassou os € 40 milhões em vendas globais, consolidando uma base de clientes com 565 mil PMEs (pequenas e médias empresas) e mais de 500 grandes contas corporativas internacionais – entre elas Bosch, Merck, Adidas, SAP, Air France, Electrolux, Lufthansa, Ernst & Young, Peugeot/Citroën e Bayer. Cada cliente corporativo segue um conjunto de regras estabelecidas pelo Departamento de Viagens da matriz para as reservas de hotéis, como o valor da tarifa corporativa negociada com o hotel, a diária máxima permitida por cidade, a proximidade do hotel das sucursais da empresa, a política de cancelamento do hotel, a forma de pagamento do hotel e até a quantidade que se pode gastar com alimentos e bebidas por dia.

Foto 9.3. Esta peça publicitária do Costão do Santinho mostra que o empreendimento se utiliza de estratégias distintas para diferentes previsões de demanda. Conceituado como *resort* de praia e posicionado como um destino de família, com *spa* e piscinas aquecidas, o Costão busca, no anúncio, incrementar a ocupação durante o inverno, oferecendo condições superespeciais ou promoções específicas. Contudo, note que restrições são feitas: hospedagem grátis para duas crianças de até 11 anos é apenas válida para pacotes de sete noites (impulsionando longas estadias), e datas e programação estão sujeitas a alteração sem aviso prévio.

Políticas e restrições atreladas ao preço

Chris Anderson, em seu curso de RM (2012a), explicou que, antes mesmo das políticas e restrições de preços, há vários tipos de barreiras físicas às tarifas, como a localização da propriedade, o *design* de seu mobiliário e as amenidades incluídas em cada serviço. As categorias de serviços oferecidos e os canais de distribuição escolhidos – bem como a disponibilidade e as tarifas atreladas a cada um deles – também auxiliam a controlar os segmentos de mercado recebidos; por isso é que, para captar clientes distintos, é tão importante que a organização escolha canais díspares, que utilizem diferentes meios de comunicação ao consumidor.

Ao atrelarmos políticas e restrições aos preços de um certo serviço, estamos determinando a elegibilidade de um consumidor de reservá-lo e/ou comprá-lo. Essas políticas e restrições – tanto mais necessárias quanto maior for o desconto dado ao preço – são criadas para proibir consumidores de mudar de um segmento a outro em busca de conseguir tarifas mais baixas e para coibir a combinação de descontos, o que poderia destruir o potencial de receita de uma empresa. Quando um consumidor deixa de comprar determinado serviço a preço *premium* em seu próprio segmento de mercado e compra o mesmo serviço a um preço com desconto em um segmento de mercado, isto é chamado de canibalismo (Tranter, Stuart-Hill & Parker, 2009). Voltando ao conceito de valor mencionado no item anterior, é possível identificar e compreender a variação de valor percebido entre os clientes de um determinado serviço, portanto os clientes devem ser divididos por valor percebido para evitar a diluição da receita. Conforme vimos no capítulo 5 ("Conhecimento dos consumidores"), para conhecer seus consumidores é preciso saber quem constitui o mercado, o que e por que compra, além de quem participa na compra, como, quando, quanto e onde compra, considerando que o valor é diferente para cada cliente. É preciso entender o comportamento do comprador e os fatores que o influenciam, entender o tipo de processo decisório e as diversas decisões de compra envolvidas.

As políticas e restrições de preços são ferramentas adicionais de controle que devem ser atreladas à duração da estadia, aos segmentos de mercado e à categoria de serviço a fim de propulsionar os consumidores a reservarem com antecedência, auxiliando a organização a calcular sua previsão de demanda e a prevenir picos e vales de ocupação de forma mais eficaz. Alguns exemplos de restrições atreladas aos preços são reservas antecipadas com desconto via garantia de cartão de crédito não canceláveis e/ou reservas com desconto via depósitos antecipados não reembolsáveis, já que reduções nas tarifas – além da garantia de disponibilidade – constituem um dos maiores fatores de motivação para consumidores que reservam antecipadamente (Tranter, Stuart-Hill & Parker, 2009). O quadro 9.3 traz exemplos de políticas de desconto e suas respectivas restrições com relação a antecipação da compra/reserva, reembolso, alteração e cancelamento.

Política	Antecipação	Reembolso	Alteração	Cancelamento
Reserva garantida com cartão de crédito sem descontos	< 20 dias	Não há reembolso em caso de *no show*	Alterações plenas	Cancelamento com 24 horas de antecedência
Compra antecipada com 15% de desconto sobre a BAR	21 dias	Não há reembolso em caso de *no show*	Não são permitidas alterações	Não é permitido cancelamento
Reserva garantida com cartão de crédito com 5% de desconto sobre a BAR	30 dias	Reembolso de 5% em caso de *no show*	Alterações plenas	Cancelamento com 3 dias de antecedência
Reserva garantida com cartão de crédito com 10% de desconto sobre a BAR	45 dias	Reembolso de 10% em caso de *no show*	Alteração das datas de estadia, mas não do número de quartos	Cancelamento com 7 dias de antecedência

(cont.)

PARTE II – DESENVOLVIMENTO E IMPLEMENTAÇÃO DAS ESTRATÉGIAS DE RM

Política	Antecipação	Reembolso	Alteração	Cancelamento
Reserva garantida com cartão de crédito com 15% de desconto sobre a BAR	60 dias	Reembolso de 15% em caso de *no show*	Alterações permitidas, mediante pagamento de taxa de R$ 50	Cancelamento com 15 dias de antecedência
Reserva garantida com cartão de crédito com 20% de desconto sobre a BAR	75 dias	Reembolso de 20% em caso de *no show*	Alterações permitidas, mediante pagamento de taxa de R$ 100	Cancelamento com 21 dias de antecedência
Reserva garantida com cartão de crédito com 25% de desconto sobre a BAR	90 dias	Reembolso de 25% em caso de *no show*	Não são permitidas alterações	Cancelamento com 30 dias de antecedência

Quadro 9.3. Exemplos de políticas de desconto e suas restrições.
Fonte: a autora.

Acompanhar o ritmo de reservas por segmento de mercado também é fundamental, já que reservas de último minuto são bem menos sensíveis ao preço que reservas feitas com antecedência. Mesmo assim, existem viajantes oportunistas, flexíveis com relação ao destino e às datas de viagem, que esperam até o último momento para fazer sua reserva, já antecipando ofertas especiais com fortes restrições e penalidades (feitas para viajantes flexíveis e de última hora), pois sabem que – caso haja inventário disponível – é melhor vendê-lo a um baixo preço que simplesmente não vender esse inventário perecível. Ao mesmo tempo, às vezes as empresas se precipitam e descontam os preços de seu inventário antes da hora, acabando por vender unidades de inventário preciosas para clientes valiosos por menos do que eles estariam dispostos a pagar (Tranter, Stuart-Hill & Parker, 2009).

Pensando em novas indústrias que poderiam se beneficiar do RM estão, por exemplo, os parques temáticos nacionais. Lembro-me da aplicação do RM na prática quando eu trabalhava como *guest relations* no parque Magic Kingdom, da Walt Disney World Company. Uma de minhas funções era vender os tíquetes do parque para os hóspedes que vinham comprá-los diretamente na entrada do parque. Havia muitas tarifas diferentes para o mesmo ingresso de parque – tive mais de uma semana de treinamento só para entender todas as tarifas, suas restrições, quando e como vendê-las. Essas variações de preço eram baseadas em segmentos de mercado (por exemplo, residentes da Flórida têm descontos para os parques da Disney em Orlando), em compras de pacotes que incluíam ingressos para o parque (por exemplo, alguns pacotes da Disney Cruise Line que incluem, após o cruzeiro, um dia – ou mais – em um dos parques, ou a compra de uma estadia em um dos *resorts* da Disney que inclui um ingresso – ou mais – para um dos parques), em compras de ingressos para vários dias (ou até para o ano todo), em compras de ingressos para várias pessoas, em compras de ingressos para vários parques, etc. O próprio *site* da Disney informa: "Os preços por dia variam dependendo da duração do ingresso comprado – quanto mais dias você brincar, menos você pagará por dia". O ingresso anual, por exemplo, inclui o estacionamento nos parques, descontos especiais e ofertas nas lojas de *merchandising* dos parques e *resorts* da Disney. Alguns ingressos permitem que você vá de um parque para outro pagando somente uma admissão, enquanto outros só podem ser utilizados em um único parque. Os últimos, por serem mais restritivos, são mais baratos. No Brasil, seria interessante colher informações sobre alguns parques temáticos e fazer um estudo comparativo sobre as práticas de RM e as oportunidades existentes no setor. Certamente, novas estratégias podem ser propostas e a implementação, discutida entre participantes deste mercado.

Foto 9.4. Pela redução de tarifas é possível elevar a ocupação em noites de vale, como noites de fim de semana em um hotel corporativo. A peça publicitária do Transamérica Hospitality Group demonstra bem esse conceito ao comunicar o desconto de até 50% sobre as tarifas de finais de semana e a promoção de duas pessoas pagarem pelo preço de uma, pois, além de explicar quais unidades participavam da promoção, informou quais eram as tarifas já com desconto por propriedade. Além disso, explica que as condições para conseguir o desconto eram *check-in* na sexta e *check-out* no domingo e que o valor de apartamento *single* se referia à hospedagem de duas pessoas em apartamento duplo na mesma acomodação. A peça informa ainda as ressalvas para prevenir imprevistos, como valores de diárias promocionais sujeitos à confirmação no ato da reserva, entre outras. Note também a indicação da presença da empresa nas mídias sociais.

Estratégias e otimização de preços

Durante os quatro anos em que participei do time de *Revenue Management* da Hilton Hotels Corporation, aprendi um conceito muito interessante para verificar quão efetivo está sendo o gerenciamento dos preços: o da eficiência da tarifa, que mede o desempenho da diária média conseguida em um segmento de mercado, como o individual, por exemplo, em relação à BAR (melhor tarifa disponível) utilizada como referência. Basta dividir a diária média do segmento pela melhor tarifa disponível. Quanto melhor for a eficiência dos preços de uma organização, melhor será sua diária média e mais otimizada será sua receita. O objetivo é obter 95% de eficiência de tarifa, o que significa que a organização é capaz de manter um adequado e razoável nível de descontos, ao mesmo tempo que valida a estratégia tarifária.

A estratégia de preços é uma das ferramentas mais poderosas que um hotel pode utilizar para aumentar sua receita. Para isso é preciso criar preços distintos para unidades de serviço diferentes, utilizar estratégias de preços dinâmicos, desenvolver restrições efetivas para cada tarifa, diferenciar os preços por segmento de mercado, criar tarifas para previsões de demanda e canais de distribuição diferentes, utilizando vários sistemas de tecnologia da informação para gerenciar o preço de forma mais efetiva. Além disso, é preciso considerar o impacto dos preços variáveis/dinâmicos/flutuantes e dos descontos sobre os preços nas estratégias de RM. Devem-se considerar também a elasticidade das tarifas, o melhor *mix* de tarifas, a percepção de preços justos pelos consumidores e, ainda, o relacionamento da estratégia de tarifas com as estratégias de vendas e de posicionamento. O gerenciamento dos canais de distribuição (canais estes que podem ser diretos ou indiretos, *on-line* ou *off-line*, e podem ser gerenciados pela equipe do hotel ou por terceiros) é uma ferramenta essencial para controlar os preços diferenciados, manter as restrições tarifárias e alavancar a receita.

Chris Anderson, em seu curso de RM (2012a), apresentou a Teoria da Previsibilidade, cuja ideia básica é de que o valor não está associado aos níveis efetivos de consumo, mas às alterações esperadas de bem-estar – em outras palavras, o comprador avalia o resultado de decisões futuras categorizando-as mentalmente em ganhos ou perdas em relação ao ponto de referência. Segundo a Teoria da Previsibilidade, as pessoas têm aversão ao risco, sendo conservadoras quando consideram ganhos; por outro lado, são mais propensas a arriscar uma perda do que pagar o valor esperado para evitá-la. De acordo com a Teoria da Previsibilidade, uma perda é sentida mais intensamente do que um ganho do mesmo valor, ao contrário da Teoria Econômica, na qual ganhos e perdas do mesmo valor são considerados iguais. As implicações da Teoria de Previsibilidade são as seguintes: ganhos cada vez maiores são incrementalmente menos satisfatórios e perdas incrementalmente maiores são incrementalmente menos dolorosas, sendo geralmente o desgosto associado à perda de uma determinada quantia maior do que o prazer de ganhar a mesma quantia. E por que isso é relevante para as estratégias de preço? Porque é preciso treinar os agentes de reservas e recepção acerca de que, ao receber um pedido de reserva, deve-se sempre começar cotando a melhor categoria de serviço, com a tarifa mais alta, fixando um preço de referência alto, para que as categorias inferiores sejam consideradas como ganho, informar aos clientes que caso a reserva não seja feita no momento aquele serviço por aquela tarifa pode não estar mais disponível, facilitando assim que o cliente visualize opções e contrapartidas (ou seja, *trade-offs*). Além disso, uma vez que os consumidores tenham concordado em gastar certo valor de dinheiro, fazê-los pagar mais é mais fácil do que parece – para isso, é preciso deslocar o ponto de referência além do preço a alguma coisa que possa resultar em uma vantagem em relação à concorrência (por exemplo, posicionamento da marca, qualidade do serviço, serviços adicionais agregados, etc.). Nessa situação, é possível fazer um *upselling* de serviço, ou seja, vender uma categoria acima da requisitada, explicando que o valor adicional é menor que a diferença de preços entre a classe de reserva atual e o custo da classe um nível acima.

Fiz um trabalho de consultoria de RM nos hotéis-escola do Senac, em Campos do Jordão e Águas de São Pedro, no qual investiguei e analisei o nível de RM praticado com o auxílio do gerente geral e dos gerentes de diversos departamentos de cada hotel, que forneceram para tal análise dados reais por meio de vários relatórios. Sobretudo, propus estratégias concretas de preços visando aprimorar os tarifários dos hotéis para o desenvolvimento do orçamento e da previsão de vendas de 2010. Discuti o processo de implementação das novas tarifas, os potenciais desafios com os clientes fiéis e o impacto na receita. Uma das minhas observações durante esse trabalho foi justamente a pouca utilização das estratégias de *upselling* e de vendas cruzadas de serviços nos hotéis-escola, mas o interessante é que toda a gerência estava aberta a novos conceitos e práticas e rapidamente adequou suas estratégias de preços e aceitou utilizar técnicas de RM.

Após criar sua estratégia de preços, é preciso validá-la. Alguns dos pontos que podem auxiliar nesse processo de validação de tarifário são:

- verificar se suas tarifas foram baseadas na demanda para sua empresa, de acordo com sua participação de mercado;
- se seus preços estão alinhados com o posicionamento de sua empresa;
- se seus preços estão consistentemente competitivos em relação aos concorrentes;
- se suas tarifas foram criadas por segmento de mercado, por duração de estadia e por categoria de serviço; e
- se a todas as tarifas incidem políticas e restrições diferenciadas.

Quanto mais informações seu hotel tiver sobre seus concorrentes e sobre seu histórico de demanda, mais efetivo será ao desenvolver sua estratégia de tarifas. Assegure-se também de que a tarifa faça sentido do ponto de vista do hóspede – isto é, que o valor do preço pago pelo serviço é coerente. Alguns relatórios facilitam essas análises, como a avaliação de valor, a pesquisa de tarifas da concorrência, relatórios de participação de mercado e de variação de tarifas (como os da TravelClick e da HotelIndex). As estratégias de RM que já vimos até então, como a segmentação de mercado, o controle da capacidade do inventário e a previsão de demanda, servem como alicerce para a criação das tarifas, que serão então comunicadas pelos diversos canais de distribuição, como veremos a seguir.

Questões para reflexão e aplicação

1. Sabendo que a margem de contribuição pode ser calculada removendo as despesas e os custos diretos variáveis do preço de venda, calcule o ponto de equilíbrio do Hotel Ramos, que está planejando um aumento de 15% em sua diária por noite acima de seu preço atual de R$ 250, considerando o custo variável por quarto de R$ 110 e os custos fixos de R$ 90 mil por dia. Com o aumento de 15% no preço final, quantas unidades de serviço o Hotel Ramos precisa vender para atingir o seu ponto de equilíbrio? Calcule também até quanto a ocupação pode ser reduzida antes que um aumento dos preços deixe de ser rentável.

2. As empresas devem continuamente monitorar a temperatura de seus competidores para o estabelecimento de preços, evitando guerras de preço desnecessárias. Com base nisso, suponhamos que um concorrente do Hotel Ramos, citado anteriormente, reduza em R$ 50 o preço atual de sua diária de R$ 300 e que o custo variável por quarto seja também de R$ 110. Qual é o ponto de equilíbrio com a redução do preço? Se o Hotel Ramos acompanhar a concorrência e reduzir em R$ 50 seu preço final, quantas unidades de serviço terá que vender a mais para atingir o seu ponto de equilíbrio, a fim de não sofrer uma perda de margem de contribuição à renda?

3. Uma renomada rede hoteleira possui dois hotéis em uma cidade corporativa: um hotel boutique que será inaugurado no mês

que vem no bairro mais nobre da cidade e um hotel corporativo presente há 15 anos no centro da cidade e que está passando por uma grande renovação. Escolha a estratégia de preço correta de acordo com o ciclo de vida das propriedades e seu posicionamento no mercado, mantendo a estabilidade e a integridade dos preços a fim de preservar a confiança do consumidor.

4. Sabendo que, para um hotel de lazer em um destino turístico, a diária média para o segmento de mercado individual baseada em dados históricos do ano anterior é de R$ 300 (a tarifa de baixa ocupação é de R$ 150, e a tarifa de alta ocupação, R$ 450), crie uma estratégia de preços com cinco níveis, com variações tarifárias por duração de estadia, segmento de mercado, categoria de serviço e pessoa adicional. Acrescente políticas e restrições aos preços e eventuais descontos atreladas aos diversos segmento de mercado, por sazonalidade.

Sugestões de casos

Chen e Rothschild (2010, pp. 685-694). Este estudo investiga o impacto de uma variedade de atributos ou características sobre as tarifas cobradas para quartos de hotéis em Taipei. Os autores utilizam um método chamado "preços hedônicos" e usam dados obtidos de 73 hotéis via uma agência de viagens *on-line*. Os resultados mostram que a localização do hotel, a disponibilidade de TV LED e a presença de instalações para conferências têm efeitos significativos sobre as tarifas de dias da semana e de fim de semana. Por outro lado, o acesso à internet e a presença de um centro de *fitness* têm efeitos significativos sobre os preços apenas nos dias úteis, enquanto o tamanho dos quartos tem um efeito significativo apenas nas tarifas de fim de semana. De particular interesse, face aos resultados obtidos em trabalhos anteriores, é que, em Taipei, há uma relação negativa entre a proximidade com o centro da cidade e as tarifas, tanto nos dias de semana quanto nos fins de semana.

Schütze (2008, pp. 43-66). Empresas que vendem produtos perecíveis para os quais existe uma demanda incerta utilizam a precificação dinâmica para a gestão de suas receitas. No caso de serviços perecíveis, análises recentes centraram-se na distribuição da capacidade das companhias aéreas. Outros produtos não armazenáveis incluem a capacidade de inventário de hotéis. Este artigo discute a variação das estratégias de preços de hotéis dentro do sistema de distribuição de internet da HRS.com, a agência de turismo *on-line* mais importante da Alemanha, que faz a intermediação de reservas de hotéis, segundo estudos recentes da KPMG. O texto se concentra na distribuição de quartos de hotel disponíveis para reserva na internet para Viena e oferece uma perspectiva em relação às capitais da Europa. Os principais interesses de pesquisa são os modelos de preços e a fixação do preço final, com base em dados coletados da HRS.com. Os resultados incluem a identificação de diferentes grupos de estratégia de preços no que diz respeito à categoria e à disponibilidade do hotel durante um período de 22 dias para Viena e uma outra cidade de cada país da Europa (as capitais foram estudadas para todos os casos, exceto para a Holanda, país para o qual foram coletados dados de Amsterdã). O estudo levou em consideração certos dias de chegada (segundas, terças, quartas e quintas-feiras) e usou dados de um determinado período (de 11 de julho a 10 de outubro de 2005) para Viena, e a primeira e a última data como base de comparação para as demais cidades da Europa.

••• OLHAR DO MERCADO

ENTREVISTA COM JULIANE CORREDATO

1. EM SUA OPINIÃO, O QUE É *REVENUE MANAGEMENT*?

   Revenue Management é uma forma de gerenciamento que parte da análise do histórico a fim de identificar tendências e antecipar a demanda, propondo instruções de venda dia a dia com o objetivo de maximizar a receita.

2. COMO SE DESENVOLVEU SUA TRAJETÓRIA PROFISSIONAL ATÉ SUA ENTRADA NO CAMPO DE RM?

   Iniciei minha carreira na hotelaria no Departamento de Recepção. A partir daí, fui promovida a Reservas, em que tive meu primeiro contato com o gerenciamento de receitas. Foi nesse momento que soube aonde queria chegar e comecei a perseguir meu objetivo de me tornar *revenue manager*. Após reservas, atuei como coordenadora de grupos e, posteriormente, analista de inteligência de negócios, quando então fui promovida a *revenue manager*. Após dois anos de experiência como *revenue manager* dedicada a uma única unidade, tive a oportunidade de me tornar RM de área para a regional do Brasil, tendo 12 hotéis sob minha responsabilidade. Atualmente, além de me dedicar ao cargo de *area revenue manager*, sou professora de RM e também presto consultoria sobre o tema.

3. QUAIS SÃO/FORAM SUAS MAIORES RESPONSABILIDADES COMO GERENTE DE RECEITA?

   Implantar tanto a cultura como as técnicas de RM na região do Brasil para a Meliá Hotels International.

4. COMO O RM SE DESENVOLVEU E SE ENCAIXA NA EMPRESA EM QUE VOCÊ ATUA/ATUOU COMO GERENTE DE RECEITA?

   O RM na Meliá Hotels International vem sendo implantado em nível global desde meados dos anos 2000. Contudo, em 2009 ganhou força, e em 2012 foi iniciada a implantação para a área do Brasil. Atualmente, no Brasil, o RM está em fase de implantação.

5. **QUAIS SÃO AS MAIORES DIFICULDADES ENFRENTADAS POR UM GERENTE DE RECEITA ATUALMENTE?**

Acredito que a maior dificuldade seja a falta de informação sobre o tema. Por ser algo relativamente recente no Brasil, na maioria dos hotéis nem mesmo a gerência geral entende para que serve e o que é o RM. Falta de conectividade entre os canais de distribuição e sistemas não preparados para trabalhar com as técnicas de RM. Falta de profissionais preparados para atuar na área. Além do mais, há muitos "mitos" na cabeça das pessoas, pensando que RM não existe em baixa demanda, com RM não há fidelidade dos clientes, RM é moda, RM é aumentar diária média, e assim por diante.

6. **EM SUA OPINIÃO, QUAIS SÃO AS TENDÊNCIAS EM RM?**

Revenue Management para todas as áreas dos hotéis, o que já tem acontecido em algumas redes no Brasil; migração total das tarifas contratadas *flat* para dinâmicas; disparidade proposital de tarifas e disponibilidade, beneficiando os canais próprios das redes hoteleiras.

7. **QUAIS CONSELHOS VOCÊ PODE DAR A ESTUDANTES E PROFISSIONAIS QUE PRETENDEM INGRESSAR NO CAMPO DE RM?**

Por ser uma área relativamente nova, há muito campo para trabalhar, e há muito que estudar e pesquisar sobre o tema. Cuidado com os empregadores que "dizem" trabalhar com RM, embora na realidade não compreendam o tema e o tratem como uma ramificação de vendas. Persistência, muita leitura e cursos.

8. **QUAIS ARTIGOS, LIVROS E CURSOS VOCÊ RECOMENDA PARA QUEM QUER SEGUIR NA ÁREA DE RM?**

Livro: *Revenue Management: maximização de receitas, táticas radicais para dominar o mercado*, do Robert Cross. Cursos: RMNOW e curso de extensão *Revenue Management* – Gerenciamento de Receita do Senac. Cursos de estatística e economia. Estudos e artigos da Universidade de Cornell.

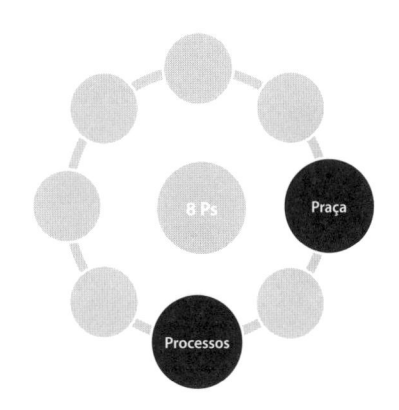

10
Canais de distribuição

> Os custos de distribuição atrairão maior atenção por três razões: o custo em espiral de distribuição, a pressão dos mercados financeiros para melhorar o lucro líquido e a oportunidade proporcionada pela internet de reduzir os custos de distribuição de até US$ 30 por quarto para menos de US$ 1.
> Chekitan Dev e Michael D. Olsen, "Marketing Challenges for the Next Decade"

No artigo "Demand Management: Beyond Revenue Management", os autores Chris Anderson e Bill Carroll (2007) afirmam que o RM faz parte de uma atividade mais expandida que é o gerenciamento de demanda. Em um almoço com o professor Carroll no Centro Universitário Senac – Santo Amaro, ao comentar que estava escrevendo um livro sobre RM, ele me perguntou qual seria a organização dos capítulos. Quando expliquei que o livro seria composto de três partes – a primeira sobre análise de marketing, a segunda sobre estratégias de RM e a última sobre avaliação, controle e ajustes –, o professor Carroll disse que esse era mesmo o caminho; afinal, gerenciar a demanda nada mais é que otimizar a distribuição e aprimorar o relacionamento com o cliente, visando maximizar a receita e levando em consideração os aspectos de marketing do RM. Por essa razão o livro foi iniciado com a análise de marketing; afinal, antes de serem colocadas em prática as estratégias de RM, faz-se necessário entender o serviço para adicionar valor a ele; estudar macro e microambientes de modo a conseguir se diferenciar da concorrência; conhecer seus consumidores a fim de criar e direcionar a demanda para a empresa.

E por que estou falando de tudo isso neste capítulo, cujo tema são os canais de distribuição? Porque "gerenciar a demanda envolve otimizar o uso dos canais de distribuição para alcançar seus segmentos de mercado-alvo" (Anderson & Carroll, 2007, p. 260).

Gerenciamento de canais de distribuição

Em 1841, alguns hotéis da Europa cederam sua distribuição a uma empresa terceirizada chamada Thomas Cook. Desde então, a distribuição de inventário vem sendo feita via intermediários em troca de uma comissão: pelas agências de turismo tradicionais no século XIX; pelo GDS, por volta de 1980; pelas OTAs a partir de 2000; e desde 2010 por meio das empresas de receita baseada na mídia, como Google, Facebook e Apple (Carroll, 2012). Isso porque, mesmo com todas as taxas cobradas por reserva proveniente desses canais eletrônicos, os custos finais são menores que os da Central de Reservas do próprio hotel, tornando a terceirização desse serviço de distribuição uma opção mais fácil.

Atualmente, a tarefa mais complexa de um *revenue manager* é gerenciar os canais de distribuição de sua empresa. Obviamente, o ideal seria que todas as reservas viessem diretamente para os hotéis pelos canais mais baratos – como o Departamento de Reservas e de Recepção, os departamentos de Vendas e Marketing e a Central de Reservas – e que todos os clientes se fidelizassem, mas a realidade é outra. Para conseguir maximizar a receita por apartamento disponível, é necessário vender seu inventário em vários canais.

Para isso, o gerente deve entender e monitorar quais canais de distribuição atingem melhor quais mercados, ou seja, qual a propensão dos consumidores de utilizar cada canal de distribuição e, assim, promover seus serviços efetivamente por meio desses canais de modo a atingir seus consumidores-alvo, com base nas estratégias de segmentação de mercado do hotel. Além disso, o gerente precisa escolher a estratégia de tarifas e disponibilidade de inventário para cada canal, levando em consideração o potencial de receita líquida de cada um. Com base no artigo de Carroll (2012), segue um resumo do processo de gerenciamento de canais de distribuição.

1. **Escolher em quais canais distribuir seu serviço**, suas informações descritas e visuais, considerando as características de cada canal e verificar:
   - qual o posicionamento e a imagem do canal no mercado;
   - qual o segmento de mercado que atinge, ou seja, qual o público-alvo do canal;
   - qual a demanda espontânea do canal, isto é, qual o volume de visitantes e possíveis reservas provenientes desse canal;
   - qual é a intensidade de efeito *outdoor* do canal, ou seja, qual é o poder de divulgação e a qualidade de esforços de mídia do canal, a fim de gerar demanda adicional para o hotel ou gerar nova demanda para o setor, aumentando assim a participação de mercado;
   - qual é o valor do cliente proveniente do canal.

   Tranter, Stuart-Hill e Parker (2009) complementam que é preciso analisar qual é o valor de receita com a reserva da unidade do serviço principal somada ao valor de receitas com serviços ou produtos adicionais menos os custos de aquisição do cliente (de Vendas e Marketing, de Recursos Humanos, de Distribuição, de Contabilidade e de Finanças), tudo isso multiplicado pela propensão do cliente em questão voltar a comprar serviços e produtos da empresa novamente. Em suma, a organização deve selecionar os canais que geram o melhor valor de cliente total.

2. **Determinar a tarifa a ser aplicada em cada canal**, levando em conta os canais pelos quais seu público-alvo e os consumidores em potencial compram, a estratégia de preços da empresa e a política de paridade de tarifa entre canais, em que o mesmo preço é mantido

para o mesmo tipo de inventário entre vários canais. Deve-se escolher qual tarifa aplicar para cada canal, sendo as mais utilizadas a tarifa de venda, ou seja, melhor tarifa disponível, sob a qual incide uma comissão, e a tarifa *net*, ou seja, tarifa líquida sob a qual é adicionada um *markup*, ou, ainda, as tarifas promocionais, ou seja, com descontos especiais. Além disso, é preciso verificar:
- quão receptivos às modificações de preço (ou seja, à elasticidade da tarifa) são os consumidores que utilizam esse canal;
- quão efetivamente o hotel pode comunicar valor a longo prazo em vez de apenas preço;
- qual a percepção de preço dos clientes;
- quão efetivamente os competidores podem replicar as ofertas e promoções com intuito de roubar alguma participação de mercado;
- qual é a capacidade do canal de gerar negócio adicional por meio do desconto de preço e se o canal tem um efeito significativamente negativo sobre a estrutura de preços do hotel.

3. **Executar controles de disponibilidade de inventário e escolher:**
    - qual será o número de unidades de serviço concedido a esse canal;
    - quais são a atual e a futura porcentagem de inventário por cada dia do ano reservadas para o canal. Verifique se essas unidades de serviço reservadas estão ocorrendo em sazonalidade anual ou semanal e quais serão as políticas e restrições atreladas às reservas;
    - quais canais otimizarão as receitas para cada dia específico do ano. Tranter, Stuart-Hill e Parker (2009) complementam que é preciso designar os níveis apropriados de inventário para cada canal em cada data;
    - como o *mix* de dias reservados pelo canal afeta os custos variáveis do hotel, ou seja, como um canal em particular gera um aumento na porcentagem do negócio e, consequentemente,

nos custos variáveis não distribuídos do hotel, requerendo à designação desses custos os cálculos de margem de contribuição do canal.

4. **Mensurar a margem de contribuição por canal**, isto é, calcular a receita líquida retirando da receita total os custos de distribuição de cada canal, como:
   - custo por comissão ou margem;
   - custo de transação via GDS ou IDS;
   - custo por posicionamento no *ranking* de busca;
   - custo por aumento de custos variáveis.

Tranter, Stuart-Hill e Parker (2009) lembram que o custo de distribuição é menor quanto maior for a duração de estadia do hóspede, portanto canais que disponibilizam estadias de longa duração devem ser analisados como mais eficientes.

É importante, ainda, verificar:
- qual será o impacto dos descontos oferecidos pelo canal na referência de preços esperados pelos consumidores fiéis ou na expectativa de redução de preços futura, ou seja, para que nível de redução da tarifa dos negócios existentes levarão os preços e as ofertas promocionais, diluindo assim a receita total do hotel;
- em que nível pode ser gerada contribuição não oriunda apenas da venda de quartos, ou seja, da venda extra gerada;
- qual é a contribuição extra histórica e potencial das reservas desse canal;
- qual é a contribuição líquida potencial em termos de lucro operacional bruto.

5. **Avaliar e reavaliar constantemente o *mix* de canais**, para decidir com quais canais vale a pena continuar a parceria, com base não só na receita proveniente do canal, mas também na facilidade operacional proporcionada (ferramenta simples de

gerenciamento de tarifas e disponibilidade, fácil comunicação com gerente da conta e métodos de pagamento acessíveis). Além disso, é necessário avaliar:

- qual o grau de satisfação dos consumidores com a qualidade do serviço prestado pelo canal, na medida em que a experiência do cliente durante o processo de compra *on-line* virou critério de decisão ofuscando o preço;
- em que nível o canal afeta a fidelidade dos consumidores fiéis;
- em que nível a confiança na marca pode ser afetada pelo canal – uma vez que se deve manter um alto nível de interação e envolvimento com o cliente, prezando pelo relacionamento;
- em que nível ofertas e preço melhoram a experiência de serviço e valor do cliente.

A tomada de decisão deve basear-se também na mensuração da fatia de mercado que o canal intermediário pode mover para o hotel, bem como nas consequentes respostas dos competidores.

A fim de tornar suas viagens experiências inesquecíveis, as pessoas buscam informações detalhadas via internet, por conta da facilidade do acesso. Essa participação crescente da internet na geração de demanda para empresas da indústria de hotelaria e turismo cria uma nova responsabilidade e um novo desafio ao *revenue manager* e ao gerente de *e-commerce*: monitorar os acessos do consumidor em cada uma das fontes de demanda, a fim de verificar em quais canais uma pessoa pesquisou os serviços de uma empresa antes de comprar e para tentar medir com a maior exatidão possível o processo de decisão e compra dos consumidores no que se refere a serviços do seu hotel.

Segundo Bill Carroll, essas análises de custos e benefícios dos canais de distribuição devem ser dinâmicas, e não estáticas, porque o mercado, extremamente competitivo, está se movendo de forma muito rápida e há cada vez mais fatores influenciando a demanda, reduzindo o potencial de ganhos. Para se tornar mais eficientes, os hotéis deveriam determinar o percentual de negócios que está sendo gerado por cada canal e, com base no volume de vendas e na diária média, determinar o benefício para o hotel aumentar ou diminuir a participação desse canal no *mix* de distribuição. O fato é que ou o hotel toma a rédea de seus negócios e decide de forma proativa quais são os canais intermediários que podem influenciar positivamente o ganho de fatia de mercado – isto é, que têm o potencial de mudança de participação de mercado –, ou o hotel é forçado a utilizar esses canais intermediários de forma defensiva e reativa para preservar sua fatia de mercado.

Sistemas de tecnologia da informação

A rede de distribuição para hotelaria e turismo está cada vez mais complexa, já que a demanda pode chegar a uma empresa de várias formas. As reservas podem ser feitas diretamente no hotel (pessoalmente ou por telefone) via Departamento de Reservas, Recepção ou equipe de Vendas; via Central de Reservas (em caso de rede de hotéis); via operadoras e agências de viagem tradicionais (chamadas de *off-line*), que utilizam o GDS; pelo *site* da empresa; por *sites* intermediários da internet – como as OTAs.

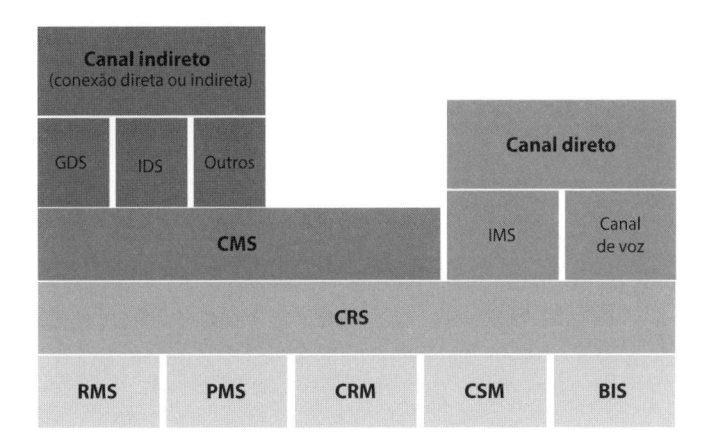

Figura 10.1. Exemplo de fluxograma de distribuição em turismo.
Fonte: a autora.

PARTE II – DESENVOLVIMENTO E IMPLEMENTAÇÃO DAS ESTRATÉGIAS DE RM

Vamos agora entender cada uma das partes desse quebra-cabeça. Um hotel tem vários sistemas de tecnologia da informação para auxiliá-lo em suas operações do dia a dia, que podem ser criados pela própria rede hoteleira ou adquiridos de empresas terceiras e gerenciados pela equipe do hotel ou por terceiros. Este *flyer* do *software* Omnibees reflete o complexo mapa da distribuição hoteleira no Brasil. A cada uma das soluções oferecidas (motor de reservas, gestor de canais, CRM, *Yield Management*, mídia social, tecnologia *mobile*), abre-se um novo leque de opções de distribuição para o hotel, mostrando a teia de conexões possíveis.

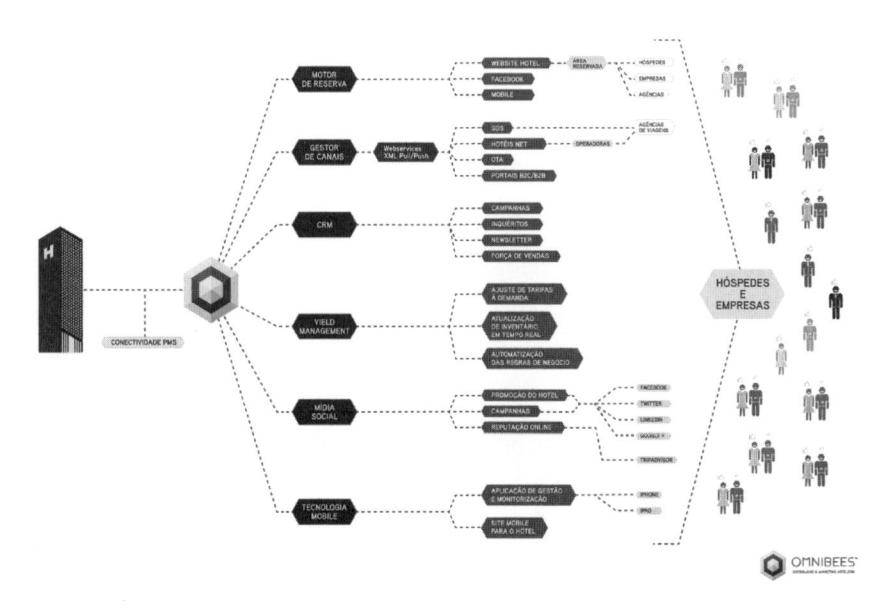

Figura 10.2. Funcionamento do software de distribuição e marketing hoteleiro Omnibees.

PMS

Sistema de gestão da propriedade que gerencia o inventário de produtos e serviços disponíveis, automatizando funções operacionais de *front office* – como Recepção (*check-in* e *check-out*, gestão de chaves e cobranças), Reservas (tarifas e inventários), Alimentos e Bebidas (pontos de venda, banquetes e serviço de quarto) – e *back office*, como Vendas e Marketing, Contabilidade e Finanças, Compras, etc. Além das interfaces com sistemas de *back office* e de pontos de venda, o PMS pode ter interface com o CRS e o RMS. O PMS captura informações valiosas dos hóspedes, tanto pessoais quanto das compras efetuadas e, portanto, dos padrões de compra, registrando também a origem do negócio e, assim, a produção por canal de distribuição. Alguns exemplos de sistemas PMS são os estrangeiros Fidelio e Opera, da Micros; OnQ PMS, da Hilton; Springer Miller; Softbrands; Ramesys; e os nacionais CMNet, Desbravador e Checkin.

Sistema de CRM

Sistema de gerenciamento do relacionamento com o cliente que automatiza as funções de contato com os consumidores, auxiliando empresas a criar e manter relacionamentos duradouros e positivos com os clientes, armazenando e inter-relacionando de forma inteligente informações, atividades e interações dos clientes com a empresa. Alguns exemplos de sistemas são o Sieble, da Oracle; o CRM Dynamics, da Microsoft; o CRM da SAP; o CRM da Salesforce, e o CRM do Omnibees.

Sistema de CSM

Sistema de medição que gerencia as informações de avaliação de desempenho e de índice de satisfação do ponto de vista do cliente, lembrando que cada interação que um cliente tem com os produtos e serviços de uma empresa é o reflexo de sua qualidade. Permite que uma organização seja capaz de atrair, reter, aumentar e fidelizar o relacionamento com os clientes, proporcionando uma plataforma para o alinhamento estratégico dos recursos da organização, de modo que seja oferecido o que é importante para o cliente.

CRS

Sistema de Reservas Central, ou seja, base de dados que agrupa informações – como localização, instalações, fotos e amenidades –, inventário e tarifas de um ou múltiplos hotéis e envia os dados para todos os canais, como Central de Reservas, serviços de internet marketing e conexões diretas de distribuição. Sistema também responsável por registrar o progresso das reservas, ou seja, o *booking pace*, permitindo prever o nível de ocupação de datas futuras e influenciando os preços praticados nessas datas. Os sistemas PMS e CRS fornecem dados históricos sobre o padrão de reservas e estadias dos clientes, auxiliando assim na previsão de demanda, pois contabilizam a quantidade de unidades de inventário vendidas, por qual preço e para qual segmento de mercado. Para hotéis independentes, pode também exercer funções de relacionamento com o cliente, de gerenciamento de receitas, de processamento de comissões e de contabilidade. Alguns exemplos de sistemas CRS são o Horizon, da SITA; o OnQ CRS, da Hilton; o Starlink, da Starwood; o Marsha, da Marriott; o SynXis, da Sabre; o RVNG, da Pegasus, e o iHotelier, da TravelClick.

RMS

Sistema de gerenciamento de receita que, baseado em dados históricos armazenados pelo PMS e CRS, calendário de eventos e tendências de mercado, calcula a melhor estratégia de preços por segmento de mercado com base na previsão de demanda, maximizando lucros gerados pela venda de serviço por canal de distribuição. O RMS analisa os dados disponíveis por dia, por segmento de mercado, restringindo preços com desconto, controlando as reservas entrantes e os preços com base na data de chegada do cliente e na previsão de tempo de duração do serviço, calculando receita perdida/ganha quando um segmento de mercado substitui o outro e disponibilizando unidades de serviço não utilizadas por um segmento para outro a um melhor preço. O RMS fornece as informações básicas para as decisões da gerência, influencia a demanda, controla a disponibilidade de unidades de inventário, atenua os picos e vales de ocupação e controla a duração do uso do serviço, processando dados e fazendo retornar informações que o gerente de receita necessita para tomar suas decisões, como a previsão de vendas com 365 dias de antecedência, sugestão de preços e gerenciamento de grupos. Alguns exemplos de sistemas são o IDeaS RMS, da SAS; o Opera RMS, da Micros; o OnQ RMS & FMS, da Hilton; o SynXis, da Sabre; e o Yield Management, do Omnibees.

CMS

Sistema de gerenciamento de canais que realiza a gestão centralizada da plataforma de distribuição *on-line*, controlando e atualizando ao mesmo tempo tarifas e disponibilidade para múltiplos canais de distribuição. Extremamente útil para controle da paridade de tarifas, para fechamento das vendas e para maximização de receitas. Alguns exemplos de sistemas são o EZYield Channel Management, da TravelClick; o SynXis CRS, da Sabre, e o Channel Management, do Omnibees.

BIS

Sigla de *Business Intelligence Systems*; são sistemas que auxiliam as empresas a organizarem as informações que detêm sobre os consumidores e, assim, a conhecerem melhor as características, os comportamentos e as preferências dos seus consumidores-alvo, a adquirirem novos clientes, a aumentarem seu relacionamento com os consumidores mais fiéis, a reterem o interesse dos seus clientes mais rentáveis, e a maximizarem o potencial de geração de receita da base de clientes (Vinod, 2008). Além disso, buscar informações dos competidores – tanto em seus próprios *sites* como em *sites* de *metasearch* e recomendações – dá uma boa ideia do posicionamento do concorrente, da estratégia de tarifas e da qualidade do serviço prestado (Tranter, Stuart-Hill & Parker, 2009). Alguns exemplos são os sistemas de *Database Marketing*, sistemas de CRM, sistemas de ERP, além de relatórios de vendas e produção da própria empresa, e os artigos e as publicações de associações, jornais e revistas do setor.

O avanço da tecnologia de informação na tomada de decisões da gerência das empresas é enorme. A TI organiza as informações à disposição de quem decide, por meio de banco de dados que auxiliam no processo de armazenar dados históricos e por meio de auxílio na previsão de demanda e no controle da estratégia de preços por segmento de mercado. Existem vários sistemas de *business intelligence* disponíveis no mercado que ajudam a organizar dados históricos das empresas, conforme mencionamos no capítulo 5 ("Conhecimento dos consumidores").

Segundo Cross (1997), sem a assistência dos sistemas de tecnologia da informação nenhuma organização consegue alcançar seu maior potencial de receita, uma vez que é humanamente impossível responder pronta e objetivamente com base na quantidade de dados e variáveis disponíveis. A tecnologia acelera o processo de classificar os dados e gerar a informação para a tomada de decisão humana. Ainda de acordo com Cross (1998), aplicativos que objetivam o aumento de vendas ou incremento de preços dão maior resultado sobre a lucratividade de uma empresa em comparação com os sistemas que visam à redução de custos, citando que os sistemas de RM chegam a fornecer anualmente retornos acima de 200%. Cross (1998) conclui que o sistema de RM enfoca-se em fomentar atividades mais eficazes e lucrativas, a fim de proporcionar informações e conhecimento sobre novos mercados.

Em suma, o gerente de receita deve treinar sua equipe para coletar e registrar os dados pertinentes (ou seja, fatos independentes) de forma correta em um sistema eficiente; analisar esses dados de forma metódica a fim de chegar à informação desejada (ou seja, interpretação dos dados); utilizar essa informação de forma inteligente e assertiva para ter conhecimento do futuro de seu negócio (ou seja, assimilar a informação para prever o futuro); utilizar sempre as informações históricas e continuar buscando se atualizar para saber agir corretamente com base nas informações que possui (ou seja, otimizar seu conhecimento para tomar as melhores decisões). Segundo Cross (1998, p. 168), "o conhecimento proporciona uma consciência do futuro, a sabedoria nos permite discernir o curso de ação correto, a sabedoria é a otimização do conhecimento [...]. A sabedoria guia a decisão, maximizando a receita possível".

Canais diretos e intermediários

Sabemos que a internet mudou a maneira como os serviços de turismo e viagens chegam ao consumidor final. Cada vez mais há novos consumidores, de várias gerações, entrando "na rede" para obter informações e comparar qualidade e preço antes de realizar a compra, seja ela em uma loja (*off-line*) ou pela internet (*on-line*). Consumidores diferentes têm distintas formas de fazer suas reservas, utilizando diferentes canais. A fonte de uma reserva, conhecida como fonte de negócio, deve ser monitorada por meio não só do segmento de mercado como também pelo canal que gerou a reserva (Tranter, Stuart-Hill & Parker, 2009).

Um hotel tem vários canais para auxiliá-lo em sua distribuição de unidades de inventário, canais estes que podem ser diretos ou indiretos, *on-line* ou *off-line*, e podem ser gerenciados pela equipe do hotel ou por terceiros. São os descritos a seguir.

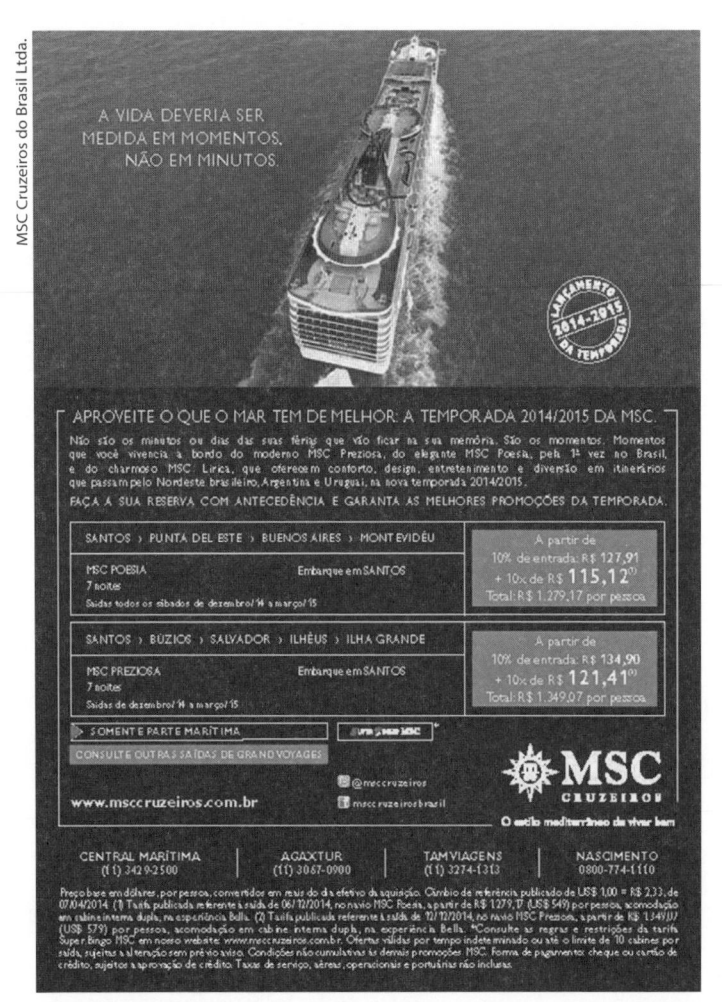

PARTE II – DESENVOLVIMENTO E IMPLEMENTAÇÃO DAS ESTRATÉGIAS DE RM

Foto 10.1. Nesta peça, a MSC Cruzeiros promove a venda não só direta, por meio do *site* e das páginas de mídia social da empresa, como também por intermediários, como operadoras e agências de viagens, como Central Marítima, Agaxtur, TAM Viagens e Nascimento Turismo. A MSC ainda recomenda fazer a reserva com antecedência para garantir as melhores promoções da temporada. No rodapé, a empresa lista as condições das tarifas oferecidas, como preço-base em dólares, por pessoa, convertidos em reais no dia efetivo da aquisição; preço por pessoa em acomodação em cabine interna dupla; ofertas válidas por tempo indeterminado ou até o limite de dez cabines por saída, sujeitas à alteração sem prévio aviso; condições não cumulativas às demais promoções MSC; forma de pagamento: cheque ou cartão de crédito, sujeitos à aprovação de crédito; taxas de serviço, aéreas, operacionais e portuárias não inclusas.

Canais de distribuição

Foto 10.2. Com esta peça publicitária, a Flytour American Express Serviços de Viagens reforça sua posição como uma das maiores agências *Travel Management Company* do Brasil. A empresa atua no gerenciamento de viagens corporativas, e o anúncio ressalta seus principais serviços, como negociação com fornecedores e gerenciamento de bilhetes aéreos não voados. Note a indicação da presença da companhia nas mídias sociais.

Canal de voz

Canal direto e *off-line* que pode ser o próprio Departamento de Reservas localizado fisicamente dentro de um hotel ou a Central de Reservas de uma rede de hotéis, normalmente localizada na sede da empresa, para os quais os consumidores ligam via um número de telefone gratuito. Companhias aéreas e de aluguel de carro também possuem lojas que vendem bilhetes e que atuam da mesma forma. Reservas que chegam via fax, correio e *e-mail* também são gerenciadas por essa equipe. O time é formado por agentes de reservas que devem ser devidamente treinados não só no sistema de reservas, para acessar o inventário e as tarifas, e em atendimento ao cliente, mas também em poder de vendas e negociação, a fim de maximizar a receita. Outro ponto importante é que, em vez de música ambiente, o cliente que é colocado em espera deve ouvir uma mensagem profissional pré-gravada sobre as características e os benefícios dos produtos e serviços do hotel, que é mais uma forma de influenciar a venda.

IMS

Canais direto e *on-line* formados pelo próprio *site* do hotel para a internet e para o celular. Aqui entram as estratégias para criar o *site* do hotel: *design* atraente e estrutura inteligente de fácil navegação, escolha de conteúdo relevante e atualizado com carregamento rápido, traduzido para outros idiomas e citado em todo material de marketing da organização para criar sinergia, imagens grandes com excelente definição, vídeos interessantes, espaço para interatividade do cliente e área para comentários dos hóspedes, com direito a resposta em curto espaço de tempo, conteúdo orgânico com *links* patrocinados, facilitando assim a procura em *sites* de busca ou *sites* de nicho, pacotes e ofertas especiais e, principalmente, um motor de reservas de qualidade, que ofereça as melhores tarifas disponíveis para o segmento individual ou de grupos, que possibilite a reserva de unidades de serviço facilmente, em poucos cliques. Após a criação do *site*, são necessários sua manutenção e seu acompanhamento por meio da análise das métricas próprias dos canais *on-line*, como quantidade de cliques por período, taxa de conversão de cliques em reservas, quantidade de visitantes únicos, tempo médio dos visitantes no *site*, *site* no qual os visitantes navegam após sair do *site* da empresa, etc. Só assim é possível criar estratégias para melhoria dos IMS e, portanto, para maximizar a receita proveniente deste canal (Tranter, Stuart-Hill & Parker, 2009).

GDS

Já citado anteriormente, trata-se de um canal intermediário e *off-line*. O sistema de distribuição global distribui informação de diferentes centrais de reservas para operadoras e agências de viagens, além de *sites* na internet, como das OTAs. Os maiores fornecedores da indústria do turismo estão conectados diretamente com cada GDS por meio de um *link* ou interface. Os fornecedores menores, que não se podem dar ao luxo de uma conexão direta, conectam-se por meio do *switch* da Pegasus, que está entre o CRS e o GDS servindo como tradutor e processador de informação. O GDS foi criado pelas empresas aéreas para oferecer ao mercado tarifa e disponibilidade em tempo real e atualmente inclui conteúdo, inventário e tarifas de, além das companhias aéreas, locadoras de carros, hotéis, navios, trens, etc. A receita desses sistemas vem do custo de transação, do custo de comissão e da receita com propaganda. Os maiores são Sabre, Amadeus, Galileo/Apollo e Worldspan – os dois últimos representados agora pela Travelport.

TMC

Canal intermediário, que pode ser *on-line* e *off-line*. Empresa de gerenciamento de viagens que faz reservas e emissão de serviços em nome de outra empresa, fornecendo serviços de viagens especializados ao mercado corporativo. Providencia análises de mercado, desenvolve programas específicos customizados ao cliente corporativo, detalha oportunidades de redução de custos, gerencia efetivamente os custos e mantém o controle sobre os custos totais das viagens. Algumas das maiores agências corporativas nacionais são Carlson Wagonlit, American Express, Avipam, Maringá, Alatur e Flytour.

Brokers (agências consolidadoras)

Canal intermediário, que pode ser *on-line* e *off-line*. Empresas *brokers* ou consolidadoras de viagens compram componentes individuais de uma viagem com desconto baseado numa compra de volume, juntam os vários componentes em um pacote, adicionam uma margem e fazem a revenda aos consumidores finais em caráter de varejo, diretamente ou via operadoras ou agências de viagens intermediárias. Muito cuidado deve ser tomado ao vender em volume com muita antecedência, pois isso pode afetar a previsão de demanda (Tranter, Stuart-Hill & Parker, 2009). Consolidadoras precisam construir vantagens competitivas em cada processo de seus negócios. Para alguns clientes, o serviço que você agrega gira em torno da oferta da tarifa mais competitiva. Para outros, o fator decisivo é facilidade – ser capaz de organizar os mais complexos roteiros de viagem com a ajuda de um especialista. E há o crescente número de usuários com o desejo de realizar todos os processos de reserva e emissão por si próprios, via *web*. Algumas das maiores consolidadoras nacionais são Flytour, Gapnet, Esferatur, Rextur, Advance e Ancoradouro.

Operadoras e agências de viagens e turismo

Canal intermediário e *off-line*, a agência de viagens é destinada à prestação de serviços exclusivamente no campo da intermediação. Sua atividade é agenciar, ou seja, vender programas, eventos, passeios e viagens em nome de terceiros. A agência de turismo também organiza alguns tipos de eventos, passeios e programas turísticos. As agências vendem diretamente ao consumidor final (ou B2C). Já a operadora de turismo é responsável por elaborar um programa turístico, adquirir os serviços de hotéis, fretar aviões, contratar transporte de terra, comprar tickets para eventos, etc., e disponibilizar esses pacotes para que as agências de viagens e turismo possam comercializá-los, vendendo a outras empresas (ou B2B).

IDS

Canal intermediário e *on-line*, sistema de distribuição da internet que, via Pegasus ODD como ponto de distribuição e tradução de informação, dissemina o conteúdo em diferentes páginas *web* por meio de um efeito "cascata", permitindo a visualização em maior número de páginas, que passam a ter papel de agentes de viagem virtual. Os maiores fornecedores da indústria do turismo têm seu CRS conectado via IDS diretamente com seu próprio *website*. Os fornecedores menores, que não se podem dar ao luxo de ter um CRS próprio, conectam-se por meio de CRS terceiros – como os do SynXis, da Travelclick e do Omnibees. Toda a distribuição via mecanismos de *switch* é chamada de estratégia de distribuição *onward*, ou seja, é a transmissão de tarifas, inventário e conteúdo a vários canais via GDS ou via IDS (Tranter, Stuart-Hill & Parker, 2009).

OTA

Canal intermediário e *on-line*, estas agências de turismo distribuem as informações de hotéis (e algumas de companhias aéreas, de aluguel de carros, de cruzeiros, etc.) diretamente para os consumidores finais ou para outras empresas de distribuição, via melhor tarifa disponível no modelo comissionado com pós-venda (comissão esta que em média varia de 12% a 20%), ou via tarifa NET, com margem adicional no modelo mercantilista com pré-venda (margem esta que varia de 20% a 35%). Existem ainda OTAs que vendem no modelo opaco, ou seja, o hotel não é divulgado (para que o hotel possa vender a uma tarifa mais baixa sem prejudicar seu posicionamento no mercado) – apenas algumas informações básicas são reveladas (localização, categoria e serviços do hotel), além da tarifa, é claro. Outras OTAs vendem em modelo de leilão, vendendo o serviço ao cliente que fizer o melhor lance em um predeterminado período de tempo. O conteúdo, as tarifas e a disponibilidade são carregadas pelo fornecedor – manualmente, via extranet, ou automaticamente, via conexão XML ou *webservice* – ao sistema da OTA. Isso é feito para que o hotel possa vender a uma tarifa mais baixa sem prejudicar seu posicionamento no mercado. Para controlar as tarifas nas OTAs, um hotel pode fazê-lo por meio de um CMS ou manualmente, por meio da extranet. A maioria das OTAs determina por contrato que um lote mínimo de apartamentos esteja disponível para começar a parceria, de modo que o hotel fique disponível *on-line*, e também exige a paridade de tarifas com outros fornecedores *on-line*. Normalmente, há uma equipe de executivos de contas disponíveis para fornecer suporte aos hoteleiros. Algumas das maiores OTAs no mundo são Expedia, Booking, Despegar/Decolar e HRS.com. Entre as nacionais, Hotel Urbano, Submarino Viagens e Viajanet.

Sites de busca, *metasearch* e agregadores de conteúdo

Um *site* de busca é um canal intermediário e *on-line*, motor de pesquisa para permitir a investigação de palavras via internet, também fornecendo textos, fotos, músicas e vídeos em seus resultados de busca. Alguns dos maiores *sites* de busca são Google, Bing e Yahoo. Já um *metasearch* é um tipo de mecanismo de busca que não possui sua própria base de dados, baseia suas listagens em dois ou mais *sites* de busca, compilando os resultados em uma única lista de forma homogênea em um banco de dados virtual. Alguns dos maiores *sites* de *metasearch* são Dogpile, Excite, MetaCrawler, MetaSearch, WebCrawler e ZapMeta. Agregadores de conteúdo alimentam-se de *sites* com quem têm maior cooperação, como das maiores cadeias hoteleiras, das melhores companhias aéreas ou das mais importantes OTAs. Alguns dos maiores *sites* agregadores de conteúdo são Cheapflights, Kayak, Mobissimo e SideStep. A receita desses *sites* provém de propaganda, cobrança de comissão, cobrança pela aposta de palavras de busca (o já citado SEM) ou de CPC (taxas de custo por clique), cobradas toda vez que o consumidor clica para acessar um *site* específico.

Sites de compra coletiva

Canal intermediário e *on-line*, modalidade de comércio eletrônico que tem como objetivo vender produtos e serviços para um número mínimo preestabelecido de consumidores por oferta, dentro de um tempo limite, para compensar os descontos oferecidos. Alguns dos maiores *sites* mundiais são Groupon e LivingSocial. No Brasil, Peixe Urbano e ClickOn.

Mídias sociais

Canal intermediário e *on-line*, comunicação pessoal entre massas ao redor do mundo, meio de conversação de "muitos para muitos", com uma relação complexa entre o público e o remetente, utilizando não *só* os meios de comunicação atuais mas, sobretudo, conteúdo novo para qualquer um ler, contribuir e se envolver. Alguns dos maiores *sites são* Facebook, Twitter e Orkut.

Obviamente, é sobre os canais diretos que o gerente de receita tem maior controle sobre a demanda, e é sobre eles que as estratégias de RM podem ser executadas de forma mais efetiva e em tempo real com intuito de manter uma base fiel de clientes satisfeitos e maximizar a receita da empresa a longo prazo (Anderson & Carroll, 2007). Os hotéis encorajam seus consumidores a reservar diretamente (via *site* ou Central de Reservas próprios), com o intuito de controlar os custos de distribuição e manter um relacionamento direto com o cliente final, já que o objetivo principal dos hotéis é maximizar a receita de clientes frequentes e fiéis (Anderson, 2009). Durante a alta ocupação, o hotel pode eleger trabalhar com mais canais diretos para produzir maiores margens de contribuição e ganhar maior controle sobre a percepção de valor e diluição de preços (Carroll, 2012).

Consequentemente, é sobre os canais intermediários que o gerente de receita tem menor controle, seja porque não há conexão direta com o sistema de reservas ou de receitas da empresa, seja porque o canal em questão tem maior controle sobre as informações distribuídas (como fotos, *ranking* e avaliações) a fim de influenciar a decisão de compra do consumidor final (Anderson & Carroll, 2007). O apelo de muitos canais intermediários, como as OTAs, ocorre porque, por meio da participação do hotel com informações, inventário e tarifas, criam-se uma visibilidade maior da empresa e um melhor reconhecimento de marca, possibilitando a geração de um volume maior de reservas (Anderson, 2009).

Análise de canais de distribuição

Aliando o processo de gerenciamento de canais de distribuição com a lista de canais diretos e intermediários, é possível criar uma análise de canais de distribuição por segmento de mercado (tabela 10.1) a fim de escolher a estratégia de tarifas e disponibilidade de inventário para cada canal, levando em consideração a média de duração de estadia das reservas provenientes de cada canal, a comissão ou margem aplicada por cada canal, o custo de transação de cada canal e, portanto, o custo total de cada canal. Então, calculamos quanto esperamos de receita total por canal e deste valor descontamos o custo total por canal, chegando ao potencial de receita líquida de cada canal, ou seja, a margem de contribuição baseada no custo e na produtividade por canal. O número de reservas geradas por canal é conhecido por produção do canal, e a receita gerada por uma única reserva é conhecida por contribuição do canal. A contribuição média por canal pode ser determinada dividindo-se a receita total gerada pelo número total de reservas provenientes do canal. Também é interessante calcular a porcentagem de contribuição do canal comparado a todos os canais de distribuição da empresa, dividindo-se a receita total do canal pela receita total produzida por todos os canais juntos (Tranter, Stuart-Hill & Parker, 2009). Finalmente, é possível calcular o grau de eficiência do canal, ou seja, qual canal tem o maior valor de receita por reserva ou transação, lembrando que os canais escolhidos têm implicações diretas sobre o potencial de maximização de receita do hotel.

Canais de distribuição

Segmento	Quesitos	Direto					Intermediário			
		Depto. Vendas	Reservas/ Call Center	Site Próprio	Mobile Site Próprio	Op./Agências Offline	GDS/TMC	OTAs	Sites de Busca	Mídia Social
Lazer	Selecionar?	NÃO	SIM	SIM	SIM	SIM	NÃO	SIM	SIM	SIM
	Tarifa	N/A	BAR	BAR - 10%	BAR - 10%	NET 2	N/A	NET 3	N/A	N/A
	Inventário	0%	20%	20%	20%	20%	0%	20%	N/A	N/A
	Custo por reserva	US$ 5**	US$ 5**	US$ 2,50*	US$ 2,50*	10% comissão	US$ 4	12% a 25% comissão	CPC*	CPA**
	Receita?									
	Manter?									
Corporativo	Selecionar?	SIM	SIM	SIM	SIM	NÃO	SIM	SIM	NÃO	NÃO
	Tarifa	BAR - 30%	BAR - 30%	BAR - 30%	BAR - 30%	N/A	NET 1	NET 3	N/A	N/A
	Inventário	10%	20%	15%	15%	0%	30%	10%	N/A	N/A
	Custo por reserva	US$ 5	US$ 5	US$ 2,50	US$ 2,50	10% comissão	US$ 4	12% a 25% comissão	CPC*	CPA**
	Receita?									
	Manter?									
Grupos	Selecionar?	SIM	SIM	SIM	NÃO	SIM	SIM	SIM	SIM	SIM
	Tarifa	BAR - 10%	BAR - 10%	BAR - 20%	N/A	NET 2	NET 1	NET 3	N/A	N/A
	Inventário	20%	20%	15%	0%	20%	15%	10%	N/A	N/A
	Custo por reserva	US$ 5	US$ 5	US$ 2,50	US$ 2,50	10% comissão	US$ 4	12% a 25% comissão	CPC*	CPA**
	Receita?									
	Manter?									

* Baseado apenas nos custos aproximados de reserva por CRS
** Estimado como o dobro do valor do custo do CRS, devido aos custos de mão de obra

Tabela 10.1. Análise de canais de distribuição por segmento de mercado. CPC: custo por clique; CPA: custo por aquisição.

Fonte: adaptada de Carroll (2012).

A transparência de preços é uma consequência do *e-commerce*. Muitas empresas tentam conseguir paridade de tarifas entre canais, tentando manter também integridade de preços (Tranter, Stuart-Hill & Parker, 2009). Por mais que os canais intermediários peçam aos hotéis por contrato a polêmica paridade de tarifas, o ideal é manter a igualdade de tarifas dentre canais similares, como dentre as OTAs ou dentre os GDSs, por exemplo.

Os hotéis devem encorajar a competição entre intermediários como forma de desafiar o poder e a dependência de certas empresas, escolhendo assim participar dos canais cuja margem de contribuição é maior para o hotel. Obviamente, quanto maior for a influência dos canais intermediários sobre o acesso dos consumidores ao serviço do hotel, maior será o custo imposto aos hotéis para divulgar e, possivelmente, vender a esses consumidores. Além disso, diariamente os hotéis devem ter informação sobre canais da concorrência para avaliar e tomar decisões sobre a fatia adequada de negócio proveniente de canais específicos. Às vezes, ter uma redução na fatia proveniente de um canal pode, dentro de certas circunstâncias, ser uma estratégia de otimização de lucros a longo prazo (Carroll, 2012).

Segundo Anderson, Kimes e Carroll (2009, p. 115), o setor de distribuição em hotelaria vem passando por mudanças dramáticas: naquela época, eles estimavam que, dentro de cinco anos, o número de reservas feitas pela internet aumentaria de uma em dez para uma em três reservas. O papel dos intermediários como agentes de viagens e operadoras junto com sua utilização da distribuição eletrônica também tem se modificado. Os GDSs, gerenciadores de uma em cada quatro transações de hotéis, seriam organizações bem diferentes no futuro, bem como outros intermediários. Cinco anos se passaram, e a previsão se tornou realidade.

Uma das grandes mudanças está no relacionamento entre empresas de distribuição: cada vez mais há um movimento em rede na venda das unidades de serviço dos hotéis. Por exemplo, a Expedia é uma das maiores clientes do GDS Sabre, é uma das maiores fornecedoras da Decolar e, ao mesmo tempo, tem parceria com o *site* de compra coletiva Groupon. A consolidadora Trend fornece inventário para a Decolar e o Groupon, que são concorrentes indiretos. Os hotéis independentes e as redes hoteleiras vêm perdendo o controle sobre a distribuição de seu inventário, e uma das maiores dificuldades de um gerente de receita hoje é saber onde estão sendo vendidas as unidades de serviço do seu hotel, pois as estratégias desses vários canais de distribuição são extremamente dinâmicas e complexas.

Com o número crescente de canais de distribuição *on-line*, a solução para a sobrevivência é a especialização em um tema, ou seja, a intermediação de serviços para nichos, para atender as necessidades e os desejos de uma audiência específica por meio de produtos e serviços personalizados visando satisfazer ansiedades específicas de subsegmentos de mercado. Alguns exemplos são: OTAs com o foco corporativo (HRS Group e BusinessTravel); OTA com o foco em venda de hotéis para uso diário (Day Use); OTA com o foco na venda pelo celular (Hotel Tonight); clube de viagens com foco no segmento de luxo (Voyage Privé e Jetsetter); *sites* de compra coletiva com foco no segmento de luxo (Zarpo), etc. No Brasil, o negócio de compras coletivas, que virou um sucesso instantâneo assim que chegou ao país, em 2010, deu sinais de desgaste em 2012 e atualmente pode ser considerado ultrapassado – os especialistas afirmam que, em poucos anos, sobrarão no máximo cinco *sites*. As três principais empresas do setor estão ajustando seu modelo de negócios: o Groupon e o Peixe Urbano buscam se posicionar como *sites* de comércio eletrônico, e o ClickOn passou a investir no segmento de viagens. É provável também que esse modelo de negócios se transforme e capitalize ainda mais em seu riquíssimo banco de dados, tornando-se o CRM desses *sites* seu principal produto ("O ocaso...", 2013).

Agências de turismo *on-line* e o efeito *outdoor*

Chris Anderson conduziu um estudo experimental com os hotéis JHM com o apoio da Expedia e, com base nesse estudo, publicou um artigo intitulado "The Billboard Effect" (2009), ou seja, o efeito *outdoor*. Anderson descreveu os benefícios de propaganda e marketing que os hotéis recebem sendo listados no resultado de busca de uma OTA e como o volume de reservas de um hotel é, consequentemente, afetado. Segundo Anderson, as OTAs têm um maior alcance a um volume considerável de potenciais consumidores que utilizam esses *sites* em estágios iniciais de suas buscas de viagens, para pesquisar – e não necessariamente comprar – em um só *site* a localização, a marca, a tarifa e a experiência de serviço.

Escolheram-se quatro propriedades do JHM (três de marca e um hotel independente) que, durante um período de três meses, foram analisadas em ciclos dentro e fora de exposição da Expedia. Ao final do estudo, notou-se que a listagem dos hotéis na Expedia havia feito aumentar de 7,5% para 26% o volume de reservas em outros canais, sem contar as reservas efetuadas na própria OTA e os potenciais negócios futuros que poderiam ser gerados por meio dessa visibilidade. O aumento nas reservas é maior ainda para hotéis independentes, por conta da influência que as cadeias têm sobre as reservas nos hotéis de rede. Além de verificar o aumento no total de reservas, foi possível notar um incremento de 0,3% a 3,9% nas diárias médias dessas reservas adicionais (Anderson, 2009). Vale ressaltar que 30 mil hotéis participam da Expedia nos Estados Unidos. A cadeia IHG esteve fora da Expedia por três anos e meio, alegando que não percebia os resultados do efeito *outdoor*. Em 2008, retornou à OTA (Carroll, 2012).

De acordo com Anderson (2009), os benefícios de estar listado em uma OTA não devem ser medidos apenas pelas receitas ganhas por meio do canal de distribuição específico, mas pelos benefícios de marketing e volume de venda direta que o hotel recebe em decorrência do efeito *outdoor*. Esses benefícios devem ser levados em consideração nos custos de reservas das OTAs, que são menores do que os assumidos originalmente. A visibilidade na agência *on-line* aumenta o volume de reservas em outros canais. Vale ressaltar que as margens da OTA são da ordem de 25% das taxas de transação reais. Além disso, o *mix* de reservas das agências *on-line* é bastante similar ao do próprio *site* do hotel, uma vez que os clientes passam muito tempo pesquisando e comparando os preços entre os diversos *sites* (Anderson, 2009).

A maioria dos canais de distribuição – *off-line* ou *on-line* – cobra um valor (comissão, margem ou taxa) para fornecer informação sobre as empresas disponíveis e seus serviços e/ou para colocá-las em uma posição de destaque no ranking de empresas disponíveis naquele mercado, de acordo com o desejo e a intenção de compra do consumidor. Campanhas de propaganda e marketing específicas estão disponíveis em todos os canais: propaganda destacando a propriedade, aumento do comissionamento para melhor posicionamento da organização, aposta em palavras-chave que geram o interesse do consumidor, etc. Cada vez mais, é preciso que o plano estratégico de *Revenue Management* seja conciliado com o plano de marketing da empresa. Esses canais nada mais estão fazendo do que cobrar pela divulgação de serviços, portanto gastos com canais – não só com as OTAs mas também com todos os outros canais – devem ser considerados como um investimento de marketing para gerar demanda, pois, da mesma forma que as atividades de marketing, retêm clientes fiéis, encorajam recomendações, atraem novos clientes, promovem a marca, enaltecem a imagem e auxiliam no posicionamento da empresa. E, mesmo que uma reserva não tenha sido feita por um desses canais, pode ter havido uma influência no processo de decisão e compra do cliente final. Mais do que nunca, os gerentes de receita terão de "pensar além do custo da reserva, mas no custo da aquisição da reserva" (Anderson & Carroll, 2007, p. 261), porque muitos canais são pesquisados antes de a busca ser convertida em reserva e muitos têm efeito e influência sobre a compra em outros canais.

O gerenciamento de distribuição mudou o foco de tecnologia e o controle de custos para os departamentos de Marketing e *Revenue Management*, e toda a estratégia de comunicação e marca, incluindo visão de mercado e posicionamento da marca, deve ser desenvolvida ao redor da distribuição eletrônica, uma vez que a internet é o único canal de distribuição que cresce no mundo. As reservas a partir da internet já são da ordem de 55% (70% do próprio *site* e 30% pelas OTAs). Além disso, cada vez mais os latinos – brasileiros inclusos – estão perdendo o medo e comprando *on-line*. É necessária a elaboração de uma estratégia de distribuição para dar suporte aos objetivos de marketing e receita, bem como investimento em pesquisa e promoção segmentada por canal de venda.

Os consumidores finais preferem comprar em OTAs por conta da maior possibilidade de comparação de preços e da facilidade de compra de outros serviços no mesmo site (como passagens de avião, cruzeiros, aluguel de carro, etc.). Além disso, as OTAs têm campanhas de marketing mais efetivas e assertivas que muitas cadeias hoteleiras, com grande enfoque na necessidade do consumidor. Já os hotéis decidem ser parceiros de uma OTA em decorrência de experiências passadas, da crença no efeito *outdoor* ou do poder de convencimento e de vendas dos gerentes de contas da OTA, que entendem a dinâmica do mercado competitivo e sabem da necessidade de gerar lucro para seus clientes. Carroll (2012) recomenda aos hotéis que acreditem no efeito *outdoor* não só para as OTAs como também para outros intermediários. Além disso, que meçam seus próprios efeitos *outdoor* dentro das mecânicas de seus mercados e da perspicácia de preços que eles trazem à análise, pedindo às redes, às associações, às OTAs, aos *sites* de busca e aos *sites* de mídia social que conduzam mais pesquisas sobre a atribuição dos benefícios marginais de participação.

De fato, ser listado em uma posição de destaque em uma OTA pode aumentar a receita de um hotel por conta do poder de divulgação desses canais e ao aumento da fatia de mercado do hotel entre seus concorrentes, a maior arma e fonte de renda de uma OTA. Ao mesmo tempo, qual é a porcentagem de aumento da receita que um hotel consegue em decorrência de uma exposição em uma OTA? Essa medição é bastante complexa, porque paralelamente à visibilidade nesse canal ocorrem ações de marketing, melhorias no serviço e variações de preço tanto no hotel em questão quanto em seus concorrentes, sem mencionar as variações da oferta e demanda no mercado, que podem contrabalançar os efeitos *outdoor* em uma OTA (Carroll, 2012).

Além disso, se todos os concorrentes de determinado mercado decidirem participar de posicionamento de destaque em uma OTA, o efeito perderá seu impacto e o destaque se tornará uma *commodity*.

Para o hotel, o mais importante é desenvolver um bom relacionamento com a agência de viagens *on-line*, de forma que seja uma parceria ganha-ganha para ambas as empresas envolvidas, uma vez que sem a OTA o hotel não teria um alcance tão grande à distribuição e em datas de baixa demanda em canais tradicionais. Do mesmo modo, sem o inventário fornecido pelos hotéis, as OTAs não existiriam, logo deve haver uma negociação de termos que concilie os interesses de ambas as partes visando ao benefício mútuo (Tranter, Stuart-Hill & Parker, 2009).

Em uma publicação de 2009, a PhoCusWright mencionava que 39% dos viajantes *on-line* haviam citado as OTAs como o principal método de compra. Segundo esse estudo, os consumidores consultavam *sites* diversos, mídia tradicional, amigos e familiares ao fazer escolhas para reservas em um hotel. Além disso, havia muitos *outdoors*, e não se sabiam quais (ou quais combinações) tinham maior influência na geração de demanda adicional para o hotel. É o que chamamos de comportamento cruzado de canais, ou seja, o consumidor acessa mais de um canal para fazer uma compra, em busca de disponibilidade e melhor preço. Entender o método utilizado pelos consumidores para fazer uma reserva é crucial para o sucesso da organização. Com essa quantidade de intermediários fica também difícil estabelecer quem é responsável pelo serviço ao cliente. Na prática, a OTA é responsável pelo consumidor desde o momento da reserva até o momento do *check-in* no hotel, momento a partir do qual o cliente se torna do hotel, que é responsável pela qualidade da estadia de seu hóspede. O fato de o cliente ter reservado por meio da OTA não impede que o hotel o convença de, na próxima vez, reservar diretamente na propriedade, eliminando assim os custos de distribuição (Tranter, Stuart-Hill & Parker, 2009).

Em outro estudo da PhoCusWright, de 2012 – este sobre a porcentagem de vendas *on-line* de hotéis nos Estados Unidos (reservas por canal de 2001 a 2011) –, a receita proveniente das OTAs aparecia inversamente relacionada ao ciclo da economia, ou seja, em época de recessão, enquanto a venda despenca nos *sites* próprios dos hotéis, a venda nos *sites* das OTAs cresce movida pela busca dos consumidores finais por tarifas mais baixas ou promoções especiais.

Uma das estratégias das agências de turismo *on-line* é ampliar seu estoque de inventário de quartos *on-line*, seja por conta da baixa ocupação em alguns mercados, seja por conta da sazonalidade em outros, para poder criar pacotes que atraiam os compradores finais, aumentando o volume de vendas de hotéis (Anderson, 2009). Outra estratégia consiste em utilizar sua margem de ganho com o intuito de financiar extras e incentivar que viajantes reservem por meio de seus *sites*. Além disso, as OTAs têm grande habilidade com otimização de busca orgânica e *links* patrocinados em *sites* de busca, como o Google.

A atuação das OTAs teve efeito sobre um outro aspecto: tornou mais homogênea a distribuição da venda de unidades de serviço de hotelaria em noites da semana antigamente conhecidas por sua baixa ocupação. Em mercados de lazer, as noites de terças e quartas-feiras, que ficavam às moscas, começaram a ter uma maior demanda. Em mercados corporativos, as noites de sexta e de sábado, em que os hotéis ficavam vazios, passaram a receber uma demanda de lazer. Isso porque as OTAs criam pacotes atrativos, com planos de viagem flexíveis para uma demanda que tem limites de orçamento. Esses pacotes acabam por preencher os vazios de ocupação dos hotéis movidos pelos preços (Anderson, 2009).

No entanto, as agências de turismo *on-line* enfocam os mercados de lazer em busca de tarifas econômicas, e por essa razão as diárias médias provenientes desse canal são baixas, gerando baixa margem de contribuição e potenciais efeitos negativos em outros canais em virtude da paridade de tarifas. Segundo Anderson (2009), as OTAs exercem um impacto negativo sobre as tarifas de lazer, uma vez que foi possível perceber por dados estatísticos que, no caso da Continental Airlines, seu rendimento diminuiu em aproximadamente 22,5% de 1998 a 2006 conforme a empresa foi aumentando de 0% a 45% a participação de suas vendas pela internet. Embora as vendas nas OTAs tenham crescido em termos de receita, as diárias médias desse canal são as menores dentre todos os canais. Além disso, as transações mercantilistas, que representam a maior parte do negócio de uma OTA, vêm diminuindo nos Estados Unidos (Carroll, 2012). No mercado norte-americano, as OTAs atingiram seu ponto máximo de comercializações em 2011, concentrando aproximadamente 60% das vendas, contudo em 2012 houve um deslocamento da demanda das OTAs para as cadeias hoteleiras, que estão percebendo o poder de seus canais diretos.

Em janeiro de 2012, com o intuito de tentar diminuir os custos de distribuição das OTAs e retirar uma fatia de mercado desses canais, algumas das redes hoteleiras líderes no mundo – Choice Hotels International, Hilton Worldwide, Hyatt Hotels Corporation, Intercontinental Hotels Group, Marriott International e Wyndham Hotels Group – criaram o inovador, organizado e confiável *site de metasearch* chamado Room Key. Imediatamente, a Best Western International tornou-se o primeiro parceiro comercial, seguida pelo Preferred Hotel Group, líder em suporte de vendas e marketing para hotéis de luxo independentes, ambos reforçando suas estratégias de incrementar as reservas diretas via *sites* próprios de suas marcas para conseguir maiores margens (De Lollis, 2012).

Lançado inicialmente nos Estados Unidos, após apenas dois meses foi inaugurado em outros países de língua inglesa, como Inglaterra, Canadá, Austrália e Nova Zelândia. O *site* possibilita ao consumidor controlar a experiência do processo de escolha e de compra, apresentando informações em opções agrupadas, diretamente da fonte e sem taxas extras.

Ainda não se sabe quando o *site* será lançado no Brasil, mas, sabendo que a hotelaria nacional é extremamente fragmentada, será muito difícil a adesão do setor hoteleiro por aqui. Segundo o estudo da Jones Lang LaSalle para o FOHB (Fórum de Operadores Hoteleiros do Brasil),

> o percentual de empreendimentos afiliados a cadeias hoteleiras ainda é pequeno em número de hotéis (8,3%), mas em número de apartamentos é mais representativo, chegando a 28,1% do total de apartamentos disponíveis no Brasil, o que representa um crescimento de um ponto percentual em relação a 2012. (Jones Lang LaSalle, 2013, p. 7)

No passado, houve tentativas fracassadas, como a Travelweb, com foco em grandes redes, mas sem força em regiões dominadas por independentes – justamente o ponto alto das OTAs. Além disso, participar de um *site* desses envolve um investimento alto em marketing, afetando o *budget* das redes nacionais e dos hotéis independentes.

É um esforço realmente colaborativo, com boas tarifas, serviço excepcional e garantia ao cliente. Contudo, trata-se de uma estratégia desafiadora, pois essas redes são concorrentes e estão passando por cima dos princípios econômicos fundamentais: muitas das redes fundadoras têm contrato com OTAs, logo pode haver algum tipo de estratégia em que uma rede limite seu inventário enquanto a outra estrategicamente se aproveite da situação. Enfim, por algum motivo no passado os hotéis passaram o controle da distribuição de seu inventário para intermediários, seja pela eficácia e pela abrangência em opções de pesquisa e escolha ao consumidor, seja pela preferência dos clientes por esses canais (Carroll, 2012).

Sites de busca, mídia social e recursos para dispositivos móveis

Os concorrentes mais acirrados – e prováveis sucessores – de distribuição das OTAs são o *site* de busca Google, o *site* de mídia social Facebook, intermediários dos hotéis para gerar receita baseada em mídia, e os sistemas operacionais da Apple, como o Passbook, que carrega uma versão eletrônica de todos os cartões de crédito do cliente, primeiro passo em direção ao iTravel.

Esses canais entendem o valor adicional que podem trazer a um hotel em decorrência do maior potencial de mudança na participação de mercado, já que, em virtude de sua força de mercado, exercem maior e mais expansiva influência sobre os segmentos de mercado dos hotéis – e dos canais –, podendo conseguir margens e lucros ainda maiores provenientes dos hotéis. Esses canais têm a preferência dos consumidores, já que são eficientes no serviço de atendimento de suas necessidades, entendem a dinâmica da concorrência de um hotel e sabem muito bem aproveitar a grande oportunidade que existe nesta indústria fragmentada (Carroll, 2012).

Mobilidade e *smartphones*, além de *tablets* e *laptops*, são os principais componentes desta revolução comercial, resultado da completa apropriação do ciclo de experiência do cliente enquanto se movimenta, com recursos de geolocalização e mapas virtuais 3D. Algumas redes internacionais vêm investindo firmemente em marketing no celular, outras já possibilitam o *check-in on-line* por meio de seu *site* no celular e certas já possuem *tablets* nos apartamentos.

As cadeias internacionais Hyatt e Hilton, por exemplo, abriram seus hotéis na região da Berrini, em São Paulo, com apenas um mês de diferença, em agosto e setembro de 2002, respectivamente. Os hotéis são competidores diretos: ambos utilizam soluções de RM, têm um gerente de receita e buscam diferenciar-se um do outro – e dos outros competidores – por meio do desenvolvimento de estratégias de RM e de planos de negócios específicos para cada operação. Um novo tipo de conceito de RM, ainda não utilizado por esses dois hotéis em nível nacional (até a publicação deste livro) e que pode ter um impacto positivo em suas receitas, é a opção de venda pelo canal de distribuição das mídias sociais, como Facebook e Twitter.

O próprio Google gera a maior parte de sua receita por meio da pesquisa paga, ou seja, empresas que querem alta posição no resultado de busca de uma pesquisa no site apostam uma quantia em uma combinação distinta de palavras. Quanto maior a aposta, melhor a chance de saírem nos primeiros três lugares da página de pesquisa. Isso nada mais é do que o já citado SEM (marketing para motor de pesquisa). Também existe o já mencionado SEO (otimização do motor de pesquisa), outra maneira de conseguir bom posicionamento nos resultados de busca do Google, mas desta vez de forma orgânica, ou seja, não paga. Quanto mais bem trabalhado o *site*, quanto mais rico e relevante seu conteúdo, quanto mais frequentes as atualizações, quanto mais definidas as suas imagens, melhor qualificação receberá o *site* pelos robôs de busca do Google – e, consequentemente, melhor será seu posicionamento.

Por conta da grande vantagem que o Google tem sobre outras formas de mídia, uma vez que os usuários que fazem pesquisa qualificada em seu *site* de busca são clientes com real intenção de compra, há boatos de que o Google pretende cobrar um percentual sobre a receita potencial – e não mais um custo fixo – por cada clique enviado para a página dos anunciantes. O que já não acontece nas redes sociais, uma vez que os clientes que clicam em anúncios nessas mídias estão em busca da descoberta da marca, que pode ou não levar a uma intenção de compra.

Logo, mídia social é uma forte estratégia de marketing e relacionamento do hotel, contudo seu volume de transações ainda é pequeno, mas com importante demanda potencial.

Uma das grandes tarefas do gerente de receita consiste em aplicar os princípios e conceitos de gerenciamento de marketing ao sistema de distribuição, em virtude das enormes mudanças que afetam a distribuição no setor de hotelaria e turismo, como o impacto da distribuição eletrônica *on-line*, incluindo a pesquisa, a compra e o empacotamento de serviços (Anderson, Kimes & Carroll, 2009).

O efeito *outdoor* é um subelemento do efeito que várias atividades – como participação em OTAs, SEM, desenvolvimento do seu próprio *site*, SEO, marketing de mídia social e de dispositivos móveis – têm em gerar demanda para o hotel. Ainda não foi criada uma análise robusta da atribuição para o uso do canal e outras atividades de marketing e vendas que podem contabilizar reservas adicionais. Hotéis e intermediários devem trabalhar em comum acordo com o objetivo mútuo de encontrar e estimular novas formas de negócio, encontrar formas mais corretas de medir o efeito *outdoor* e estabelecer preços em cooperação entre si (Carroll, 2012). Vale a pena testar vários canais de distribuição para determinar se um volume maior de acessos pode ser gerado e se essas visitas produzem contribuição líquida adicional ao resultado da empresa (Anderson & Carroll, 2007). Segundo Tranter, Stuart-Hill e Parker (2009), é essencial trabalhar com intermediários de distribuição confiáveis, que atuam verdadeiramente como parceiros, com base em relacionamento no qual ambos ganhem. Independentemente dos canais de distribuição que a empresa escolher, é necessário diariamente monitorar e atualizar seu conteúdo, disponibilidade e tarifas, de acordo com as estratégias de marketing e vendas. Isso porque todos os dias o volume e o ritmo das reservas mudam, e o fluxo de informações para esses canais deve ser ajustado também, a fim de maximizar o potencial de receita do negócio.

PARTE II – DESENVOLVIMENTO E IMPLEMENTAÇÃO DAS ESTRATÉGIAS DE RM

Foto 10.3. O conceito da revolução comercial possibilitada pelos dispositivos móveis é bem explicitado pela peça publicitária do Transamérica Hospitality Group dirigida aos agentes de viagens. Por meio de um *tablet* reproduzido no anúncio, são comunicadas as férias de verão no Transamérica Prime Barra; o dispositivo é sugerido como o meio para que sejam feitas as reservas da tarifa *net* especial aos clientes finais. No canto superior direito estão também presentes os ícones de *sites* reconhecidos de mídia social, indicando que é possível reservar ou consultar informações por meio dessas redes sociais.

Questões para reflexão e aplicação

1. Pesquise e compare os sistemas de tecnologia de informação mais utilizados no mercado de serviços do Brasil, por setor e por funcionalidade (PMS, CRS, CRM, etc.). Faça uma avaliação dos sistemas de RM atualmente disponíveis em um hotel de sua escolha. Pesquise exemplos de relatórios confeccionados pelo sistema e utilizados periodicamente para acompanhar o desempenho do hotel e suas aplicações práticas nesse hotel.

2. Escolha uma rede hoteleira nacional e identifique como foi seu processo de gerenciamento de canais de distribuição. Pesquise o preço de um hotel dessa rede por um período de tempo em todos os canais de distribuição nos quais seu inventário é vendido e avalie a consistência de tarifas entre os diferentes canais de distribuição. Por fim, crie uma análise por segmento de mercado e por canal para escolher a estratégia de tarifas e a disponibilidade de inventário para cada canal, levando em consideração os níveis de controle e o potencial de receita líquida de cada canal.

3. Faça uma pesquisa para identificar os problemas enfrentados por hotéis no gerenciamento da distribuição e verifique o custo *versus* benefício da implementação de sistemas facilitadores desse processo, como RMS e CMS.

Sugestões de casos

Anderson, Wilson e Zhang (2008, pp. 35-36). A Priceline.com é uma empresa da internet que oferece serviços (passagens aéreas, quartos de hotel, aluguel de carros e hipotecas residenciais) com a opção para que os consumidores ditem os preços. O sucesso original da Priceline resultou da abordagem de "indicar seu preço", pela qual os consumidores apostam em um serviço oferecido pela Priceline para encontrar um fornecedor disposto a aceitar o preço sugerido. Os consumidores só estão autorizados a apostar uma vez em um serviço, logo devem ser estratégicos nesse processo – uma aposta muito baixa e potencialmente perdem o serviço, um lance muito alto e podem estar pagando mais pelo serviço. Enquanto os clientes só estão autorizados a apostar uma vez por produto, eles podem alterar ligeiramente o seu serviço e potencialmente dar um outro lance em um esforço para obter novas informações (a partir de tentativas falhas) – tais alterações podem incluir uma classe diferente de hotel (3 estrelas *versus* 4), um voo com uma parada em vez de direto, ou uma classe diferente de aluguel de automóveis (econômica *versus* luxo). O caso é projetado para cobrir uma ampla gama de tópicos, introduzindo o leitor aos leilões de serviços na internet. O texto aborda licitação estratégica enquanto cobre probabilidade, e análise de decisão e de programação. O caso faz sucesso em programas de graduação e de MBA, uma vez que os estudantes gostam do ambiente da internet, estão familiarizados com a Priceline e percebem imediatamente um uso diário da gestão de receitas.

Law, Cha e Goh (2007, pp. 495-506). Este estudo tem por objetivo analisar as tarifas *on-line* em hotéis de Hong Kong. Ele se concentra em comparar e contrastar as menores tarifas de quarto de hotel que estão disponíveis para os clientes. Oito canais de distribuição e 45 hotéis em Hong Kong foram examinados com relação às tarifas *on-line* disponíveis durante um período de treze meses, de 2005 a 2006. Os oito canais de distribuição possuíam natureza diferente de operações, incluindo canais de distribuição tanto diretos quanto indiretos. Os resultados empíricos mostram que os *sites* das agências de viagens locais e agentes de reserva locais ofereceram as menores tarifas *on-line*, e que os canais de distribuição indiretos ofereceram tarifas menores do que os canais de distribuição direta. Uma das principais limitações desse estudo é a restrição geográfica da seleção de hotéis, mesmo assim o caso pode ser valioso para fornecer *insights* a profissionais da hotelaria de modo que possam refinar sua estratégia de tarifas *on-line*.

••• OLHAR DO MERCADO

ENTREVISTA COM ANA CRISTINA HARUMI ODA

1. EM SUA OPINIÃO, O QUE É *REVENUE MANAGEMENT*?

   Em poucas palavras, é encontrar as oportunidades para otimizar as receitas de seus empreendimentos por meio de estudo de demanda, previsões, controle de custos, controle de inventário e precificação de acordo com datas ociosas ou de demanda extraordinária.

2. COMO SE DESENVOLVEU SUA TRAJETÓRIA PROFISSIONAL ATÉ SUA ENTRADA NO CAMPO DE RM?

   Trabalhei por oito anos como agente de reservas, sendo que nos últimos trabalhava diretamente dando suporte ao gerente de receitas. Já praticava o RM no Departamento de Reservas e obtive bons resultados de incremento de receitas no departamento. Após isso, recebi proposta para gerenciar uma rede de hotéis.

3. QUAIS SÃO/FORAM SUAS MAIORES RESPONSABILIDADES COMO GERENTE DE RECEITA?

   Implantação da cultura de RM nas unidades, elaboração de *forecast*, elaboração de tarifário, aplicação das tarifas, segmentação de mercado, trabalho em conjunto com departamentos de Vendas, Grupos e Eventos para decisão na captação de negócios, análise de mercado, administração de OTAs.

4. COMO O RM SE DESENVOLVEU E SE ENCAIXA NA EMPRESA EM QUE VOCÊ ATUA/ATUOU COMO GERENTE DE RECEITA?

   Participei da implantação do Departamento de Receitas e, em um ano, havíamos conseguido implantar a cultura de RM nos dez hotéis da rede por meio de treinamentos e demonstrações de resultados. Atualmente não estou mais na empresa, porém tenho notícias de que o planejamento que eu havia feito para os próximos três anos estava sendo executado e que houve incremento de receitas considerável após a implantação.

5. **QUAIS SÃO AS MAIORES DIFICULDADES ENFRENTADAS POR UM GERENTE DE RECEITA ATUALMENTE?**

   Conseguir permear a cultura de RM nos gestores dos hotéis. Muitas vezes, sobretudo em mercados menores, os gerentes gerais têm uma mentalidade antiga, sem a visão do benefício da aplicação do gerenciamento de receita até verem os resultados. Outra dificuldade é a falta de ferramentas para auxílio nas atividades.

6. **EM SUA OPINIÃO, QUAIS SÃO AS TENDÊNCIAS EM RM?**

   Falando em hotelaria, creio que sejam as práticas de RM se expandirem para as demais áreas dos hotéis.

7. **QUAIS CONSELHOS VOCÊ PODE DAR A ESTUDANTES E PROFISSIONAIS QUE PRETENDEM INGRESSAR NO CAMPO DE RM?**

   Que façam cursos sobre o tema, pesquisem e realizem estágio, se possível nos departamentos de Vendas, Reservas e Receitas. Há de estudar e se exercitar de modo a obter habilidades analíticas. Ter intimidade com Excel é fundamental. Que estejam sempre antenados no mercado, com tendências, etc.

8. **QUAIS ARTIGOS, LIVROS E CURSOS VOCÊ RECOMENDA PARA QUEM QUER SEGUIR NA ÁREA DE RM?**

   Literatura: recomendo *Revenue Management: maximização de receitas, táticas radicais para dominar o mercado*, do Robert Cross. Apesar de um pouco antigo, nos dá uma base boa do que é o RM. Há também um livro com casos práticos que é excelente: *Revenue Management and Pricing: Case, Studies and Applications*, de Ian Yeoman e Una McMahon-Beattie. Cursos: não tenho conhecimento de muitos cursos sobre o tema no Brasil, porém ouvi dizer muito bem dos cursos do Senac.

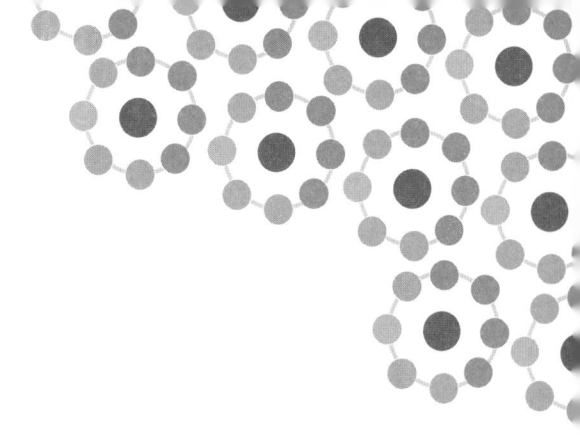

PARTE III
AVALIAÇÃO, CONTROLE E AJUSTES FINAIS

Uma vez que se decida implementar o *Revenue Management* em uma empresa, é necessário acompanhar e controlar continuamente esse processo.

Mais uma vez, vale ressaltar que o objetivo do gerenciamento de receita não é reduzir custos, mas maximizar a receita. Como afirmou Cross (1998, p. 21), "a prosperidade não vem com a redução dos custos, e sim com o crescimento real de demanda do mercado". Isto quer dizer que, "para aumentar sua produtividade, o foco de uma empresa deve estar no aumento da receita utilizando seus recursos atuais" (*Ibidem*). O autor resumiu bem o que é o RM: "Um conjunto integrado de processos de negócios que reúne pessoas e sistemas com o objetivo de compreender o mercado, prevendo o comportamento do consumidor e respondendo com rapidez para aproveitar as oportunidades que se apresentam" (*Ibid.*, p. 35).

As palavras de Cross realçam a importância do fator cultura organizacional no processo de implantação das estratégias de RM em uma empresa. E é esse o tema do capítulo 11, que discorre sobre as formas de fazer a organização aderir a essas estratégias. O capítulo 12 encerra o livro apresentando procedimentos passo a passo que permitem a avaliação das políticas de RM em vigor – avaliação esta que é fundamental para algum ajuste de rota necessário e a consequente obtenção dos resultados desejados.

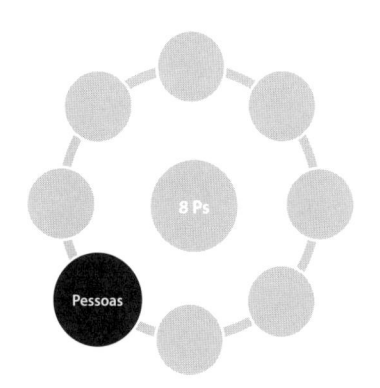

11
Cultura organizacional

> A implementação do sistema de *Revenue Management* representa uma mudança de cultura organizacional ao gerente geral e à empresa, uma mudança na atitude da equipe e nos procedimentos de trabalho. Uma parte integral desse processo de gerenciamento de mudança requer que gerentes, agentes de reservas e Recepção sejam treinados. O treinamento e o processo educacional seriam nas áreas de novos sistemas computadorizados, políticas de RM e programas de esclarecimento aos clientes.
> Anthony Ingold *et al., Yield Management: Strategies for the Service Industries*

Fitzsimmons e Fitzsimmons (2001) criaram um diagrama muito interessante para explicar a visão aberta das operações de serviços. Segundo eles, diferentemente da fabricação de produtos, as operações de serviços necessitam de técnicas de gestão especiais em decorrência de suas características únicas, que contam a inclusão do cliente como participante e coprodutor nesse processo amplo de serviço. Além disso, as funções de produção e marketing devem ser integradas às operações de serviços, não podendo nem devendo ser separadas. A produção é o processo em si, incluindo o cliente, e deve conter o agendamento de níveis de pessoal, o controle e a avaliação do processo de entrega do serviço. O marketing, neste caso o *Revenue Management,* gerencia a demanda para coincidir com a capacidade do inventário e tem a importante função de educar o consumidor como participante ativo do processo de serviço. O consumidor chega com diferentes necessidades e – no chamado Momento da Verdade – interage diretamente com os funcionários, que precisam ter a atitude certa, ser extensivamente treinados e "empoderados" para agir corretamente sem supervisão direta. O cliente é, então, transformado pelo processo de serviço e sai, se tudo ocorrer corretamente, satisfeito. Contudo, como as percepções do consumidor quanto à qualidade do serviço estão relacionadas à experiência total de serviço, não só todos os serviços implícitos – incluindo os 8 Ps que vimos no capítulo 1 ("Conceitos de marketing de experiências") – devem ser monitorados e avaliados constantemente, como distintas formas de medir desempenho são requisitadas, como veremos a seguir.

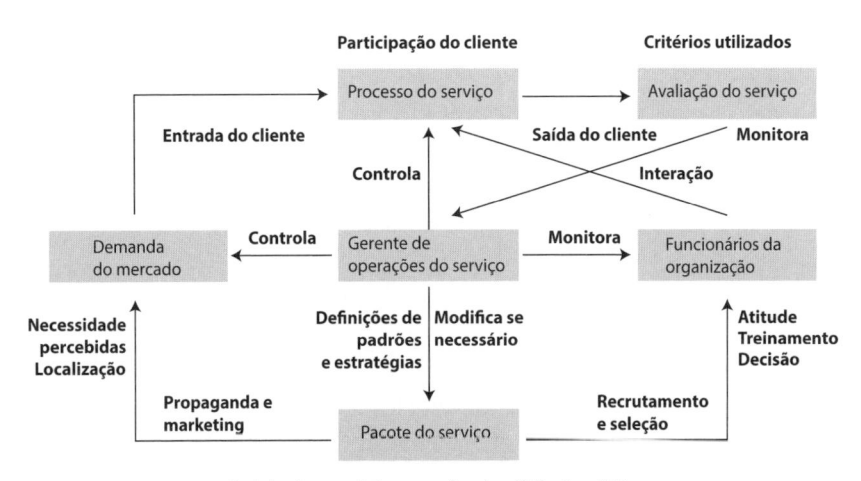

Figura 11.1. Visão aberta das operações de serviços.
Fonte: adaptada de Fitzsimmons e Fitzsimmons (2001, p. 35).

Existem algumas barreiras ao gerenciamento de receita que necessitam ser dribladas via uma mudança de cultura organizacional alinhada a um processo educativo junto ao cliente com respeito ao *Revenue Management*. Para uma mudança de cultura, ou seja, para que a empresa se alinhe aos princípios de RM, são necessários a liderança e o apoio da alta gerência, que, segundo Cross (1998, p. 122), "por determinar o tom da organização, também pode ajudar a superar a resistência natural à mudança", sempre tendo como objetivo principal a maximização da receita. Também é necessária uma demonstração, por parte da alta gerência, do comportamento esperado para que, por consequência, haja um desenvolvimento do comportamento do time em clima de apoio e uma motivação para pôr em prática o RM, sendo que todos auxiliam a otimizar a receita.

Primeiramente, a cultura organizacional deve estar contida numa mensagem clara da missão e da visão da organização, que deve ser um reflexo da personalidade, das crenças e dos valores da alta gerência e objetivo de seu trabalho no âmbito geral das operações do negócio. Novamente segundo Cross (1998, p. 117): "Os programas de RM mais bem-sucedidos são implementados pelas empresas que separam um tempo para avaliar e documentar suas necessidades, claramente definem seus alvos de receitas e compartilham a visão do RM com todos na empresa".

Vamos verificar a seguir que, para criar uma cultura efetiva de RM em uma empresa, são necessários um recrutamento e uma seleção corretos, um treinamento intensivo, um monitoramento constante, reuniões estratégicas semanais, políticas de incentivo eficientes, uma maior flexibilidade da gerência e um marketing interno estimulante.

Recrutamento e seleção corretos

Um recrutamento e seleção corretos devem ocorrer porque há uma personificação do serviço pelo funcionário: é a chamada inseparabilidade do serviço. Isso significa que há uma simultaneidade de produção por parte do colaborador e consumo por parte do consumidor, e, portanto, é preciso uma definição clara das habilidades necessárias dos colaboradores para que seja feita uma seleção de funcionários com atitude correta, além de honestidade, confiança, credibilidade, eficiência, empatia, cortesia, receptividade, segurança, boa comunicação e orientação ao cliente. Há também a perecibilidade do serviço, que significa que ele não pode ser estocado; portanto, quando há um desequilíbrio entre demanda e oferta, torna-se necessária a contratação de funcionários para meio período e/ou períodos de pico.

A demanda e, por consequência, a receita são diretamente impactadas pelas atitudes dos colaboradores, uma vez que estes podem afetar a capacidade e a eficácia das operações de serviços. O sucesso ou o fracasso de uma empresa depende, em parte, das ações de seus funcionários, logo todo e qualquer colaborador deve ser orientado sobre o impacto de cada uma de suas ações sobre a receita da empresa. Os frutos de uma cultura efetiva de RM, junto com o investimento em tecnologia da informação e as alterações nas atividades diárias de cada departamento, devem gerar interesse em todos da organização (Cross, 1998).

Com relação ao recrutamento para a posição de gerente de receita, é possível selecionar candidatos internos ou externos à organização. O mais importante é que a pessoa tenha uma experiência anterior no Departamento de Reservas, uma vez que os agentes de reservas são treinados em todos os sistemas que controlam preço e disponibilidade, são expostos a técnicas de controle do inventário, observam o ritmo e o padrão de reservas, entendem o impacto das tarifas e suas restrições nas vendas, sabem converter um pedido em reserva e até mesmo fazer *upselling* e *cross-selling*. Além disso, aprendem sobre os canais de distribuição, compreendem as necessidades e os desejos dos consumidores e identificam tendências de consumo. Experiência adicional no Departamento de Recepção é interessante, já que os recepcionistas têm uma visão geral da experiência de estadia do cliente, verificam as transações dos hóspedes, começam a entender a possibilidade de maximizar a receita por meio de produtos e serviços adicionais, sabem fazer *upselling* e *cross-selling* entre os pontos de venda da propriedade, são informados pelos próprios clientes sobre se as expectativas foram atingidas, entendem o impacto e a realidade das previsões de demanda, e enfrentam diretamente os resultados negativos de *overbooking*, uma vez que têm de lidar com os clientes que não puderam ser atendidos. Experiência nos departamentos de Vendas e Marketing também é positiva, já que os executivos de venda têm de aprender sobre o processo de pesquisar, prospectar, negociar e capturar negócios individuais corporativos ou de grupo, entendem o conceito de receita total ao incluir salas de reunião, banquetes e alimentos e bebidas em suas negociações, e sabem que às vezes é melhor recusar uma proposta para aceitar outra melhor no futuro. Finalmente, experiência no Departamento de Finanças e Contabilidade da propriedade é excelente para verificar o impacto das vendas e dos custos nas operações diárias da organização; é crucial para entender sobre a função de auditoria noturna, em que vários relatórios estatísticos das transações diárias são gerados e analisados; também é essencial para perceber as variações entre os resultados esperados e alcançados, entre uma previsão de demanda correta e uma incorreta (Tranter, Stuart-Hill & Parker, 2009).

Geralmente, são os agentes de reservas que se tornam supervisores de reservas e, então, abocanham a posição de gerente de receita, uma vez que já estão treinados em todos os sistemas que controlam preço e disponibilidade. Contudo, executivos de vendas, assistentes financeiros e até supervisores de recepção podem, com o devido treinamento, tornar-se *revenue managers*, contanto que sejam organizados, analíticos e entendam a relação entre oferta e demanda. Normalmente, candidatos externos, ambiciosos e com alto *pedigree* costumam permanecer pouco tempo nesta posição, buscando uma posição ainda mais estratégica de diretoria. Segundo Tranter, Stuart-Hill e Parker (2009), o gerente de RM precisa ter fortes habilidades interpessoais, capacidade de comunicação com diferentes audiências, experiência de vendas, vocação para negociação e persuasão (para influenciar pessoas resistentes a opiniões distintas das suas), capacidade de superar objeções, grande competência analítica e financeira, foco excepcional em serviço ao cliente, compreensão das dinâmicas do consumidor e habilidade para selecionar, treinar e desenvolver subordinados (em um nível de *expertise* similar ao seu próprio, rodeando-se dos melhores talentos). Eu ainda incluiria as seguintes características: inteligência emocional, resiliência, paciência, automotivação e foco estratégico. Para o time de RM é fundamental escolher os melhores e mais inteligentes profissionais, que devem acreditar nos objetivos do projeto de RM, devem ser altamente treinados, devem ter a autonomia e a autoridade para tomar decisões sobre estratégias de preço e disponibilidade, devem desenvolver um consenso da alta gerência para o foco em RM, devem ter responsabilidade e controle total da receita e devem ser recompensados com base nos resultados (Cross, 1997).

Alguns dos cursos recomendados a esses profissionais são microeconomia (para entender a dinâmica de oferta e demanda), macroeconomia (para verificar como fatores externos afetam as operações de uma empresa), finanças e contabilidade (para desenvolver a organização e o raciocínio analítico), vendas e marketing (para aprender mais sobre promoções e gerenciamento de canais), tecnologia da informação (para saber lidar com a variedade de sistemas a que será exposto, principalmente com o comércio eletrônico), sociologia e psicologia (para conhecer melhor as motivações, as expectativas e os comportamentos do consumidor) e atendimento ao cliente (para servir ao cliente, base de quem trabalha com hospitalidade) (Tranter, Stuart-Hill & Parker, 2009).

É natural que cada empresa se estruture da forma que melhor se encaixa com suas operações. Contudo, para as grandes organizações, é melhor que haja um Departamento de RM separado, paralelamente aos outros departamentos. Em pequenas e médias empresas é comum nomear um gerente de RM dentro dos departamentos de Vendas e Marketing, profissional este que deve ser selecionado cuidadosamente, altamente treinado e devidamente remunerado, com uma parcela variável de seu salário baseada nos resultados obtidos. Segundo Cross (1998), as responsabilidades do departamento ou do gerente de RM são:

> [...] ser responsável pelo desempenho da receita, ser encarregado de supervisionar o programa de RM, tomar a decisão final sobre preços e disponibilidade de produtos para qualquer negócio novo, fornecer recursos adequados para o programa de RM, assegurar que os melhores profissionais estejam na equipe de RM, dispor de um alto grau de autonomia para responder rapidamente às mudanças de mercado e tomar as decisões instantaneamente e no nível mais baixo possível. (Cross, 1998, p. 122)

Em um processo seletivo, quando do aceite da vaga de trabalho, os profissionais que vão assumir os cargos de gerente de RM, supervisor de reservas e agente de reservas devem assinar as descrições do cargo, como forma de demonstrar que estão cientes do que lhes será exigido durante o tempo em que exercerem a função na empresa.

Revenue Management em hotelaria é muito descentralizado, ao contrário do RM de companhias aéreas ou de serviços financeiros, pois é praticado não só em nível corporativo como também em nível do hotel, exigindo gerentes de receita que são tanto técnicos experientes como gerentes hábeis para convencer diariamente a equipe não técnica da necessidade de rejeitar negócios no presente visando a clientes futuros com maior potencial de receita (Anderson, Kimes & Carroll, 2009).

Durante a contratação de novos colaboradores, é importante enviar uma comunicação de boas-vindas, explicando todos os treinamentos pelos quais irão passar, conforme o exemplo a seguir:

"*Ligia Centurión* – revenue manager

Seja bem-vinda à organização! Você está convidada para nossa orientação sobre padrões da marca, cultura organizacional, treinamento departamental, proteção e segurança no trabalho que ocorrerá nos dias 2, 3 e 4 de agosto, das 9 às 18 horas, na sala 1, localizada no 1º andar."

Vamos verificar a seguir os próximos passos para criar uma cultura efetiva de RM em uma empresa.

Treinamento intensivo

Segundo Ingold *et al.* (2000, p. 251), para a implementação de um sistema de RM é preciso que toda a equipe se familiarize com a filosofia de maximização de receita da organização e "seja treinada em técnicas específicas de gerenciamento de receita. Treinamentos especializados serão necessários para os funcionários que lidam diretamente com reservas de clientes e venda de serviços".

Em decorrência da intangibilidade do serviço, seu valor é determinado pelo cliente de acordo com o atendimento de suas expectativas e necessidades. Portanto, um funcionário bem treinado tem grandes oportunidades de fidelização do cliente e da venda. De qualquer forma, como há a variabilidade de tarefas, mesmo que o funcionário seja treinado em qualidade e padrão de serviço, cada um é diferente do outro, dependendo de vários fatores, e a percepção daquele serviço é a realidade para o cliente. Por isso, além de recrutar e selecionar pessoas com atitudes alinhadas com a filosofia da empresa, devido à personalização do serviço, um treinamento em técnicas específicas de atendimento ao cliente e em respostas apropriadas a cada situação pode ser bastante útil para que o engajamento com o cliente seja feito de forma pessoal e assertiva pelo funcionário.

Para um treinamento eficaz, é necessário primeiramente recolher e analisar dados atualizados e completos sobre as diretrizes e os resultados da empresa, o organograma, os objetivos departamentais e as descrições de funções, e alinhá-los com os manuais de políticas e procedimentos, de maneira criativa e ao mesmo tempo enfocada na geração de receita. Isso porque muitas vezes as ações diárias de funcionários de um departamento vão contra os objetivos de outra área, fazendo com que as metas da empresa como um todo não sejam atingidas, muito menos a receita maximizada (Cross, 1997). Portanto, os objetivos da empresa e de seus departamentos, as funções dos colaboradores e os manuais da organização devem ser orientados para as estratégias específicas de RM com relação à segmentação de mercado, ao controle da capacidade do inventário e da disponibilidade do serviço, à previsão de demanda, à estratégia de preços e ao gerenciamento de canais de distribuição.

Investimentos em *softwares* específicos e treinamentos especializados tornam um hotel mais eficiente perante seu público-alvo. É fundamental também implementar sistemas de TI com diferentes níveis de acesso a funcionários com diferentes cargos e responsabilidades e, então, disponibilizar um treinamento intensivo nos sistemas de TI, ressaltando a importância da coleta correta de dados, e, finalmente, desenvolver sistemas de suporte e referência.

Os treinamentos em RM podem ser realizados durante a semana de orientação pelo próprio gerente de receita, a fim de estreitar o relacionamento com os novos membros dos outros departamentos da empresa. Essas demonstrações em campo para ensinar aos novos colaboradores o que é o RM e qual o papel de cada um para ajudar a maximizar a receita podem estreitar a comunicação interdepartamental e aumentar a credibilidade do gerente de RM na empresa, visando à eficácia da cultura de RM (Cross, 1997).

Outro ponto importante é treinar funcionários em técnicas de vendas – como *upselling* e *cross-selling*, por exemplo –, a fim de otimizar as oportunidades de conversão de pedidos em reservas, maximizar a receita e diminuir os custos da empresa, gerando valor e conhecimento para os consumidores, fidelidade e retenção dos clientes. Na maioria das vezes, durante os cursos de hotelaria e turismo, os estudantes são ensinados a serem cordiais e hospitaleiros, a atenderem bem o cliente com qualidade de serviço, mas falta um treinamento sobre negociação e vendas, sobre como gerar receita para a empresa – e, em última instância, para si mesmos, já que esses estudantes se tornam os funcionários das empresas no mercado. O *upselling*, ou venda maior, é o crescimento da relação com o cliente mediante uma maior venda do mesmo produto ou serviço, ou de suas versões mais avançadas. Essa técnica de vendas permite uma maior rentabilidade a um menor custo por venda. É quando, por exemplo, se vende começando pela tarifa mais alta e decrescendo a tarifas mais baixas somente quando se percebe a resistência aos preços pelos clientes. Um agente de reservas pode oferecer primeiramente o quarto da primeira categoria e maior preço, oferecendo depois a segunda categoria e preço um pouco menor, dessa forma não perdendo nenhuma receita potencial. Ou quando, por exemplo, durante o processo de venda, produtos e serviços adicionais, por um custo extra, são oferecidos ao cliente como complementares ao serviço já adquirido. Um agente de reservas pode oferecer um quarto *standard* a um preço X e, então, oferecer um quarto luxo por um pequeno valor adicional e depois mencionar que, por um custo mínimo, serviço extras podem ser incluídos na tarifa (como o café da manhã, por exemplo). A rede McDonald's é o melhor exemplo de treinamento de *upselling* aos seus funcionários: ao final de toda e qualquer compra, todos os colaboradores, com um sorriso no rosto, perguntam aos clientes "Gostaria de uma torta de maçã para acompanhar seu pedido?".

O *cross-selling*, ou venda cruzada, consiste na venda de múltiplos produtos ou serviços – de departamentos ou unidades de negócios distintas de uma mesma empresa – a um mesmo cliente. Essa técnica de vendas permite um aumento considerável da rentabilidade durante o ciclo de vida do cliente, enfocando-se a longo prazo e baseando-se em uma boa estratégia de segmentação de mercado e em um CRM afiado. É quando, por exemplo, percebendo-se as necessidades e os desejos de um cliente – por meio de perguntas-chave –, oferece-se um produto ou serviço diferente daquele que está sendo vendido no momento, descrevendo seus benefícios e qualidades, sem deixar, obviamente, de satisfazer o serviço inicial. No momento do *check-in* de um hóspede que chegou tarde ao hotel, ao descobrir que o hóspede ainda não jantou, um recepcionista pode oferecer-se para fazer uma reserva no restaurante do hotel ou para já marcar o pedido de *room service* do cliente e entregá-lo diretamente em seu quarto. Ou, no momento do jantar no restaurante do hotel, ao descobrir que o cliente está cansado e estressado, um garçom pode oferecer-se para fazer a reserva da massagem relaxante no *spa* do hotel. É importante ressaltar que, tanto para o *upselling* quanto para o *cross-selling*, é preciso um vasto conhecimento sobre os produtos e serviços oferecidos pela propriedade em questão – portanto, novamente é uma questão de treinamento extensivo dos colaboradores. Existem várias empresas que dão treinamento em vendas, como a Signature do Brasil, a IBVendas e o Grupo Friedman, entre outras. Essas empresas, depois do treinamento, fazem ligações-teste para verificar a qualidade de atendimento e o nível de negociação e vendas dos funcionários.

Powers e Barrows (2004) explicaram bem a realidade de um hotel:

> O trabalho dos funcionários de reservas e de recepção é tentar "forçar a venda" para conseguir a maior diária possível. Entretanto, as estruturas das várias diárias praticadas hoje são complicadas, e um funcionário de reservas destreinado, que não conhece a composição das diárias especiais, pode acabar recebendo uma reclamação de um hóspede frequente. Uma vez o hóspede no controle da transação, a diária mínima e o *upgrade* máximo são os resultados mais prováveis. (Powers & Barrows, 2004, p. 250)

Como cada vez mais os agentes de reservas e os recepcionistas devem saber vender o hotel e não apenas processar reservas e fazer o *check-in*, cada vez mais a alta gerência deve envolvê-los no processo de *Revenue Management* com foco em maximização de receitas. As empresas precisam investir constantemente no treinamento de seus funcionários, em cursos que não só tragam conhecimento ao repertório do colaborador como adicionem valor ao serviço prestado ao cliente.

Essa é uma forma de incentivar, reconhecer e motivar o funcionário (Dev & Olsen, 2000).

Monitoramento constante

Ingold *et al.* (2000) ressaltam a importância do *feedback* contínuo para a equipe de RM:

> O *feedback* dá ao time uma indicação da receptividade do sistema de reservas da organização às estratégias da gerência, e também da efetividade dessas estratégias como resposta à demanda de mercado. O *feedback* permite a todos os envolvidos em *Revenue Management* manterem-se atualizados sobre informações e estratégias, atuando como um mecanismo de acesso e reconhecimento das performances individuais e departamentais. (Ingold *et al.*, 2000, p. 262)

Para a implementação bem-sucedida de uma cultura de RM é essencial criar metas inteligentes, ou seja, específicas, mensuráveis, alcançáveis, relevantes e vinculadas ao tempo (do inglês SMART: *Specific, Measurable, Achievable, Relevant, Time-bound*), e realistas. Cada um dos colaboradores da empresa deve ter objetivos individuais diários e cada departamento deve ter metas de equipe mensais – os quais devem ser avaliados periodicamente, seja mensal, bimestral, trimestral ou semestralmente, a fim de manter o projeto de RM bem encaminhado – para que a empresa consiga atingir seu objetivo final, que é a maximização de receita. Todo e qualquer funcionário deve saber quão importante é a sua eficiente participação diária para a realização do objetivo total mensal da organização por meio de um sistema de recompensas e incentivo, tendo como foco não só a receita como também a lucratividade de cada transação. Segundo Cross (1998),

> o critério de avaliação deve incluir a conclusão de objetivos menos importantes, tais como: o estabelecimento da organização, a adoção de novos processos e políticas para a empresa e o cumprimento dos planos do projeto de acordo com a programação original. O que deve ser principalmente avaliado na introdução de um programa de RM é a geração de receitas incrementais. (Cross, 1998, p. 126)

Periodicamente, os resultados devem ser avaliados, e toda e qualquer conquista deve ser comemorada para manter o foco do projeto, demonstrar que o trabalho de todos foi frutífero e recolher lucros para financiar novos esforços de RM (Cross, 1998).

Visando ao sucesso da implantação da cultura de RM e já pensando em projetos futuros, a alta gerência deve encabeçar o rumo e os objetivos do projeto de RM, sempre recrutando, selecionando e treinando as pessoas corretas, avaliando seu desempenho, fornecendo recursos, suporte, incentivo e estímulo aos membros da equipe. É importante monitorar os resultados, a receita alcançada e a efetividade de cada programa implementado para saber qual teve melhor resultado e decidir quais serão repetidos (Quain, Sansbury & LeBruto, 1998).

Um monitoramento constante significa, além do monitoramento da satisfação do cliente por meio da avaliação do serviço via questionários aos clientes e da motivação dos funcionários para manter excelente qualidade de serviço e serviço personalizado, também o monitoramento da maximização de receita por meio do funcionamento correto do sistema de RM (TI), da consistência quanto às tarifas cotadas, de decisões tomadas para maximizar a receita, da conversão de reservas, do RevPAR, da tarifa média, da ocupação, da participação de mercado, da efetividade da previsão de demanda e de segmentação de mercado. Por exemplo, durante a avaliação de desempenho de um colaborador, além de verificar os itens típicos, como atitude, comunicação, trabalho em equipe e atendimento ao cliente, é essencial adicionar um item sobre "vendas e receita" para verificar se o funcionário utilizou as técnicas de vendas ensinadas durante o treinamento e se, de fato, foi capaz de maximizar a receita da propriedade.

Como foi bem lembrado por Cross (1998),

> em muitas grandes redes de hotéis, a matriz lida com a gestão e o controle da qualidade e as franquias, mas a responsabilidade e a autoridade sobre a receita são restritas ao gerente geral de cada filial, que é responsável por sua própria lucratividade. Implementar o RM em uma organização descentralizada geral-

mente envolve um grupo de apoio ao RM na matriz, que instrui, treina, atualiza, avalia e recomenda programas de RM em nível local. Em algumas situações, a tecnologia é centralizada, enquanto sua utilização é descentralizada. (Cross, 1998, p. 124, grifos nossos)

Assim era na cadeia Hilton Hotels Corporation. Por mais que houvesse um departamento corporativo de RM baseado na sede da empresa em Beverly Hills (que dava diretrizes, treinamentos e suporte aos hotéis), e por mais que houvesse um sistema de TI centralizado (com manuais de utilização padrão), em cada uma das três diferentes propriedades Hilton em que trabalhei (Hilton Downtown Toronto, Caribe Hilton e Hilton São Paulo Morumbi) cada *revenue manager* tinha a responsabilidade e a autoridade para planejar, monitorar e atingir a meta de receita diária, mensal e anual de seu hotel, obviamente via utilização descentralizada do sistema e com a ajuda de todos os outros departamentos da propriedade. Para isso, é necessário um canal aberto e constante de comunicação: as reuniões estratégicas semanais.

Reuniões estratégicas semanais

Segundo Lewis e Chambers (2000),

> Funcionários afetados pelos sistemas de *Revenue Management* – especialmente dos departamentos de Reservas, Recepção, Vendas e Marketing – devem ser envolvidos no processo para que eles entendam que além dos objetivos promovidos de gerenciamento de receita – que é de maximizar receitas – ainda é criticamente importante manter clientes leais. (Lewis & Chambers, 2000, pp. 437-438)

Durante os quatro anos em que trabalhei na área de *Revenue Management* da Hilton Hotels Corporation – tanto no Hilton Downtown Toronto como no Caribe Hilton e no Hilton São Paulo Morumbi –, participei de reuniões estratégicas semanais para discussões sobre a previsão de demanda e a estratégia de preços por segmento de mercado, sobre como controlar a capacidade do inventário e gerenciar os diversos canais de distribuição, considerando as realidades dos macro e microambientes, a fim de maximizar a receita por apartamento disponível. Durante essas reuniões, é de praxe acessar as informações disponíveis, rever e ajustar as estratégias e táticas de RM, questionar o *status quo* e verificar se alguma alteração é necessária para otimizar a receita, com base na análise de fatores externos e internos, mercado, consumidores e concorrência. Além disso, essas reuniões devem comemorar os sucessos de cada departamento e não apenas apontar os erros cometidos por cada um. As reuniões ocorrem semanalmente, duram de uma a duas horas e contemplam a diferença entre a receita prevista para a semana anterior e a receita realizada, sempre analisando os tópicos descritos a seguir:

- **segmentação de mercado:** avaliar se a segmentação de mercado está eficiente (por motivo de viagem, por geração, por canal de distribuição, etc.), discutir sobre o gerenciamento de grupos, sobre o deslocamento e remanejamento de negócios (quais negócios aceitar e quais declinar, com base na receita total, incluindo todos os serviços a serem consumidos tanto em hospedagem, como em alimentos e bebidas, quanto em eventos e banquetes), escolher melhor *business mix* para maximizar a receita (alocando inventário) e discutir sobre tendências de mercado;

- **controle da capacidade do inventário:** verificar a disponibilidade do serviço, discutir sobre políticas de garantia, depósito e pré-pagamento; penalidades sobre cancelamentos e alterações; técnicas de *overbooking* e *walk*; cobrança de saídas antecipadas e de *no shows*;

- **previsão de demanda:** considerar dados históricos, calendário de eventos e fatores externos que possam afetar a demanda;

- **estratégia de preços:** decidir quais tarifas abrir e fechar, e se novas tarifas precisam ser criadas, ou antigas eliminadas, para adequar-se à demanda, aos intermediários e à concorrência;

- **canais de distribuição:** escolher em quais canais distribuir o serviço, determinar a tarifa por canal, executar controles de disponibilidade de inventário, mensurar a margem de contribuição por canal, avaliar e reavaliar constantemente o *mix* de canais.

Todos os grandes decisores dos hotéis participavam das reuniões: gerente geral, diretor de finanças, diretor de operações de alimentos e bebidas, diretor de vendas e marketing, diretor de operações de hospedagem, gerente de recepção, gerente de *Revenue Management*, gerente de reservas e *e-commerce*. Cada um tinha sua devida responsabilidade, conforme alguns exemplos a seguir:

- **gerente de *Revenue Management*:** decidir *business mix*; executar controles de inventário; prever demanda; abrir ou fechar tarifas; avaliar *mix* de canais de distribuição; basear decisões na receita total gerada; conduzir sessões de *feedback*; supervisionar e fazer recomendações sobre as estratégias e táticas de receita a serem executadas em todos os departamentos;
- **gerente de reservas e *e-commerce*:** informar sobre reservas feitas no sistema; informar sobre *pick up* de reservas futuras; verificar histórico de anos passados; inserir tarifas e disponibilidade nos canais de distribuição;
- **diretor de vendas e marketing:** obter informação mais atualizada sobre a concorrência; informar seu time sobre picos e vales de previsão de demanda; criar estratégias de vendas e marketing para diferentes segmentos de mercado;
- **diretor de operações de hospedagem/gerente de recepção:** recomendar escala de funcionários de acordo com a previsão de demanda; criar rotinas para horários de pico, estimular *cross-training* de funcionários para atender a picos de demanda.

O intuito dessas reuniões estratégicas semanais é possibilitar uma reação rápida às mudanças súbitas do mercado, sempre se lembrando de manter um lado humano em RM, de ter flexibilidade, principalmente com clientes antigos, e de visar à lucratividade a longo prazo em detrimento de ganhos a curto prazo.

Na primeira reunião do mês, o objetivo do encontro é a revisão de performance do mês anterior, com a confecção de um relatório explicando quaisquer variações entre a previsão de demanda e a produção alcançada. As estratégias e táticas dos planos de RM e marketing devem ser reavaliadas com atenção nessa reunião, verificando quais devem ser abandonadas, quais ainda são pertinentes e quais devem ser adicionadas. Também é preciso fazer a revisão e o ajuste da previsão de demanda para o mês seguinte. Em agosto, além da revisão de performance do semestre anterior, começa a ser criado o *business plan* (plano de negócios) para o ano seguinte, com base nos resultados atingidos e na avaliação de desempenho da primeira metade do ano. Em setembro e outubro, o plano é revisado várias vezes, por vários departamentos e diretores, até que se chegue ao plano definitivo, em novembro, o qual é denominado de *budget* (orçamento), para o ano seguinte.

Políticas de incentivo eficientes e *empowerment*

Segundo Hendsdill (1998) citado por Ingold *et al.* (2000, p. 12), "sistemas de incentivo que auxiliam a alinhar os objetivos dos funcionários e gerentes com o objetivo da maximização de receita da organização devem ser desenvolvidos para que um sistema de *Revenue Management* seja verdadeiramente bem-sucedido".

Um dos objetivos da transferência de um funcionário de uma propriedade Hilton para outra é a disseminação do conhecimento adquirido em um hotel para outro. No Caribe Hilton, propriedade considerada como vaca leiteira para a cadeia hoteleira, a cultura de gerenciamento de receita já era mais desenvolvida e espalhada por diversas áreas do hotel. No Departamento de Reservas, por exemplo, todos os meses vários relatórios eram gerados para averiguar a performance individual de cada funcionário. Alguns dos critérios de avaliação eram assiduidade, tempo de espera do cliente na linha, quantidade de ligações atendidas, quantidade de ligações convertidas em reservas, relacionamento com o cliente (que pode ser medido por meio de uma avaliação do serviço prestado ao final da ligação), qualidade das técnicas de venda aplicadas e incremento de receita (índice calculado para o grupo todo, mas que também pode ser verificado a nível individual). Então, chegava-se a um índice de desempenho individual e a outros para a performance de grupo e do departamento total, bem como a média dos dois índices – que pode ser uma média ponderada, dependendo do critério mais importante para a propriedade –, o que refletia a pontuação mensal do colaborador. O funcionário com a melhor avaliação recebia um envelope com uma carta reconhecendo o trabalho excepcional dele naquele mês e dois ingressos cortesia para o cinema. Um prêmio simples, mas que incentivava o colaborador a dar o melhor de si e fazia com que ele percebesse que sua contribuição individual acrescentava aos resultados finais da empresa, ou seja, o funcionário percebia o papel que desempenhava na organização como um todo. Já a política de incentivo no Departamento de Reservas do Hilton Downtown Toronto estabelecia que qualquer agente de reservas que vendesse uma das dez suítes do hotel recebia uma porcentagem sobre a venda, ou seja, uma pequena comissão sobre uma venda mais difícil.

Reservas	Performance individual							Perf. grupo	Total
	Frequência	Tempo de espera	Ligações atendidas	Ligações convertidas	Relação com cliente	Vendas *(upsell, cross-sell)*	Incremento de receita		
Agente 1	83%	78%	100%	35%	93%	58%	102%	78%	
Agente 2	100%	99%	91%	52%	90%	36%	102%	81%	
Agente 3	100%	85%	87%	44%	92%	49%	102%	80%	
Total	94%	87%	93%	44%	88%	48%	102%	79%	

Quadro 11.1. Exemplo de relatório de performance individual e de grupo.
Fonte: a autora.

Uma política de incentivo eficiente pede o comprometimento de todos os níveis da organização para com a excelência da qualidade do serviço e da satisfação dos clientes, bem como a maximização de receita. Essas políticas são necessárias principalmente nos departamentos que envolvem a venda de serviços, tanto Vendas e Marketing – prática já bem estabelecida no mercado brasileiro – como Reservas e Recepção – departamentos esquecidos e julgados incorretamente como apenas operacionais. As políticas de incentivo devem variar dependendo da sazonalidade, ou seja, em períodos de alta, é preciso enfocar-se em maximizar a receita; em períodos de baixa, é preciso enfocar-se em maximizar o volume. Todo e qualquer excelente desempenho do funcionário deve ser recompensado, seja quando há aumento na receita total (volume de apartamentos × tarifa média) seja quando há uma tomada de risco para a maximização de receita.

Já dizia Cross (1998, p. 126) que os incentivos são ferramentas motivacionais: "A busca da receita incremental deve ser um prazer. Pense na criação de concursos entre grupos de controladores de receita para gerar a maior quantidade de receita adicional, isso ajudará a manter os controladores afiados e focalizados nos objetivos".

Para estimular o interesse dos colaboradores pela maximização da receita, basta conectar o bônus do funcionário à lucratividade da empresa. Dessa forma, o funcionário se manterá motivado, trabalhará assertivamente e permanecerá na empresa (Quain, Sansbury & LeBruto, 1998).

É crucial premiar um funcionário que, numa noite de tempestade, decida estabelecer uma tarifa – sem ajuda de um gerente ou diretor – e aceitar o ingresso de um grupo de passageiros impossibilitado de voar devido às condições aéreas, porque percebe que há disponibilidade no hotel e que estes quartos não serão mais vendidos depois das 22 horas, já que todos os clientes daquela noite já chegaram e o histórico mostra que nesta noite em particular a ocupação não passa de 70% do inventário. Atitudes de decisão assertivas em situações difíceis devem ser incentivadas.

Segundo Ingold *et al.* (2000), o gerente de *Revenue Management*, como líder da equipe de RM, deve dividir com todos os colaboradores que participam de decisões de gerenciamento de receita não apenas toda e qualquer informação que obtenha via sistemas, mas também sua previsão de demanda e do futuro da organização, criando um canal aberto de compartilhamento de ideias e informações, gerando conhecimento e difundindo a cultura de RM.

Muitos gerentes e diretores centralizam a informação, em uma tentativa de se tornarem os todo-poderosos detentores de toda a sabedoria de uma empresa. Esse é o maior erro de uma organização. Obviamente, informações confidenciais devem ser mantidas a um seleto grupo de confiança, contudo muitas informações rotineiras podem ser compartilhadas e várias decisões diárias podem ser delegadas, a fim de possibilitar um *empowerment* ao funcionário. Principalmente para situações em que haja pouca oportunidade para a intervenção da gerência.

No Walt Disney World Resort, essa prática é comum. Quando eu trabalhava no Magic Kingdom, nas primeiras semanas de trabalho passávamos por diversos treinamentos. Um deles chamado "Disney Traditions", um treinamento sobre a cultura organizacional que explicava os quatro pilares da Disney (segurança, cortesia, *show* e eficiência, nessa ordem). E outro treinamento departamental, no qual o treinador oficial explicava situações comuns que poderiam afetar a experiência de um hóspede e como devíamos responder a cada uma delas. Como *cast member* (membro do elenco) do *guest relations* (atendimento ao cliente), eu podia, por exemplo, quando uma criança tropeçava e deixava cair seu sorvete, verificar o sabor do sorvete e ir pegar um novo idêntico no restaurante mais próximo, sem dar maiores explicações. Ou, por exemplo, quando um passarinho carimbava a camiseta de um turista acidentalmente, eu podia, imediatamente, ir ao estoque do meu departamento e pegar uma camiseta similar para substituir aquela que estava suja, sem ter que preencher nenhum formulário. Ou, por exemplo, quando um *guest* (convidado) queria apenas conversar sobre a história da Disney e saber mais sobre as curiosidades do parque, eu podia *take 5 minutes* (tirar 5 minutos) e simplesmente bater papo, sem me sentir culpada.

Para começar o processo de dar poder ao funcionário, primeiramente, o manual de políticas e procedimentos do departamento deve ser claro e estar de fácil acesso aos colaboradores. Deve haver, também, diferentes níveis de acesso aos sistemas de TI, dependendo das funções e responsabilidades do funcionário, sempre lembrando o membro da equipe de que os sistemas de TI são apenas ferramentas para auxiliar no processo do serviço, mas que quem deve fornecer um serviço de qualidade excepcional e tomar decisões no dia a dia é o funcionário. Vale ressaltar que todas as decisões devem ser pensadas caso a caso, baseadas na receita total e, obviamente, na influência que cada uma terá sobre a receita final da organização. Todo e qualquer colaborador que interagir diretamente com o cliente deve ter um leque de opções para ações imediatas e diretas durante a prestação do serviço, tanto para o procedimento em condições normais como para quando algo sair da rotina. Quanto mais rápida, personalizada e eficiente for essa tomada de decisão pelo membro da equipe, maior será a facilidade para fidelizar o cliente, e quanto mais lenta, padronizada e burocrática for essa solução do problema, maior será a possibilidade de perder o cliente.

No Hilton São Paulo Morumbi, a supervisora de reservas tinha o poder de decisão sobre a organização e o gerenciamento da lista de espera de reservas em datas de alta ocupação para quando o hotel já não tinha mais disponibilidade. No caso de um eventual cancelamento, cabia à supervisora eleger uma pessoa da lista de espera para substituir a vaga aberta. Essa decisão era baseada em alguns fatores, como, por exemplo, parceria e relacionamento com a empresa, data de *check-in*, duração da estadia, tarifa média no período e receita total. Às vezes, uma receita total mais alta não implicava que a reserva seria a primeira na fila da lista de espera, pois um melhor relacionamento com outra empresa – ou até mesmo um acordo global – faria com que esta ficasse em posição preferencial.

	Empresa	Data desejada	Número de pernoites	Tarifa média	Receita total	Preferência
Cliente 1	A	02/08 a 09/08	7	R$ 350	R$ 2.450	1
Cliente 2	B	03/08 a 06/08	3	R$ 200	R$ 600	2
Cliente 3	C	01/08 a 05/08	4	R$ 350	R$ 1.400	4
Cliente 4	D	04/08 a 06/08	2	R$ 300	R$ 600	5
Cliente 5	E	03/08 a 08/08	5	R$ 400	R$ 2.000	3

Quadro 11.2. Exemplo de lista de espera.
Fonte: a autora.

Marketing interno estimulante

Segundo Peter e Donnelly Jr. (2000, p. 207), o marketing interno é o "processo contínuo pelo qual os gerentes ativamente encorajam, estimulam e apoiam o comprometimento dos funcionários à organização, aos seus produtos e serviços, e aos seus clientes".

Os clientes só irão comprar de empresas com as quais eles se identificam e que tenham certos valores-base, como ética, respeito, responsabilidade social e sustentabilidade, portanto todos esses princípios devem ser incorporados de forma clara, precisa e mensurável aos objetivos individuais de cada colaborador e, consequentemente, ao objetivo final de organização (Dev & Olsen, 2000). Reputação e confiança também são fundamentais para que exista um relacionamento entre o consumidor e a empresa (Hultén, 2007).

Além disso, é preciso que a alta gerência estabeleça a direção e os objetivos de RM, tome as decisões das políticas e procedimentos de RM, faça o planejamento das estratégias de RM, forneça ferramentas e suporte, comunique essas estratégias de RM para toda a equipe e meça constantemente a performance do grupo. Os funcionários necessitam estar comprometidos com a qualidade do serviço, estar envolvidos nos esforços de marketing e resultados da organização e pôr em prática as políticas e procedimentos de RM. Finalmente, os clientes precisam de informação atualizada sobre as práticas de RM e as restrições associadas às tarifas e necessitam sempre ser educados para situações futuras.

Um bom exemplo é confeccionar um mural informativo em lugar de fácil acesso aos colaboradores – próximo aos vestiários, por exemplo – que descreva a visão e a missão da empresa, explique os níveis de satisfação do consumidor, liste os principais e fiéis clientes da organização, mostre comentários positivos de hóspedes sobre excelentes serviços realizados por membros da equipe, indique quais são os objetivos de receita mensal e anual para a empresa e quanto já foi atingido, cite como está o RevPAR mensal e anual, comente sobre qual é a participação de mercado dentre o conjunto competitivo – e quais são estes principais competidores –, além de outros indicadores de performance.

Há ainda uma série de estratégias de filosofia de serviço que requerem um comprometimento a longo prazo, um certo esforço e muita criatividade para instantaneamente enfatizar a receita, proveniente da base existente de consumidores de uma empresa, por meio da conquista e da manutenção dos clientes corretos, vendendo para mais clientes e vendendo mais por cliente. Segundo Quain, Sansbury e LeBruto (1998), os atuais consumidores de uma empresa sempre estão com o desejo latente de comprar mais, uma vez que têm necessidades não completamente satisfeitas ou desejos não totalmente realizados, representando oportunidades de mais receita e de mais satisfação. Conforme os autores, para a maximização da receita e a satisfação dos clientes, os colaboradores da organização devem rever a filosofia de atendimento ao cliente e trabalhar de forma mais inteligente, aplicando técnicas simples para incremento da lucratividade da empresa, a qual deve pôr em prática um sistema de recompensas aos funcionários. O sucesso da empresa a longo prazo depende do envolvimento dos colaboradores em gerar receita para a empresa e, consequentemente, para si mesmos, o que por sua vez satisfaz suas necessidades de autoestima e realização pessoal:

- a primeira técnica consiste em o colaborador utilizar a propriedade como um centro de criação de valor e lucratividade para produzir – e enaltecer – experiências únicas de satisfação, criando mais valor para o consumidor que, logo, gastará mais dinheiro. Para analisar o potencial de uma empresa, é imprescindível identificar todas as possíveis fontes de receita, limitadas apenas pela capacidade de imaginação;
- a segunda técnica é a comunicação aos clientes sobre onde se encontram os serviços para as soluções de seus problemas – para isso, faz-se necessário perguntar aos consumidores quais são suas necessidades e seus desejos e, realmente, ouvi-los e anotá-los, importando-se com os clientes;
- a terceira técnica consiste em divulgar informação sobre os segredos da empresa, compartilhando toda a informação necessária para que ele possa desfrutar ao máximo da experiência, fazendo com que participe da resolução de seus próprios problemas. Por esse compartilhamento de sabedoria, os consumidores ficam felizes em pagar, uma vez que os torna *experts* e satisfaz suas necessidades.

Um serviço excelente fideliza os clientes e os torna propagadores da rica experiência que tiveram – portanto, da marca da empresa em questão. Quanto melhor a qualidade e maior a relevância do serviço, maior a quantidade de dinheiro gasta pelos clientes, maiores a receita e a lucratividade da empresa (e, portanto, maior a recompensa do funcionário), maior o retorno sobre investimento e maior a inversão que será realizada para aprimorar ainda mais o serviço. É como se nesse crescimento sustentável os clientes ficassem com os lucros e dividendos de suas compras na forma de aprimoramento constante do nível de serviço (Quain, Sansbury & LeBruto, 1998).

O maior exemplo da divisão criativa de conhecimento se dá na Walt Disney World. Quando eu trabalhei no Magic Kingdom como *guest relations*, em 2000, um de meus postos de trabalho era a *tipboard*, um quadro com o nome das, então, seis "terras" do parque e suas respectivas atrações. Pelo rádio, eu recebia a informação atualizada do tempo de duração da fila e inseria a plaquinha com os respectivos minutos de espera à frente de cada atração. Eu também compartilhava meu conhecimento com os hóspedes do parque, explicando qual atração era melhor para qual público, quais eram as atrações mais vazias, quantas pessoas cabiam por carrinho da atração, etc. Mas a minha dica favorita para aprimorar a experiência dos hóspedes no parque era sempre sugerir às pessoas que me consultavam que começassem o dia pela Adventureland, terra que ficava à esquerda da *tipboard* e, portanto, era a menos optada pela maioria dos hóspedes destros do parque.

Alguns dos obstáculos para implementar um programa efetivo de RM podem ser: falta de comprometimento da alta gerência à mudança, resistência por parte da equipe à mudança para a nova filosofia, ansiedade gerada pelas grandes expectativas de receita, falta de capital para investir, desestímulo do time de vendas por sentir estar perdendo a autoridade, limitação de processamento de informações pela atual capacidade de TI, frustrações e atrasos com grandes projetos de informatização, além de uma possível resistência do mercado (Cross, 1997).

Mas acima de tudo haverá paradigmas quebrados, barreiras ultrapassadas, metas alcançadas e, impreterivelmente, sucessos obtidos com o trabalho de todos.

A implantação de RM em uma organização é realizada passo a passo, com a introdução e os ajustes dos processos e, sobretudo, com treinamento de pessoas. Não se concebe RM sem o desenvolvimento de uma cultura própria, compartilhada por todos os funcionários do hotel. Recepcionistas, agentes de reservas, equipes de vendas e diretoria, todos devem praticá-la e compreender seu papel dentro do processo. Todos devem entender que as contribuições e atitudes de cada indivíduo na empresa podem afetar imensamente a lucratividade futura da mesma (Cross, 1997). Uma metodologia correta inicia o processo de implantação da cultura por meio de um treinamento que enfoca o conceito, a prática, os resultados esperados e, em especial, ilumina os caminhos a percorrer e as tarefas a realizar. Ao final desse treinamento, a própria equipe terá condições de estabelecer metas, responsabilidades e cronograma de implantação.

Questões para reflexão e aplicação

1. Desenvolva um material de treinamento e monitoramento, além de uma política de incentivo para todos os funcionários de departamentos relevantes a RM, separando o material por grupos (gerência, atendimento direto e atendimento indireto a clientes, por exemplo).
2. Com base na última posição que você ocupou dentro de uma organização, imagine que foi convidado para participar de uma Reunião Estratégica Semanal de um renomado hotel em Curitiba, na primeira semana de agosto. Prepare-se para a reunião com informações sobre a previsão de demanda de mercado e sobre os diversos canais de distribuição disponíveis, considerando as realidades dos macro e microambientes, a fim de maximizar a receita por apartamento disponível (RevPAR).
3. Pensando no futuro do marketing na indústria de turismo e hotelaria:
    - identifique os maiores desafios dos gerentes de RM;
    - determine os próximos passos para lidar com cada desafio;

- identifique oportunidades estratégicas para crescimento;
- determine maneiras de adotar essas estratégias de marketing para desenvolver vantagem competitiva;
- descreva as prioridades para o futuro imediato.

Sugestões de casos

Aubke e Wöber (2010). A complexidade das decisões de gestão de receitas é facilitada por um uso generalizado de tecnologias especializadas. Ao mesmo tempo, esses avanços tecnológicos têm ultrapassado o desenvolvimento humano, levando a uma diferença entre a dependência computacional e o potencial que a estrutura humana eficiente conduzindo o sistema pode fornecer. Este texto aborda o elemento humano na gestão de receitas por meio do estudo dos processos de trabalho e fluxos de conhecimento incorporados em equipes de gestão de receitas. Os resultados apoiam a visão de que a eficácia das equipes de gestão de receitas pode ser atribuída à existência de modelos mentais compartilhados. A presença de modelos mentais compartilhados tem profundas implicações gerenciais, uma vez que, pelo mapeamento de fluxos de conhecimento e pela compreensão do comportamento de busca das informações, os supervisores de equipe podem identificar caminhos claros para a intervenção.

Huyton e Thomas *apud* Ingold (2000, pp. 266-270). Antes de utilizar um sistema de gerenciamento de receita, a Hilton usava um sistema de gerenciamento de informações que a rede hoteleira julgava bom para relatórios e estatísticas de ocupação. Contudo, o sistema apresentava um uso limitado para previsão de demanda, levando o departamento de hospedagem do Hilton Warwick a tomar decisões baseadas na intuição. O texto mostra como foi implantado um sistema de RM e a mudança de cultura que teve de ser realizada.

••• OLHAR DO MERCADO

ENTREVISTA COM FLAVIA DE ARAUJO

1. EM SUA OPINIÃO, O QUE É *REVENUE MANAGEMENT*?

Acho que o *Revenue Management* não é uma questão de opinião, mas existe uma definição bem simples e concordo plenamente com ela. Ele é a técnica usada para a otimização de receita, mas a melhor definição que já escutei foi a de meu ex-chefe, que me dizia: "Flavia, você é a *gate keeper*", ou seja, o *revenue manager* basicamente controla quem entra no seu hotel, quando entra e quanto paga.

2. COMO SE DESENVOLVEU SUA TRAJETÓRIA PROFISSIONAL ATÉ SUA ENTRADA NO CAMPO DE RM?

Comecei em hotelaria em 1996, totalmente por acaso, pois tinha acabado de me mudar para Miami. Estava hospedada em um hotel cujo dono era pai de um grande amigo meu, e ele de repente precisou de uma recepcionista – e lá fui eu! Nunca mais saí. Apaixonei-me pela profissão e nunca mais trabalhei em outra área. Fiquei seis anos em Operações, em que ocupei vários cargos, de telefonista a gerente de recepção, e depois passei para a área Comercial, como coordenadora de grupos. Isso aconteceu em meados de 2003, quando o RM começou a aparecer na hotelaria em hotéis independentes, pelo menos em Miami (onde eu morei e trabalhei por 15 anos na mesma rede de hotéis). De coordenadora de grupos fui promovida a assistente do gerente de reservas. Foi quando comecei a mexer com *Revenue*. Meu último cargo nessa rede de hotéis foi de *revenue manager* e gerente de reservas de 2004 a 2008.

3. QUAIS SÃO/FORAM SUAS MAIORES RESPONSABILIDADES COMO GERENTE DE RECEITA?

No início, RM não era novidade somente para mim, mas para o mercado hoteleiro como um todo e para a rede de hotéis na qual trabalhava, ou seja, aprendi RM na prática e com todo o respaldo e apoio dos meus diretores, pois todos entendiam que RM não era uma tendência, e sim uma nova realidade. Já com o cargo de RM, li muito sobre o assunto e participei de alguns *workshops* promovidos pela HSMAI e outros órgãos de hotelaria nos Estados Unidos. Minha maior responsabilidade foi inerente ao cargo: otimização da receita em um período muito complicado nos Estados Unidos, em que ainda sofríamos com o impacto do 11 de Setembro. Além disso, a responsabilidade veio junto com uma missão, que foi a de implementar a cultura de RM dentro da empresa, pois o *Revenue* não pode ser apenas praticado ou entendido pelo *revenue manager*, ele precisa ser praticado por todos que são "vendedores" dentro de um hotel.

4. COMO O RM SE DESENVOLVEU E SE ENCAIXA NA EMPRESA EM QUE VOCÊ ATUA/ATUOU COMO GERENTE DE RECEITA?
Tenho sorte de ter uma estrutura e uma cultura muito bem estabelecidas na organização em que trabalho hoje. O RM tem um papel crucial, juntamente às áreas Comercial e de Marketing, para alcançar o seu grande objetivo, que é a otimização da receita, mas é importante lembrar que o RM não é único caminho para alcançar as metas estabelecidas; ele não funciona sem o trabalho em equipe, com os departamentos Comercial e de Marketing.

5. QUAIS SÃO AS MAIORES DIFICULDADES ENFRENTADAS POR UM GERENTE DE RECEITA ATUALMENTE?
No Brasil, as dificuldades ainda são muitas, pois o RM não é muito bem aceito, simplesmente porque não é entendido por segmentos de mercado, como as operadoras nacionais e de receptivo, que não aceitam o tipo de *pricing* estabelecido pelo RM, as tarifas flutuantes, a distribuição e o controle de inventário. Existe também a dificuldade no *pricing*, especificamente porque fica muito difícil você trabalhar com tarifas flutuantes quando sua concorrência não faz o mesmo, não tem RM. No Rio, somente os hotéis de rede têm uma

estrutura de RM estabelecida, e esses representam somente 20% dos hotéis no Rio. Fala-se muito de *Revenue*, mas pouco se pratica. Ainda existe uma grande resistência à implementação de RM, mas atualmente, como gerente de receita, minha maior dificuldade é tecnológica. Usamos um PMS completamente despreparado para as práticas básicas de RM, em que os relatórios apresentam números incoerentes e muito duvidosos. O RM eficaz precisa de agilidade, e isso infelizmente ainda não conseguimos.

6. EM SUA OPINIÃO, QUAIS SÃO AS TENDÊNCIAS EM RM?

Acho que o RM do futuro não será somente a otimização da receita de apartamentos, e sim de todos os outros serviços, como alimentos e bebidas, *spas*, etc. Já existe RM em eventos, em aluguéis dos salões, e acho que o caminho é a gerência de receita em todas as áreas em que há oportunidade de maximizar.

7. QUAIS CONSELHOS VOCÊ PODE DAR A ESTUDANTES E PROFISSIONAIS QUE PRETENDEM INGRESSAR NO CAMPO DE RM?

Não se pode escolher RM somente porque possa ser o "cargo do futuro" em hotelaria, como já ouvi de muitos. Esse é um grande erro. Tem que estudar e trabalhar no que realmente amamos fazer; esse é o caminho para o sucesso em qualquer profissão, e com RM não é diferente.

8. QUAIS ARTIGOS, LIVROS E CURSOS VOCÊ RECOMENDA PARA QUEM QUER SEGUIR NA ÁREA DE RM?

Sem dúvida nenhuma, todos os artigos, livros e cursos que a Universidade de Cornell tem a oferecer.

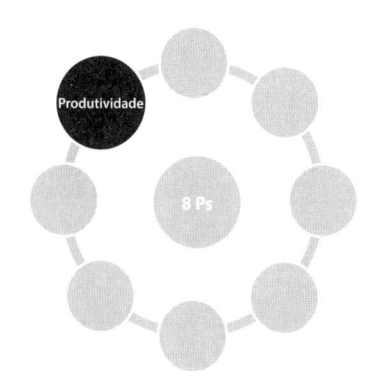

12
Avaliação de desempenho

> Uma fórmula simplificada para expressar o retorno sobre o investimento do proprietário é indicada como uma porcentagem relacionada com o investimento inicial do proprietário. O ROI é geralmente calculado pela divisão do retorno de investimento do proprietário pelo investimento inicial do proprietário. É a recompensa para os investidores pela tomada de risco de um investimento.
>
> David K. Hayes e Allisha Miller, *Revenue Management for the Hospitality Industry*

Durante o 1º Seminário Internacional de *Revenue Management* Hoteleiro do Senac São Paulo, em junho de 2008, o então vice-presidente do Ideas, James Ruttley, apresentou o Ciclo de Otimização de Receitas, que fornece uma estrutura completa dos vários componentes de uma gestão e é formado por quatro etapas previstas para o aumento de receitas por meio do RM: previsão, otimização, controle e monitoramento.

1. **Previsão.** Consiste em descobrir o potencial de demanda do mercado, para então analisar o potencial de demanda verdadeira da empresa, isto é, não restrita à capacidade do inventário. É preciso considerar o conhecimento temporal do mercado, ou seja, as tendências históricas, as condições atuais e a dinâmica do panorama atual, as quais podem adiantar um cenário futuro, base para antecipar as estratégias de marketing e de preços.
2. **Otimização.** Depois que se sabe qual é a demanda elástica da empresa, pode-se definir a demanda com a qual se quer traba-

lhar, ou seja, qual será o *business mix* de segmentos de mercado que irá compor essa demanda. Assim que estiver consciente da situação do mercado, o gerente de RM deve promover ações que impulsionem maximização de receitas, utilizando a informação adquirida na previsão para adequar sua demanda, evitando problemas como a demanda irrestrita.

3. **Controle.** Consiste nas mudanças realizadas nas tarifas, diferenciando seus preços e benefícios. Para cada segmento de mercado, deve ser criada uma estratégia de preços distinta, com políticas e restrições específicas. Por meio do controle, alinhado às estratégias de marketing, o gerente de RM pode formatar e diferenciar a demanda, atingindo diferentes tipos de clientes.

4. **Monitoramento.** Encerra o ciclo com uma análise dos resultados obtidos, corrigindo práticas incorretas e projetando estratégias futuras, garantindo que as previsões e metas estabelecidas sejam alcançadas por meio da cultura de RM, aspecto principal de uma boa prática no processo de implantação das estratégias de RM.

Vimos como prever a demanda, como selecionar os segmentos de mercado corretos, como definir a estratégia de preços para cada segmento, como controlar a capacidade do inventário e como gerenciar os canais de distribuição. Agora veremos como monitorar todas essas estratégias de RM.

Planejamento e gerenciamento estratégico

Para que as estratégias de RM sejam planejadas, implementadas e monitoradas da forma correta, é necessário criar um planejamento estratégico, um planejamento formal e racional que, segundo Hill e Jones (2004), é composto de seis passos que integram três etapas: formulação estratégica, implementação estratégica e retroalimentação.

Formulação estratégica

Passo 1: definir a missão e a visão da empresa e seus maiores objetivos organizacionais

- **Missão:** por que a empresa está em operação e o que está almejando conseguir a médio e longo prazos; quem é o público-alvo; quais necessidades e desejos serão satisfeitos e como.
- **Visão:** qual é a cultura organizacional da empresa, quais são os valores, normas e princípios que controlam a maneira pela qual seus funcionários trabalham para conquistar os objetivos organizacionais.
- **Objetivos:** específicos, mensuráveis, precisos, desafiadores e realísticos, endereçados aos pontos cruciais, especificando o tempo para atingi-los.

Passo 2: analisar os fatores externos, o mercado e a concorrência para identificar as oportunidades e ameaças

- **Macroambiente:** ambiente político-regulamentar, socioeconômico, tecnológico, ambiental e cultural.
- **Mercado:** indústria ou setor dos quais a empresa faz parte, sua demanda e oferta, quem são seus consumidores, concorrentes, fornecedores, distribuidores e parceiros.
- **SWOT:** início da análise de SWOT, levantando as oportunidades e ameaças do macroambiente e do mercado.

Passo 3: analisar os fatores internos para identificar os pontos fortes e fracos da empresa

- **Microambiente:** ambiente interno da empresa, políticas e procedimentos, processos estratégicos e operacionais, quem são seus credores, investidores, funcionários e colaboradores.

- **SWOT:** conclusão da análise de SWOT, levantando pontos fortes e fracos da empresa e seus concorrentes; identificar o que deve ser feito e como deve ser feito.

Implementação estratégica

Passo 4: selecionar estratégias que enfatizem os pontos fortes da empresa e aproveitem as oportunidades ao mesmo tempo que eliminem os pontos fracos e contornem as ameaças

- **Estratégias:** utilizando as técnicas de *brainstorming* e *benchmarking*, decidir como e quais táticas utilizar, entre as várias disponíveis a seguir.
    a) **Estratégia em nível funcional:** direcionada a aprimorar a eficácia das operações dentro de uma empresa.
        > *Aqui se enquadram as estratégias de RM*
    b) **Estratégia em nível empresarial:** direcionada a melhorar o posicionamento de uma empresa no mercado para que ganhe vantagem competitiva e escolha uma das estratégias de posicionamento existentes (ou uma combinação delas).
        > *Aqui também se enquadram as estratégias de RM*
    c) **Estratégia em nível corporativo:** direcionada em quais negócios e como investir para maximizar a lucratividade a longo prazo.
        > *Aqui também se enquadram as estratégias de RM*
    d) **Estratégia em nível global:** direcionada a como expandir operações para fora do país, crescer e prosperar.
- **Metas:** definir quais são as metas específicas das principais estratégias, como atingi-las e quais táticas e métodos utilizar.
- **Tempo:** fixar datas para o cumprimento das metas por meio de um cronograma, a curto, médio e longo prazo.

- **Parceiros:** identificar todos que possam colaborar para o sucesso do projeto (indivíduos, grupos e equipes).
- **Recursos:** identificar recursos necessários para cumprir e realizar cada meta.
- **Resultados:** antecipar resultados desejados e identificar o que deverá ser medido ao longo do processo como indicador de metas alcançadas.

Passo 5: implementar as estratégias escolhidas para alcançar a vantagem competitiva e melhorar o desempenho da empresa

- **Implementação:** por meio de ação, realizar o planejado, que pode ser dividido em três componentes principais:
   a) Desempenho corporativo, governança e ética.
   b) Implementação de estratégias em uma única indústria.
   c) Implementação de estratégias em várias indústrias e países distintos.

Retroalimentação

Passo 6: monitorar, avaliar e ajustar a execução da implementação a fim de determinar o grau em que as metas estratégicas e os objetivos organizacionais estão sendo cumpridos, e em que nível a vantagem competitiva está sendo criada e mantida

- **Monitoramento:** acompanhar as etapas a fim de não perder o controle sobre o resultado final.
- **Avaliação:** criar medidas de avaliação para identificar como medir o sucesso do que foi planejado em cada etapa.
- **Retroalimentação:** ao alcançar resultados em cada etapa do processo, levar a informação e o conhecimento sobre o que deu certo,

o que deu errado e o que deve ser aprimorado no futuro, de volta ao nível corporativo para que sejam utilizados para uma próxima rodada aprimorada de formulação estratégica e implementação, a fim de que a diretoria decida se irá manter as metas estratégicas e os objetivos organizacionais ou precisará alterá-los ou até mesmo desenvolver novas estratégias e objetivos para o futuro.

Esse resumo que fizemos de planejamento estratégico deve ser utilizado como guia pelo profissional de gerenciamento de receita para a criação, o desenvolvimento, a implementação e o monitoramento das estratégias de RM, ou seja, para o desenvolvimento de um plano de ação anual a fim de antecipar quaisquer necessidades de investimento de capital, inovações tecnológicas, recrutamento de pessoal, planejamento de sucessão, esforços de marketing e vendas, engenharia de processo, requerimentos operacionais, gerenciamento financeiro e pesquisa e desenvolvimento que a empresa venha a ter. Quanto mais estratégica for uma empresa, quanto melhor o planejamento que fizer, mais competitiva ela será e maiores serão suas receitas e lucros. É importante ressaltar que, para que qualquer plano funcione da maneira correta, é preciso que toda a equipe o entenda, acredite nele e o execute 100%. Os funcionários precisam saber, primeiramente, quais são os objetivos e as estratégias da empresa e, em um segundo momento, quais são suas responsabilidades e atribuições que contribuem para obter o planejamento estratégico. A divisão do conhecimento e das responsabilidades com todos os colaboradores da organização faz com que eles trabalhem melhor, com mais garra e mais felizes, tornando, portanto, os clientes mais contentes e fiéis à empresa. Além disso, como qualquer planejamento deve ser adaptado às contínuas e inesperadas mudanças da realidade em que vivemos, um monitoramento constante do macroambiente faz-se necessário (Tranter, Stuart-Hill & Parker, 2009).

Em seu livro *Revenue Management: maximização de receitas, táticas radicais para dominar o mercado* (1998), Robert Cross oferece uma consultoria de RM utilizando técnicas de análise de dados para determinar o potencial de receita inexplorado, consultoria esta adequada às exigências da empresa, de forma oportuna e dentro do orçamento estipulado. O processo da avaliação da necessidade resulta em uma lista de objetivos bem definidos baseados em ganhos de receita realizáveis. Um plano de implementação detalhado é entregue com metas de receita, objetivos a serem realizados, datas, prazos e responsabilidades. São recomendados sistemas de RM, são estabelecidos prazos, processos e requerimentos organizacionais que possibilitam a maximização da receita, são calculados custos do investimento, são quantificados benefícios em números reais de retorno da receita e são recomendadas mudanças nas políticas e nos procedimentos para possibilitar que a empresa atinja o potencial de receita identificado. Objetivos típicos de uma consultoria de RM incluem: melhorar a participação de mercado em mercados sensíveis ao preço, empregar precificação oportunística em certas situações, reservar serviços específicos para clientes de alto valor, implementar novos programas de marketing, deslocar as vendas a atacado para períodos de baixa demanda.

Estratégias para maximização da receita

Segundo Lewis e Chambers (2000), o sistema de *Revenue Management* planeja o *business mix* ideal para cada dia do ano, indicando o preço para cada unidade de inventário, respectivamente. A partir disso, o sistema ajusta o *mix* e os preços de acordo com o *pick up* de reservas e a proximidade da data.

De acordo com Cross (1997), para julgar a relevância do RM para sua organização, a gerência deve verificar se a empresa se encontra em um ambiente que possui algumas ou todas das sete incertezas de mercado, bem como o grau de desafio que encontra em cada uma delas, a seguir:

- oportunidades e serviços perecíveis;
- desperdício de serviço;
- valor do serviço distinto em diferentes segmentos de mercado;
- competição entre consumidores no varejo e no atacado;
- sazonalidade da demanda;
- uso de descontos para equiparar-se à concorrência;
- circunstâncias de mercado em constante mudança.

Essa autoanálise fornece a base para as ferramentas e recomendações de processos de gerenciamento de receita, conforme as etapas descritas a seguir.

- **Pesquisa de campo:** definição das características da indústria, avaliação da empresa e seu mercado, exame das técnicas de RM que poderiam ser aplicadas, estimativa dos benefícios monetários da aplicação do RM.
    a) Reúna informação: faça uma abordagem sistemática entrevistando a gerência e coletando informação sobre a geração de receita e a atividade de controle.
    b) Realize uma análise de simulação: analise todas as informações disponíveis para revelar o potencial de receita oculto por meio de comparações feitas no computador entre os ambientes de negócios reais e os processos de controle.
    c) Compare custos e benefícios: analise detalhadamente a receita e outros benefícios em oposição aos custos de diferentes elementos do RM.
- **Avaliação das necessidades:** definição dos micromercados relevantes, determinação das melhores formas de prever o comportamento dos micromercados, otimização de preços e disponibilidade de acordo com as restrições de capacidade, custos e

competitividade que a empresa tem, recomendação de sistemas, processos e tipo de organização que maximizarão a receita, explicação dos custos de investimento, quantificação dos benefícios monetários, estabelecimento dos objetivos e criação de um plano de ação de RM detalhado para o ambiente específico, listando datas de entrega, tarefas, responsabilidades e cronograma.

- **Auditoria da receita:** análise da estrutura de preços, vendas e inventário atuais, determinação dos benefícios de receita derivados das práticas de RM atualmente utilizadas, identificação de quais são as oportunidades de receita ainda disponíveis, determinação do potencial de maximização de receita, quantificação dos benefícios da receita, recomendações de necessidades de sistemas computadorizados e recomendações de procedimentos e políticas para preços, vendas, gestão de controle de estoque e processos de cotação de vendas.

Segundo Cross (1997), o RM é uma ciência econômica que organiza fatos, princípios e métodos e, então, aplica táticas disciplinadas que preveem o comportamento do consumidor em nível de micromercado e otimizam a disponibilidade e o preço do serviço para maximizar o crescimento da receita, medindo depois o desempenho. Segundo o autor, existem nove passos para o sucesso do programa de RM que dependem de uma adaptação efetiva das técnicas de RM para seu mercado, serviços, concorrência, cultura, missão e limitações particulares.

1. **Avalie as necessidades de seu mercado:** planeje antes de agir. Sucesso é 90% planejamento e 10% ação. A avaliação das necessidades resulta em um conjunto de objetivos claramente definidos, baseados em aumentos de receita possíveis de serem obtidos, acelerando a entrega de um programa de RM de sucesso. Aqui está implícita a pesquisa de campo citada anteriormente. Esse primeiro passo nada mais é do que uma análise dos fatores externos e

do mercado e da concorrência da empresa, conforme vimos nos capítulos 2 e 3, respectivamente.

2. **Avalie os processos da sua organização:** reveja e recomende alterações nas práticas, nas políticas e nos procedimentos da sua empresa, repense o posicionamento dela no mercado, entenda os micromercados e o que os consumidores estão comprando (e não o que sua empresa está vendendo), defina quais sistemas informatizados são necessários, determine quais são as exigências organizacionais e os prazos para permitir que sua empresa alcance o potencial de receita identificado. Aqui está implícita a avaliação das necessidades citada anteriormente. Esse segundo passo nada mais é do que uma análise dos fatores internos da empresa, além do conhecimento dos consumidores, conforme vimos nos capítulos 4 e 5, respectivamente.

3. **Quantifique os benefícios:** dependendo da natureza do negócio, da quantidade de informação disponível e dos esforços necessários para justificar os próximos passos, os objetivos podem justificar os recursos investidos para perseguir novas oportunidades de receita. Esse terceiro passo nada mais é do que medir o retorno sobre o investimento, conforme veremos mais à frente neste capítulo 12.

4. **Liste a tecnologia necessária:** utilize a tecnologia da melhor forma possível para entender seu mercado e aprimorar a estratégia de preços e o controle da disponibilidade de seus serviços de acordo com a demanda do mercado. A tecnologia da informação possibilita que a empresa opere de forma muito mais eficiente e rentável, porque fornece informações e inteligência de mercado antes não disponíveis. Esse quarto passo nada mais é do que listar os sistemas de tecnologia da informação, parte do capítulo 10 ("Canais de distribuição").

5. **Implemente previsões de demanda:** maximização de receita requer a segmentação dos clientes e a previsão da demanda em micromercados discerníveis para bem entender suas características, incluindo padrões de compra, percepção do produto e disposição para pagar. Além de realizar a previsão desse nível de detalhe, é preciso analisar uma quantidade considerável de dados e, frequentemente, refazer a previsão. Somente prevendo toda a demanda futura e as possibilidades de capacidade de inventário é que se torna possível fazer as opções que levam à maior receita. Esse quinto passo nada mais é do que executar uma previsão de demanda, tema do capítulo 8.
6. **Institua a otimização:** algoritmos de otimização são rotinas matemáticas que podem ser utilizadas para maximizar a receita por meio de segmentação de mercado, de estratégias de preços e controles de inventário em várias indústrias. Com a otimização é possível avaliar múltiplas opções de como, quando, para quem e por quanto vender seu serviço, para que sejam tomadas as decisões que levarão à maximização de receita. Esse sexto passo nada mais é do que avaliar o controle da capacidade do inventário e determinar a estratégia de preços para cada segmentação de mercado da empresa, conforme vimos nos capítulos 7, 9 e 6, respectivamente.
7. **Crie times:** escolha os melhores e mais inteligentes líderes para gerenciar o time de RM, alguém que seja altamente treinado, seja capaz de estabelecer um consenso na direção do programa de RM e tenha autonomia e responsabilidade total sobre a maximização de receita, sendo compensado com base nos resultados atingidos. Esse sétimo passo nada mais é do que definir sua cultura organizacional, conforme vimos no capítulo 11.

8. **Execute, execute, execute:** a prática leva à perfeição! Depois de um planejamento bem elaborado, o resultado é um detalhado plano de implementação, com alvo, objetivos, datas, produtos, papéis e responsabilidades relacionados à receita, essencial para que as estratégias de RM deem certo. Esse oitavo passo nada mais é do que colocar em prática todas as estratégias de RM citadas neste livro, conforme vimos nos capítulos 6 a 10.
9. **Avalie seu sucesso:** normalmente, programas de RM produzem de 3% a 7% de receita adicional e, considerando que o custo para gerar essa receita é mínimo, 80% dessa nova receita é lucro. Esse nono passo nada mais é do que recapitular e monitorar toda a estratégia de RM para avaliação de desempenho, conforme estamos vendo neste capítulo 12.

Anote os sete conceitos principais de gerenciamento de receita segundo Cross (1997):

1. Enfoque os preços e não os custos ao tentar equilibrar a oferta com a demanda.
2. Substitua preços baseados em custos por preços baseados no mercado.
3. Venda para micromercados segmentados e não para mercados massificados.
4. Reserve serviços suficientes para seus consumidores mais valiosos.
5. Tome decisões baseadas em conhecimento e não em suposições.
6. Explore cada ciclo de valor do serviço.
7. Reavalie continuamente suas oportunidades de receita.

O gerenciamento de receita deve mudar a maneira como você vê o seu negócio e gerencia seu serviço, sua oferta, sua demanda e seus preços.

RevPAR (receita por apartamento disponível)

Apesar de alguns gerentes gerais de hotéis ainda considerarem a porcentagem de ocupação como o melhor indicador de performance de uma propriedade e outros imaginarem que acompanhar o ADR – a tarifa média diária (calculada pela divisão da receita de hospedagem real pelo número de apartamentos vendidos) – seja suficiente, certamente a melhor forma de medir a maximização de receita é o RevPAR, calculado pela divisão da receita de hospedagem real pelo número de apartamentos disponíveis. Isso porque toda e qualquer vez que vendermos menos de 100% dos apartamentos disponíveis o RevPAR será menor que o ADR, uma vez que o primeiro índice considera todos os apartamentos disponíveis para a venda e não apenas aqueles que foram vendidos. O RevPAR acaba por satisfazer todos os departamentos da propriedade, pois considera tanto a receita, que é importante para os departamentos estratégicos, quanto o inventário, que é importante para os departamentos operacionais. Atualmente, o valor total do cliente também é uma métrica importante, pois considera não só a receita primária gerada pelo cliente (de pernoites, por exemplo) como também a receita adicional (de alimentos e bebidas, por exemplo) subtraída do custo de aquisição do cliente (Tranter, Stuart-Hill & Parker, 2009).

A fim de prever a demanda potencial para o estabelecimento é feita uma fórmula de *Yield* conforme a seguir (Lewis & Chambers, 2000). O objetivo maior é maximizar a receita por unidade de serviço disponível.

Equação de *Yield* $= \dfrac{\text{Receita real}}{\text{Receita potencial}} \times 100$

Receita real = nº de unidades vendidas × preço médio por unidade vendida

Receita potencial = nº de unidades disponíveis × preço máximo por unidade

PARTE III – AVALIAÇÃO, CONTROLE E AJUSTES FINAIS

Vamos dar o seguinte exemplo para o cálculo de *Yield*: o fictício Hotel Ramos tem 500 apartamentos e uma tarifa máxima de R$ 180. No dia 2 de agosto, teve uma ocupação de 70%, ou 350 apartamentos vendidos, e uma tarifa média de R$ 140:

Receita real = R$ 140 × 350 = R$ 49 mil

Receita potencial = R$ 180 × 500 = R$ 90 mil

Yield = (R$ 49 mil / R$ 90 mil) × 100 = 54,4%

Receita por unidade disponível = R$ 49 mil / 500 = R$ 98

Um *Yield* igual, maior ou menor, poderia ter acontecido caso o Hotel Ramos vendesse menos apartamentos a uma tarifa mais alta ou mais apartamentos a uma tarifa mais baixa. No quadro 12.1, as opções 1 e 2 tiveram o mesmo *Yield* de 54,4% e o mesmo RevPAR de R$ 98; contudo, na primeira opção 306 unidades foram vendidas a R$ 160, gerando uma receita de R$ 48.960, e na segunda opção 408 unidades foram vendidas a R$ 120, gerando a mesma receita de R$ 48.960. Qual situação é mais favorável ao hotel? Se você respondeu opção 1, acertou, pois foram vendidas menos unidades a um preço maior, o que significa que os gastos operacionais variáveis (como água, luz, limpeza e gasto de materiais) foram menores, mas a mesma receita foi gerada.

Preço médio	Unidades vendidas	Receita gerada	Yield	Receita por unidade
R$ 160	306	R$ 48.960	54,4%	R$ 98
R$ 120	408	R$ 48.960	54,4%	R$ 98
R$ 170	300	R$ 51 mil	56,7%	R$ 102
R$ 130	400	R$ 52 mil	57,8%	R$104

Quadro 12.1. Calculando o *Yield*.
Fonte: adaptado de Lewis e Chambers (2000, p. 439).

Em restaurantes, uma forma de medir a maximização de receita consiste no nível de ocupação das mesas, RevPASH (Receita por Assento

Disponível por Hora), além da duração da refeição, da quantidade de pessoas por mesa e da média da conta por pessoa. Com base nessas informações é possível, por exemplo, determinar o *mix* ideal de mesas para o restaurante e desenvolver estratégias de preços e *design* para o menu (Anderson, Kimes & Carroll, 2009).

Para melhorar o desempenho financeiro, RevPAR, dentro de certa conjuntura mercadológica, é necessário praticar o gerenciamento de receita. As companhias aéreas foram as primeiras a praticar essas estratégias, e o setor de hotéis caminha em segundo lugar. Os hotéis de redes internacionais, devido às políticas e aos procedimentos corporativos, já praticam essas técnicas no Brasil desde o início dos anos 2000 aproximadamente. Já as redes hoteleiras nacionais praticam-no com base na experiência e no "instinto mercadológico" de seus dirigentes, portanto tomam muitas decisões baseadas em suposições e não em conhecimento, faltando informações precisas e abrangentes, além de instrumentos de trabalho efetivos. Com a aplicação do RM, o processo de vendas de um hotel deixa de ser primordialmente passivo (simplesmente confirmar reservas na ordem em que os clientes as solicitam e enquanto há disponibilidade) para se tornar ativo (escolher a entrada das reservas com base no seu potencial de receita).

ROI (retorno sobre investimento)

O retorno sobre investimento (do capital), da sigla em inglês ROI, é uma excelente medida do desempenho financeiro de uma empresa, e uma ótima maneira de descobrir se as estratégias aplicadas contribuíram para a lucratividade da organização. O indicador ROI mede também o desempenho operacional da empresa e pode ser calculado por meio da seguinte fórmula (Hill & Jones, 2004):

ROI = lucro líquido / capital investido, onde:

Lucro líquido = receita total menos os custos operacionais totais da empresa (antes dos impostos e encargos do governo). Valor encontrado na demonstração de resultados do exercício financeiro.

Capital investido nas operações da empresa = patrimônio líquido (com a venda de ações ao público ou com ganhos de anos anteriores) mais dívida adquirida com juros (por meio de empréstimos pedidos a bancos ou de venda de títulos da empresa). Valor encontrado no balancete financeiro.

O ROI mede a eficácia com a qual a empresa utiliza os fundos de capital disponível para investimentos e a eficiência com a qual ela cria valor. Também pode ser calculado pela seguinte fórmula (Hill & Jones, 2004):

ROI = retorno sobre as vendas × volume de capital, onde:

Retorno sobre as vendas = lucro líquido dividido pela receita total. Esse indicador mede a eficiência com a qual a organização converte receita em lucros.

Volume de capital = receita total dividida pelo capital investido. Esse indicador mede a eficácia com a qual a empresa emprega seu capital investido para gerar receita.

Para que uma empresa incremente seu ROI, ela deve ou aumentar seu retorno sobre as vendas ou aumentar seu volume de capital.

Para elevar seu retorno sobre as vendas, ela pode utilizar-se das seguintes estratégias (todos esses valores podem ser encontrados na demonstração de resultados do exercício financeiro) (Hill & Jones, 2004):

1. **Redução de custos** para determinado nível de receita com vendas:
   - custo dos serviços vendidos;
   - gastos administrativos e com esforços de vendas e marketing;
   - despesas com pesquisa e desenvolvimento.

2. **Diferenciação de serviço** com o aumento da receita com vendas:
   - o aumento da receita com vendas está além do aumento com os custos citados acima;

- preços dos serviços maiores que seus custos.
    > *Aqui se enquadram as estratégias de RM*

Para aumentar seu volume de capital, ou seja, gerar mais receita com vendas oriunda do capital investido, uma empresa pode utilizar-se das seguintes estratégias (Hill & Jones, 2004):

1. **Redução da quantidade de capital necessário** para gerar receita, diminuindo seu custo de capital, ou seja, reduzindo sua estrutura de custos:
    - redução da quantidade de capital de giro: capital investido em inventário necessário para gerar um dado nível de vendas (custos variáveis);
    - redução da quantidade de capital fixo: capital investido em planta, bens e equipamentos para gerar um dado nível de vendas (custos fixos).

2. **Diferenciação de serviço** com o aumento da receita com vendas:
    - o aumento da receita com vendas está além do aumento com os custos citados acima;
    - preços dos serviços maiores que seus custos.
    > *Aqui se enquadram as estratégias de RM*

Para medir o ROI e monitorar a eficácia das estratégias de RM, é preciso calcular o valor do investimento total nas estratégias e sistemas de RM e compará-lo à rentabilidade a mais que o RM possibilitou, levando em consideração o tempo necessário para o *break-even*, ou seja, para que a rentabilidade extra gerada pelo RM pague pelo investimento total em RM. Este é o ponto em que o valor do investimento em *Revenue Management* é igual ao valor do incremento da receita. Para isso é fundamental escolher períodos para análise em que apenas as estratégias de RM possam ter maximizado a receita. Além disso, é preciso verificar se a segmentação de mercado foi realizada corretamente, se a capacidade do inventário foi controlada de maneira efetiva, se a demanda realizada estava próxima do valor indicado pela previsão de demanda (ou se algum evento ou feriado foi desconsiderado quando a previsão de demanda foi feita), se a estratégia de preços foi a correta, se foi escolhido o melhor *mix* de canais de distribuição, se a cultura organizacional acolheu as estratégias de RM e se a receita por unidade de serviço disponível aumentou depois de implantado o gerenciamento de receita.

Essa etapa de quantificação dos benefícios – terceiro passo para o sucesso do programa de RM citado no item "Estratégias para maximização da receita" – é essencial para o sucesso do plano de ação de RM, pois estabelece uma meta de receita alcançável (quanto, onde e como), que poderá ser obtida com a implementação das estratégias de RM. Meta esta que é compartilhada com toda a equipe que, a partir desse momento, sofre uma pressão interna para alcançá-la e sabe que disso depende a avaliação de seu desempenho. Segundo Cross (p. 121, 1998), "os programas de RM geram de 3% a 7% de receitas adicionais, mas os custos para gerar essa receita são normalmente mínimos, para a maior parte das empresas 80% das novas receitas vão diretamente para o resultado final".

Conclusão e recomendações

Normalmente, os profissionais de RM vêm das áreas de Reservas ou Vendas, com experiência no mercado individual ou de grupos, fazendo cotações de tarifas e decidindo qual era o melhor negócio a captar, com base mais em um sentimento que em uma previsão. Ao assumir a posição de gerente de receita – normalmente uma indicação da diretoria mais do que uma escolha profissional –, perceberam que havia muito mais por trás dessa função e, se tiveram a sorte de ter um treinamento correto, conseguem elaborar uma previsão de demanda por segmentos de mercado, criando uma estratégia de tarifa para cada situação e, assim, controlando o inventário e maximizando a receita. Nessa situação, as perspectivas na área para o profissional são mais animadoras; contudo, muitos gerentes que assumiram a responsabilidade de maximizar a receita do hotel não receberam nenhum treinamento no assunto e simplesmente não sabem por onde começar... Esta é a função deste livro.

Resumindo, a responsabilidade do *revenue manager* é maximizar a receita da organização, e para isso é necessário:

- entender o mercado de serviços e suas peculiaridades, e como o conceito de experiência é importante para o consumidor;
- perceber a relação intrínseca entre marketing, gerenciamento de receita e finanças;
- analisar e acompanhar os fatores externos, do macroambiente, barreiras à entrada, à permanência e/ou ao desenvolvimento da empresa no mercado;
- analisar e acompanhar o mercado e a concorrência de perto, saber qual é a sua participação de mercado e adotar técnicas para aumentá-la;
- fazer uma autoanálise e identificar seus pontos fortes e áreas para melhoria, comparando-se com seu conjunto de empresas concorrentes, criando um plano de ação;
- conhecer a fundo seus clientes, escolher sistemas para auxiliar na inteligência de mercado e estabelecer estratégias de RM com foco no consumidor;
- definir os segmentos de mercado com os quais quer trabalhar baseado no potencial de lucro, disponibilizar serviços por segmento específico, e escolher o *business mix* ideal;
- gerenciar corretamente seus grupos, deslocando e remanejando negócios de acordo com as oportunidades;
- planejar e controlar a capacidade do seu inventário e a disponibilidade de serviço, observando os custos de oportunidade e as possibilidades de *overbooking*;

- criar políticas e restrições de reservas atreladas às categorias de tarifas, de acordo com o segmento de mercado ao qual se destinam;
- estimar o potencial de demanda de mercado, prevendo a demanda para sua empresa com a ajuda de um calendário de demanda e de métodos de previsão de demanda;
- gerenciar a demanda de serviços, selecionando os consumidores que mais trazem receita à organização e aceitando reservas baseadas no potencial de receita;
- criar uma estratégia de preços bem amarrada com as políticas e restrições de reservas e com a capacidade de inventário, definindo preços específicos e adequados por segmento de mercado;
- escolher com quais sistemas de informação irá trabalhar, como irá gerenciar a capacidade de seu inventário e sua distribuição;
- gerenciar os canais de distribuição, escolhendo os canais diretos e intermediários com os quais irá trabalhar, determinando quais serão eficazes e lucrativos por segmento de mercado, com base na exposição, no serviço e na receita por canal;
- recrutar as pessoas corretas, treiná-las e monitorá-las constantemente, delegar decisões e oferecer incentivo, educar clientes internos e externos sobre os conceitos de RM;
- estabelecer reuniões semanais com os chefes de departamento e revisar as estratégias de RM;
- avaliar o desempenho do plano de RM, verificando se todas as estratégias possíveis de maximização de receita (inclusive modelos de simulação) foram adotadas;
- medir o aumento em RevPAR e quantificar e determinar quando se dará o retorno sobre investimento.

O profissional de gerenciamento de receita deve lembrar que a maximização de receita pode ocorrer por meio de volume ou de preço, ou seja, durante a alta ocupação é preciso capitalizar no preço por unidade disponível para a venda, para maximizar o RevPAR, e durante a baixa ocupação é preciso vender mais quantidade de unidades para gerar receita, mesmo que diluída por unidade de serviço disponível.

Por meio dos conhecimentos adquiridos neste livro você pode optar por caminhos que possibilitem a sua ascensão profissional dentro de RM. A maioria dos profissionais do mercado não tem todo esse conhecimento disponível, seguindo um *check-list* de uma série de tarefas operacionais necessárias ao dia a dia sem enxergar o todo, sem saber qual é a sua participação no destino da empresa. Podem até praticar o RM, mas não sabem exatamente por que estão fazendo aquilo que fazem e qual é a importância de determinada tarefa para a estratégia final de RM. Trabalham bastante, mas sem muita direção e foco.

A educação de RM continua enfocada em indústrias tradicionais de RM, como hotéis, companhias aéreas, locadoras de carros, cruzeiros e restaurantes, com um foco crescente em estratégias de preço e distribuição. Os cinco cursos da Cornell, por exemplo, refletem a evolução do RM: de gerenciamento de *Yield* para o aumento do papel da internet no alcance de consumidores, para o movimento a preços mais ativos em RM, e finalmente para a popularidade da aplicação de RM em novas indústrias (Anderson, Kimes & Carroll, 2009).

Anderson, Kimes e Carroll (2009) consideram o RM uma importante ferramenta para agregar valor ao cliente no mercado de negócios, sendo útil nos setores de viagens corporativas, consultoria e pesquisa, também podendo ser utilizado em serviços de pós-venda de equipamentos caros, complexos e especializados.

No Brasil, nota-se um interesse crescente por RM, não só nos setores aéreo e hoteleiro como também no setor de alimentos e bebidas. Muitos cursos de extensão de RM estão sendo ministrados, e vários jornais têm colunas semanais sobre o assunto, que parece bem difundido na indústria de turismo. Agora é hora de praticá-lo, mãos à obra!

PARTE III – AVALIAÇÃO, CONTROLE E AJUSTES FINAIS

Espero que por meio deste livro você tenha compreendido como se deu o desenvolvimento de RM e quais são suas aplicações. Espero também ter explicado as ferramentas e estruturas necessárias para implementar os princípios de RM, fornecendo um sistema de apoio para a tomada de decisões. Espero que você tenha compreendido como desenvolver, implementar e monitorar as estratégias de RM apresentadas, desde o esforço de coletar e analisar os dados de base até criar práticas de RM e monitorar os resultados após a implementação do sistema, com o intuito de maximizar a receita. Espero que tenha sido possível identificar as oportunidades para aplicar as estratégias de RM de forma lucrativa em um negócio ou uma indústria específicos, com base em exemplos reais da aplicação de RM. Espero também que os casos da indústria de hotelaria e entrevistas com profissionais de RM do mercado brasileiro tenham contribuído para fazê-lo compreender e contextualizar seu aprendizado. Desejo a você muito sucesso!

Questões para reflexão e aplicação

1. Crie um planejamento estratégico de seis passos por meio das três etapas citadas neste capítulo (formulação estratégica, implementação estratégica e retroalimentação) para uma organização de sua escolha, com base em pesquisas secundárias.
2. Uma propriedade de 300 apartamentos localizada em uma capital corporativa brasileira gerenciada por uma rede europeia de hotéis recebe seus KPIs (indicadores de performance) da matriz anualmente. Sabendo que a matriz informou à sua subsidiária que a área de receita de apartamentos (tanto relacionada aos procedimentos de reservas e recepção quanto relacionada aos procedimentos de auditoria noturna) necessita de melhorias, compare as tabelas abaixo com KPIs de anos consecutivos, calcule o *Yield* para cada ano (real e projetado) e faça recomendações.

Indicadores de performance da propriedade hoteleira

	Ano 1		Ano 2	
	Real	Projetado	Real	Projetado
Diária média	R$ 243,23	R$ 415,62	R$ 331,81	R$ 406,25
Ocupação %	39,2%	32,88%	33,1%	29,7%
RevPAR	R$ 95,35	R$ 136,66	R$ 109,83	R$ 120,66
Receita total	R$ 28.604,08	R$ 40.997,15	R$ 32.948,57	R$ 36.196,80

3. Conforme Anderson (2012b), a mídia social vem exercendo um papel cada vez mais importante em muitos aspectos da indústria da hospitalidade, incluindo a satisfação do cliente, a melhoria de processos e seu potencial para dirigir padrões de compra dos consumidores e influenciar o desempenho das empresas de hospedagem. Com base nesse estudo, desenvolva sua opinião a respeito do impacto da mídia social sobre o desempenho dos meios de hospedagem por meio de reservas, ocupação e receita, e tente determinar o ROI para os esforços de mídia social.

Sugestões de casos

Chen, Koh e Lee (2011, pp. 258-273). Nas últimas décadas, o setor hoteleiro tem usado o RevPAR como indicador-chave para avaliar o desempenho de uma empresa e tomar decisões de investimento. No entanto, alguns artigos buscam examinar se o RevPAR, de fato, constitui uma medida válida para o desempenho de uma empresa de hospedagem, especialmente quando comparado com outras medidas tradicionais de desempenho. O objetivo da discussão atual, portanto, é comparar o poder explicativo do RevPAR com três medidas financeiras tradicionais para o desempenho das empresas de hospedagem – ganhos por ação (EPS), retorno sobre ativos (ROA) e retorno sobre o patrimônio líquido (ROE) –, estimadas pelo retorno total dos acionistas.

Phillips (2007). Este caso foi preparado como base para discussão, em vez de ilustrar práticas administrativas e de gestão eficazes ou ineficazes. Todos os nomes, datas, lugares e organizações foram omitidos a pedido dos autores ou das organizações. Esta é a atualização de um estudo de caso publicado originalmente em Phillips e Phillips (2005). A equipe de desenvolvimento e aprendizagem na Nations Hotel Corporation foi desafiada a identificar necessidades de aprendizagem para ajudar os executivos a encontrarem maneiras de melhorar a eficiência, a satisfação do cliente e o crescimento da receita da empresa. Um componente-chave do programa consistiu no desenvolvimento de um programa de treinamento formal, estruturado, chamado *Coaching for Business Impact*. Os executivos da empresa estavam interessados em ver o ROI real para o projeto de *coaching*. O estudo fornece uma visão crítica sobre como o *coaching* cria valor em uma organização, incluindo ROI.

••• OLHAR DO MERCADO

ENTREVISTA COM PHELIPE FARAH

1. EM SUA OPINIÃO, O QUE É *REVENUE MANAGEMENT*?

   Um conjunto de práticas de análise, controle e gestão, unido a táticas de vendas, precificação e marketing, apoiados por uma cultura e alinhados à estratégia da unidade de negócios/*cluster*/empresa que maximizam o resultado.

2. COMO SE DESENVOLVEU SUA TRAJETÓRIA PROFISSIONAL ATÉ SUA ENTRADA NO CAMPO DE RM?

   Trabalhei por quatro anos na área de Marketing de uma rede hoteleira internacional, o que me ajudou a desenvolver linguagem, conteúdo e relação com vendas e o suporte que a área deve prover para o incremento de resultados. Em seguida, participei da área de Vendas por dois anos, com uma visão analítica da minha carteira, gerindo-a focado em resultado, para atingir/superar as metas com base no *mix* de negócios que oferecia. O caminho para *Revenue Management* se deu com a oportunidade de cobrir uma profissional que entraria em licença-maternidade e com a oportunidade que a empresa me deu ao reconhecer um perfil voltado a raciocínio lógico e visão a longo prazo com plano de ação no curto e no médio prazo.

3. QUAIS SÃO/FORAM SUAS MAIORES RESPONSABILIDADES COMO GERENTE DE RECEITA?

   Incremento agressivo de resultados; constante adequação a um mercado dinâmico e altamente competitivo; foco no resultado se adequando às condições de mercado; gestão de equipe de alta performance; reforço de cultura de receita *top bottom* e *bottom top*; busca pelo equilíbrio entre serviço de qualidade e maximização de receitas.

4. **COMO O RM SE DESENVOLVEU E SE ENCAIXA NA EMPRESA EM QUE VOCÊ ATUA/ATUOU COMO GERENTE DE RECEITA?**

A Hilton tem um forte histórico de RM, com sistemas próprios e políticas consolidadas de mercados que datam de décadas de aperfeiçoamento. A propriedade em que atuei se destacou pelo incremento agressivo de resultados e pela constante manutenção do primeiro lugar em RevPAR contra a concorrência durante meus anos de atuação. RM foi uma ferramenta fundamental para atingir esses resultados, juntamente à proximidade com Vendas e Eventos, e apoiado pela linha de frente com Reservas e Recepção. Na organização em que trabalho atualmente, RM tem um papel ainda em desenvolvimento, porém o foco de geração de receita é combinado a outros fatores fundamentais para operação e estratégia que sem dúvida terão que atender a outras necessidades focadas no relacionamento com o cliente e na personalização do atendimento, como ferramentas e táticas de incremento de receita. As áreas são as mesmas; as ferramentas, similares; as aplicações, diversas e personalizadas ao perfil de cada organização. O desenvolvimento é focado em análises, criação de ferramentas que mitigam os *gaps* entre sistemas operacionais e relatórios e implantação de sistemas que reduzem o tempo do gestor de receita para fazer relatórios e aumentam o tempo de verificação de tendências e padrões, análise e definição de táticas que atendam à estratégia estabelecida.

5. **QUAIS SÃO AS MAIORES DIFICULDADES ENFRENTADAS POR UM GERENTE DE RECEITA ATUALMENTE?**

Capacitação, treinamento, visão do negócio, ferramentas adequadas, cultura de receita e superiores que entendam a complexidade, a técnica, e que ajudem o profissional a se desenvolver em seu máximo potencial.

6. **EM SUA OPINIÃO, QUAIS SÃO AS TENDÊNCIAS EM RM?**

Aumento do uso de sistemas, compartilhamento de técnicas, aumento da capacitação e aumento da relevância do profissional no mercado, expansão do raciocínio de RM em outras empresas do mercado de turismo e de outros mercados que contenham um produto ou serviço que possa ser vendido em uma unidade de tempo determinada e que sejam suscetíveis a variação de demanda e sazonalidade.

7. **QUAIS CONSELHOS VOCÊ PODE DAR A ESTUDANTES E PROFISSIONAIS QUE PRETENDEM INGRESSAR NO CAMPO DE RM?**

   Entendam os *players* do mercado, os sistemas de distribuição, as formas de remuneração dos *players*, os custos que afetam sua operação. Estudem outras matérias que permeiam o entendimento da área e do mercado, como finanças, economia, matemática, estatística. Sejam versados em Excel – ele será seu melhor amigo. Entendam os impactos de RM nas operações, em vendas e no posicionamento da empresa. Exercitem a capacidade de análise e atenham-se aos fatos, não criem conclusões impetuosas, debatam suas posições e estejam abertos ao questionamento de seus conhecimentos, premissas, dados, conclusões, recomendações e táticas. Aprendam com as pessoas com quem você trabalha; elas podem não saber tanto de RM quanto você, mas têm um conhecimento prático que o ajudará a crescer. Lembre-se de que vocês, sua equipe, são parte do resultado, não o resultado em si; vocês são parte da responsabilidade, não os únicos responsáveis. O resultado é construído por todos; envolvam-nos em sua estratégia e sejam tão estratégicos em suas relações quanto o são quando fazendo RM. Saibam jogar em time, fiquem atentos ao mercado e a suas mudanças. Adaptem-se rapidamente e estejam prontos a mudar seus paradigmas – eles tendem a deixá-los míopes às oportunidades que o momento apresenta. Entendam que o seu papel é de gerar recomendações e sugestões, melhorias e alterações que aprimorem o resultado. Trabalhem suas habilidades de comunicação; um dos maiores inimigos de qualquer profissional é perder-se em seu conhecimento. E procurem não falar nem de forma imperativa nem condescendente.

8. QUAIS ARTIGOS, LIVROS E CURSOS VOCÊ RECOMENDA PARA QUEM QUER SEGUIR NA ÁREA DE RM?

Usem a biblioteca *on-line* da Cornell.

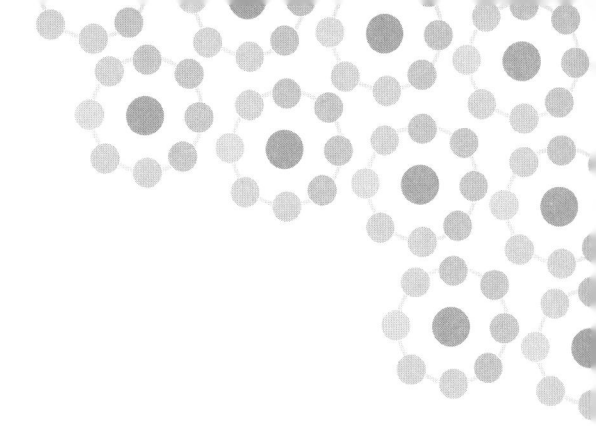

Glossário

8 Ps de marketing. Trata-se dos oito princípios básicos de marketing de serviços que começam com a letra P: produto, preço, praça, promoção, processos, pessoas, palco e produtividade.

Abav. Sigla de Associação Brasileira de Agências de Viagens. Representa os interesses dessas agências no Brasil e da indústria do turismo como um todo, fomentando o desenvolvimento do turismo nacional, entre outros objetivos.

Abih. Sigla de Associação Brasileira da Indústria de Hotéis. Entidade sem fins lucrativos que congrega as empresas de hospedagem com sede e estabelecimentos em território nacional.

Abordagem centrada no cliente. Refere-se a quando todos os esforços de marketing e também os operacionais estão focados nos desejos e necessidades dos consumidores.

Administradora hoteleira. É uma empresa de prestação de serviços com foco na administração de imóveis voltados para hospedagem, como hotéis, *flats* e *long stay*.

ADR. Sigla de *Average Daily Rate*, ou Tarifa Média Diária. Refere-se à receita total conseguida com a venda de hospedagem em uma determinada noite, dividida pelo número de apartamentos que foram ocupados na mesma noite.

Agência de viagens e turismo. É a empresa responsável por revender os pacotes das grandes operadoras, ganhando uma comissão por cada venda realizada. Sua atividade é agenciar, ou seja, vender programas, eventos, passeios e viagens em nome de terceiros.

Agregador de conteúdo. É um *website* que se alimenta de outros *sites* com os quais tem maior cooperação, como os das maiores cadeias hoteleiras, os das melhores companhias aéreas ou os das mais importantes OTAs.

Alagev. Sigla de Associação Latino-Americana de Gestores de Eventos e Viagens Corporativas. Tem a missão de conectar esse mercado de eventos e viagens corporativas na América Latina, com foco no cliente, compartilhando as melhores práticas e promovendo a capacitação e o desenvolvimento da indústria.

Aliança global estratégica. Refere-se a quando empresas de setores diferentes e similares entram em parceria para competir mundialmente, exemplificada pela aquisição de hotéis por investidores internacionais.

All inclusive. "Tudo incluído". Refere-se ao sistema em que refeições e bebidas já foram incluídas no valor da diária.

Alteração à reserva. Trata-se de qualquer modificação realizada à reserva de serviço original.

Ameaças. Parte do SWOT relacionada aos fatores externos. São desafios impostos por uma tendência desfavorável, ou seja, aspectos negativos do mercado com potencial de comprometer a vantagem competitiva de uma empresa.

Amenidades. Do inglês *amenities*, são os cosméticos disponibilizados para os hóspedes nos hotéis.

Arrendamento. Refere-se a quando a estrutura completa de uma propriedade hoteleira é alugada por uma rede por certo período de tempo, sendo o arrendador responsável pela conservação e pela manutenção da estrutura.

Auditoria da receita. Trata-se da análise da estrutura de preços, vendas e inventário atuais, para a determinação dos benefícios de receita derivados das práticas de RM atualmente utilizadas, identificando assim oportunidades de maximização de receita ainda disponíveis.

Auditoria noturna. Trata-se dos vários relatórios estatísticos das transações diárias de uma propriedade hoteleira.

Avaliação das necessidades. Refere-se à definição dos micromercados relevantes e à determinação das melhores formas de prever o comportamento destes para a otimização de preços e disponibilidade de acordo com restrições de capacidade, custos e competitividade da empresa. Além disso, trata-se da recomendação de sistemas, processos e tipo de organização que maximizarão a receita, explicação dos custos de investimento e benefícios monetários, estabelecimento dos objetivos e criação de um plano de ação de RM detalhado para o ambiente específico, listando datas de entrega, tarefas, responsabilidades e cronograma.

Avaliação de desempenho. Criação de medidas de avaliação para identificar o sucesso do que foi planejado em cada etapa.

Avaliação de valores. Também conhecida como modelo logístico de escolha. É uma ferramenta que ajuda a determinar o valor de uma propriedade com base em critérios de valor, validando assim seu posicionamento no mercado, sua qualidade de serviços e sua estratégia de preços.

B2B. Sigla de *Business to Business*, ou Empresa a Empresa. Refere-se à sigla utilizada no comércio eletrônico para definir transações comerciais entre empresas, transações estas que podem ser de revenda, transformação ou consumo.

B2B2C. Sigla de *Business to Business to Consumer*, ou Empresa a Empresa ao Consumidor. É utilizada no comércio eletrônico para definir transações comerciais entre empresas, transações estas de revenda para o consumo.

B2C. Sigla de *Business to Consumer*, ou Empresa ao Consumidor. Trata-se da sigla que define a transação comercial entre uma empresa e o consumidor final por meio de uma plataforma de comércio eletrônico, transação esta que tende a ser apenas de consumo.

Baby boomers. Refere-se a uma geração de pessoas nascidas entre 1946 e 1964, geração esta com o maior número de membros (cerca de 78 milhões) e com a maior riqueza acumulada.

Back office. Significa retaguarda. Trata-se dos departamentos administrativos de uma empresa que não interagem diretamente com o cliente final, ou que interagem com baixa frequência com o consumidor direto, como Recursos Humanos, Contabilidade e Finanças, Compras, Tecnologia da Informação, entre outros. Os departamentos de *back office* servem de apoio aos de *front office*.

Background. Significa plano de fundo. Relativo ao conhecimento e à experiência de uma pessoa ou empresa.

Backstage. Significa bastidores. É como as áreas restritas aos funcionários são chamadas no Walt Disney World Resort.

BAR. Sigla de *Best Available Rate*, ou Melhor Tarifa Disponível, ou Tarifa de Venda. Trata-se da melhor tarifa disponível por quarto livre para a venda ao público em uma certa noite, com base nos níveis de tarifa por estação criados para conter todas as condições de demanda que o hotel antecipa no mercado.

Barreira à entrada. Trata-se do fator que torna mais difícil a uma organização começar a atuar num determinado segmento ou mercado.

Barreira à saída. Refere-se ao fator que impede a empresa de sair de um mercado após ter superado as dificuldades iniciais.

Benchmark ou Benchmarking. Significa comparar produtos e/ou serviços a um padrão, geralmente relacionado ao conjunto competitivo da empresa, de forma a avaliar e aprimorar o desempenho.

BIS. Sigla de *Business Intelligence Systems*, ou Sistemas de Inteligência de Negócios. Trata-se de sistemas que auxiliam as empresas a organizarem as informações que detêm sobre os consumidores.

Blackout dates. Significa datas restritas. Refere-se às noites quando a propriedade está com alta ocupação, ou com ocupação total, e não possui unidades de inventário disponíveis, restringindo as reservas de certos canais.

Bloqueio. Refere-se a estipular uma tarifa para reservas provenientes de uma pessoa ou empresa e, conforme a disponibilidade, vender livremente na tarifa acordada até uma porcentagem estipulada de ocupação.

Booking curve. Significa curva de reservas. Refere-se à combinação da quantidade de reservas que entram no sistema e à antecedência com a qual elas são realizadas.

Booking engine. Também chamado de IBE, ou *Internet Booking Engine*, ou Motor de Reservas da Internet. É um aplicativo que possibilita ao consumidor reservar uma unidade de inventário pela internet.

Booking pace. Significa ritmo das reservas. Trata-se da antecedência com a qual as reservas entram no sistema para cada data específica.

Brainstorming. Significa tempestade de ideias. É uma dinâmica de grupo utilizada com o intuito de resolver problemas específicos, seja para desenvolver novas ideias ou projetos, seja para combinar informação e estimular o pensamento criativo.

Branding. Proveniente de *brand*, significa marca. A marca é um dos bens mais valiosos que uma empresa pode possuir, pois reforça suas características e reduz o risco de compra de serviços intangíveis pelo consumidor. *Branding* é o agrupamento de soluções que uma marca necessita para manter-se no mercado, seja a criação, a administração ou o reposicionamento da marca.

Break-even. Significa ponto de equilíbrio. Refere-se ao nível de produção em que a receita total se equipara ao custo total, sendo a lucratividade contábil zero.

Brics. Sigla de Brasil, Rússia, Índia, China e África do Sul. Trata-se de países em desenvolvimento notável no mundo.

Budget. Significa orçamento. Refere-se ao termo utilizado para definir a verba disponível para uma determinada atividade por um certo período de tempo.

Business cases. Significa estudo de viabilidade. Trata-se de um instrumento de planejamento e suporte à decisão que permite prever os resultados da implantação de um novo projeto, avaliando os recursos necessários, os riscos associados, as metas a serem alcançadas, os prováveis resultados financeiros e outras consequências empresariais de uma ação.

Business Intelligence System. Significa Sistema de Inteligência de Negócios. Refere-se ao sistema que auxilia as empresas a organizarem as informações que detêm sobre os consumidores e, assim, conhecer melhor características, comportamentos e preferências dos seus consumidores-alvo, adquirir novos clientes, aumentar seu relacionamento com os consumidores mais fiéis, reter o interesse dos seus clientes mais rentáveis e maximizar o potencial de geração de receita da base de clientes (Vinod, 2008).

Business mix. Significa conjunto de negócios. Refere-se à variedade de tipos de hóspedes em um hotel que, juntos, formam a clientela da propriedade.

Business plan. Significa plano de negócios. Trata-se de uma ferramenta de marketing interno que representa o modelo de negócios a ser seguido, reunindo informações essenciais sobre uma empresa.

Calendário de demanda. Trata-se de um calendário de um ano completo (ou seja, 365 dias de 1º de janeiro a 31 de dezembro), subdividido em segmentos e de acordo com a sazonalidade do mercado, para auxiliar no processo de previsão de demanda e de preparação para o orçamento da empresa.

Call center. Significa central de atendimento. É um canal de relacionamento que tem como objetivo fazer a interface entre o cliente e a empresa, funcionando como central de vendas ou de suporte para atender às necessidades dos clientes.

Canal de distribuição. Trata-se de uma plataforma de negócio pela qual a distribuição de inventário é feita via intermediários em troca de uma comissão. Refere-se à fonte que gerou uma reserva, conhecida como fonte de negócio, que pode ser direta ou indireta, *on-line* ou *off-line*. Pode ser gerenciado pela equipe do hotel ou por terceiros.

Canal de voz. Refere-se a um canal direto e *off-line* que pode ser o próprio Departamento de Reservas, localizado fisicamente dentro de um hotel, ou a Central de Reservas de uma rede de hotéis, normalmente localizada na sede da empresa, para os quais os consumidores ligam via um número de telefone gratuito para fazer uma reserva.

Canal direto. Refere-se aos meios utilizados pela própria empresa para vender seus produtos e serviços.

Canal intermediário. Trata-se de um canal que vende produtos e serviços em nome de terceiros.

Canal *opaque*. Significa canal opaco. É o canal que vende tarifas opacas. Ver *tarifa opaca*.

Cancelamento da reserva. Trata-se da anulação da reserva de serviço original.

Canibalismo. É o que ocorre quando a venda de um dos produtos ou serviços de uma empresa prejudica ou aniquila outros dela mesma, reduzindo sua receita total.

Capacidade do inventário. É o número máximo de unidades de serviço que uma empresa possui.

Capital de giro. Refere-se ao capital investido em inventário necessário para gerar um dado nível de vendas e cobrir os custos variáveis.

Capital fixo. Trata-se do capital investido em planta, bens e equipamentos para gerar um dado nível de vendas e cobrir os custos fixos.

Capital investido nas operações da empresa. Refere-se ao patrimônio líquido (com a venda de ações ao público ou com ganhos de anos anteriores) mais dívida adquirida com juros (por meio de empréstimos pedidos a bancos ou de venda de títulos da empresa). Valor encontrado no balancete financeiro.

***Cast members*.** Significa membros do elenco. É como os funcionários são chamados no Walt Disney World Resort.

Categoria econômica. É a classificação para hotéis com duas estrelas e com instalações e serviços enxutos.

Categoria luxo. Refere-se à classificação para hotéis com cinco estrelas e com todas as instalações e serviços de alto padrão.

Categoria superior. É a classificação para hotéis com quatro estrelas e com instalações e serviços de padrão médio.

Categoria turística. É a classificação para hotéis com três estrelas e com instalações e serviços de padrão médio.

Centralizada. Refere-se a quando uma atividade é praticada só em nível da matriz; a subsidiária não participa das decisões.

CFE. Sigla de *Cumulative Sum of Forecast Errors,* ou Soma Acumulativa dos Erros de Previsão. Indicador de desempenho utilizado para métodos de valores absolutos, ou seja, medidas de distanciamento da previsão de demanda à demanda realizada.

CGP. Sigla de Comitê Gestor da PPP, refere-se à entidade que ordena, autoriza e estabelece critérios para selecionar projetos da parceria público-privada. É integrada por representantes dos ministérios da Fazenda, da Casa Civil e do Planejamento, que passam a coordenar as PPPs.

Check-in. Significa verificação para entrar. É o primeiro passo a ser efetuado pelo hóspede ao chegar a um hotel para pernoitar, consistindo no procedimento de apresentação do passageiro à recepção do hotel, munido de seus documentos e bagagem.

Check-out. Significa verificação para sair. É o último passo a ser efetuado pelo hóspede para sair de um hotel no qual acabou de pernoitar, consistindo no procedimento de pagamento do passageiro à recepção do hotel, munido de seus documentos e bagagem.

Ciclo da economia. Também chamado de ciclo econômico. É o termo usado para designar as mudanças ocorridas na economia, alternando períodos de crescimento rápido (chamados de recuperação e prosperidade) com períodos de estagnação ou declínio (chamados de contração ou recessão).

Ciclo de vida da empresa. Relativo a uma empresa ou a seus produtos ou serviços, composto de quatro fases: introdução, crescimento, maturidade e declínio.

Ciclo de vida do consumidor. Relativo aos clientes de uma empresa, formado por quatro fases: gerar mercado, vender para novos clientes por meio da experiência, satisfazer o cliente e cuidar do cliente, mantendo consumidores rentáveis e fiéis.

Cinco Forças de Porter. Em 1979, o autor Michael Porter identificou e descreveu as forças externas que afetam o desempenho de uma empresa no segmento em que atua. São elas: o poder de barganha dos fornecedores, o poder de barganha dos consumidores, a ameaça de produtos e serviços substitutos, a ameaça de novos entrantes (potenciais competidores) e a rivalidade entre competidores existentes.

Classe social. É um grupo de pessoas que tem o mesmo poder aquisitivo, a mesma ocupação e os mesmos interesses. Diferentes classes sociais têm diferentes preferências de mídia e hábitos de comunicação.

Clientes ocultos. Do inglês *mistery guests*, trata-se de profissionais que, passando-se por consumidores "comuns", realizam visitas a estabelecimentos, avaliam a qualidade dos serviços e, depois, fornecem um detalhado relatório sobre sua experiência.

Cluster. Significa agrupamento. Trata-se de uma concentração de propriedades que se comunicam por fazerem parte da mesma rede hoteleira (algumas vezes, situadas no mesmo local), colaborando entre si e tornando-se mais eficientes.

CMS. Sigla de *Channel Manager System*, ou Sistema de Gerenciamento de Canais. Refere-se ao sistema que realiza a gestão centralizada da plataforma de distribuição *on-line*, controlando e atualizando ao mesmo tempo tarifas e disponibilidade para múltiplos canais de distribuição.

Coeteris paribus. Expressão latina que significa "tudo o mais constante". Em microeconomia, analisa-se um dado mercado, isolado dos demais. É a análise do equilíbrio parcial.

Colchão. Termo utilizado para o bloqueio de uma empresa, com que o hotel fecha um contrato por um longo período de tempo, com uma tarifa acordo baixa, mas uma receita total alta se contabilizarmos o período completo de parceria.

Comissão. É o valor cobrado por uma empresa pela intermediação de negócios a outra empresa.

Commodity. É um produto básico, homogêneo e de amplo consumo, que pode ser produzido e negociado por várias empresas.

Competência principal e distintiva. Ver vantagem competitiva.

Competição direta. Refere-se a quando produtos e serviços similares concorrem para satisfazer às necessidades de segmentos de consumidores parecidos, via concorrentes primários ou diretos.

Competição indireta. É feita pelos substitutos de certos produtos e serviços, via concorrentes secundários ou indiretos.

Competição ou concorrência. É a rivalidade que ocorre entre empresas que desejam vender seus produtos e serviços a um mesmo mercado ou segmento de mercado. Empresas concorrentes influenciam e orientam as ações estratégicas umas das outras.

Comportamento cruzado. Refere-se a quando o consumidor acessa mais de um canal para fazer uma compra, em busca de disponibilidade e melhor preço.

Comportamento de compra. É influenciado por fatores culturais, sociais, pessoais e psicológicos que fornecem indícios de como atingir e atender ao consumidor mais efetivamente. Também leva em consideração o grau de envolvimento do consumidor na aquisição e o grau de diferenças significativas entre as marcas.

Comportamento estratégico do consumidor. Refere-se à educação dos clientes quanto ao *Revenue Management*. Um cliente bem-informado pode utilizar o RM a seu favor, enquanto um mal-informado pode oferecer objeções quanto às técnicas de gerenciamento de receita, as quais precisam ser rebatidas com estratégias para manter clientes fiéis e conquistar novos.

Concierge. Significa zelador. Trata-se do profissional que zela pelo bem-estar dos clientes, realizando tarefas complicadas e difíceis para superar as expectativas dos hóspedes de um hotel.

Condo-hotel. Significa condomínio-hotel. É um empreendimento que tem a estrutura operacional hoteleira, mas com todas as unidades autônomas, as quais podem ser compradas por investidores, tal como ocorre com apart-hotéis. A construção fica por conta da incorporadora, que contrata uma construtora e direciona a administração a uma operadora hoteleira.

Conexão direta. Trata-se de uma solução de gestão centralizada da distribuição hoteleira por meio da qual os hotéis podem administrar inventário, tarifas e conteúdo sem precisar acessar diversas extranets, atendendo mais rapidamente à demanda, economizando tempo e melhorando a qualidade de comunicação com os canais de venda.

Conexão *webservice* ou XML. *Webservice* é uma solução utilizada na integração e na comunicação entre sistemas, aplicativos e *sites* diferentes. Trata-se de uma tecnologia a qual permite que sistemas desenvolvidos em plataformas diferentes sejam compatíveis, pois traduz aplicativos com sua própria linguagem para uma linguagem universal e uma tecnologia padrão de dados em formato XML. É concebida para permitir a comunicação em tempo real entre agente e servidor usando dados formatados *xml*, permitindo aos *sites* afiliados personalizar o conteúdo de acordo com os requisitos das partes envolvidas.

Conhecimento. Dados organizados por ferramentas de análise resultam em informação compilada, que interpretada e relacionada corretamente é convertida em conhecimento.

Conjunto competitivo. Do inglês *competitive set*, significa o grupo de concorrentes primários que compete diretamente com uma empresa.

Consolidadora de turismo. Também chamada de *broker*. Trata-se de uma operadora especialista em vendas de serviços turísticos por atacado a partir de negociações de grande volume de ocupações garantidas nesses serviços, trabalhando com fretamento ou bloqueio de serviços de passagens aéreas, meios de hospedagem e locação de veículos.

Consórcio. Refere-se a quando as partes hoteleiras permanecem independentes. A afiliação (seja íntegra, de marketing, de reservas e de referências) tem o intuito de conseguir vantagens que não teriam sozinhas.

Consumidor profissional. Em estudos de comportamento do consumidor, refere-se a um consumidor que está envolvido no processo de produção e que tem conhecimento considerável dos atributos e características do produto ou serviço sendo adquirido.

Consumidores. São os clientes individuais que consomem produtos e serviços de uma empresa ou empresas terceiras que distribuem esses a consumidores finais.

Conteúdo orgânico. Também chamado de conteúdo natural ou gratuito. É o conjunto de palavras-chave de um *site* relevantes aos usuários, utilizado por *sites* de busca para pesquisar em seu índice as páginas de *sites* relacionadas ao termo informado.

Contrato de gestão. Refere-se a um acordo pelo qual o controle operacional da organização (incluindo atividades como administração financeira, de pessoal, operações ou marketing) é cedido por contrato a outra empresa, que realiza as funções de gestão necessárias em troca de uma remuneração.

Contribuição média por canal. É a contribuição que pode ser determinada dividindo-se a receita total gerada pelo número total de reservas provenientes do canal.

Controle. Trata-se da terceira fase do ciclo de otimização de receitas. Consiste nas modificações realizadas nas tarifas, diferenciando seus preços e benefícios.

Controle da capacidade do inventário. Também chamado de gerenciamento do inventário, consiste no processo de controlar o número, a disponibilidade e o preço das unidades de serviços disponíveis, por segmento de mercado e por canal de distribuição, visando à otimização da receita.

Controle de estadia. Refere-se ao controle da reserva realizado para otimizar a potencial receita futura, com restrições aplicadas a datas de chegada, datas de saída e duração da estadia.

Copom. Sigla de Comitê de Política Monetária. É o comitê do Banco Central que se reúne mensalmente e fixa a taxa de juros Selic e a tendência da taxa de juros até a próxima reunião do comitê.

CPC. Sigla de *Cost per Click*, ou Custo por Clique. Trata-se de uma taxa de custo por clique cobrada toda vez que o consumidor clica para acessar um *site* específico.

Crescimento. Relacionado à análise de SWOT, refere-se a quando o desempenho da organização é fraco em áreas relevantes para os consumidores e, consequentemente, em áreas de alta prioridade, para as quais é possível desenvolver estratégias que minimizem os efeitos negativos dos pontos fracos e, ao mesmo tempo, se aproveitem as oportunidades que surgirem.

Critérios de valor. São critérios estabelecidos com base nos resultados das pesquisas com clientes, funcionários e fornecedores, auxiliando na avaliação de valores.

CRM. Sigla de *Customer Relationship Management*, ou Gerenciamento de Relacionamento com o Cliente. Refere-se ao gerenciamento da base de clientes por meio de sistemas e programas automatizados desenvolvidos para ajudar as organizações na criação e na manutenção de um bom relacionamento com seus consumidores, armazenando os dados de cada cliente de forma eficiente e inteligente.

Cross-selling. Significa venda cruzada. Trata-se de uma técnica de vendas que tem o intuito de identificar possíveis compradores para um produto – de departamentos ou unidades de negócios distintas de uma mesma empresa – a partir da venda de outro.

Cross-training. Significa treinamento cruzado. Refere-se à possibilidade de treinar um funcionário não apenas em seu departamento específico, mas também em outros departamentos em seu estabelecimento. É uma excelente ferramenta motivacional, que possibilita também ao colaborador entender como os departamentos de uma mesma empresa se relacionam e cooperam entre si.

CRS. Sigla de *Central Reservation System*, ou Sistema de Reservas Central. Trata-se da base de dados que agrupa informações – como localização, instalações, fotos e amenidades –, inventário e tarifas de um ou múltiplos hotéis e envia os dados para todos os canais, como Central de Reservas, serviços de internet marketing e conexões diretas de distribuição.

CSM. Sigla de *Customer Satisfaction Measurement*, ou Sistema de Medição da Satisfação do Cliente. Refere-se ao sistema que gerencia as informações de avaliação de desempenho e de índice de satisfação do ponto de vista do cliente, lembrando que cada interação que um cliente tem com os produtos e serviços de uma empresa é o reflexo de sua qualidade.

Cultura. Refere-se à "programação mental coletiva de um povo em um ambiente. Cultura não é uma característica de indivíduos, ela abrange um número de pessoas que foram condicionadas pela mesma educação e experiência de vida" (Hofstede, 1984, p. 11).

Cultura coletivista. Refere-se a culturas particularistas, acreditando que grupos diferentes têm valores distintos (Adler *apud* Mooij, 1998).

Cultura corporativa. Ver cultura organizacional.

Cultura individualista. Trata-se de culturas universalistas, acreditando que existem valores universais que devem ser compartilhados por todos (Adler *apud* Mooij, 1998).

Cultura organizacional. Também chamada de cultura da organização. É um reflexo da personalidade, das crenças e dos valores de uma empresa e do objetivo de seu trabalho no âmbito geral das operações do negócio. Deve estar contida em mensagens claras da missão e da visão da organização.

Curva da experiência. Conceito desenvolvido pelo BCG (Boston Consulting Group) nos anos 1960, quando os consultores notaram que o custo de produção de uma organização decrescia em torno de 25% cada vez que o volume produzido dobrava; portanto, quanto maior for a experiência que a empresa possuir na produção de um determinado produto, menor serão seus custos.

Curva de demanda. Medição da taxa de alteração da variável preço em termos da variável quantidade.

Curva de difusão da inovação. Curva cumulativa em forma de S que mostra um percentual acumulado de adotantes ao longo do tempo: lento no início, mais rápido ao aumentar a adoção e, em seguida, nivelando-se até faltar apenas uma pequena porcentagem de retardatários que adotem a inovação.

Curva normal. Curva em forma de sino na matemática.

Custo da aquisição da reserva. Valor que é gasto para adquirir uma reserva, levando em consideração que muitos canais são pesquisados antes de a busca ser convertida em reserva e muitos têm efeito e influência sobre a compra em outros canais.

Custo de aquisição do cliente. Valor que é gasto para adquirir um consumidor, com ações de marketing e distribuição, por exemplo.

Custo de oportunidade. Também chamado de custo implícito, refere-se à margem de contribuição adicional, ao grau de sacrifício que se faz ao optar pela produção de um produto ou serviço em termos da produção alternativa sacrificada.

Custo fixo. Também chamado de custo indireto. Trata-se do custo que não varia conforme o volume de produtos e/ou serviços produzidos, ou seja, é independente da produção.

Custo irrecuperável. Também chamado de custo afundado. Refere-se ao recurso empregado na construção de ativos que, uma vez realizado, não pode ser recuperado em qualquer grau significativo, sendo irreversível.

Custo marginal. É a variação do custo total dada a variação de uma unidade na quantidade produzida, ou seja, é o acréscimo do custo total de produção da empresa quando esta produz uma unidade adicional de seu serviço.

Custo semifixo. Também chamado de custo semivariável. Trata-se do custo que se caracteriza por combinar uma parte fixa, que não depende do volume de produção da empresa, e uma parte variável, que regista alterações em função desse mesmo volume.

Custo total. É o gasto total da empresa com fatores de produção, somando-se os custos variáveis aos fixos.

Custo variável. Também chamado de custo direto. Refere-se ao custo que varia conforme o volume de produtos e/ou serviços produzidos, ou seja, dependentes do volume de produção.

Cut off. Significa data de corte. Refere-se a quando todos os apartamentos não ocupados de um bloqueio são liberados para venda.

CVB. Sigla de *Convention & Visitors Bureau*, ou Escritório de Convenções e Visitantes. Trata-se de uma organização de instituições que promovem o turismo e a receptividade de uma cidade ou localidade para convenções e visitação de eventos e atrações diversas.

Dados históricos. Refere-se aos registros de anos anteriores, como reservas históricas, porcentagem de ocupação, tarifa aplicada por pernoite, receita total diária, diária média e RevPAR, entre outros.

Data analytics. Significa análise de dados. É um processo de inspeção, limpeza, transformação e modelagem de dados com o objetivo de descobrir informações úteis, que resultam em conhecimento para apoiar a tomada de decisão.

Data mining. Refere-se ao tratamento, à integração e à atualização de bancos de dados, o que possibilita a correção e a padronização de dados específicos. É uma técnica que ajuda as empresas a encontrarem padrões em seus dados, reduzindo os gastos operacionais e concentrando os esforços de tempo e dinheiro com informações válidas.

Data warehouse. Trata-se de um armazém utilizado para guardar informações relativas à atividade de uma organização em bancos de dados consolidados, permitindo a análise de grandes volumes de dados.

Database Marketing. Significa Marketing por meio de Banco de Dados. Refere-se a *softwares* de análise de dados, de ferramentas e relatórios de banco de dados e dos serviços de tratamento de dados que auxiliam as empresas a conhecerem, analisarem e entenderem verdadeiramente seus consumidores, bem como gerenciarem o relacionamento com os clientes, personalizarem seu serviço, realizarem programas de marketing direto, gerarem e gerenciarem campanhas, atualizarem continuamente as bases, agregarem inteligência às ações de marketing direto para alavancar as vendas, minimizarem seus custos e mensurarem efetivamente os resultados.

Demanda. Refere-se à quantidade de um produto ou serviço que um comprador está disposto a (e é capaz de) comprar, a certo preço em determinado período de tempo.

Demanda de mercado. Segundo Kotler (1989), trata-se do volume total que poderá ser adquirido por um grupo definido de clientes em uma área geográfica definida, em um período de tempo definido, em um ambiente de mercado definido, sob um programa definido de marketing.

Demanda elástica. Refere-se a quando a variação da quantidade demandada supera a variação do preço do serviço, ou seja, os consumidores são bastante sensíveis aos preços.

Demanda flutuante. Trata-se da demanda de serviços que sofre oscilações devido às características sazonais.

Demanda inelástica. Refere-se a quando a variação do preço do serviço supera a variação da quantidade demandada, ou seja, os consumidores são bem insensíveis aos preços.

Demanda irrestrita. Refere-se a quando a demanda vem livremente, sem qualquer barreira, regra ou restrição que possa constrangê-la.

Demanda restrita. Refere a quando a demanda é contida devido a obstáculos como preços mais altos que o esperado, fortes regras e restrições aplicadas às tarifas e falta de disponibilidade de inventário.

Descentralizada. Refere-se a quando uma atividade é praticada não só em nível da matriz como também em nível da subsidiária.

Desenvolvimento. Relacionado à análise de SWOT, refere-se a quando o desempenho da organização é forte em áreas importantes para os consumidores, sendo conveniente à empresa investir nessas áreas para tirar o máximo partido dos pontos fortes e aproveitar ao máximo as oportunidades detectadas.

Desenvolvimento de perfil. Refere-se a identificar atitudes, comportamentos, fatores geográficos, demográficos e psicográficos dos clientes, além de seus hábitos de mídia, a fim de criar um número específico de segmentos altamente diferenciados.

Design. Significa projeto ou desenho.

Diagrama. Trata-se de uma representação visual estruturada e simplificada por meio de linhas e pontos para a representação de um determinado conceito ou ideia.

Diária média. Ver ADR.

Dilema do prisioneiro. Refere-se a um jogo inventado em 1950 por Merrill Flood e Melvin Dresher, adaptado e divulgado por A. W. Tucker. É um problema da teoria dos jogos que representa bem o dilema entre cooperar e trair, supondo que cada jogador, de forma independente, quer aumentar ao máximo a sua própria vantagem sem se importar com o resultado do outro jogador.

Direct connect. Significa conexão direta.

Displacement. Significa deslocamento e remanejamento de negócios. Refere-se a quando o hotel recebe para a mesma data duas oportunidades de negócios distintas, devendo analisar o valor total do cliente ou do grupo para a organização, levando em conta compras passadas e futuras, considerando também a receita principal do apartamento e a receita adicional de produtos e serviços extras.

Display. Significa exibição ou exposição.

Disponibilidade do serviço. Refere-se à previsão de tempo para uma unidade de serviço estar livre para ser usufruída por um consumidor.

Duração da estadia. Refere-se ao número de noites da reserva do consumidor, ou seja, por quanto tempo irá pernoitar no hotel.

Early departure. Significa saída antecipada.

EBITDA. Significa *Earnings Before Interest, Taxes, Depreciation and Amortization*, ou Lucros antes de Juros, Impostos, Depreciação e Amortização. É um indicador financeiro que representa quanto uma empresa gera de recursos por meio de suas atividades operacionais, sem contar impostos e outros efeitos financeiros.

E-Com. Trata-se do Seminário de Comércio e Marketing Eletrônico para a Hotelaria e Turismo.

e-commerce. Significa comércio eletrônico. É a venda e a compra de produtos e/ou serviços pela internet.

Economia. Define-se como a ciência social que estuda a maneira pela qual os homens decidem empregar recursos escassos a fim de produzir diferentes produtos e serviços, a fim de distribuí-los entre as distintas pessoas e grupos da sociedade, para satisfazer suas necessidades (Vasconcellos e Garcia, 2008).

Economia agrária. Refere-se a quando são extraídos itens fungíveis da natureza, armazenados em grande quantidade, vendidos por meio de suas características por um comerciante a um mercado.

Economia da experiência. Refere-se a experiências memoráveis e pessoais encenadas e reveladas ao longo de um período por um ator a um convidado, sendo o fator principal de demanda as sensações experienciadas.

Economia de escala. Refere-se a quando a cadeia produtiva é organizada de forma a alcançar a maior utilização possível dos elementos produtivos, buscando aumento da produção de produtos e serviços, baixos custos e maior lucratividade.

Economia de escopo. Significa produzir numerosas variedades de produtos específicos e personalizados por um preço consideravelmente baixo.

Economia dos serviços. Referente a quando serviços intangíveis e personalizados passam a ser entregues de acordo com a demanda por um provedor a um cliente, com base em seus benefícios.

Economia industrial. Refere-se a quando se produzem produtos padronizados e tangíveis que, após produzidos, passam por inventário e são estocados, a fim de serem vendidos por meio de seus aspectos por um fabricante a um usuário.

Ecoturismo. Trata-se do segmento de atividade turística que utiliza, de forma sustentável, o patrimônio natural e cultural, incentivando sua conservação e buscando a formação de uma consciência ambientalista por meio da interpretação do ambiente, promovendo o bem-estar das populações envolvidas.

Efeito multiplicador. Verifica-se em geral quando uma variação unitária em uma determinada variável externa provoca uma variação mais que proporcional em uma outra variável interna. O valor do multiplicador corresponde ao coeficiente que relaciona a variação das duas variáveis em causa.

Efeito *outdoor*. Trata-se do poder de divulgação e da qualidade de esforços de mídia não só de OTAs como também de outros intermediários *on-line*, a fim de gerar demanda adicional para uma empresa ou gerar nova demanda para o setor. Há ainda benefícios de marketing e volume de venda direta que o hotel recebe em decorrência do efeito *outdoor*.

Eficiência da tarifa. Refere-se à medição do desempenho da diária média conseguida em um segmento de mercado em relação à melhor tarifa disponível, ou BAR, utilizada como referência.

Elasticidade. Refere-se ao grau de reação ou sensibilidade de uma variável quando ocorrem alterações em outra variável, *coeteris paribus* (Vasconcellos e Garcia, 2008).

Elasticidade do preço. Mede a alteração percentual de uma alteração da variável quantidade em termos da alteração da variável preço.

E-mail **marketing.** Refere-se a campanhas de comunicação centralizadas, propaganda direta e ações promocionais enviadas por *e-mail*.

Embratur. Sigla de Instituto Brasileiro de Turismo. É uma autarquia especial do Ministério do Turismo responsável pela execução da Política Nacional de Turismo no que diz respeito a promoção, marketing e apoio à comercialização dos destinos, serviços e produtos turísticos brasileiros no mercado internacional.

Empowerment. Trata-se de compartilhar informações rotineiras e delegar várias decisões diárias a fim de que, em situações nas quais haja pouca oportunidade para a intervenção da gerência, o funcionário consiga tomar decisões assertivas.

Equilíbrio de mercado. Ocorre quando a quantidade fornecida é exatamente igual à quantidade demandada de um certo produto ou serviço.

Equity. Significa patrimônio. É a diferença entre o valor de uma propriedade e todas as demandas que existem contra ela.

Era da Experiência. Ver economia da experiência.

ERP. Sigla de *Enterprise Resource Planning*, ou Sistemas Integrados de Gestão Empresarial. São sistemas que integram todos os dados e processos de uma organização em um único sistema, integração esta que pode ser vista sob a perspectiva funcional ou sistêmica.

Estágio de levantamento. Trata-se de entrevistas informais ou questionários realizados com grupos de clientes que fornecem informações sobre motivações, atitudes e comportamentos.

Estratégia de adição de recursos. Refere-se à estratégia de adicionar serviços ou produtos extras ao principal serviço vendido, por um preço mais alto, aumentando o valor percebido da transação.

Estratégia de competição pacífica. Refere-se a quando uma empresa reduz os riscos associados com a sua posição por meio do estabelecimento de melhores relações com os seus concorrentes, permitindo que concorrentes fracos sobrevivam e até mesmo prosperem, dando aos consumidores uma ampla gama de produtos e serviços para escolher (Bloom & Kotler, 1975).

Estratégia de confronto. Refere-se à prática de uma empresa iniciar guerras promocionais ou redução de preço, para desencorajar empresas participantes (Bloom & Kotler, 1975).

Estratégia de desconto nos preços. Trata-se de uma estratégia para gerar vendas adicionais, quando um certo percentual de desconto no preço é dado ao cliente.

Estratégia de diferenciação de serviço. É uma estratégia que visa à vantagem competitiva em vários segmentos de diversas indústrias, via diferenciação de serviços, equiparando-se em quantidade de custos à concorrência.

Estratégia de distribuição. Trata-se de otimizar os meios utilizados para fazer com que o produto ou serviço chegue desde a sua origem até o consumidor final com qualidade, na hora certa, pelo preço certo, pelo canal certo e ao menor custo.

Estratégia de enfoque. Refere-se a uma estratégia que visa à vantagem competitiva em um segmento específico, via uma combinação de alto enfoque e alta flexibilidade.

Estratégia de fortalecimento. Refere-se a quando uma empresa fortalece-se ainda mais no mercado, desenvolvendo uma estratégia multimarca e cobrindo buracos existentes no mercado para impedir a entrada de novos competidores (Bloom & Kotler, 1975).

Estratégia de inovação. Trata-se de utilizar inovações, tanto nas estratégias de marketing – para repaginar, reembalar e reposicionar o conceito do serviço – quanto nos processos, para manter a vantagem competitiva.

Estratégia de liderança de custo. Refere-se a uma estratégia que visa à vantagem competitiva em vários segmentos de diversas indústrias, via liderança de custos, equiparando-se em qualidade de serviço à concorrência.

Estratégia de penetração de mercado. Trata-se de uma estratégia temporária de introdução de serviços com preços mais baixos no mercado para atrair volume, visando aumentar a margem de contribuição.

Estratégia de preço *premium*. Refere-se a uma estratégia geralmente utilizada em serviços com elevado grau de diferenciação, os quais são introduzidos no mercado com preço alto de forma a criar uma percepção de grande valor intrínseco, exacerbar o valor percebido pelo cliente e posicionar o serviço como *premium* na mente dos consumidores, visando enaltecer a imagem da marca e captar da concorrência pequenos nichos de mercado com maior poder de compra.

Estratégia de preço-resposta. É a que relaciona o preço à demanda para um serviço específico para um segmento específico durante um período de tempo específico.

Estratégia de preços. Também chamada de estrutura tarifária. Refere-se ao estabelecimento do preço de venda dos produtos e/ou serviços, uma das mais importantes e difíceis tarefas do gerente de receita. Equívocos na condução do processo de precificação podem reduzir drasticamente o potencial de receita de uma empresa, podendo até inviabilizá-la.

Estratégia de retirada. É simplesmente saber a hora de parar de jogar e retirar o serviço do mercado.

Estratégia em nível corporativo. Trata-se de uma estratégia direcionada para investir nos negócios corretos e como investir para maximizar a lucratividade a longo prazo.

Estratégia em nível empresarial. Refere-se à estratégia direcionada a melhorar o posicionamento de uma empresa no mercado, a fim de ganhar vantagem competitiva.

Estratégia em nível funcional. Trata-se de uma estratégia direcionada a aprimorar a eficácia das operações dentro de uma empresa.

Estratégia em nível global. Refere-se à estratégia direcionada a como expandir operações para fora do país, crescer e prosperar.

Expert. Significa especialista. É uma pessoa que possui grande capacidade e/ou habilidade para entender ou dominar certa área, assunto, ofício ou atividade.

Expertise. Significa especialização. Consiste no conjunto de habilidades e conhecimentos de uma pessoa, de um sistema ou tecnologia.

Extranet. É uma rede privada que utiliza a tecnologia da internet e do sistema de telecomunicações públicas com segurança para compartilhar informações de uma empresa com fornecedores, parceiros, clientes ou outras empresas.

Fase de crescimento. Refere-se a quando uma empresa incrementa o volume de vendas e gera economias de escala na produção, diminuindo o custo de produção por unidade e diminuindo, consequentemente, o preço. Nesta fase, os adotadores precoces e a maioria avançada já estão dispostos a comprar.

Fase de declínio. Refere-se a quando o volume de vendas de um produto ou serviço de uma empresa começa a despencar, novos serviços despontam no mercado e chamam a atenção dos consumidores e, caso nenhuma atitude seja tomada, o serviço morre.

Fase de introdução. Refere-se a quando uma empresa lança um produto ou serviço no mercado, quando apenas os consumidores mais aventureiros estão dispostos a comprar, seja inovando e experimentando lançamentos do mercado, seja pagando um alto preço pelas novidades.

Fase de maturidade. Refere-se a quando um produto ou serviço de uma empresa consegue estabelecer-se no mercado. Nesta fase, a maioria atrasada e os retardatários correm para comprar os serviços, que já não são considerados novidade.

Fatia de mercado. Ver *market share*.

Fatores externos. Trata-se dos fatores do macroambiente que afetam uma empresa, como fatores político-regulamentares, econômicos, tecnológicos, ambientais e socioculturais.

FBHA. Sigla de Federação Brasileira de Hospedagem e Alimentação. É a entidade sindical patronal constituída com a finalidade de coordenação, defesa administrativa, judicial e ordenamento dos interesses e direitos dos empresários da categoria e de atividades congregadas.

Fechado para chegada. Refere-se a quando reservas com uma data específica de chegada não podem ser recebidas, não importando a duração da estadia; contudo, reservas podem chegar em datas anteriores e passar pela data "fechada" em questão.

Feedback. Significa retroalimentação. Refere-se a dar resposta a um determinado pedido ou acontecimento, ou a uma mensagem enviada.

Fidelização. Refere-se à lealdade do cliente a uma marca, que pode ocorrer com maior frequência quando a empresa tem marca e presença globais.

Fixed LOS. Abreviação de *Fixed Length of Stay*, ou Duração Fixa de Estadia. Trata-se da restrição que estabelece qual é o número de pernoites durante as quais o consumidor deve ficar hospedado para conseguir fazer a reserva em um período específico.

Flat. Também chamado de apart-hotel. É constituído por unidades habitacionais que disponham de dormitório, banheiro, sala e cozinha equipada, em edifício com administração e comercialização integradas, que possua serviço de recepção, limpeza e arrumação, podendo ter de três a cinco estrelas.

Fluxograma de serviço. Também chamado de fluxo de processo de serviço, refere-se ao tempo total de rotatividade de uma unidade de inventário.

FOHB. Sigla de Fórum de Operadores Hoteleiros do Brasil. É uma entidade associativa sem fins lucrativos, que representa importantes redes hoteleiras, nacionais e internacionais, com atuação no país.

Forecasting. Significa realizar previsões. Ver previsão de mercado.

Fórmula de *Yield*. Calculada pela divisão da receita real pela receita potencial, multiplicada por 100, sendo o objetivo maior maximizar a receita por unidade de serviço disponível.

Formulação estratégica. Trata-se de definir a missão e a visão da empresa e seus maiores objetivos organizacionais; analisar os fatores externos, o mercado e a concorrência para identificar as oportunidades e ameaças, e analisar os fatores internos para identificar os pontos fortes e fracos da empresa.

Fornecedores. São as empresas que fornecem materiais, serviços e mão de obra.

Franquia. Refere-se a quando há uma cessão de conhecimento entre a rede e o franqueado, sendo o proprietário o principal responsável pela gestão, devendo comandar de acordo com padrões pré-acordados.

Front office. Significa linha de frente. Trata-se dos departamentos de uma empresa que interagem com alta frequência diretamente com o cliente final, como Recepção (*check-in* e *check-out*, gestão de chaves e cobranças), Reservas (tarifas e inventários) e Alimentos e Bebidas (pontos de venda, banquetes e serviço de quarto).

GDS. Sigla de *Global Distribution System*, ou Sistema de Distribuição Global. Trata-se de um canal intermediário e *off-line*, que distribui informação de diferentes centrais de reservas para operadoras e agências de viagens, além de *sites* na internet, como das OTAs.

Geomarketing. O tratamento e a visualização de dados por meio de uma seleção de pontos dentro de áreas segmentadas, possibilitando inclusive análises de distância, adjacências e proximidades.

Geração X. Refere-se a uma geração de pessoas nascidas entre 1965 e 1976, bem menos numerosa e mais sofisticada, com aproximadamente 45 milhões de membros.

Geração Y. Trata-se de uma geração de pessoas nascidas entre 1977 e 1994, sendo uma geração numerosa, com cerca de 72 milhões de membros, e extremamente competente tecnologicamente.

Gerenciamento da demanda. Consiste em controlar, direcionar, influenciar e criar no consumidor uma propensão para a compra dos serviços da organização em um momento específico, por meio do preço, das regras e restrições aplicadas às tarifas e da disponibilidade de inventário.

Globalização. É um processo de integração econômica, cultural, social e política gerado pela necessidade do capitalismo de conquistar novos mercados, principalmente se o mercado atual estiver saturado.

GOP. Sigla de *Gross Operating Profit*, ou Lucro Operacional Bruto. Também conhecido como resultado operacional bruto, pode ser calculado pela receita total menos os custos e despesas departamentais e operacionais não distribuídas.

Grau de eficiência do canal. Identificação do canal que tem o maior valor de receita por reserva ou transação.

Grupo de referência. Formado por pessoas que influenciam as atitudes, as opiniões e os valores de uma pessoa (Lewis, 2000).

Guerra de preços. Refere-se a quando uma empresa concede um desconto ao preço, o qual é imitado pela concorrência, resultando numa interminável competição pelo preço mais baixo.

Guest Relations. É o departamento de atendimento ao cliente no Walt Disney World Resort.

Guests. Significa convidados. É como os hóspedes são chamados no Walt Disney World Resort.

Homogeneidade dos mercados. Refere-se a quando as diferenças entre países tornam-se menos relevantes conforme as necessidades de mercado sejam mais homogêneas.

Hotel. Trata-se de um estabelecimento com serviço de recepção, que oferta alojamento temporário, com ou sem alimentação, em unidades individuais e de uso exclusivo dos hóspedes, mediante cobrança de diária, podendo ter de uma a cinco estrelas.

Hotel Asset Management. Gestão de Ativos do Hotel. Trata-se de ações que possibilitam a utilização plena dos recursos do hotel e das capacidades da operadora em benefício do investidor, conforme suas necessidades específicas.

Hotel boutique. São empreendimentos de luxo caracterizados pelo pequeno porte e pelo restrito número de quartos (entre 3 e 60), cujo principal diferencial é ser um projeto desenvolvido para hóspedes exigentes.

Hub. Do inglês *Hub and spoke*. Refere-se a quando uma companhia aérea concentra as rotas em um aeroporto central, para de lá saírem conexões para diversas localidades. Trata-se de uma solução para trechos em que há pouca procura, evitando prejuízos. Um exemplo de aeroporto que concentra uma grande quantidade de conexões é o de Guarulhos, em São Paulo.

IDS. Sigla de *Internet Distribution System*, ou Sistema de Distribuição da Internet. É a distribuição intermediária e *on-line*, via Pegasus ODD (de *Onward Distribution Database*) como tradução de informação, disseminando o conteúdo em diferentes páginas *web* por meio de um "efeito cascata", permitindo a visualização em maior número de páginas, que passam a ter papel de agentes de viagem virtuais.

Implementação estratégica. Refere-se a selecionar estratégias que enfatizem os pontos fortes da empresa e aproveitem as oportunidades, ao mesmo tempo que eliminem os pontos fracos e contornem as ameaças. Então, devem-se implementar as estratégias escolhidas para alcançar a vantagem competitiva e melhorar o desempenho da empresa.

IMS. Sigla de *Internet Marketing Service*, ou Serviços de Marketing por meio da Internet. Trata-se de canais diretos e *on-line* formados pelo próprio *site* do hotel para a internet e para o celular.

Inflação. Significa o aumento contínuo e generalizado no nível geral de preços.

Inseparabilidade. Indica que os serviços são consumidos ao serem produzidos, ou seja, existe uma simultaneidade de produção e consumo, que culmina na personificação do serviço pelo funcionário.

Insights. Significa intuição. É definido como um modo de conhecimento imediato sobre a realidade das coisas ou a verdade dos conceitos sem um raciocínio prévio.

Inspeção do local. Do inglês *site inspection*, trata-se de uma vistoria física dos potenciais competidores. Essa experimentação dos serviços dos competidores é uma das maneiras mais comuns de pesquisar um concorrente.

Intangibilidade. Significa que não é possível ver os serviços, senti-los, prová-los, ouvi-los ou cheirá-los antes de adquiri-los.

Integridade dos preços. Refere-se a manter os preços com base no valor atrelado ao produto ou serviço pelo consumidor, considerando o preço referência.

Inteligência competitiva. É a prática de conduzir pesquisa primária e analisar dados secundários para entender as características da concorrência.

Inteligência de negócios. Do inglês *business intelligence*, refere-se a quando as corporações organizam as informações sobre algum tema específico a fim de otimizar a sua lucratividade – por exemplo, sobre os seus consumidores, para conhecer melhor as características, os comportamentos e as preferências destes.

Intenção de compra. Refere-se à disposição para comprar um determinado produto e/ou serviço.

Inventário. São as unidades de serviço disponíveis para a venda por meio de diversos canais de distribuição.

Inventário fixo. Significa que não há como aumentar as unidades de serviço disponibilizadas para venda, sendo a quantidade de unidades ofertada para reservas fixa.

Inventário ocioso. Significa que não foram vendidas todas as unidades de serviço, situação não desejada considerando que as unidades de inventário são perecíveis.

IPCA. Sigla de Índice Nacional de Preços ao Consumidor Amplo, indicador usado pelo governo como referência para as metas de inflação.

IPI. Sigla de Imposto sobre Produtos Industrializados. É um imposto federal sobre produtos industrializados, nacionais ou estrangeiros.

Joint venture. Significa a união de duas ou mais empresas. Refere-se a quando uma empresa independente é estabelecida por meio de aportes financeiros de organizações que se unem, compartilhando riscos, ativos e lucros em um relacionamento acionário, de contribuições tecnológicas, de gestão e de acesso aos mercados.

Know-how. Significa saber como. Trata-se de um conhecimento prático e específico para realizar uma determinada atividade.

KPI. Sigla de *Key Performance Indicator*, ou Indicador-chave de Desempenho. É utilizado para medir o desempenho dos processos de uma empresa e, com essas informações, colaborar para que alcance seus objetivos.

Late check-out. Significa verificação para sair tardia, ou seja, sair em um horário mais tarde que o estipulado nas políticas e nos procedimentos do hotel.

Lead. Significa novo contato. Refere-se a um potencial cliente de uma empresa que demonstra interesse nos produtos e/ou serviços que ela tem a oferecer.

Link. Significa conexão. É o endereço de um documento ou um recurso na internet.

Link patrocinado. Significa conexão patrocinada. É um formato de anúncio publicitário veiculado na internet.

Load factor. Significa taxa de ocupação. Trata-se da capacidade efetivamente utilizada de assentos de uma aeronave comercial.

Lobby lizard. Significa lagarto do átrio. Expressão utilizada no Hilton Downtown Toronto para definir a prática de observar o vaivém dos hóspedes no *lobby* do hotel, conversar com eles e escutar suas opiniões.

Long stay. Significa longa estadia. Refere-se a quando hóspedes permanecem por bastante tempo em um hotel, usualmente por mais de 28 dias.

LOS. Sigla de *Length of Stay*, ou Duração da Estadia. Refere-se a quando se determinam preços diferenciados por duração da estadia, para atingir diferentes segmentos de mercado por meio da venda de várias tarifas para uma única data de chegada, de acordo com a duração da estadia do hóspede.

Lounge tecnológico. Significa salão tecnológico. São áreas de tecnologia dos hotéis que oferecem estações completas, com acesso à internet sem fio, conexão a impressoras e *scanners*, além de telas de plasma de última geração.

LRA. Sigla de *Last Room Availability*, ou Disponibilidade do Último Quarto. Significa que todos os quartos da categoria para a qual a tarifa corporativa foi negociada devem ser disponibilizados ao cliente na tarifa acordada, até – e incluindo – o último quarto dessa categoria.

Lucratividade. Indicador do percentual de ganho obtido sobre as vendas realizadas.

Lucro líquido. É a receita total menos os custos operacionais totais da empresa (antes dos impostos e encargos do governo). Valor encontrado na demonstração de resultados do exercício financeiro.

Lucro total. Trata-se da diferença entre as receitas totais de vendas da organização menos seus custos totais de produção.

Luxury. Significa luxo. Refere-se a um segmento de mercado ou a uma categoria de produtos e/ou serviços.

Macroambiente. São as forças e agentes ambientais externos e distantes à empresa, sobre os quais a organização não possui controle. Por essa razão, ela deve monitará-los, para adaptar-se constantemente.

Macroeconomia. Refere-se ao estudo da determinação e do comportamento dos grandes agregados, como renda e produtos, níveis de preços, emprego e desemprego, estoque de moeda, taxa de juros, balança de pagamentos e taxa de câmbio.

MAD. Sigla de *Median Absolute Deviation*, ou Desvio Absoluto Médio. Determina a diferença absoluta entre a previsão de demanda e a demanda realizada (média ao longo do tempo).

Manutenção. Relacionada à análise de SWOT, refere-se a quando o desempenho da organização é forte em áreas relevantes para o mercado, sendo conveniente à empresa manter essa situação para tirar o máximo partido dos pontos fortes e, assim, minimizar os efeitos das possíveis ameaças.

MAPE. Sigla de *Mean Absolute Percentage Error*, ou Erro Percentual Absoluto Médio. Determina a diferença absoluta entre a previsão de demanda e a demanda realizada (média ao longo do tempo), identificando a porcentagem dos valores efetivos.

Marca. Ver *branding*.

Margem bruta. É a receita adquirida vendendo os serviços menos os custos fixos e variáveis para gerar os serviços.

Margem de contribuição. É a contribuição calculada removendo as despesas e os custos diretos variáveis do preço de venda.

Markdown Revenue Management. Gestão de Receita via Remarcação. Refere-se a quando o preço de um produto no momento de seu lançamento é o mais alto possível, e conforme o tempo vai passando o valor vai diminuindo, de acordo com a demanda.

Market share. Significa fatia de mercado. Refere-se à participação da demanda da empresa na demanda de mercado, que é proporcional à participação do esforço de marketing da empresa (dependente do investimento, da sinergia, da eficácia e da elasticidade das ações mercadológicas).

Marketing. Significa mercadologia. É definido como a arte ou a ciência de satisfazer as necessidades e os desejos do consumidor, fidelizados e novos, criando valor para eles e ganhando lucros em retorno.

Marketing interno. É o "processo contínuo pelo qual os gerentes ativamente encorajam, estimulam e apoiam o comprometimento dos funcionários à organização, aos seus produtos e serviços, e aos seus clientes" (Peter & Donnelly Jr., 2000, p. 207).

Marketing mix. Ver 8 Ps de marketing.

Markup. Significa margem da receita. É a diferença entre o custo de um produto ou serviço e seu preço de venda, podendo ser expresso como uma quantia fixa ou como um percentual.

Max LOS. Abreviação de *Maximum Length of Stay*, ou Duração Máxima de Estadia. Trata-se da restrição que estabelece qual é o máximo de pernoites durante as quais o consumidor pode ficar hospedado para conseguir fazer a reserva em uma data de chegada específica.

Maximização de receita. Trata-se da otimização das vendas; o objetivo maior do gerenciamento de receita.

Memorabilia. São itens associados a personagens ou eventos importantes, considerados dignos de memória e que se tornam objetos de colecionadores.

Mercado. Refere-se a indústria ou setor dos quais a empresa faz parte, sua demanda e oferta, e quem são seus consumidores, concorrentes, fornecedores, distribuidores e parceiros.

Mercado fragmentado. Trata-se do mercado dividido em muitos micromercados, em cada um dos quais os segmentos de consumidores querem ser tratados com exclusividade, exigindo uma variedade de opções de compra, produtos e serviços personalizados, com alto valor agregado e satisfação imediata.

Mercado-alvo. Ver público-alvo.

Metasearch. Significa além da pesquisa. É um tipo de mecanismo de busca que não possui sua própria base de dados; baseia suas listagens em dois ou mais *sites* de busca, compilando os resultados em uma única lista de forma homogênea em um banco de dados virtual.

Método da taxa em cadeia. Refere-se a uma maneira de calcular a demanda para um serviço específico.

Microambiente. São as forças e agentes ambientais internos e próximos à empresa, sobre os quais a organização possui controle, como políticas e procedimentos, processos estratégicos e operacionais. Portanto, ela deve monitorá-los, para controlar sua capacidade produtiva.

Microeconomia. Também chamada de teoria dos preços, é parte da ciência econômica e estuda o funcionamento da oferta e da demanda na formação de preço no mercado, analisando como a empresa e o consumidor interagem e a organização decide qual o preço e a quantidade de determinado bem ou serviço em mercados específicos, valendo-se da hipótese de que todo o restante permanece constante (em latim, *coeteris paribus*).

Mídias sociais. Refere-se à comunicação pessoal e *on-line* entre massas ao redor do mundo, um meio de conversação de "muitos para muitos", com uma relação complexa entre o público e o remetente, utilizando não só os meios de comunicação atuais, mas, sobretudo, conteúdo novo para qualquer um ler, contribuir e se envolver.

Midscale. Significa turístico. Ver categoria turística.

Millennials. Refere-se a uma geração de pessoas nascidas após 1994, uma geração formada por consumidores muito mais preparados, exigentes e tecnológicos.

Min LOS. Abreviação de *Minimum Length of Stay*, ou Período Mínimo de Estadia. É a restrição que estabelece qual é o mínimo de pernoites durante as quais o consumidor deve ficar hospedado para conseguir fazer a reserva em uma data de chegada específica.

Missão. Refere-se à cultura organizacional da empresa: quais são os valores, normas e princípios que orientam a maneira pela qual seus funcionários trabalham para conquistar os objetivos organizacionais.

Mix. Significa combinação ou mistura.

Modelo aditivo. Refere-se a quando a média do número de reservas antecipadas incremental é adicionada à quantidade de reservas no sistema para chegar ao valor final de previsão de reservas.

Modelo comissionado. Modelo pós-venda de intermediação utilizado por agências de viagem, em que a comissão sobre o preço final varia em média de 12% a 20%.

Modelo de leilão. Modelo de intermediação utilizado por agências de viagem, no qual o serviço é vendido ao cliente que fizer o melhor lance em um predeterminado período de tempo.

Modelo de negócios. Refere-se à descrição da lógica de como uma organização cria, distribui e captura valor.

Modelo de preferência multidimensional. Também chamado de modelo de escolha do cliente. Modelo que computa uma utilidade para cada item, com base nos atributos dos critérios em questão e na probabilidade da seleção pelo cliente para o mercado avaliado em uma data futura.

Modelo de previsão combinado. Refere-se a quando é utilizada regressão ou uma média ponderada dos dois modelos anteriores para desenvolver previsões de demanda.

Modelo de previsão de reservas antecipadas. Refere-se a quando é incluído apenas o acúmulo de reservas ao longo do tempo para uma noite específica, a fim de desenvolver previsões de demanda.

Modelo de previsão de reservas históricas. Refere-se a quando é considerado apenas o número final de quartos pernoitados em determinada noite para desenvolver previsões de demanda.

Modelo mercantilista. Modelo pré-venda de intermediação utilizado por agências de viagem, no qual, sobre a tarifa líquida, é adicionada uma margem que varia de 20% a 35%.

Modelo multiplicativo. Refere-se a quando a média do número de reservas antecipadas incremental é multiplicada pela quantidade de reservas no sistema para chegar ao valor final de previsão de reservas.

Modelo opaco. Modelo oculto de intermediação utilizado por agências de viagem, no qual apenas algumas informações básicas são reveladas, como tarifa, localização, categoria e serviços do hotel. O hotel não é divulgado, para que possa vender a uma tarifa mais baixa sem prejudicar o seu posicionamento no mercado.

Modelos de simulação. São utilizados quando experimentações reais se mostram praticamente impossíveis, permitindo a uma organização fazer várias experiências em uma representação computadorizada do ambiente real.

Momento da Verdade. Consiste em qualquer episódio no qual o cliente entra em contato com algum aspecto da organização e obtém uma impressão de seus serviços.

Monitoramento. Trata-se da fase final do ciclo de otimização de receitas, da análise dos resultados obtidos, da correção das práticas incorretas e da projeção das estratégias futuras, garantindo que as previsões e metas estabelecidas sejam alcançadas por meio da cultura de RM.

Motor de reservas. Ver *booking engine*.

Movimento em rede. Refere-se ao relacionamento dinâmico e complexo entre empresas de distribuição, com relação à venda das unidades de serviço dos hotéis.

MSE. Sigla de *Mean Squared Error*, ou Erro ao Quadrado Médio. É uma função de risco, que corresponde ao valor esperado do erro da perda ao quadrado ou perda quadrática.

Nicho de mercado. Trata-se de um subsegmento de mercado com exigências e hábitos específicos, cujas necessidades não são bem exploradas e que podem ser atendidas por meio de produtos e serviços personalizados.

Níveis de tarifa. São faixas de preços criadas para conter todas as condições de demanda que a propriedade antecipa no mercado.

Nível de proteção e limite. Refere-se a restrições que são aplicadas ao inventário como forma de proteção à sua capacidade.

NLRA. Sigla de *Non-last Room Availability*, ou Não Disponibilidade do Último Quarto. Trata-se do acordo entre um hotel e um cliente corporativo no qual a tarifa negociada está disponível para os viajantes, a critério do hotel. Em períodos de pico, os hotéis podem bloquear as tarifas NLRA e cobrar um valor mais elevado para maximizar a receita.

No show. Significa não comparecer. Refere-se a quando o hóspede não aparece para desfrutar do serviço reservado.

Novos entrantes. São potenciais competidores, ou seja, empresas que não estão atualmente competindo em uma indústria, mas que têm a capacidade de competir caso queiram.

ODD. Sigla de *Onward Distribution Database*, ou Banco de Dados de Distribuição para a Frente. Refere-se ao sistema de distribuição e tradução de informação, ou seja, transmissão de tarifas, inventário e conteúdo a vários canais via GDS ou via IDS.

Oferta. Trata-se da quantidade de produtos ou serviços que um fornecedor está disposto e é capaz de vender ao mercado, a certo preço em determinado período de tempo.

Oferta elástica. Significa que a quantidade suprida é sensível ao preço.

Oferta inelástica. Significa que a quantidade suprida não é muito sensível ao preço.

Off-line. Significa fora da internet, ou seja, no mundo real.

OMT. Sigla de Organização Mundial do Turismo. É a principal organização internacional nesse campo, funcionando como um fórum global para questões de políticas turísticas e como fonte de conhecimento prático sobre o turismo.

On-line. Significa por meio da internet, ou seja, no mundo virtual.

Onstage. Significa no palco. É como as áreas de acesso ao público são chamadas no Walt Disney World Resort.

Operadora de viagens e turismo. É a empresa responsável pela montagem de pacotes turísticos, negociando diretamente com os fornecedores para obter bons preços e oferecer pacotes com um valor total inferior ao valor dos serviços somados separadamente. Presta serviços exclusivamente no campo da intermediação.

Oportunidades. Relacionadas aos fatores externos, são áreas de atração, ou seja, aspectos positivos do mercado com potencial de fazer crescer a vantagem competitiva da empresa.

Organograma. É uma espécie de diagrama usado para representar as relações hierárquicas dentro de uma empresa, ou simplesmente a distribuição dos setores, unidades funcionais e cargos e a comunicação entre eles.

OTA. Sigla de *On-line Travel Agency*, ou Agência de Viagem *On-line*. Trata-se de um canal intermediário e *on-line*, que distribui as informações de empresas turísticas diretamente para os consumidores finais ou para outras empresas de distribuição, via melhor tarifa disponível no modelo comissionado, no modelo mercantilista, no modelo opaco ou no modelo de leilão. O conteúdo, as tarifas e a disponibilidade são carregadas pelo fornecedor – manualmente, via extranet, ou automaticamente, via conexão XML ou *webservice* – ao sistema da OTA.

Otimização. Trata-se da segunda fase do ciclo de otimização de receitas, da definição da demanda com a qual se quer trabalhar, ou seja, da definição do *business mix* de segmentos de mercado que irá compor essa demanda.

Otimização do cliente. Refere-se a uma estratégia de negócio centrada no cliente que integra informações de clientes no processo de decisão do negócio, com base nos objetivos e nas restrições da organização, ajudando as empresas a alcançarem a mudança para o foco no cliente e o valor máximo de cada unidade de interação com ele.

Overbooking. Significa sobrevenda. Ocorre quando se vendem mais unidades de inventário que a capacidade da propriedade em questão.

Pace of reservations. Significa ritmo das reservas. Ver *booking pace*.

Padrão total de duração de estadia. Estabelece qual é o padrão total de pernoites durante as quais o consumidor pode ficar hospedado para conseguir fazer a reserva em uma data de chegada específica.

Padronização. Refere-se a quando todas as funções de negócio (aquisições, vendas, contabilidade, logística, manufatura, pesquisa e desenvolvimento) são integradas para fornecer suporte interfuncional aos consumidores globais.

Palco. É a evidência tangível, a aparência do local que indica a qualidade do serviço de uma empresa. É também onde os funcionários atores revelam a experiência do serviço aos consumidores convidados.

Parceria público-privada (PPP). Trata-se de um contrato de prestação de obras ou serviços assinado entre uma empresa privada e o governo federal, estadual ou municipal de no mínimo R$ 20 milhões, com duração mínima de cinco anos e máxima de 35 anos. As parcerias podem ser de dois tipos: concessão patrocinada e concessão administrativa.

Paridade de tarifas. Significa manter o mesmo preço para o mesmo tipo de inventário em vários canais. Essa transparência de preços é uma consequência do *e-commerce*; muitas empresas tentam manter também integridade de preços.

Participação de mercado. Ver *market share*.

Percepção. É o significado determinado para signos visuais, audíveis e físicos recebidos.

Percepção de preço. Ver referência de preço.

Percepção de valor. Refere-se à percepção do consumidor quanto à qualidade do serviço, relacionada à experiência total de serviço.

Perecibilidade. Condição que significa que não há como estocar os serviços, ou seja, a unidade de serviço não comprada hoje não poderá ser vendida amanhã.

Período de pico. Trata-se de um período ou noites de alta ocupação.

Período de vale. Trata-se de um período ou noites de baixa ocupação.

Personalização. Trata-se de dar caráter pessoal a um produto ou serviço.

Persuasão. Refere-se a negociar para influenciar e convencer pessoas resistentes a opiniões distintas das suas próprias.

Pesquisa de campo. Refere-se às seguintes atividades: definição das características da indústria, avaliação da empresa e seu mercado, exame das técnicas de RM que poderiam ser aplicadas e estimativa dos benefícios monetários da aplicação do RM.

Pesquisa de mercado. Estudo que tem como objetivo determinar as perspectivas de venda do produto no mercado externo e indicar a maneira de se obterem os melhores resultados.

Pesquisas primárias. São pesquisas elaboradas, conduzidas, compiladas, analisadas e avaliadas por uma organização para atingir seus próprios objetivos.

Pesquisas secundárias. São pesquisas conduzidas, analisadas e publicadas por empresas terceiras para complementar as informações coletadas via pesquisas primárias e ter uma melhor visão do mercado.

Pessoas. São os clientes internos e externos da empresa, ou seja, tanto os funcionários que produzem o serviço quanto os consumidores que consomem o serviço.

PIB. Sigla de Produto Interno Bruto. Significa a renda decorrida da produção dentro dos limites nacionais de um país.

***Pick up* de reservas.** Significa reservas captadas. Ver *Reservation pick up*.

Pick up method. Significa método de captação. Considera a estimativa dos incrementos das reservas para todos os dias futuros, a fim de prever todas as chegadas futuras.

Pirâmide de Maslow. Conhecida como a Hierarquia de Necessidades de Maslow, é uma divisão hierárquica proposta por Abraham Maslow, em que as necessidades de nível mais baixo (fisiológicas e de segurança) devem ser satisfeitas antes das necessidades de nível mais alto (sociais ou de amor, de autoestima e de autorrealização).

PL. Sigla de Programação Linear. Trata-se dos problemas de otimização nos quais a função objetivo e as restrições são todas lineares.

Planejamento de marketing global integrado. Refere-se a quando uma empresa coordena, uniformiza e integra todas as atividades de marketing no mundo todo.

Planejamento estratégico. Refere-se a um planejamento formal e racional. Composto de seis passos que integram três etapas: formulação estratégica, implementação estratégica e retroalimentação (Hill & Jones, 2004).

Plano de ação. Trata-se do planejamento de todas as ações necessárias a serem tomadas a curto prazo, após coleta e análise de dados, a fim de atingir um resultado desejado.

PME. Sigla de Pequena e Média Empresa. Refere-se ao porte de uma empresa em função do número de trabalhadores empregados, do rendimento anual e do setor de atuação no mercado. As classificações atribuídas pelo Sebrae (Serviço Brasileiro de Apoio às Micro e Pequenas Empresas, entidade que presta apoio aos micro e pequenos empresários, incentivando o empreendedorismo e defendendo os interesses das micro e PMEs), segundo o número de trabalhadores empregados, são as seguintes para o setor de comércio e serviços: microempresa, até nove empregados; pequena empresa, de dez a 49 empregados; média empresa, de 50 a 99 empregados; grande empresa, mais de 100 empregados.

PMS. Sigla de *Property Management System*, ou Sistema de Gestão da Propriedade. Trata-se do sistema que gerencia o inventário de produtos e serviços disponíveis, automatizando funções operacionais de *front office* e *back office*.

Política de incentivo. São ferramentas motivacionais que auxiliam a alinhar os objetivos dos funcionários e gerentes com o objetivo de maximização de receita da organização.

Políticas e restrições de reservas. São procedimentos de controle da capacidade de inventário e da disponibilidade do serviço, que devem ser atrelados à duração da estadia, ao preço, aos segmentos de mercado e à categoria de serviço, a fim de incentivar os consumidores a reservarem com antecedência.

Ponto de equilíbrio. Ver *break-even*.

Pontos fortes. Relacionados ao ambiente interno, são vantagens internas da empresa em relação às suas concorrentes, determinadas pela posição atual da organização no mercado.

Pontos fracos. Relacionados ao ambiente interno, são desvantagens internas da empresa em relação à concorrência, determinadas pela posição atual da organização no mercado.

***Pool* de locação.** Significa associação de locação. Trata-se da associação de vários proprietários com uma empresa de administração hoteleira, que disponibiliza seu *flat* para locação como se fosse um apartamento de hotel, por meio de um contrato de adesão com a administradora do edifício.

Posicionamento de mercado. É definido como a localização física e mental de um produto ou um serviço em um mapa perceptivo de preço e nível de serviço pelo cliente.

Potencial de demanda. Trata-se do limite estimado da demanda da empresa, conforme aumenta seus esforços na área de marketing em relação aos de seus concorrentes (Kotler, 1989).

Potencial de mercado. Constitui o limite da demanda do mercado, considerando-se gastos de marketing ilimitados, sendo diferente em distintos períodos econômicos (menor em períodos de recessão e maior em períodos de prosperidade).

Pousada. Trata-se de um empreendimento de característica horizontal, composto de no máximo 30 unidades habitacionais e 90 leitos, com serviços de recepção, alimentação e alojamento temporário, podendo ser em um prédio único com até três pavimentos, ou contar com chalés ou bangalôs, podendo ter de uma a cinco estrelas.

Praça. Consiste nos pontos de venda em que o serviço é entregue ao cliente, ou seja, seus canais de distribuição *on-line* e *off-line*, levando em consideração velocidade e conveniência.

Preço. Corresponde ao valor que a empresa cobra por seu serviço, levando em consideração custos e margens, tempo e conveniência, dependendo obviamente de sua previsão de demanda e de sua estratégia de preços por segmento de mercado.

Preço abusivo. Trata-se de um preço exorbitantemente alto cobrado em situação de extrema necessidade e/ou procura via manipulação de tarifas, sem se pensar sobre limites e consequências.

Preço personalizado. Refere-se a quando os fornecedores negociam preços individuais para diferentes clientes, os quais realizam comparações de preços entre fornecedores competidores.

Preço *premium*. É o maior preço cobrado por uma unidade de serviço, baseado na percepção de valor pelo cliente.

Preço sombra. Do inglês *shadow price*, identifica o valor de uma unidade de inventário a cada restrição da capacidade, isto é, quanto a função objetivo (que, normalmente, é o lucro) aumentará se for aumentada a restrição por cada unidade. É o valor máximo que a gerência está disposta a pagar por uma unidade extra de inventário, considerando um recurso limitado.

Previsão. Trata-se da fase inicial do ciclo de otimização de receitas, da descoberta do potencial de demanda do mercado e da análise do potencial de demanda verdadeira da empresa, isto é, não restrita à capacidade do inventário.

Previsão de demanda. Refere-se ao cálculo e à confecção de uma estimativa da demanda dos consumidores para seus serviços no futuro, levando em consideração o nível estimado das vendas de uma empresa, seu plano de negócios e o ambiente macroeconômico.

Price optimization. Significa otimização de preços. Ver estratégia de preços.

Processo de decisão de compra. Trata-se do complexo comportamento do comprador e das influências que ocorrem em cada uma dessas fases: reconhecimento do problema, busca de informação, avaliação de alternativas, decisão de compra e comportamento pós-compra.

Processos. Constituem o modo como a empresa estabelece a maneira pela qual o serviço será entregue ao cliente, por meio de sistemas operacionais de serviço e da tecnologia da informação.

Produtividade. É o resultado da capacidade de produzir com eficiência, de gerar um produto e/ou serviço de qualidade, associado à técnica e ao capital empregado.

Produto. Para o mercado de serviços, é sua unidade de inventário, dependente, portanto, de sua capacidade de inventário e da disponibilidade do serviço. Cada serviço tem suas características, seus benefícios e seu valor gerado para o cliente.

Produtos e serviços substitutos. Referem-se aos produtos e serviços de diferentes negócios ou indústrias que podem satisfazer necessidades similares dos clientes.

Programa de fidelidade. Ver fidelização.

Promoção. Tem a ver com a comunicação educacional para clientes, principalmente os novos e potenciais, sobre os benefícios do serviço e informações de como adquiri-los.

Propensão para comprar. Disposição que um cliente tem para gastar, dependendo, de certa forma, do segmento em que ele se encontra.

Público-alvo. Do inglês *prospect* ou *target*, também conhecido como mercado-alvo. É o grupo de pessoas escolhido como clientes principais; é o segmento de mercado para o qual uma empresa dedica suas ações de comunicação e marketing.

Quatro Dimensões Culturais de Hofstede. Pesquisa de Hofstede (1984) que tentou provar que os países podem ser divididos em áreas culturais considerando suas pontuações em quatro dimensões: distância de poder, evitar a incerteza, individualismo e masculinidade, e em alguns casos até relatando razões históricas para a diferenciação cultural.

Rack rate. Refere-se à tarifa balcão, aplicada para hóspedes que não têm reserva e se apresentam no hotel para pernoitar.

Ranking. Significa classificação. Refere-se à ordem ou à sequência dos hotéis em *sites* da internet, após uma determinada busca.

Receita adicional. É a receita adquirida com a venda dos produtos e serviços extras à organização.

Receita bruta. Compreende o faturamento da venda de produtos e serviços por meio de operações de uma empresa somado às comissões recebidas por meio de intermediações a empresas terceiras.

Receita líquida. É o faturamento bruto deduzido de impostos incidentes sobre as vendas (como PIS/Cofins, ISS, ICMS, etc.), de vendas canceladas, devoluções e descontos concedidos.

Receita marginal. É o acréscimo da receita total da empresa quando esta vende uma unidade adicional de seu serviço.

Receita potencial. Trata-se do número de unidades disponíveis multiplicado pelo preço máximo por unidade de serviço.

Receita principal. É a receita adquirida com a venda dos produtos e serviços principais da organização.

Receita real. Refere-se ao número de unidades vendidas multiplicado pelo preço médio por unidade de serviço vendida.

Rede de hotéis. Também chamada de cadeia hoteleira. Trata-se de agrupamentos de empresas do setor de hotelaria sujeitas a regras e procedimentos comuns previamente estabelecidos por entidade detentora de marca comercial geradora de imagem própria sob a qual operam no mercado.

Referência de preço. Também chamada de transação referência. É o princípio de que a maioria dos consumidores têm direito a um preço justo e, ao mesmo tempo, a empresa tem direito a um lucro razoável. Modificações justificáveis no preço do serviço são vistas como justas, caso contrário, como injustas.

Regressão. Trata-se de outro método de previsão de demanda combinado, que consiste em estabelecer a relação entre a(s) variável(eis) dependente(s) e independentes(s).

Relação intrínseca. Refere-se à interdependência das empresas, dependendo umas das outras para fazer seus negócios.

Renda *per capita*. Significa renda por cabeça. É um indicador que auxilia o conhecimento sobre o grau de desenvolvimento de um país e consiste na divisão do coeficiente da renda nacional – ou produto nacional bruto, subtraído dos gastos de depreciação do capital e os impostos indiretos – pela sua população.

Reservas antecipadas. Refere-se às reservas que são realizadas com certa antecedência e podem ser visualizadas no sistema de reservas antecipadamente à data de chegada do hóspede.

Reservas históricas. Trata-se de reservas realizadas em anos anteriores, incluindo também reservas rejeitadas e canceladas, *no shows* e *walk ins*, saídas antecipadas e prorrogadas, *walks* devido a *overbookings*.

Reservas *on the books*. Significa reservas nos livros (antigamente, esse acompanhamento era feito manualmente, em papel). É a quantidade de reservas no sistema de reservas do hotel.

***Reservation on the house*.** Significa reservas na casa. É a quantidade de reservas no sistema para o estabelecimento por noite.

***Reservation pick up*.** Significa captação de reservas. Trata-se da quantidade de reservas captadas em comparação com a quantidade de reservas captadas em uma data anterior, isto é, incremento feitas em um certo período de tempo.

***Resort*.** Trata-se de um hotel com infraestrutura de lazer e entretenimento que disponha de serviços de estética, atividades físicas, recreação e convívio com a natureza no próprio empreendimento, podendo ter de quatro a cinco estrelas.

Retorno marginal decrescente. Significa que, conforme o volume de vendas aumenta, os custos variáveis aumentam e a margem de contribuição diminui.

Retorno sobre as vendas. Pode ser calculado pela divisão do lucro líquido pela receita total. Esse indicador mede a eficiência com a qual a organização converte receita em lucros.

Retroalimentação. Trata-se de monitorar, avaliar e ajustar a execução da implementação a fim de determinar o grau em que as metas estratégicas e os objetivos organizacionais estão sendo cumpridos, e em que nível a vantagem competitiva está sendo criada e mantida.

Reuniões estratégicas semanais. Trata-se de discussões sobre a previsão de demanda e a estratégia de preços por segmento de mercado, sobre como controlar a capacidade do inventário e gerenciar os diversos canais de distribuição, considerando as realidades dos macro e microambientes, a fim de maximizar a receita por apartamento disponível, ou RevPAR.

Revenue Management. É o gerenciamento de receita. Refere-se ao método que pode ajudar uma empresa a vender a experiência certa ao cliente certo, na hora certa, pelo preço certo e pelo canal certo.

Revenue manager. É o gerente de receita, responsável pela maximização de receita em determinada propriedade.

RevPAR. Sigla de *Revenue per Available Room*, ou Receita por Apartamento Disponível. Pode ser calculado pela divisão da receita de apartamentos pelo total de apartamentos disponíveis, ou multiplicando-se a taxa de ocupação pela diária média.

RevPASH. Sigla de *Revenue per Available Seating Hour*, ou Receita por Assento Disponível por Hora. É uma forma de medir a maximização de receita pelo nível de ocupação das mesas, pela duração da refeição, pela quantidade de pessoas por mesa e pela média da conta por pessoa.

RevPATI. Sigla de *Revenue per Available Time-Based Inventory Unit*, ou Receita por Unidade de Inventário com Base no Tempo Disponível. Trata-se do valor médio por unidade de inventário dividido pelo tempo de uso da capacidade de inventário.

RFP. Sigla de *Request for Proposal*, ou Pedido de Proposta. Refere-se a quando um representante de uma organização faz um pedido de proposta de tarifa, com base nas vendas e na receita esperadas, ou seja, na produção de pernoites da empresa (com um volume de produção mínimo) de acordo com o mercado e com o *budget* ou produção da empresa.

RM centrado no consumidor. Trata-se de uma união da ferramenta de CRM com a intuição do consumidor, visando aumentar a rentabilidade de uma empresa.

RMS. Sigla de *Revenue Management System*, ou Sistema de Gerenciamento de Receita. Refere-se ao sistema que, baseado em dados históricos armazenados por PMS e CRS, calendário de eventos e tendências de mercado, calcula a melhor estratégia de preços por segmento de mercado com base na previsão de demanda, maximizando lucros gerados pela venda de serviço por canal de distribuição.

ROI. Sigla de *Return Over Investment*, ou Retorno Sobre Investimento. É um indicador que mede os desempenhos financeiro e operacional da empresa e pode ser calculado pela divisão do lucro líquido pelo capital investido nela.

Room service. Significa serviço de quarto. São as refeições servidas por uma organização no próprio quarto do hóspede, a pedido.

Rooming list. Significa lista de quartos. Refere-se à relação de nomes de passageiros, divididos de acordo com os hotéis e acomodações a serem utilizados.

Run of the house. Significa qualquer acomodação da casa. Refere-se a quando todas as unidades da propriedade, ou seja, todas as categorias, estão disponíveis para reserva para um grupo, bloqueio, contrato ou acordo corporativo.

Saída antecipada. É quando um hóspede faz o *check-out* antes da data prevista.

Saída prorrogada. É quando um hóspede faz o *check-out* depois da data prevista.

Satisfação do cliente. Refere-se a quando o serviço prestado está à altura das expectativas do cliente, de acordo com seus valores, percepções e necessidades.

Segmentação comportamental. Refere-se à organização dos clientes por propósito da compra, ocasiões de compra, benefícios da compra, valor da compra, natureza da compra, condição do usuário, frequência de uso, tempo de uso, grau de lealdade e atitude relativa ao serviço.

Segmentação de mercado. Trata-se da divisão do mercado consumidor em grupos menores e específicos que compartilham características similares, chamados de segmentos de mercado, os quais podem ser subdivididos em grupos menores, denominados subsegmentos ou microssegmentos.

Segmentação demográfica. É o estudo das características de uma população que classifica os consumidores por idade, sexo, estado civil, tamanho da família, ciclo de vida da família, renda, ocupação, educação, religião, etnia e nacionalidade.

Segmentação geográfica. Refere-se à classificação dos consumidores por continentes, países, regiões, estados, cidades, bairros, população e até por clima.

Segmentação por canal de distribuição. Refere-se à classificação dos consumidores pelo canal de compra do serviço, seja em uma loja real ou virtual, seja diretamente no seu estabelecimento ou via intermediários.

Segmentação por geração. Trata-se da classificação pelo comportamento dos consumidores de acordo com seu ano de nascimento.

Segmentação psicográfica. Trata-se da classificação dos consumidores por atitudes, interesses, opiniões, classe social, estilo de vida e personalidade.

Segmento de atacado. Também chamado de segmento de *tour and travel*, é representado por operadoras e consolidadoras de viagens que compram componentes individuais de uma viagem com desconto baseado numa compra de volume e, então, juntam os vários componentes em um pacote, adicionam uma margem e o revendem aos consumidores finais em caráter de varejo, diretamente ou via operadoras ou agências de viagens intermediárias.

Segmento de contratos. Segmento representado por todos os negócios gerados por contratos fechados localmente ou globalmente com empresas (incluindo companhias aéreas) – seja por localidade atrativa, seja por qualidade, comodidade e segurança

Segmento de grupos. Segmento representado por acordo assinado especificando o número de unidades vendidas – normalmente estipulando-se o número mínimo de dez quartos – em um determinado período de tempo por um determinado preço. Os grupos podem ser a negócios ou a lazer.

Segmento de mercado. Ver segmentação de mercado.

Segmento individual a lazer. Segmento representado por pessoas, casais e famílias que compram serviços a propósito de lazer pagando a tarifa cheia, membros de associações pagando tarifas com desconto, consumidores de pacotes promocionais durante fim de semana ou feriados.

Segmento individual a negócios. Segmento representado por consumidores em viagem de trabalho que estão pagando a *rack rate*, clientes a negócios sem tarifa corporativa negociada, e aqui podem ser até encaixados, em um subsegmento, os membros do governo com uma tarifa especial.

SEM. Sigla de *Search Engine Marketing*, ou Marketing para Motor de Pesquisa. Trata-se de um tipo de estratégia de marketing no qual empresas apostam um valor por palavra de busca. Quanto maior a aposta, melhor a chance de a empresa sair nos primeiros lugares da página de pesquisa.

Seniors. Refere-se a uma geração de pessoas nascidas antes de 1946 que chegou a vivenciar períodos de crise e dificuldade, como a Segunda Guerra Mundial (1939-1945).

SEO. Sigla de *Search Engine Optimization*, ou Otimização do Motor de Pesquisa. Trata-se de um tipo de estratégia de conteúdo orgânico, ou seja, não pago, para conseguir bom posicionamento nos resultados em sites de busca. Quanto mais bem trabalhado o *site*, quanto mais rico e relevante for seu conteúdo, quanto mais frequentes as atualizações, quanto mais definidas as suas imagens, melhor qualificação receberá o *site* pelos robôs de busca – e, consequentemente, melhor será seu posicionamento no *ranking* de busca.

Shadow price. Significa preço sombra. Refere-se aos valores atribuídos aos serviços de difícil cálculo de custo.

Shopping data. Significa dados de compra. São dados baseados nas preferências do consumidor – o qual normalmente faz sua seleção a partir de opções acessíveis de disponibilidade e preço, por exemplo, em agências de viagens *on-line* e *off-line* – e que podem fundamentar uma previsão de demanda aprimorada.

Shoulder nights. Significa noites de vale ou de baixa ocupação. São as noites anteriores e posteriores às datas de alta ocupação.

Simulador de canais de distribuição. Refere-se a uma ferramenta que tem como foco ambientar o aluno em um cenário real de tomada de decisão em canais de distribuição de hotelaria.

Sistema de incentivo. Trata-se de uma bonificação estruturada que exige um planejamento mais intenso, cujo pagamento é condicionado ao desempenho e ao cumprimento de metas preestabelecidas.

Sistema de informação. Trata-se de ferramentas essenciais de uma empresa com o intuito de colher o máximo de dados possível sobre seus clientes, transformá-los em informações a serem analisadas e moldá-los em inteligência de mercado de fato.

Sistema operacional. Também chamado de *software* de sistema. É um programa ou um conjunto de programas cuja função é gerenciar os recursos do sistema, fornecendo uma interface entre o computador e o usuário.

***Site* de compra coletiva**. Trata-se de uma modalidade de comércio eletrônico que tem como objetivo intermediar a venda de produtos e serviços para um número mínimo preestabelecido de consumidores por oferta, dentro de um tempo limite, para compensar os descontos oferecidos.

SMART. Sigla de *Specific, Measurable, Achievable, Relevant e Time-bound*, ou Específica, Mensurável, Alcançável, Relevante e Vinculada ao Tempo. Trata-se de metas inteligentes a serem estipuladas para a implementação bem-sucedida de uma cultura de RM.

SMERFE. Sigla de Social, Militar, Educacional, Religioso, Fraternal ou de Entretenimento. Refere-se às possíveis categorias de grupos de um hotel.

Spa. É um estabelecimento comercial que dispõe de um local com estrutura específica para oferecer aos clientes tratamentos de saúde, beleza e bem-estar.

SPTuris. Sigla de São Paulo Turismo S/A. É a empresa de turismo e eventos da capital paulista. Possui capital aberto e tem como sócia majoritária a Prefeitura de São Paulo. Entre suas atividades estão a administração do complexo Anhembi e do Autódromo de Interlagos e a estruturação de mecanismos que reafirmem o município como polo de turismo de negócios, entretenimento e lazer.

Startup. Significa começo. Trata-se de empresas jovens e extremamente inovadoras em qualquer área ou ramo de atividade, que procuram desenvolver um modelo de negócio escalável e repetível.

***Status* de limpeza.** Significa estado de limpeza. É a condição de higienização das unidades de serviço, disponibilizando aquelas que estão vagas, limpas e verificadas para venda via canais de distribuição.

Status quo. Significa estado atual. Está relacionado ao estado de fatos, situações e coisas atualmente.

Such. Sigla de Sistema Uniforme de Contabilidade para Hotéis. É um manual que serve para preparar demonstrativos financeiros em estilo padrão, possuindo uma forma simples de classificar contas e padronizar a terminologia de resultados.

Superoferta. Trata-se do risco de a oferta crescer em maior velocidade que a demanda.

Sustentabilidade. Conceito relacionado com uma mentalidade, atitude ou estratégia que é ecologicamente correta, viável economicamente, socialmente justa e com uma diversificação cultural.

***Switch* da Pegasus.** Refere-se à distribuição e à tradução de conteúdo do GDS para agências de viagens. Com a distribuição de banco de dados *on-line* – o ODD – da Pegasus, uma infinidade de portais de internet pode facilmente ser conectada ao mesmo tempo por meio de um "efeito cascata" para os sistemas centrais de reservas dos hotéis.

SWOT. Acrônimo das palavras da língua inglesa *strengths* (forças), *weaknesses* (fraquezas), *opportunities* (oportunidades) e *threats* (ameaças). É uma estratégia de marketing utilizada para análise dos fatores internos e externos da/à empresa.

Take five minutes. Significa tirar cinco minutos. Refere-se ao tempo que o funcionário pode ter para conversar com os convidados dos parques da Walt Disney World Resort, já previsto no horário de trabalho do funcionário.

Tarifa corporativa. Também chamada de tarifa negociada, ou tarifa acordo. Refere-se à tarifa que o hotel negocia diretamente com uma empresa, acordo este baseado no volume de produção anual esperada e no relacionamento com o cliente corporativo.

Tarifa dinâmica. Também chamada de tarifa flexível. Refere-se a quando a tarifa flutua conforme a demanda, sendo aplicada uma taxa de desconto sobre a melhor tarifa disponível, desconto este maior quanto menor for a demanda. O intuito final é otimizar o potencial de receita.

Tarifa *net*. Trata-se da tarifa líquida, sem o *markup* adicional da empresa distribuidora.

Tarifa opaca. Refere-se à tarifa de venda de unidades de inventário a um preço com desconto, disponível em *sites* de agências de turismo *on-line*. A tarifa é chamada de opaca porque o fornecedor específico permanece oculto até a compra ser concluída, a fim de impedir a canibalização do inventário com tarifa cheia em outros canais e a alteração do posicionamento da marca na mente do consumidor.

Tarifa promocional. Trata-se de uma tarifa com descontos especiais.

Taxa cambial. É o preço da moeda estrangeira em comparação a uma unidade da moeda nacional.

Taxa de conversão. Refere-se ao número médio de conversões resultantes de cada clique. É calculada pela simples divisão do número de conversões pelo número total de cliques em anúncios que podem ser associados a uma conversão durante o mesmo período.

Taxa de juros Selic. São as taxas de juros básicas do sistema financeiro brasileiro, cobradas pelo Selic (Sistema Especial de Liquidação e Custódia), garantidas por títulos da dívida pública federal.

Taxa de ocupação. Refere-se ao número de pernoites final total concretizado em um certo período de tempo, em geral diariamente.

Tecnologia da informação. São sistemas que reúnem, processam e classificam corretamente a maior quantidade possível de dados e variáveis de forma rápida e precisa, permitindo a realização de importantes avaliações, a formulação de princípios, a elaboração de conceitos e de análises quantitativas e determinando o valor das potenciais oportunidades de receita perdidas.

Telemarketing. Trata-se de contatar proativamente clientes para confirmar e atualizar dados, capturar e obter novas informações, pesquisar o nível de satisfação dos clientes, gerar novas oportunidades, buscar dados de profissionais-alvo, dar lembretes, fazer seguimento ou cobranças, etc.

Teoria da Previsibilidade. Segundo esta teoria, o valor não está associado aos níveis efetivos de consumo, mas às alterações esperadas de bem-estar – em outras palavras, o comprador avalia o resultado de decisões futuras categorizando-as mentalmente em ganhos ou perdas em relação ao ponto de referência.

Teoria de preços. Ver microeconomia.

Teoria dos jogos. Trata-se do relacionamento entre o dilema do prisioneiro e a competição entre preços, sobre como as ações de preços de uma empresa afetam todos os outros competidores do mercado, tanto em participação de mercado quanto em resultados financeiros.

Time sharing. Significa tempo compartilhado. Trata-se de dividir um imóvel em intervalos ou pontos e vender essas frações para proprietários diferentes que iriam compartilhar não só o custo como a manutenção do imóvel. Os hotéis ou resorts que comercializam essas cotas são afiliados a grandes redes de intercâmbios, cujas parcerias permitem aos compradores a oportunidade de trocar suas férias para outros destinos no mundo todo.

Tíquete médio. Ver ADR, diária média.

TMC. Sigla de *Travel Management Company*, ou Empresa de Gerenciamento de Viagens. Trata-se de um canal intermediário, *on-line* ou *off-line*, que faz reservas e emissão de serviços em nome de outra empresa, fornecendo serviços de viagens especializados ao mercado corporativo.

Top bottom. Significa abordagem de cima para baixo, sendo o contrário de baixo para cima (*bottom top*). É uma estratégia de processamento de informação e ordenação do conhecimento utilizada na gestão de pessoas.

Top of mind. Significa lembrar de cor. Refere-se a marca, produto ou serviço mais lembrado espontaneamente.

Tour and travel. Significa viagens e excursões. Ver segmento de atacado.

Trade-off. Significa contrapartida. É uma expressão que significa o ato de escolher uma coisa em detrimento de outra, muitas vezes levando a um conflito de escolha.

Transação. É a relação comercial entre duas ou mais partes.

Transação justa. É a relação comercial de ganho para ambas as partes, o consumidor e a empresa, tanto no quesito qualidade quanto no quesito preço.

Transação referência. É a relação comercial anterior e experiência passada com a empresa ou prática de mercado.

Turismo cultural. Compreende as atividades turísticas relacionadas à vivência do conjunto de elementos significativos do patrimônio histórico e cultural e dos eventos culturais, valorizando e promovendo os bens materiais e imateriais da cultura.

Turismo de aventura. Compreende os movimentos turísticos decorrentes da prática de atividades de aventura de caráter recreativo e não competitivo.

Turismo doméstico. Refere-se ao turismo de pessoas de um país para destinos dentro do próprio país.

Turnaway. Refere-se a quando o processo de criação de nova reserva não é concluído.

UH. Sigla de unidade habitacional. Ver unidade de inventário.

Unidade de inventário. É a unidade de serviço disponível para a venda. Em hotelaria, é chamada de unidade habitacional.

Upgrade. Significa melhorar. Refere-se a quando é dada uma opção de hospedagem em categorias de serviço superior, sem custo adicional.

Uppermidscale. Significa turístico superior. Refere-se a um segmento de mercado ou a uma categoria de produtos e/ou serviços.

Upscale. Significa superior. Refere-se a um segmento de mercado ou a uma categoria de produtos e/ou serviços.

Upselling. Significa venda maior. Trata-se de vender uma categoria acima da requisitada. É o aprimoramento da relação com o cliente mediante uma venda maior do mesmo produto ou serviço, ou de suas versões mais avançadas.

Vaca leiteira. Trata-se de um quadrante da Matriz BCG no qual o crescimento do mercado é baixo e a participação relativa de mercado, alta. A Matriz BCG é uma metodologia criada por Bruce Henderson nos anos 1970 para a empresa norte-americana Boston Consulting Group, com o objetivo de auxiliar o processo de tomada de decisão dos administradores.

Valor agregado do serviço. É a percepção intangível que o cliente tem de um serviço que atenda a seu conjunto de necessidades, considerando a relação custo-benefício em comparação com um bem disponível na concorrência.

Valor total do cliente. Trata-se do valor de receita com a reserva da unidade do serviço principal somada ao valor de receitas com serviços ou produtos adicionais menos os custos de aquisição do cliente (de marketing e vendas, de recursos humanos, de distribuição, de contabilidade e de finanças), tudo isso multiplicado pela propensão desse cliente em voltar a comprar serviços e produtos da empresa, não apenas em relação a uma compra em particular, mas também em todas as compras passadas e potenciais futuras, considerando seu gasto total com a empresa.

Valor total do serviço. Também conhecido como custo-benefício. É o valor percebido do serviço (medido pela qualidade, pelos benefícios e pela autoestima que gera no cliente) menos o custo para obtê-lo (medido por preço do serviço, custo e tempo do deslocamento), determinado pelo cliente de acordo com o atendimento de suas expectativas e necessidades.

Vantagem competitiva. Refere-se a ser e se manter o melhor do mercado em algum quesito – uma competência principal e distintiva –, de forma a se destacar para os consumidores finais.

Variabilidade. Significa que os serviços são extremamente variáveis, por serem prestados por seres humanos diferentes em todos os aspectos e por serem consumidos por clientes distintos, em momentos e locais díspares.

Visão. Refere-se ao motivo pelo qual a empresa está em operação e o que está almejando conseguir a médio e longo prazos; quem é o público-alvo; quais necessidades e desejos serão satisfeitos e como.

Visão aberta das operações de serviços. Refere-se às técnicas de gestão especiais que as operações de serviços necessitam em decorrência de suas características únicas, que contam com a inclusão do cliente como participante e coprodutor. Além disso, as funções de produção e marketing devem ser integradas às operações de serviços, não podendo e nem devendo ser separadas (Fitzsimmons & Fitzsimmons, 2001).

Visitantes únicos. Do inglês *unique visitors*. Usuário que passou por um determinado *site* pelo menos uma vez num período de tempo específico.

Caso um dado usuário entrar em um mesmo *site* diversas vezes ao longo de um período, ele é contabilizado somente uma vez como usuário único naquele período.

Volume de capital. É a receita total dividida pelo capital investido. Esse indicador mede a eficácia com a qual a empresa emprega seu capital investido para gerar receita.

Volume de reservas. Trata-se do volume total de pernoites que o cliente individual ou corporativo irá gerar a longo prazo.

Walk in. Significa entrar. Trata-se do consumidor que entra de última hora e sem reserva no hotel, resultando em pernoites concretizadas e não programadas.

Walk out. Significa caminhar (para fora). Refere-se a quando não há mais disponibilidade no hotel e o cliente precisa ser realocado para outra propriedade de qualidade similar ou superior.

Wash. Significa lavar. Refere-se a quando o hotel diminui uma porcentagem preestabelecida de quartos do bloqueio do grupo com base em dados históricos e experiência, a fim de não perder vendas.

Yield Management. É o termo que define o *Revenue Management* na aviação. A palavra *Yield* significa a receita média paga por cada quilômetro voado pelo passageiro, que multiplicada pelo *load factor* (a porcentagem de assentos vendidos) resulta na receita de assentos total por voo.

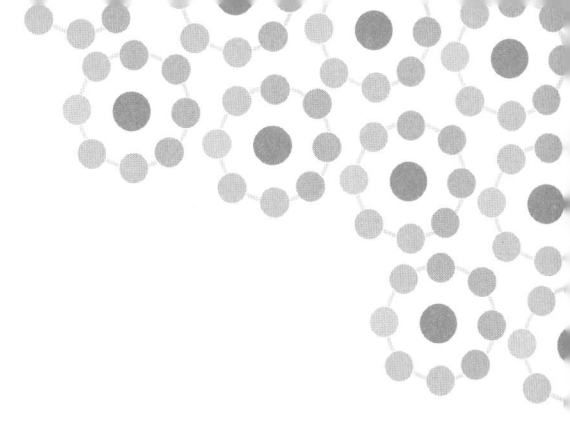

Bibliografia

AAR MAKES The Case for Rail. Em *Railway Gazette International*, 159 (5), 2002.

ADAMS, B. "Business Brands Target Stronger Leisure Mix". Em *Hotel and Motel Management*, 16 fev. 2004.

_____. "Hyatt Refocuses". Em *Hotel and Motel Management*, 17 fev. 2003a.

_____. "Hotels Invest in Internet Access to Build Brand Loyalty, Occupancy". Em *Hotel and Motel Management*, 6 maio. 2002.

_____. "Narrowing the Gap". Em *Hotel and Motel Management*, 7 abr. 2003b.

ALBRECHT, K. *Revolução nos serviços*. 2ª ed. São Paulo: Pioneira, 1993.

ALEXANDER, J. "Customer Service 2010". Em *Foodservice Research International*, 11 (1), 1998.

ALEXANDRIA, V. "Positive Economic Trends Seen Fuelling: Business Travel Upturn". Em *Hospitality Net*, 2004.

ALISEAU, P. "Hotels Abroad Feel Effects of Terrorist Attacks". Em *Hotel and Motel Management*, 216 (19), 5 nov. 2001.

_____. "US Based Companies Provide Latin America with Growth". Em *Hotel and Motel Management*, 215 (1), 10 jan. 2000.

ALL LATEST NEWS. Em *Hospitality Net*, 2004. Disponível em http://www.hospitalitynet.org/news/All_Latest_News/4018651.html. Acesso em 26 fev. 2004.

ALLEYNE, G. A. O. "Health and Tourism in the Caribbean". Em *Bulletin of the Pan American Health Organization*, 24 (3), 1990.

ALTINAY, L. & ALTINAY, M. "How will Growth be Financed by the International Hotel Companies?". Em *International Journal of Contemporary Hospitality Management*, 15 (5), 2003.

AMSTUTZ, W. "A Significant Increase in Hotel Renovations Will Occur in 2004". Em *PricewaterhouseCoopers Reports*, 2003.

ANDERSON, C. *Curso de Revenue Management*. Senac São Paulo, 2012a.

_____. "The Billboard Effect: Online Travel Agent Impact on Non-OTA Reservation Volume". Em *Cornell Hospitality Report*, 9 (16), out. 2009.

_____. "The Impact of Social Media on Lodging Performance". Em *Cornell School of Hotel Administration. 2012 Reports*, 12 (15), nov. 2012b.

ANDERSON, C. & CARROLL, B. "Demand Management: Beyond Revenue Management". Em *Journal of Revenue and Pricing Management*, vol. 6, jul. 2007.

ANDERSON, C. ; KIMES, S.; CARROLL, B. "Teaching Revenue Management at the Cornell University School of Hotel Administration". Em *INFORMS Transactions on Education*, 9 (3), maio 2009.

ANDERSON, C.; WILSON, J. G.; KIM, S. W. "Optimal Booking Limits in the Presence of Strategic Consumer Behavior". Em *International Transactions in Operational Research*, 13 (2), mar. 2006.

ANDERSON, C.; WILSON, J.; ZHANG, G. "Bidding on Priceline". Em *INFORMS Transactions on Education*, 9 (1), set. 2008. Disponível em http://dx.doi.org/10.1287/ited.1080.0016ca. Acesso em 3 jul. 2014.

ANDREWS, K. R. *The Concept of Corporate Strategy*. Homewood: Richard D. Irwin, 1971.

ARCHAMBAULT, M. & ROY, J. "The Canadian Air Transport Industry: In Crisis or in Transition?" Em *Journal of Vacation Marketing*, 9 (1), 2002.

ARCHER, B. H. "Demand Forecasting and Estimation". Em RITCHIE, J. R. B. & GOELDNER, C. R. (orgs.). *Travel, Tourism and Hospitality Research*. Nova York: Wiley, 1987.

ARNOULT, S. "Miami North". *Em Air Transport World*, 40 (6), jun. 2003.

ATKINSON, W. "Communication is Key to Effective Franchisee Relations". Em *Hotel and Motel Management*, 19 maio 2003.

ATTACKS SEND INDUSTRY Scrambling. Em *Hotel and Motel Management*, 1º out. 2001.

AUBKE, F. & WÖBER, K. *No Revenue Manager is an Island: a Study on the Use of Shared Mental Models. Paper* submetido à conferência anual do European Council for Hospitality and Tourism Educators (EuroCHRIE), Amsterdã, out. 2010.

BACK IN THE Game. Em *Latin Trade*, nov. 2002.

BAILEY, M. "Travel Industry Goes Green". Em *Asian Business*, 30 (1), 1994.

BALOGLU, S.; WEAVER, P.; McCLEARY, K. "Overlapping Product-Benefit Segments in the Lodging Industry: a Canonical Correlation Approach". Em *International Journal of Contemporary Hospitality Management*, 10 (4), 1998.

BARCELLOS, P. "Uma dura lição para os espanhóis". Em *Exame.com*, 6 mar. 2008. Disponível em http://exame.abril.com.br/revista-exame/edicoes/0913/noticias/uma-dura-licao-para-os-espanhois-m0153430. Acesso em 9 jun. 2014.

BARLOW, G. L. "Yield Management in Budget Airlines: the Case of easyJet". Em PAGE, S. & CONNELL, J. *Tourism: a Modern Synthesis*. 3ª ed. S/l.: Cengage Learning, 2009.

BARRIERS TO ENTRY, exit and mobility. Em *The Economist*, 13 jul. 2009. Disponível em http://www.economist.com/node/14025576. Acesso em: 24 jul. 2014.

BARSKY, J. "Hotels with Higher Emotion Scores Can Obtain Higher Rates". Em *Hotel and Motel Management*, 216 (20), 19 nov. 2001.

_____. "One-Half of US Hotel Revenue Comes From One-Fourth of Guests". Em *Hotel and Motel Management*, 217 (21), 9 dez. 2002.

BATRA, G. S. & KAUR, N. "New Vistas in Reducing the Conflicts between Tourism and the Environment: an Environmental Audit Approach". Em *Managerial Auditing Journal*, 11 (4), 1996.

BAYLEY, J. *Guide to Health and Security in Air Transport*. Genebra: WHO, 1978.

BELL, P. C. "Revenue Management for MBAs". Em *OR/MS Today*, 31 (4), 2004.

BHAKTA, H. "Franchisors Need to Focus on Long-Term Benefits for All Parties". Em *Hotel and Motel Management*, 3 nov. 2003.

BLALOCK, C. "Lodging Industry Fights for Return of International Visitors". Em *Hotel and Motel Management*, 20 maio 2002.

BLANK, C. "Weak Economic Condition Worries Luxury Hoteliers". Em *Hotel and Motel Management*, 218 (2), 3 fev. 2003.

BLOOM, P. & KOTLER, P. "Strategies for High Market-Share Companies". Em *Harvard Business Review*, nº 75.602, nov.-dez. 1975.

BORSATO, Cíntia. "Pior para eles, melhor para nós". Em *Veja.com*, 27 maio 2009. Disponível em http://veja.abril.com.br/270509/p_154.shtml. Acesso em 8 set. 2014.

BOWEN, J. "A Market-Driven Approach to Business Development and Service Improvement in the Hospitality Industry". Em *International Journal of Contemporary Hospitality Management*, 9 (7), 1997.

_____. "Market Segmentation in Hospitality Research: No Longer a Sequential Process". Em *International Journal of Contemporary Hospitality Management*, 10 (7), 1998.

BOYCE, J. & SHANKLIN, C. "A Practical Application of HACCP in a Refrigerated Food Manufacturing Operation". Em *Journal of Foodservice Systems*, 10 (3), 1998.

BRIGINSHAW, D. "Airport Rail Links Are a Growth Market". Em *Railway Age*, nº 44, 2003.

BROWN, A. "Brazil Beefs Up Its Meeting Business". Em *Hotel and Motel Management*, 20 mar. 1995.

_____. "Rio Battles to Regain Conference Business". Em *Hotel and Motel Management*, 7 mar. 1994.

BROWN, D. O. "In Search of an Appropriate Form of Tourism for Africa: Lessons from the Past and Suggestions for the Future". Em *Tourism Management*, 19 (3), 1998.

BUCKLEY, P. & CASSON, M. "Analyzing Foreign Market Entry Strategies: Extending the Internationalization Approach". Em *Journal of International Business Studies*, 1998.

BUILDING DESIGN & CONSTRUCTION, vol. 44. Chicago, 2003.

BULL, A. *The Economics of Travel and Tourism*. Melbourne: Pitman, 1991.

BURGESS, C. *et al.* "International Hotel Groups: What Makes Them Successful?". Em *International Journal of Contemporary Hospitality Management*, 1995.

BUSINESS DIGEST. *Far Eastern Economic Review*, vol. 166. Hong Kong, 2003.

BUTLER, R. "Future Directions for Tourism". Em WALL, G. (org.). *Tourism: People, Places and Products*. S/l.: s/ed., 2003.

BUTLER, R. & JONES, P. "Conclusions: Problems, Challenges and Solutions". Em LOCKWOOD, A. & MEDLIK, S. *Tourism and Hospitality in the 21st Century*. Oxford: Butterworth-Heinemann, 2001.

BUZZELL, R. & WIERSEMA, F. "Successful Share-Building Strategies". Em *Harvard Business Review*, nº 81.101, jan.-fev. 1981.

CANINA, L. & ENZ, C. "An Examination of Revenue Management in Relation to Hotels' Pricing Strategies". Em *Center for Hospitality Research Report*, 2005.

_____. "Revenue Management in U.S. Hotels: 2001-2005". Em *Cornell Hospitality Report*, 2006.

CARMELLO, C. & VERANO, R. "Papéis trocados". Em *Viagem e Turismo*, São Paulo, fev. 2007.

CARNEIRO, J. D. "Rio+20: Preços de hotéis levam delegações europeias a encolher 30%". Em *BBC Brasil*, 5 abr. 2012. Disponível em http://www.bbc.co.uk/portuguese/noticias/2012/04/120404_rio20_hoteis_jc.shtml. Acesso 10 jun. 2014.

CARROLL, B. "Sage Advice for Hotels: Another Point of View on a Popular Industry Report". Em *PhoCusWright Research*, 2012.

_____ & SIGUAW, J. A. "The Evolution of Electronic Distribution: Effects on Hotels and Intermediaries". Em *Cornell Hotel and Restaurant Administration Quarterly*, 44 (4), 2003.

CARVALHO, D. & ONAGA, M. "Chamaram o piloto". Em *Exame*, São Paulo, 19 dez. 2007.

CETRON, M. "The World of Today and Tomorrow: the Global View". Em LOCKWOOD, A. & MEDLIK, S. *Tourism and Hospitality in the 21st Century*. Oxford: Butterworth-Heinemann, 2001.

CESAR, R. "Um Google para a sua empresa". Em *Exame*, São Paulo, 14 mar. 2007.

CHAINS TWEAK BRAND, Product Positionings. Em *Lodging Hospitality*, 1º mar. 2000.

CHAMBERLAIN, K. "Global Region's Futures: Asia Pacific". Em LOCKWOOD, A. & MEDLIK, S. *Tourism and Hospitality in the 21st Century*. Oxford: Butterworth-Heinemann, 2001.

CHEN, C. & ROTHSCHILD, R. "An Application of Hedonic Pricing Analysis to the Case of Hotel Rooms in Taipei". Em *Tourism Economics*, 16 (3), set. 2010.

CHEN, J.; KOH, Y.; LEE, S. "Does the Market Care About RevPAR? A Case Study of Five Large U.S. Lodging Chains". Em *Journal of Hospitality & Tourism Research*, 35 (2), maio 2011.

CHIANG, W.; CHEN, J. C. H.; XU, X. "An Overview of Research on Revenue Management: Current Issues and Future Research". Em *International Journal of Revenue Management*, 1 (1), 2007.

CHINA: DEMOCRATIC CHALLENGES: the Strait Grows Wider. Em *Far East Economic Review*, 2003.

CHO, A. "Growing Number of Flyers Take the Train to the Plane: Interconnectivity is Finally Catching on in North America". Em *ENR*, 2003.

CLARK, C. "The Future of Leisure Time". Em LOCKWOOD, A. & MEDLIK, S. *Tourism and Hospitality in the 21st Century*. Oxford: Butterworth-Heinemann, 2001.

CLEVERDON, R. "Global Region's Futures: Europe". Em LOCKWOOD, A. & MEDLIK, S. *Tourism and Hospitality in the 21st Century*. Oxford: Butterworth-Heinemann, 2001.

CLIFT, S. & PAGE, S. J. *Health and the International Tourist*. Londres: Routledge, 1996.

CLINE, R. "Hospitality Adjusts to Globalization". Em *Arthur Andersen Hospitality Consulting Services. Hotel Online, Ideas and Trends*, 2004.

_____. "The Future of Hospitality E-Business". Em *Lodging Hospitality*, jun. 2001.

CLUB MED LANÇA nova campanha mundial no Brasil. Em *Hôtelier News*, 1 jul. 2013. Disponível em http://www.hoteliernews.com.br/noticias/club-med-lanca-nova-campanha-mundial-no-brasil-58344. Acesso em 8 set. 2014.

COLTMAN, M. M. & JAGELS, M. G. *Hospitality Management Accounting*. Nova York: John Wiley & Sons, 2001.

CONHEÇA AS MAIORES administradoras hoteleiras do país. Em *Panrotas*, 21 set. 2011. Disponível em http://www.panrotas.com.br/noticia-turismo/hotelaria/conheca-as-maiores-administradoras-hoteleiras-do-pais_71583.html?pesquisa=1. Acesso em 4 maio 2014.

CONNELL, J. "Branding Hotel Portfolios". Em *International Journal of Contemporary Hospitality Management*, 4 (1), 1992.

_____. "International Hotel Franchise Relationships: UK Franchisee Perspectives". Em *International Journal of Contemporary Hospitality Management*, 1997.

CONTRACTOR, F. & KUNDU, S. "Franchising Versus Company-Run Operations: Modal Choice in the Global Hotel Sector". Em *Journal of International Marketing*, 6 (2), 1998.

COOK, S. "Global Region's Futures: North America". Em LOCKWOOD, A. & MEDLIK, S. *Tourism and Hospitality in the 21st Century*. Oxford: Butterworth-Heinemann, 2001.

COOPER, C. et al. *Tourism: Principles and Practice*. 2ª ed. Harlow: Longman, 1998.

COOPER, T. "Go Global: Grow Your Brand and Business by Seizing International Opportunities". Em *Franchising World*, mai.-jun. 2002.

CORREA, C. "Aviação: não tem perdão". Em *Viagem e Turismo*, São Paulo, fev. 2007.

COUGHLAN, J. "Airline Overbooking in the Multi-class Case". Em *Journal of the Operational Research Society*, 50 (11), 1 nov. 1999.

COURT, D.; LEITER, M.; LOCH, M. "Brand Leverage: Developing a Strong Company Brand". Em *The McKinsey Quarterly*, 1999.

CROCKETT, S. R. & WOOD, L. J. "Brand Western Australia: a Totally Integrated Approach to Destination Branding". Em *Journal of Vacation Marketing*, 5 (3), 1999.

CROSS, R. G. "Launching the Revenue Rocket: How Revenue Management Can Work for Your Business". Em *Cornell Hotel and Restaurant Administration Quarterly*, 38 (2), abr. 1997.

_____. Revenue Management: *maximização de receitas, táticas radicais para dominar o mercado*. Rio de Janeiro: Campus, 1998.

CRUZ, T. "Brands, Private Funding Fuel Development". Em *Hotel and Motel Management*, 6 maio 2002a.

_____. "Chance of War Clouds 2003 Forecasts". Em *Hotel and Motel Management*, 18 nov. 2002b.

_____. "Hotels Use Many Strategies to Maintain Brand Standards". Em *Hotel and Motel Management*, 13 jan. 2003a.

_____. "Management Contract Issues Top Hotel-Related Litigation". Em *Hotel and Motel Management*, 3 jun. 2002c.

_____. "Pricing, Performance to Fuel Upscale Hotel Development". Em *Hotel and Motel Management*, 6 out. 2003b.

CURTIS, J. "Branding a State: the Evolution of Brand Oregon". Em *Journal of Vacation Marketing*, 7 (1), 2001.

D'ADDONO, B. "Closer Inspection". Em *Restaurant Hospitality*, 79 (9), 1995.

DAVIDSON, R. & MAITLAND, R. *Tourism Destinations*. Londres: Hodder and Stoughton, 1997.

DAVIES, J. "Use Internal Branding to Focus Training and Operations". Em *Hotel and Motel Management*. 2 fev. 2004.

DE LOLLIS, B. "Hotel Giants Launch Uncluttered Search Site". Em *USA Today*, 16 jan. 2012. Disponível em: http://travel.usatoday.com/hotels/post/2012/01/marriott-hilton-hyatt-ihg-wyndham-choice-new-website/603606/1. Acesso em: 3 jul. 2014.

DEV, C.; ERRAMILLI, M.; AGARWAL, S. "Brands Across Borders: Determining Factors in Choosing Franchising or Management Contracts for Entering International Markets". Em *Cornell Hotel and Restaurant Administration Quarterly*, 43 (6), 2002.

DEV, C. & KLEIN, S. "Strategic Alliances in the Hotel Industry". Em *The Cornell H.R.A.* Quarterly, fev. 1993.

DEV, C. & OLSEN, M. D. "Marketing Challenges for the Next Decade". Em *Cornell Hotel and Administration Quarterly*, 41 (1), fev. 2000.

DIEKE, P. U. C. "Regional Tourism in Africa: Scope and Critical Issues". Em LAWS, E.; FAULKNER, B.; MOSCARDO, G. (orgs.). *Embracing and Managing Change in Tourism International Case Studies*. Nova York: Routledge, 1998.

DITTMER, P. *Dimensions of the Hospitality Industry*. Nova York: John Wiley & Sons, 2002.

DIVERSOS MODELOS DE negócios na hotelaria, Os. Em *Mapie*, s/d. Disponível em http://www.mapie.com.br/artigos-e-pesquisas/detalhes/27/. Acesso em 17 maio 2014.

DO VALLE, M. "Luxo em promoção". Em *Viagem e Turismo*, São Paulo, fev. 2007.

DOLAN, R. "Note on Marketing Strategy". Em *Harvard Business School*, 1 nov. 2000.

DOOLE, I. & LOWE, R. *International Marketing Strategy: Analysis, Development and Implementation*. Londres: Thomson Learning, 2001.

DRUCKERMAN, P. "Global Fund Managers Remain Wary of Brazil: Market is Hard Sell Despite Fiscal Plan". Em *Wall Street Journal*, 23 nov. 1998.

DRUMWRIGHT, M. & KOSNIK, T. "Marketing Strategy Formulation". Em *Harvard Business School*, 9-590-001, 16 nov. 1992.

EDWARDS, A. & GRAHAM, A. *International Tourism Forecast to 2010*. Londres: Routledge, 1997.

EL HADDAD, R.; ROPER, A.; JONES, P. "The Impact of Revenue Management Decisions on Customers' Attitudes and Behaviours: a Case Study of a Leading UK Budget Hotel Chain". University of Surrey, School of Management Guildford, s/d. Disponível em http://www.google.com.br/url?sa=t&rct=j&q=&esrc=s&source=web&cd=10&cad=rja&uact=8&ved=0CHwQFjAJ&url=http%3A%2F%2Fpc.parnu.ee%2F~htooman%2FEuroChrie%2FWelcome%2520to%2520EuroCHRIE%2520Dubai%25202008%2Fpapers%2FThe%2520Impact%2520of%2520Revenue%2520Management.pdf&ei=XjqKU5aaLOqrsASS_4D4Dw&usg=AFQjCNG5FVlp61jLh_arJjd4GHZWIp35ZQ. Acesso em 9 jun 2014.

ENZ, C. A. & WITHIAM, G. "Yield Management". Em *Center for Hospitality Research Report*, 2001.

É PAGAR PARA Ver. Em *Viagem e Turismo*, fev. 2007.

EUROPE'S HOTEL INDUSTRY REPORT 2002. Em *eHotelier Newsletter, The Europe's Hotel Industry Report: United Kingdom*, 2004.

FAA RELEASES OPERATIONAL PLAN. Em *Aviation Daily*, 344 (47), 2001.

FALBO, B. "Mature Brands Keep Current to Compete". Em *Hotel and Motel Management*, 217 (8), 6 maio. 2002.

FEIERTAG, H. "The Best Sales Strategy for Survival is Getting Back to Basics". Em *Hotel and Motel Management*, 216 (21), 10 dez. 2001.

FERGUSON, M. & QUEENAN, C. "Starting with Good Inputs: Unconstraining Demand Data in Revenue Management". Em *INFORMS Transactions on Education*, 9 (3), 2009.

FERRANTI, L. "Superior Partners: Superior Lodging Corporation's Success Lies in Partnerships, Even if They Can't Quite Agree on How Theirs Began". Em *Hotelier – The Magazine for Hotel Executives*, 2003.

FINNIE, M. *et al*. *Pan European Hotels*. Londres: Deutsche Bank, 2000.

FISS, M. L. "Cruise Lines Create Dining Revolution". Em *Food Service Directory*, 16 (6), 2003.

FITZSIMMONS, J. A. & FITZSIMMONS, M. J. *Service Management: Operations, Strategy, and Information Technology*. Nova York: McGraw-Hill/Irwin, 2001.

FORD, P. "Uncertainty, Complexities Fill Strategic Planning and Budgeting". Em *Hotel and Motel Management*, 216 (20), 19 nov. 2001.

FORGACS, G. "Brand Asset Equilibrium in Hotel Management". Em *International Journal of Contemporary Hospitality Management*, 15 (6), 2003.

_____. *Revenue Management: Maximizing Revenue in Hospitability Operations*. Florida: American Hotel & Lodging Educational Institute, 2010.

FORLANI, D. & PARTHASARATHY, M. "Dynamic Market Definition: an International Marketing Perspective". Em *International Marketing Review*, 20 (2), 2003.

FÓRUM DE OPERADORES HOTELEIROS DO BRASIL & HOTELINVEST. *Placar da Hotelaria 2015*. 5ª ed, dez. 2012.

FRECHTLING, D. *Annoted Bibliography on Health and Tourism Issues*. Washington: International Institute of Tourism Studies/The George Washington University, 1992.

_____. "World Population and Standard of Living: Implications for International Tourism". Em LOCKWOOD, A. & MEDLIK, S. *Tourism and Hospitality in the 21st Century*. Oxford: Butterworth-Heinemann, 2001.

GANNON, J. & JOHNSON, K. "Socialization Control and Market Entry Modes in the International Hotel Industry". Em *International Journal of Contemporary Hospitality Management*, 1997.

GARTNER'S MAGIC QUADRANT. Em *Gartner.com*, s/d. Disponível em http://www.gartner.com/technology/research/methodologies/research_mq.jsp. Acesso em 10 set. 2014.

GEDDIE, M. W.; DeFRANCO, A.; GEDDIE, M. F. "Guanxi Customer Relationship Marketing: How the Constructs of Guanxi can Strengthen CRM in the Hospitality Industry". Em *Journal of Travel & Tourism Marketing*, 13 (3), 2002.

GEE, C. *International Hotel Management*. East Lansing: Education Institute of American Hotel and Lodging Association, 1994.

GIANNICO, L. "Prevention of the Most Frequent Communicable Diseases in Tourists". Em PASANI, W. *Tourist Health: a New Branch of Public Health, 1*. Rimini: IATM/WHO/WTO, 1998.

GODOY, D. "McDonald's tem arroz e feijão no menu – e não é de hoje". Em *Exame*, São Paulo, 13 maio 2014. Disponível em http://exame.abril.com.br/negocios/noticias/mcdonald-s-tem-arroz-e-feijao-no-menu-e-nao-e-de-hoje. Acesso em 17 maio 14.

GRAFF, H. "The World Is Your Backyard: a Study of Global Trends Focuses on Economic, Business, Marketing and Consumers". Em *Hospitality Sales & Marketing Association International (HSMAI)*, 2001.

GRAY, J. et al. "Outlook 2004". Em *Canadian Business*, 77 (1), 2004.

GUNN, L. A. *Tourism Planning: Basics, Concepts, Cases*. 3ª ed. Nova York: Taylor & Francis, 1993.

HALL, C. M. & PAGE, S. J. *The Geography of Tourism and Recreation: Environment, Place and Space*. Londres: Routledge, 1999.

HALL, E. T. & HALL, M. R. *Hidden Differences: Doing Business with the Japanese*. Nova York: Anchor Press/Doubleday, 1987.

HANKINSON, G. "Relational Network Brands: Towards a Conceptual Model of Place Brands". Em *Journal of Vacation Marketing*, 10 (2), 2003.

HARRIS, G. & KATZ, K. *Promoting International Tourism*. Los Angeles:the American Group, 1996.

HARRIS, J. "Franchise Rule Changes Gain Momentum". Em *Hotel and Motel Management*, 7 out. 2002.

HARRIS, N. "Food Sellers in the Sky; Many Flight Attendants Find New Job Obligation Rankles; Running Out of Choices". Em *Wall Street Journal*, 3 fev. 2004.

HARRISON, J. et al. "Starwood Hotels & Resorts: a Case Study". Em *The Center for Hospitality Research at Cornell University*, dez. 2003. Disponível em https://www.google.com.br/url?sa=t&rct=j&q=&esrc=s&source=web&cd=11&cad=rja&uact=8&ved=0CDQQFjAAOAo&url=https%3A%2F%2Fwww.hotelschool.cornell.edu%2Fchr%2Fpdf%2Fshowpdf%2Fchr%2Fresearch%2Fcasestudies%

2Fstarwood.pdf&ei=tECKU_uoMsbIsAT96oEo&usg=AFQjCNFnvqC1a POcXpsN0-8_Pmnvk2rbIQ. Acesso em 9 jun. 2014.

HAYES, D. K. & MILLER, A. *Revenue Management for the Hospitality Industry*. Hoboken: John Wiley & Sons, 2011.

HEATH, E. & WALL, G. *Marketing Tourism Destinations*. Toronto: John Wiley & Sons, 1992.

HIGLEY, J. "Community Warns of Default Risk". Em *Hotel and Motel Management*, 15 out. 2001a.

_____. "Consultants Talk Recovery, Brands as Industry Resumes Conferences". Em *Hotel and Motel Management*, 19 nov. 2001b.

_____. "Hilton Shifts Focus to Frequent-Guest Recognition Efforts". Em *Hotel and Motel Management*, 8 fev. 2002.

_____. "Hilton Unveils 127-Point Plan to Recharge Hampton Brand". Em *Hotel and Motel Management*, 16 fev. 2004a.

_____. "Hilton's Plans Build Momentum". Em *Hotel and Motel Management*, 1º mar. 2004b.

_____. "Hyatt Plans for Succession". Em *Hotel and Motel Management*, 5 jul. 1999.

HILL, C. & JONES, G. *Strategic Management: an Integrated Approach*. Boston: Houghton Mifflin Company, 2004.

HILTON ANUNCIA PRIMEIRO Hotel da cadeia no Rio, na Barra da Tijuca. Em *G1*, Rio de Janeiro, 27 set. 2012. Disponível em http://g1.globo.com/rio-de-janeiro/noticia/2012/09/hilton-anuncia-primeiro-hotel-da-cadeia-no-rio-na-barra-da-tijuca.html. Acesso em 17 maio 2014.

HILTON HOTELS CORPORATION. Em *Hotel and Motel Management*, 20 maio 2002.

HILTON WORLDWIDE TRAZ marca Hilton Garden Inn ao Brasil. Em *Hotelnews*, 19 dez. 2013. Disponível em http://www.revistahotelnews.com.br/2009/noticia.php?req_url=006&id_noticia=1964. Acesso em 17 maio 2014.

HOFSTEDE, G. *Culture's Consequences: International Differences in Work-Related Values*. Newbury Park: Sage, 1984.

_____. *Cultures and Organizations: Software of the Mind: Intercultural Cooperation and Its Importance for Survival*. Nova York: McGraw-Hill, 1996.

HOOF, H. & MAHONEY, E. "Now What? Advice to Students in a Tightening Hospitality Labor Market". Em *Journal of Hospitality and Tourism Education*, 14 (4), 2002.

HOSPEDAGEM ALTERNATIVA: ameaça ou oportunidade de negócio? Em *Hotelnews*, s/d. Disponível em http://www.revistahotelnews.com.br/2009/materia.php?id_materia=446. Acesso em 17 maio 2014.

HOTÉIS PROMOVEM AÇÕES no Dia Mundial do Meio Ambiente. Em *Hotéis*, 9 (89), jun. 2010. Disponível em http://revistahoteis.com.br/materias/7-Especial/1376-Hoteis-promovem-acoes-no-Dia-Mundial-do-Meio-Ambiente. Acesso em 10 set. 2014.

HOTEL ASSOCIATION OF CANADA (HAC). *Canadian Hotel Investment Conference*. Ottawa: Hotel Association of Canada, 2003.

HOTELARIA EM NÚMEROS Brasil 2011. Disponível em http://www.hospitalitynet.org/news/4060119.html. Acesso em 27 maio 2014.

HOTELIER: THE MAGAZINE FOR HOTEL EXECUTIVES, nov.-dez. 2003.

HOWELL, D. W. & ELLISON, R. A. *Passport: an Introduction to the Travel and Tourism Industry*. Scarborough: Nelson Canada, 1995.

HULTÉN, B. "Customer Segmentation: the Concepts of Trust, Commitment and Relationship". Em *Journal of Targeting, Measurement and Analysis for Marketing*, 15 (4), 2007.

HUTCHINSON, B. "War in Iraq, SARS, Terrorism: the Future is Looking Bleak for the Airline Industry, or is it?". Em *National Post*, 5 abr. 2003.

HYATT CORPORATION. *Future Hotels: Welcome to the World of Hyatt Hotels and Resorts*, 2004. Disponível em http://www.hyatt.com/corporate/hyatt/press_room/future_international.jhtml?ssnav=1. Acesso em 20 fev. 2004.

IHG OFERECE INTERNET Grátis aos hóspedes frequentes. Em *Panrotas*, 26 mar. 2013. Disponível em http://www.panrotas.com.br/noticia-turismo/hotelaria/ihg-oferece-internet-gratis-aos-hospedes-frequentes_86742.html. Acesso em 9 set. 2014.

INGOLD, A. et al. *Yield Management: Strategies for the Service Industries*. Londres: Thomson, 2000.

INNSKEEP, E. *National and Regional Tourism Planning*. Londres: Routledge, 1994.

INTERNATIONAL AIR RAIL ORGANIZATION. *Remarks prepared for Deputy Secretary of Transportation Mortimer Downey. Eight international conferences on air-rail intermodality*. Washington: Iaro, 2000.

ISMAIL, J., DALBOR, M.; MILLS, J. "Using RevPAR to Analyze Lodging-Segment Variability". Em *Cornell Hotel and Restaurant Administration Quarterly*, 43 (6), dez. 2002.

JEFFERSON, A. & LICKORISH, L. *Marketing Tourism: a Practical Guide*. Harlow: Longman, 1991.

JENSEN, T. "Hyatt Launches $20 Million Campaign". Em *Adweek*, 22 mar. 1999.

JONES LANG LaSALLE. *Hotelaria em Números: Brasil 2013*, 2013.

JORDAN, M. "As Brazil Economy Booms, Major Hoteliers Check In: Growth in Business Travel Draws Foreign Chains to Country's Big Cities". Em *Wall Street Journal*, 7 nov. 2000.

KANDAMPULLY, J. & SUHARTANTO, D. "The Role of Customer Satisfaction and Image in Gaining Customer Loyalty in the Hotel Industry". Em *Journal of Hospitality & Leisure Marketing*, 2003.

KANITZ, S. C. *Controladoria: teoria e estudo de casos*. São Paulo: Pioneira, 1977.

KELLY, J. F. "Alaska Air Group utilizes technology to create 'Airport of the Future'". Em *Wall Street Webcasting*, 1999.

KEYSTONE, J. S. *Don't Drink the Water*. Ottawa: Canadian Public Health Association/ Canadian Society for International Health, 1994.

KIMES, S. "Perceived Fairness of Yield Management". Em *Cornell Hotel and Restaurant Administration Quarterly*, 35 (1), fev. 1994.

KIMES, S. & ANDERSON, C. K. "Revenue Management for Enhanced Profitability: an Introduction for Hotel Owners and Asset Managers". Em STURMAN, M. C.; CORGEL, J. B.; VERMA, R. (orgs.). *The Cornell School of Hotel Administration on Hospitality: Cutting Edge Thinking and Practice*. Hoboken: Wiley, 2011.

KIMES, S.; VERMA, R.; HART, C. "Revenue Management at the Hong Kong Grand: the Dine in Grandeur Dilemma". Em *INFORMS Transactions on Education*, 10 (3), mai. 2010. Disponível em http://dx.doi.org/10.1287/ited.1100.0046ca. Acesso em 27 maio 2014.

KING, P. "Foodservice Flies into Airports with New, Revamped Food Courts". Em *Nation's Restaurant News*, (37) 39, 2003a.

_____. "Going Green: Social Consciousness Turns into Responsibility as Operators Focus on Foods, Fish, and Environment". Em *Nation's Restaurant News*, (37) 42, 2003b.

KLYNE, S. "The Paperless Solution". Em *Asia Travel Trade*, nº 1.547, 1997.

KNOWLES, T.; DIAMANTIS, D.; EL-MOURHABI, J. *The Globalization of Tourism and Hospitality: a Strategy Perspective*. Londres: Continuum, 2001.

KNOWLES, T.; RIVANDA, M. T.; EGAN, D. "Tourism and Hospitality Education in Brazil and the UK: a Comparison". Em *International Journal of Contemporary Hospitality Management*, 15 (1), 2003.

KOTLER, P. *Administração de marketing: análise, planejamento, implementação e controle*. São Paulo: Atlas, 1989.

_____. *Marketing 3.0: as forças que estão definindo o novo marketing centrado no ser humano*. 1ª ed. São Paulo: Elsevier, 2010.

_____. *Marketing Management: Millennium Edition*. Upper Saddle River: Prentice Hall, 2000.

_____; BOWEN, J.; MAKENS, J. *Marketing for Hospitality and Tourism*. Upper Saddle River: Prentice Hall, 1996.

KRIPPENDORF, J. *The Holidaymakers: Understanding the Impact of Leisure and Travel*. Oxford: Butterworth-Heinemann, 1987.

LAL, R. "Harrah's Entertainment Inc.". Em *Harvard Business School*, 14 jun. 2004.

LANDRY, J. "Safe Havens at Sea". Em *Successful Meetings*, 52 (9), 2003.

LATTIN, G. *The Lodging and Food Service Industry*. S/l.: s/ed.: 1998.

LAW, R.; CHAN, I.; GOH, C. "Where to Find the Lowest Hotel Room Rates on the Internet? The Case of Hong Kong". Em *International Journal of Contemporary Hospitality Management*, vol. 19, 2007. Disponível em http://www.emeraldinsight.com/journals.htm?articleid=1621004. Acesso em 3 jul. 2014.

LAWS, E. *Tourism Marketing, Services and Quality Management Perspectives*. Cheltenham: Stanley Thornes, 1991.

LEINFUSS, E. "Virtual Worlds, Real Applications". Em *InfoWorld*, 18 (48), 1996.

LEISER, R. "Franchisors, Franchisees Work Together to Improve Brands". Em *Hotel and Motel Management*, 16 set. 2002.

LEVITT, T. "Exploit the Product Life Cycle". Em *Harvard Business Review*, nov. 1965. Disponível em http://hbr.org/1965/11/exploit-the-product-life-cycle/ar/1. Acesso em 10 set. 2014.

_____. *The Marketing Imagination*. Nova York: Free Press, 1986.

LEWIS, R. C. *Marketing Leadership in Hospitality: Foundations and Practices*. Nova York: John Wiley & Sons, 2000.

_____ & CHAMBERS, R. E. *Marketing Leadership in Hospitality: Foundations and Practices*. Nova York: John Wiley & Sons, 2000.

LITTLEJOHN, D. "Internationalization in Hotels: Current Aspects and Developments". Em *International Journal of Contemporary Hospitality Management*, 1997.

_____; GO, F.; GOULDING, P. "The International Hospitality Industry and Public Policy". Em TEARE, R. & OLSEN, M. (orgs.). *International Hospitality Management Corporate Strategy in Practice*. Londres: Pitman, 1992.

LIU, Y. "The Long-Term Impact of Loyalty Programs on Consumer Purchase Behavior and Loyalty". Em *Journal of Marketing*, 71 (4), 2007.

LOCKWOOD, A. & MEDLIK, S. *Tourism and Hospitality in the 21st Century*. Oxford: Butterworth-Heinemann, 2001.

LOVELOCK, C. & WIRTZ, J. *Services Marketing: People, Technology, Strategy*. 6ª ed. Upper Saddle River: Prentice Hall, 2007.

LOVELOCK, C. & WRIGHT, L. *Serviços: marketing e gestão*. São Paulo: Saraiva, 2001.

LUNT, M. & ARNOLD, P. "US Lodging Forecast and Industry Megatrends". Em *Ernest & Young: HFTP Annual Convention and Tradeshow*, 2000.

LYNDS, C. "SARS Attacks: Community Coalition Brings Hospitality Sector Together to Fight Economic Impact of SARS in Toronto". Em *Hotelier: the Magazine for Hotel Executives*, 2003.

MALIGHETTI, P.; PALEARI, S.; REDONDI, R. "Pricing Strategies of Low-cost Airlines: the Ryanair Case Study". Em *Journal of Air Transport Management*, vol. 15, 2009.

MALLOY, R. "Toughing It Out: Hoteliers in China Coped with SARS by Taking Swift Action". Em *Hotelier*, 15 (8), 2003.

MANGAN, E. & COLLINS, A. "Threats to Brand Integrity in the Hospitality Sector: Evidence from a Tourist Brand". Em *International Journal of Contemporary Hospitality Management*, 14 (6), 2002.

MAREMONT, M. & BINKLEY, C. "Leading the News: Pritzkers to Reorganize Hyatt Chain: New Plan Brings Together US, Overseas Operations as Family Divides Empire". Em *Wall Street Journal*, 4 mar. 2003.

MARTIN, R. "Forecasting the Future of Foodservice: Consumers to Provide Tech Tools". Em *Nation's Restaurant News*, 34 (48), 2000.

MASTNY, L. "Ecotourist Trap". Em *Foreign Policy*, nº 133, 2002.

MATHEWS, V. "Competition in the International Hotel Industry". Em *International Journal of Contemporary Hospitality Management*, 12 (2), 2000.

MAXWELL, G. & LYLE, G. "Strategic HRM and Business Performance in the Hilton Group". Em *International Journal of Contemporary Hospitality Management*, 14 (5), 2002.

MELEWAR, T. C. & SAUNDERS, J. "Global Corporate Visual Identity Systems: Standardization, Control and Benefits". Em *International Marketing Review*, 15 (4), 1998.

MELIÁ HOTELS INTERNATIONAL Lança a Campanha mas Amigos. Em *Hotéis*, 28 set. 2011. Disponível em http://www.revistahoteis.com.br/materias/12-Mercado/4879-Melia-Hotels-International-lanca-a-Campanha-mas-Amigos. Acesso em 9 set. 2014.

METTERS, R.; VARGAS, V.; WEAVER, S. "Motherland Air: Using Experiential Learning to Teach Revenue Management Concepts". Em *INFORMS Transactions on Education*, 9 (3), maio 2009.

METTERS, R. *et al.* "The 'Killer Application' of Revenue Management: Harrah's Cherokee Casino & Hotel". Em *INFORMS Transactions on Education*, 38 (3), maio-jun. 2008.

MIDDLETON, V. *New Visions for Museums in the 21st Century*. Londres: Association of Independent Museums, 1998.

_____. "Which Way for Tourist Attractions?". Em LOCKWOOD, A. & MEDLIK, S. *Tourism and Hospitality in the 21st Century*. Oxford: Butterworth-Heinemann, 2001.

MILLER, C. "US Marketers Set Sights South of Mexico". Em *Marketing News*, 10 out. 2004.

MINISTÉRIO DO TURISMO. *Programa Viaja Mais*. Disponível em http://www.turismo.gov.br/turismo/programas_acoes/Estruturar_os_destinos_turisticos/viaja_mais. Acesso em 13 maio 2014.

MOOJI, M. *Global Marketing and Advertising: Understanding Cultural Paradoxes*. Thousand Oaks: Sage, 1998.

MORGAN, N.; PRITCHARD, A.; PRIDE, R. *Destination Branding, Creating the Unique Destination Proposition*. Oxford: Reed Educational and Professional Publishing, 2002.

MORRISON, A. *Hospitality and Travel Marketing*. Nova York: Delmar Publishers, 1989.

MOUTINHO, L. *et al.* "The Future Development of the Hotel Sector: an International Comparison". Em *International Journal of Contemporary Hospitality Management*, 7 (4), 1995.

MULLER, H. "Tourism and Hospitality into the 21st Century". Em LOCKWOOD, A. & MEDLIK, S. *Tourism and Hospitality in the 21st Century*. Oxford: Butterworth-Heinemann, 2001.

NAPOLITANO, G. & COSTA, M. "Deu pane no toque de Midas". Em *Exame*, São Paulo, 21 nov. 2007.

NATIONAL BUREAU STATISTICS. "Press Conference on China's GDP in 2003 will be sponsored on January 20", 2003. Disponível em http://www.stats.gov.cn/english/. Acesso em fev. 2004.

NELMS, D. "Environmental Focus". Em *Air Transport World*, 34 (6), 1997.

NETESSINE, S. & SHUMSKY, R. "Introduction to the Theory and Practice of Yield Management". Em *INFORMS Transactions on Education*, 3 (1), 2002.

NGUI, C. "Tourism After September 11". Em *Malaysian Business*, nº 30, fev. 2002.

NILSSON, M.; HARRIS, P.; KETT, R. "Towards a Valuation Framework for Hotels as Business Entities". Em *International Journal of Contemporary Hospitality Management*, 13 (1), 2001.

NORTH, L. "Energy Efficiency in the Hospitality Industry". Em *Hosting*, 2003.

O OCASO das compras coletivas. Em *Valor Econômico*, 10 mar. 2013. Disponível em http://www.valor.com.br/empresas/3299606/o-ocaso-das-compras-coletivas#ixz z35KJjpKHN. Acesso em 3 jul. 2014.

O'CONNOR, P. & FREW, J. A. "The Future of Hotel Electronic Distribution: Expert and Industry Perspectives". Em *Cornell Hotel and Restaurant Administration Quarterly*, 43 (3), 2002.

OLIVEIRA, K. "Copa leva a recorde nas receitas de turistas estrangeiros". Em *Exame.com*, 25 jul. 2014. Disponível em http://exame.abril.com.br/economia/noticias/copa-leva-a-recorde-nas-receitas-de-turistas-estrangeiros. Acesso em 31 jul. 2014.

OLSEN, M. "Hospitality and the Tourist of the Future". Em LOCKWOOD, A. & MEDLIK, S. *Tourism and Hospitality in the 21st Century*. Oxford: Butterworth-Heinemann, 2001.

_____; WEST, J.; TSE, E. *Strategic Management in the Hospitality Industry*. Nova York: John Wiley & Sons, 1998.

ONAGA, M. "A maldição do terceiro lugar". Em *Exame*, São Paulo, 5 dez. 2007.

OPERA PMS Reference Manual, Opera Hotel Edition Version 4.0. Disponível em www.micros-fidelio.de. Acesso em 2 jun. 2013.

PAGE, S. J. *Tourism Management, Managing for Change*. Oxford: Butterworth-Heinemann, 2003.

_____ et al. *Tourism: a Modern Synthesis*. Londres: Thomson Learning, 2001.

PAN AMERICAN HEALTH ORGANIZATION. *Proceedings of the Regional Conference on Environmental Health and Sustainable Tourism Development*. Washington: PAHO, 1994.

PANNELL KERR FORSTER CONSULTING. *Trends in The Hotel Industry*. Toronto: PKF Consulting, 2003.

PANORAMA DA HOTELARIA Brasileira. Em *HotelInvest*, ed. 2010-2011, 2011.

PANORAMA DA HOTELARIA Brasileira. Em *HotelInvest*, ed. 2011-2012, 2012.

PANORAMA DA HOTELARIA Brasileira. Em *HotelInvest*, ed. 2012-2013, 2013.

PARCERIA PÚBLICO-PRIVADA. Em *Portal Brasil*, 7 maio 2012. Disponível em http://www.brasil.gov.br/economia-e-emprego/2012/04/parceria-publico-privada-ppp. Acesso em 17 maio 2014.

PASSOS, Alfredo. "As estratégias genéricas de competição e Michael Porter". Em *Inteligência Competitiva*, 17 set. 2007. Disponível em http://alfredopassos.wordpress.com/2007/09/17/as-estrategias-genericas-de-competicao-e-michael-porter/. Acesso em 14 maio 2014.

PATEL, D. "Delicate Balance in Franchising Depends on Partnerships". Em *Hotel and Motel Management*, out. 2001.

PAYNE-PALACIO, J. & THEIS, M. *Trends in Foodservice: Introduction to Foodservice*. Upper Saddle River: Prentice Hall, 2001.

PEARCE, M. *Foundations of Marketing Strategy: Product-Market Fit*. S/l.: Ivey, 2003.

PEARCE, P. "Analyzing Tourist Attractions". Em *Journal of Tourism Studies*, 2 (1), 1991.

PEISLEY, T. "World Cruise Market in Focus", 2003. Disponível em http://www.seatrade-global.com/cruise_report/cruise_focus.htm. Acesso em mar. 2004.

PENNA, G. "Muito além do Office". Em *Você S/A*, São Paulo, mar. 2008.

PETER, J. P. & DONNELLY JR., J. H. *A Preface to Marketing Management*. Nova York: McGraw-Hill/Irwin, 2000.

PHILLIPS, J. J. *Nations Hotel: Measuring ROI in Business Coaching*. Birmingham: ROI Institute, 2007.

_____ & PHILLIPS, P. P. "ROI at Work: Best Practice Case Studies from the Real World", 2005.

PHILLIPS, P. "Hotel Performance and Competitive Advantage: a Contingency Approach". Em *International Journal of Contemporary Hospitality Management*, 11 (7), 1999.

_____ & MOUTINHO, L. "Measuring Strategic Planning Effectiveness in Hotels". Em *International Journal of Contemporary Hospitality Management*, 11 (7), 1999.

PHILLIPS, R. *Pricing and Revenue Optimization*. Stanford: Stanford Business Books, Stanford, 2005.

_____. "Teaching Pricing and Revenue Optimization". Em *INFORMS Transactions on Education*, 4 (1), 2003.

PHOCUSWRIGHT. *Online Traffic and Conversion Report: Metasearch, Reviews and Other Nontransactional Categories*, out. 2009.

_____. *Online Travel Agencies 4Q and Full Year 2011: Global Growth Remakes the Market*, abr. 2012.

PIB CRESCE 2,3% em 2013 puxado por agropecuária e investimentos. Em *O Estado de S. Paulo*, São Paulo, 27. fev. 2014. Disponível em http://economia.estadao.com.br/noticias/economia-geral,pib-cresce-2-3-em-2013-puxado-por-agropecuaria-e-investimentos,178695,0.htm. Acesso em 14 maio 2014.

PINE II, B. J. & GILMORE, J. H. "Welcome to the Experience Economy". Em *Harvard Business Review*, Reprint 98407, jul.-ago. 1998.

POLLARD, T. "Farewell 2003... Here's to 2004". Em *Navigate the World: Event Guide*, 2004.

POON, A. "Global Region's Futures: the Caribbean". Em LOCKWOOD, A. & MEDLIK, S. *Tourism and Hospitality in the 21st Century*. Oxford: Butterworth-Heinemann, 2001.

POPESCU, I. "Dynamic Pricing and Revenue Management". Em *MBA Programme*, INSEAD, maio-jun. 2008.

_____. *Easy Profit: a Revenue Management Pilot*. Referência nº 606-022-1. Simulação: 606-022-4. Versão: 03. 2006.

_____. "Introduction to the Special Issue: Teaching Revenue Management". Em *INFORMS Transactions on Education*, 9 (3), maio 2009.

PORTER, M. E. *Competitive Advantage*. Nova York: Free Press, 1985.

_____. "How Competitive Forces Shape Strategy". Em *Harvard Business Review*, mar.-abr. de 1979.

_____. "What is Strategy". Em *Harvard Business Review*, nov.-dez. 1996.

POWERS, T. & BARROWS, C. W. *Administração no setor de hospitalidade*. São Paulo: Atlas, 2004.

PREMKUMAR, G.; RICHARDSON, V. J.; ZMUD, R. W. "Sustaining Competitive Advantage through a Value Net: the Case of Enterprise Rent-A-Car". Em *MIS Quarterly Executive*, 2004.

PRENTICE, R. *Tourism and Heritage Attractions*. Londres: Routledge, 1993.

PRIESTLY, G. K.; EDWARDS, J. A.; COCCOSSIS, H. *Sustainable Tourism? European Experiences*. Wallingford: CAB International, 1996.

PRITCHARD, A. & MORGAN, N. "Contextualizing Destination Branding". Em MORGAN, N.; PRITCHARD, A.; PRIDE, R. *Destination Branding, Creating the Unique Destination Proposition*. Oxford: Reed Educational and Professional Publishing, 2002.

PUBLICAÇÃO APONTA ATLANTICA como maior rede hoteleira do Brasil. Em *Brasilturis*, 26 jul. 2013. Disponível em http://www.brasilturis.com.br/noticias.php?id=11781&noticia=revista-dos-eua-aponta-atlantica-como-maior-rede-h#sthash.OKqo4W92.dpuf. Acesso em 4 maio 2014.

PÚBLIO, M. A. *Como planejar e executar uma campanha de propaganda*. São Paulo: Atlas, 2008.

PYE, D. "The Quest for Integration: Hotels Welcome the Evolution of the Property Management System". Em *Hotelier*, 2003.

QUAIN, B.; SANSBURY, M.; LeBRUTO, S. M. "Revenue Enhancement, Part 1: a Straightforward Approach for Making More Money". Em *Cornell Hotel and Restaurant Administration Quarterly*, 39 (5), out. 1998.

QUAN, D.; LI, J.; SEHGAL, A. "The Performance of Lodging Properties in an Investment Portfolio". Em *Cornell Hotel and Restaurant Administration Quarterly*, 43 (6), 2002.

QUEIROZ, R. "Ajuda tecnológica". Em *Você S/A*, São Paulo, abr. 2008.

QUINN, B. "The Internationalization Process of a Franchise System: an Ethnographic Study". Em *Asia Pacific Journal of Marketing and Logistics*, 13 (2), 1996.

RALEIGH, L. "Be Sure to Identify Risks When Managing Hotel Investments". Em *Hotel and Motel Management*, 7 jul. 2003.

REGO, C. "SARS Coalitions Making Progress". Em *Hosting*, 2003.

RICE, L. "Seeking to Understand Culturally & Racially Different People: What Happens After Diversity Training?", 2000. Disponível em http://www.studyoverseas.com/hhm/articles/diversity.htm. Acesso em jan. 2004.

RICHARDS, G. "From Cultural Tourism to Creative Tourism: European Perspectives". Em *Tourism Zagreb*, 50 (3), 2002.

RITCHIE, B. J. R. & CROUCH, G. I. "The Competitive Destination: a Sustainable Perspective". Em *Tourism Management*, 21 (1), 2000.

ROEW, M. "Hyatt: Plotting a Solo Course". Em *Lodging Hospitality*, 54 (12), dez. 1998.

ROGERS, E. M. *Diffusion of Innovations*. Glencoe: Free Press, 1962.

ROGERS, H. & SLINN, J. *Tourism: Management of Facilities*. Londres: Pitman, 1993.

ROPER, A. "The Emergence of Hotel Consortia as Transorganizational Forms". Em *International Journal of Contemporary Hospitality Management*, 7 (1), 1995.

ROWE, M. "A Viable Midmarket Emerges in South America". Em *Lodging Hospitality*, 54 (11), nov. 1998.

ROWLEY, J. "The Four Cs of Customer Loyalty". Em *Marketing Intelligence & Planning*, vol. 23, 2005.

SALOMON, A. "Franchisors Adjust to Economic Conditions". Em *Hotel and Motel Management*, 18 mar. 2002a.

_____. "Franchisors Aim for Growth Despite Conservative Outlook". Em *Hotel and Motel Management*, 4 mar. 2002b.

SALVATO, J. A. *Guide to Sanitation in Tourist Establishments*. Genebra: WHO, 1976.

SANJEEV, Gunjan M. "Measuring Efficiency of the Hotel and Restaurant Sector: the Case of India". Em *International Journal of Contemporary Hospitality Management*, vol. 19, 2007.

SANOIR, L. *State Economic Planning Around Transnational Corporations in a Period of Globalization: the Case of Brazil*. Halifax: St. Mary's University, 1999.

SANTANA, G. "An Overview of Contemporary Tourism Development in Brazil". Em *International Journal of Contemporary Hospitality Management*, 12 (7), 2000.

SANTANA, L. "Que venham os gringos". Em *Exame*, São Paulo, 10 out. 2007.

SÃO PAULO. Em *Latin Trade*, fev. 2003.

SCHLUTER, R. "Global Region's Futures: South America". Em Lockwood, A. & MEDLIK, S. *Tourism and Hospitality in the 21st Century*. Oxford: Butterworth-Heinemann, 2001.

SCHÜTZE, J. "Pricing Strategies for Perishable Products: the Case of Vienna and the Hotel Reservation System hrs.com". Em *Central European Journal of Operations Research*, vol. 16, mar. 2008.

SECOMANDI, N. "Teaching Demand Management and Price Optimization in the MBA Program at the Carnegie Mellon University Tepper School of Business". Em *INFORMS Transactions on Education*, 9 (3), maio 2009.

SEKEFF, G. "Nem parece avião". Em *Exame*, São Paulo, 10 out. 2007.

SELWITZ, R. "Hyatt Concentrates on International Growth". Em *Hotel and Motel Management*, ago. 2002.

SERLEN, B. "Hilton, Hyatt Join High-End Competitors in São Paulo". Em *Business Travel News*, 7 out. 2002a.

_____. "Hyatt Hotels Returns as Upscale's Number-One Chain". Em *Business Travel News*, 11 fev. 2002b.

SETH, J. & PARVATIYAR, A. "The Antecedents and Consequences of Integrated Global Marketing". Em *International Marketing Review*, 18 (1), 2001.

SHANON, D. "The Evolution in Tourism Marketing". Em *Business Analyst*, 2 (44), 2001.

SHARPLEY, R. *Tourism, Tourists, and Society*. Huntingdon: Elm, 1994.

SHIFRIN, C. "British Airways Ranks Success of Environmental Programs as Top Goal". Em *Aviation Week & Space Technology*, 135 (21), 1999.

SHORT-LINE RAILROAD Managers Discuss their Industry. Em *Transportation Amsterdam*, 31 (1), 2004.

SHUMSKY, Robert A. "Introductory Integrative Cases on Airline Revenue Management". Em *INFORMS Transactions on Education*, 9 (3), maio 2009. Disponível em http://dx.doi.org/10.1287/ited.1090.0033ca. Acesso em 27 maio 2014.

SIGUAW, J. A. & ENZ, K. A. "Best Practices in Hotel Architecture". Em *Cornell Quarterly: Hotel and Restaurant Administration*, 40 (5), 1999.

SIMON, G. "Hyatt vai trazer bandeira de hotéis econômicos a nove cidades brasileiras". Em *Folha de S.Paulo*, 11 jul. 2013. Disponível em http://www1.folha.uol.com.br/turismo/2013/07/1309159-hyatt-vai-trazer-bandeira-de-hoteis-economicos-a-nove-cidades-brasileiras.shtml. Acesso em 9 jun. 2014.

SIMON, J. & CHICON, F. "Lodging in Latin America". Em *Hotel and Motel Management*, 5 jun. 1995.

SIMS, S. "Growth *versus* Preservation". Em *Successful Meetings*, 42 (11), 1998.

SINGAPORE AIRLINES INVESTIRÁ US$ 325 milhões nas novas cabines da frota B777-300ER. Em *Turismo em Foco*, 15 maio 2014. Disponível em http://www.turismoemfoco.com.br/noticia/17274-singapore-airlines-investira-us$-325-milhoes-nas-novas-cabines-da-frota-b777-300er.html. Acesso em 9 jun. 2014.

SINGH, A. "Asia Pacific Tourism Industry: Current Trend and Future Outlook". Em *Asia Pacific Journal of Tourism Research*, 2004.

SINOCAST CHINA. "BCAH Achieved Good Performance in 2003". Em *Business Daily News*, nº 6, 24 fev. 2004.

SMITH, B. C.; LEIMKUHLER, J. F.; DARROW, R. M. "Yield Management at American Airlines". Em *Interfaces*, 22 (1), jan.-fev. 1992.

STAFFORD, K. "Hyatt International Hotels Makes First Scala Hospitality Installations in Latin America". Em *PRWeb Newswire*, 10 maio 2001.

STARKOV, M. & PRICE, J. *Hotelier's 2004 Top Ten Internet Strategy Resolutions*, 2004. Disponível em http:// www.hospitalitynet.org/news/4018175.html. Acesso em 20 fev. 2004.

STIPANUK, D. & NINEMEIER, J. "The Future of the US Lodging Industry and the Environment". Em *Cornell Hotel and Restaurant Administration Quarterly*, 37 (6), 1996.

STRAND, C. "Lessons of a Lifetime: the Development of Hilton International". Em *Corbell: Hotel and Restaurant Administration Quarterly*, jun. 1996.

STRINGER, K. "Trends (A Special Report): Travel; Clicks, Perks and Cheap Cruises". Em *Wall Street Journal*, 9 fev. 2004.

TAKING A RISK on Rio. Em *Meetings & Incentive Travel*, jun. 1997.

TALLURI, K. T. & VAN RYZIN, G. J. *Introduction to the Theory and Practice of Revenue Management*. Boston: Kluwer Academic Publishers, 2004.

TARAPANOFF, K. *Inteligência organizacional e competitiva*. Brasília: Editora UNB, 2001.

TARLOW, P. & MUEHSAM, M. "Wide Horizons: Travel and Tourism in the Coming Decades". Em *The Futurist*, 28 (4), set.-out. 1992.

TEPECI, M. "Increasing Brand Loyalty in the Hospitality Industry". Em *International Journal of Contemporary Hospitality Management*, 11 (5), 1999.

TEYE, V. "Global Region's Futures: Africa". Em LOCKWOOD, A. & MEDLIK, S. *Tourism and Hospitality in the 21st Century*. Oxford: Butterworth-Heinemann, 2001.

THE EUROPEAN HOTEL Managers Association. *General Meeting 2003*. Roma: the European Hotel Managers Association, 2003.

THE EXPERIENCE CURVE. Em *The Economist*, 14 set. 2009. Disponível em http:// www.economist.com/node/14298944. Acesso em 16 maio 2014.

THE WALT DISNEY COMPANY. Disponível em http://disneyworld.disney.go.com/ tickets-passes. Acesso 30 jul. 2014.

TODD, G. "World Travel and Tourism Today". Em LOCKWOOD, A. & MEDLIK, S. *Tourism and Hospitality in the 21st Century*. Oxford: Butterworth-Heinemann, 2001.

TOFFLER, A. *A terceira onda*. Rio de Janeiro: Record, 1980.

TOURISM BOOST. Em *Corporate Location*, mar.-abr. 1994.

TRANTER, K. A.; STUART-HILL, T.; PARKER, J. *An Introduction to Revenue Management for the Hospitality Industry: Principles and Practices for the Real World*. Upper Saddle River: Prentice Hall, 2009.

TREMEL, Daniel. "TAM é a companhia aérea mais lembrada; CVC vence pela terceira vez seguida". Em *Folha de S.Paulo*, 29 out. 2013. Disponível em http://www1.folha.uol.com.br/topofmind/2013/10/1360875-tam-e-a-companhia-aerea-mais-lembrada-cvc-vence-pela-terceira-vez-seguida.shtml. Acesso em 9 set. 2014.

TROMPETA, E. "Boracay Clean-up Drive". Em *Business World*, nº 1, 2004.

URSIN, C. "Quick Quality: Serving Food Fast with Finesse". Em *Restaurants USA*, 18 (4), 2000.

US COMMERCIAL CENTERS Put American Companies on the Profit Pulse of the BEMs. Em *Business America*, mar. 1996.

VABO, Luís. "Distribuindo viagens". Em *Panrotas*, 30 nov. 2011. Disponível em http://blog.panrotas.com.br/distribuindoviagens/index.php/2011/11/30/barreira-de-entrada/. Acesso em 17 maio 2014.

VASCONCELLOS, M. A. S. & GARCIA, M. E. *Fundamentos de economia*. 3ª ed. São Paulo: Saraiva: 2008.

VELLAS, F. & BÉCHEREL, L. (orgs.). *The International Marketing of Travel and Tourism: a Strategic Approach*. Nova York: St. Martin's Press, 1999.

VINOD, B. "The Continuing Evolution". Em *Journal of Revenue and Pricing Management*, 2008. Disponível em http://www.hospitalitynet.org/news/4060119.html. Acesso em 27 maio 2014.

WAHAB, S. "Global Region's Futures: Middle East". Em LOCKWOOD, A. & MEDLIK, S. (2001). *Tourism and Hospitality in the 21st Century*. Oxford: Butterworth-Heinemann, 2001.

WALDROP, H. "Greening the Caribbean". Em *Successful Meetings*, 47 (1), 1998.

WALSH, J. "Brand, Rate Determine Hotel Performance". Em *Hotel and Motel Management*, 4 fev. 2002a.

_____. "Brands Enter More Markets Via Smaller Prototypes". Em *Hotel and Motel Management*, 18 nov. 2002b.

_____. "Competitiveness Lures Independents to Recognized Brands". Em *Hotel and Motel Management*, 16 set. 2002c.

_____. "Despite Predictions, Industry's Future Remains Uncertain". Em *Hotel and Motel Management*, 15 out. 2001a.

_____. "Doubletree Brand Remains in Hilton's Plans". Em *Hotel and Motel Management*, 7 jul. 2003a.

_____. "Executives' Outlooks Remain Positive for 2004". Em *Hotel and Motel Management*, 16 fev. 2004.

_____. "Franchisors Piece Together Worldwide Master Licenses". Em *Hotel and Motel Management*, 17 set. 2001b.

_____. "Leaders Stress Adherence to Brand Standards". Em *Hotel and Motel Management*, 17 nov. 2003b.

_____. "Market Analysis Determines Brand Location". Em *Hotel and Motel Management*, 19 maio 2003c.

_____. "Patience, Adaptability Help Companies Overseas". Em *Hotel and Motel Management*, 18 mar. 2002d.

_____. "Properties Take Advantage of A Brand's Strengths to Gain an Edge in a Competitive Marketplace". Em *Hotel and Motel Management*, 6 maio 2002e.

WALTON, T. "The Nuances of Designing for Global Markets". Em *Design Management Journal*, 2001.

WATKINS, E. "Do Guests Want Green Hotels?". Em *Lodging Hospitality*, 50 (4), 1994.

_____. "The Power of Branding". Em *Lodging Hospitality*, 11 jan. 2002.

WEATHERFORD, L. R. & KIMES, S. "Forecasting Methods for Hotel Revenue Management: an Evaluation". Em *International Journal of Forecasting*, 19 (3), 2003.

WHITFORD, M. "Branding Expert Expects Continued Identity Tweaking". Em *Hotel and Motel Management*, 4 out. 1999.

WILDER, J. "Is It Wise to Invest in A Hotel Today?". Em *Hotel and Motel Management*, 5 nov. 2001.

_____. "Success Depends on Mitigating Leveraged Investing Risks". Em *Hotel and Motel Management*, 7 abr. 2003.

WILLIAMS, S. *Tourism Geography*. Londres: Routledge, 1998.

WITT, S. F.; BROOKE, M. Z.; BUCKLEY, P. J. *The International Management of Tourism*. Londres: Unwin Hyman, 1991.

WOLFF, C. "Hyatt Hotels Goes Global". Em *Lodging Hospitality*, 1º maio 2003.

WORLD HEALTH Organization. *International Travel and Health Series*. Genebra: WHO, 1990.

WORLD RANKING 2013 of Hotel Groups and Brands. Em *Hospitality Net*, 3 abr. 2013. Disponível em http://www.hospitalitynet.org/news/4060119.html. Acesso em 4 maio 2014.

WORLD TOURISM ORGANIZATION. *Tourism Convention.* Madri: WTO, 1983.

_____. *Tourism: 2020 Vision: Executive Summary.* Madri: WTO, 1999a.

_____. *World Tourism Organization Technology Report.* Madri: WTO, 1999b.

WORLD TRADE ORGANIZATION. *E-business for Tourism: Practical Guidelines for Destinations and Businesses.* Genebra: WTO Business Council, 2001.

YEOMAN, Ian & MCMAHON-BEATTIE, Una. "Luxury Market and Premium Pricing". Em *Journal of Revenue and Pricing Management*, 4 (1), 2006.

YESAWICH, P. "It's Time to Prepare for the Results of a Middle East Conflict". Em *Hotel and Motel Management*, 218 (4), 2003a.

_____. "Marketing Through the Haze of Economic, Geopolitical Uncertainty". Em *Hotel and Motel Management*, 218 (7), 2003b.

YU, L. *The International Hospitality Business: Management and Operations.* Nova York: Harworth Press, 1999.

ZAKHARY, A.; EL GAYAR, N.; ATIYA, A. "A Comparative Study of the Pickup Method and its Variations Using a Simulated Hotel Reservation Data". Em *ICGST International Journal on Artificial Intelligence and Machine Learning*, nº 8, 2008.

ZAMPIERI, A. "Epidemiology of Infections in Tourists". Em PASINI, W. *Tourist Health: a New Branch of Public Health.* Vol. I. Rimini: IATM/WHO/WTO, 1988.

ZIKMUND, W. *Business Research Methods.* Mason: Thomson/South-Western, 2003.

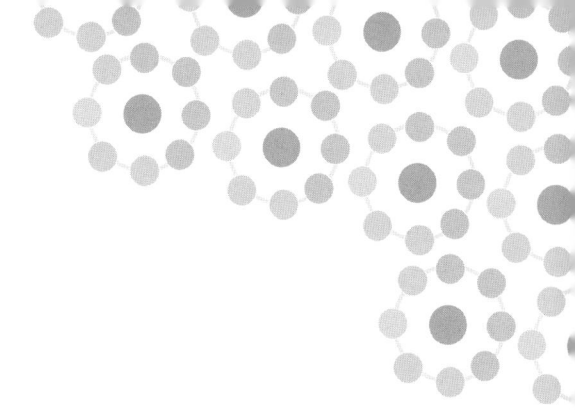

Índice

Agradecimentos 13
Análise de fatores externos 45
   Barreiras à entrada 45
   Fatores ambientais 58
   Fatores econômicos 50
   Fatores político-regulamentares 46
   Fatores socioculturais 63
   Fatores tecnológicos 55
   Olhar do mercado: entrevista com Waléria Fenato 71
   Questões para reflexão e aplicação 69
   Sugestões de casos 70
Análise de fatores internos 109
   Ameaças 118
   Olhar do mercado: entrevista com Marilia Pergola 128
   Oportunidades 116
   Plano de ação 121
   Pontos fortes 112
   Pontos fracos 115
   Questão para reflexão e aplicação 126
   Sugestões de casos 127
Análise do mercado e da concorrência 75
   Ameaça de novos entrantes 89
   Ameaça de produtos e serviços substitutos 87
   Avaliação de valores 95
   Olhar do mercado: entrevista com Aline Rosolem Pagani 105
   Poder de barganha dos consumidores 83
   Poder de barganha dos fornecedores 80
   Questões para reflexão e aplicação 103
   Rivalidade entre competidores existentes 92
   Sugestões de casos 103

Apresentação 15
Avaliação de desempenho 393
  Conclusão e recomendações 410
  Estratégias para maximização da receita 399
  Olhar do mercado: entrevista com Phelipe Farah 417
  Planejamento e gerenciamento estratégico 394
    Formulação estratégica 395
      Passo 1: definir a missão e a visão da empresa e seus maiores objetivos organizacionais 395
      Passo 2: analisar os fatores externos, o mercado e a concorrência para identificar as oportunidades e ameaças 395
      Passo 3: analisar os fatores internos para identificar os pontos fortes e fracos da empresa 395
    Implementação estratégica 396
      Passo 4: selecionar estratégias que enfatizem os pontos fortes da empresa e aproveitem as oportunidades, ao mesmo tempo que eliminem os pontos fracos e contornem as ameaças 396
      Passo 5: implementar as estratégias escolhidas para alcançar a vantagem competitiva e melhorar o desempenho da empresa 397
    Retroalimentação 397
      Passo 6: monitorar, avaliar e ajustar a execução da implementação a fim de determinar o grau em que as metas estratégicas e os objetivos organizacionais estão sendo cumpridos, e em que nível a vantagem competitiva está sendo criada e mantida 397
  Questões para reflexão e aplicação 414
  RevPAR (receita por apartamento disponível) 405
  ROI (retorno sobre investimento) 407
  Sugestões de casos 415
Bibliografia 481
Canais de distribuição 321
  Agências de turismo *on-line* e o efeito *outdoor* 346
  Análise de canais de distribuição 342
  Canais diretos e intermediários 333
    Brokers (agências consolidadoras) 337
    Canal de voz 335
    GDS 336
    IDS 338
    IMS 336
    Mídias sociais 341
    Operadoras e agências de viagens e turismo 338

OTA 339
Sites de busca, *metasearch* e agregadores de conteúdo 340
Sites de compra coletiva 340
TMC 337
Gerenciamento de canais de distribuição 322
Olhar do mercado: entrevista com Ana Cristina Harumi Oda 359
Questões para reflexão e aplicação 356
Sistemas de tecnologia da informação 327
    BIS 331
    CMS 331
    CRS 330
    PMS 328
    RMS 330
    Sistema de CRM 329
    Sistema de CSM 329
Sites de busca, mídia social e recursos para dispositivos móveis 353
Sugestões de casos 357
Conceitos de marketing de experiências 27
    A Era da Experiência 34
    O mercado de serviços e o RM 27
    O *mix* de marketing 31
    Olhar do mercado: entrevista com Jeferson Tokuda 41
    Questões para reflexão e aplicação 39
    Sugestões de casos 39
Conhecimento dos consumidores 131
    Branding 148
    Comportamento estratégico do consumidor 170
    Global, mas local 152
    Globalização 134
        Ampliar a fatia de mercado 134
        Construir uma marca muito forte 138
        Crescer internacional e regionalmente 137
        Entender os consumidores mental e emocionalmente 145
        Fidelizar clientes 136
        Inovar e criar um novo modelo de negócios 140
        Ser uma empresa mais cuidadosa, local e mundialmente 144
        Tornar-se uma empresa engajada com o setor público 142
    Inteligência de mercado 160
    Olhar do mercado: entrevista com Karina Borges 174
    Questões para reflexão e aplicação 172

RM centrado no consumidor 166
Sugestões de casos 173
Controle da capacidade do inventário 209
  Benefícios *versus* restrições 220
  Custo de oportunidade 215
  Disponibilidade do serviço 211
  Estratégia de *overbooking* 217
  Gerenciamento do inventário 210
  Olhar do mercado: entrevista com Soraya Castro 232
  Políticas e restrições de reservas 225
  Questões para reflexão e aplicação 229
  Sugestão de casos 231
Cultura organizacional 363
  Marketing interno estimulante 384
  Monitoramento constante 374
  Olhar do mercado: entrevista com Flavia de Araujo 390
  Políticas de incentivo eficientes e *empowerment* 379
  Questões para reflexão e aplicação 388
  Recrutamento e seleção corretos 365
  Reuniões estratégicas semanais 376
  Sugestões de casos 389
  Treinamento intensivo 370
Estratégia de preços 275
  Elasticidade do preço 278
  Estratégia de preço por fase do ciclo de vida do serviço 293
  Estratégias e otimização de preços 312
  Melhor tarifa disponível e tarifas dinâmicas 300
  Olhar do mercado: entrevista com Juliane Corredato 319
  Políticas e restrições atreladas ao preço 308
  Preços com base na concorrência 289
  Preços com base no custo *versus* preços com base no valor 281
  Questões para reflexão e aplicação 316
  Sugestões de casos 317
Glossário 421
Introdução – Tudo começou na aviação 19
Nota do editor 7
Parte I – Análise e planejamento de marketing 25
Parte II – Desenvolvimento e implementação das estratégias de RM 177
Parte III – Avaliação, controle e ajustes finais 361
Prefácio, por Adriana Ramos 9

Previsão de demanda 237
　Calendário de demanda 246
　Demanda de mercado 243
　Elasticidade da demanda 241
　Gerenciamento da demanda 260
　Métodos de previsão de demanda 250
　Oferta e demanda 238
　Olhar do mercado: entrevista com Eliane Tanno 272
　Questões para reflexão e aplicação 267
　Sugestões de casos 271
Segmentação de mercado 179
　Análises para a segmentação 180
　　Análise e desenvolvimento de perfil 181
　　Avaliação e seleção dos segmentos 183
　　Estágio de levantamento 180
　　Segmentação geográfica, demográfica, psicográfica e comportamental 182
　Business mix ideal na hotelaria 196
　Deslocamento e remanejamento de negócios 194
　Gerenciamento do segmento de grupos 191
　Olhar do mercado: entrevista com Claudia Godoy 206
　Questões para reflexão e aplicação 204
　Segmentos de mercado 185
　　Segmentação por canal de distribuição 188
　　Segmentação por geração 189
　　Segmento de atacado (B2B) 188
　　Segmento de contratos (B2B) 188
　　Segmento de grupos (B2C ou B2B) 188
　　Segmento individual a lazer (B2C) 187
　　Segmento individual a negócios (B2C) 185
　Sugestões de casos 204
　Tendências na segmentação hoteleira 200
　　Condomínios-hotéis 202
　　Hotéis boutique 200
　　Hotéis com centros comerciais 203
　　Hotéis econômicos 203
　　Resorts de destino 201
　　Spas de relaxamento e realização pessoal 201

Este livro foi composto com as fontes Myriad Pro e Minion Pro,
impresso em papel offset 90 g/m² no miolo e cartão supremo 250 g/m² na capa,
nas oficinas daIntergraf Indústria Gráfica, em janeiro de 2015.